U0785291

国家出版基金项目
NATIONAL PUBLICATION FOUNDATION
“十三五”国家重点图书
出 版 规 划 项 目

中国濒危语言志　组委会

主　任

杜占元

执行主任

田立新

成　员

田联刚　许正明　刘　利　黄泰岩　于殿利

张浩明　刘　宏　周晓梅　周洪波　尹虎彬

中国语言资源保护工程

中国濒危语言志　编委会

总主编

曹志耘

主　编

孙宏开　黄　行　李大勤

委　员（音序）

丁石庆　黄成龙　李锦芳　王　锋　张定京

本书执行编委　李大勤

中国濒危语言志
少数民族语言系列

总主编 曹志耘
主编 孙宏开 黄行 李大勤

甘肃文县白马语

魏琳 著

创于1897
商務印書館
The Commercial Press

图书在版编目（CIP）数据

甘肃文县白马语/魏琳著.—北京：商务印书馆，2019
（中国濒危语言志）
ISBN 978-7-100-17526-5

Ⅰ.①甘… Ⅱ.①魏… Ⅲ.①白马语—介绍—文县 Ⅳ.①H214

中国版本图书馆CIP数据核字（2019）第101223号

权利保留，侵权必究。

甘肃文县白马语

魏琳 著

出版发行：商务印书馆
地　　址：北京王府井大街36号
邮政编码：100710

印　　刷：北京雅昌艺术印刷有限公司

开　　本：787×1092 1/16　　印　　张：18 3/4
版　　次：2019年6月第1版　　印　　次：2019年6月北京第1次印刷
书　　号：ISBN 978-7-100-17526-5

定　　价：120.00元

文县白马人聚居地地形地貌　文县铁楼乡枕头坝村 /2009.2.11/ 刘吉平 摄

文县白马人现代民居　文县铁楼乡石门沟村 /2013.7.24/ 刘吉平 摄

白马人订婚现场　文县铁楼乡枕头坝村 /2011.2.20/ 班保林 摄

考察现场　文县铁楼乡草河坝村 /2015.3.5/ 豆海红 摄

语法标注缩略语对照表

缩略语	英语	汉义
1sg	1st person singular	第一人称单数
2sg	2nd person singular	第二人称单数
3sg	3rd person singular	第三人称单数
1dl	1st person dual	第一人称双数
2dl	2nd person dual	第二人称双数
3dl	3rd person dual	第三人称双数
1pl	1st person plural	第一人称复数
2pl	2nd person plural	第二人称复数
3pl	3rd person plural	第三人称复数
ABL	ablative marker	从由格
ADV	adverbial marker	状语
ALL	allative marker	向格
APPR	approximative	概数
ASSOC	associative	联系
AUX	auxiliary	助动词
BEN	benefactive marker	受益格标记
CAUS	causative marker	使动标记
CL	classifier	量词
COM	comitative marker	随同格
COMP	complementizer	补语句引导词
COMPR	comparative marker	比较标记
CONJ	conjunctive marker	并列连接
CONT	continuative aspect marker	连续体标记
COP	copula	系词
CSM	change of state marker	状态变化标记
DAT	dative marker	与事标记
DEM	demonstrative pronoun	指示代词
DIM	diminutive marker	小称标记
DIR	directional marker	方向标志
DISP	disposal marker	处置式

续 表

缩略语	英语	汉义
DISTR	distributive	逐一/周遍
DL	dual	双数
DUR	durative aspect marker	持续体标记
EVID	evidential	示证/传信
EXCL	exclusive	排除式
EXP	experiential marker	经历体标记
EXPR	expressive	摹状词
GEN	genitive marker	领属标记
HAB	habitual aspect marker	惯常/习惯体标记
IMP	imperative marker	命令式标记
INCL	inclusive	包括式
INFER	inferential marker	推测标记（示证范畴）
INST	instrumental marker	工具角色标记
INTER	interjection	感叹词
INTROG	interrogative	疑问式
IPFV	imperfective	未完成体
LNK	clause linker	分句连词
LOC	locative marker	处所标记
NAR	narrative marker	转述标记
NEG	negative marker	否定标记
NMLZ	nominalizer	名物化标记
NVOLI	non-volition	非自主
PASS	passive voice marker	被动态
PERMS	permissive marker	许可/允让
PFV	perfective aspect marker	完成体标记
PL	plural marker	复数标记
PRF	perfect aspect marker	已行体标记
PROH	prohibitive marker	禁止式标记
PROS	prospective aspect marker	将行体标记
PRT	clause/sentence final particle	句尾语气词
QUES	question marker	疑问句标记
RECP	reciprocal marker	互动标记
REFL	reflexive pronoun	反身代词
REP	repetitive marker	反复体标记
SIM	simultaneous action marker	同时进行的动作标记
SVC	serial verb construction	连动结构
TAM	tense, aspect and mood	时、体、语气
TOP	topic marker	话题标记
VCL	verb classifier	动量词
VIS	visual witness marker	亲见（示证范畴）标记
VOLI	volitional marker	自主标记

序

我的老家在浙江金华。我在老家生活的年代是20世纪六七十年代。那时候人们白天黑夜地干，酷暑寒冬地干，但就是吃不饱饭。山上光秃秃的，地上光秃秃的，简直成了不毛之地。如今40年过去了，回到家乡，只见茂林修竹，清流激湍，芳草鲜美，落英缤纷，俨然人间仙境。进山的小路早已被草木掩没，没有刀斧开路，则寸步难行。

在我家附近的塔石乡，有一个叫“大坑”的畲族村子，坐落在一条山沟里，有50多人。畲族相传发源于广东潮州凤凰山，明代以来逐渐北迁，从广东到福建，从福建到浙江、江西、安徽等地。数百年来，畲族尽管不断迁徙，散落中国东南各地，然而始终保持着他们共同的语言——畲话。1981年，我在山东大学上学期间，曾经一个人跑到大坑去，拿着日本人编制的调查表记录他们的畲话。当时村里男女老少，基本上人人会讲畲话。但时至今日，很多人已不会讲或讲不好畲话了，25岁以下无一人会讲。照此发展下去，估计几十年后，大坑人沿袭千年之久的母语将彻底消亡。

自然环境的破坏可以修复，但语言的消亡无法挽回，不可再生。

根据联合国教科文组织的《世界濒危语言地图》（2018），在世界现存的约6700种语言中，有40%的语言濒临灭绝，平均每两个星期就有一种语言消亡。中国有130多种语言，其中有68种使用人口在万人以下，有48种使用人口在5000人以下，有25种使用人口不足1000人，有的语言只剩下十几个人甚至几个人会说了。汉语方言尽管使用人数众多，但许多小方言、方言岛也在迅速衰亡。即使是那些还在使用的大方言，其语言结构和表达功能也已大大萎缩，或多或少都变成“残缺”的语言了。

冥冥之中，我们成了见证历史的人。

然而，作为语言学工作者，绝不应该坐观潮起潮落。事实上，联合国教科文组织早在1993年就确定当年为“抢救濒危语言年”，同时启动“世界濒危语言计划”，连续发布“世界濒危语言地图”（联合国已确定2019年为“国际本土语言年”）。二十多年来，国际上先后成立了上百个抢救濒危语言的机构和基金会，各种规模和形式的濒危语言抢救保护项目在世界各地以及网络上展开。我国学者在20世纪90年代已开始关注濒危语言问题，自21世纪初以来，开展了多项濒危语言、方言调查研究课题，出版了一系列重要成果，例如孙宏开先生主持的“中国新发现语言研究丛书”、张振兴先生等主持的“中国濒危语言方言研究丛书”、鲍厚星先生主持的“濒危汉语方言研究丛书”（湖南卷）等。为了全面、及时抢救保存中国语言方言资源，教育部、国家语委于2015年启动了规模宏大的“中国语言资源保护工程”。在语保工程里，专门设立了濒危语言方言调查项目，迄今已调查76个濒危语言点和60个濒危汉语方言点。对于濒危语言方言点，除了一般调查点的基本调查内容以外，还要求对该语言或方言进行全面系统的调查，并编写濒危语言志书稿。随着工程的实施，语保工作者奔赴全国各地，帕米尔高原、喜马拉雅山区、藏彝走廊、滇缅边境、黑龙江畔、海南丛林都留下了他们的足迹和身影。一批批鲜活的田野调查语料、音视频数据和口头文化资源汇聚到中国语言资源库，一些从未被记录过的语言、方言在即将消亡前留下了它们的声音。

为了更好地利用这些珍贵的语言文化遗产，在教育部语言文字信息管理司的领导下，商务印书馆和中国语言资源保护研究中心组织申报了国家出版基金项目“中国濒危语言志”，并有幸获得批准。该项目计划在两年内按统一规格、以EP同步方式编写出版30卷志书，其中少数民族语言20卷，汉语方言10卷。自项目启动以来，语信司领导高度重视，亲自指导志书的编写出版工作，各位主编、执行编委以及北京语言大学、中国传媒大学的工作人员认真负责，严格把关，付出了大量心血，商务印书馆则配备了精兵强将以确保出版水准。这套丛书可以说是政府、学术界和出版社三方紧密合作的结果。在投入这么多资源、付出这么大努力之后，我们有理由期待一套传世精品的出现。

当然，艰辛和困难一言难尽，不足和遗憾也在所难免。让我们感到欣慰的是，在这些语言、方言即将隐入历史深处的时候，我们赶到了它们身边，倾听它们的声音，记录它们的风采。尽管我们无力回天，但已经尽了最大的努力，让时间去检验吧。

曹志耘

2018年10月

于浙江师范大学

目录

第一章 导论

第一节

调查点概况

白马人自称pe^{53}，把汉族称为dʑɛ^{53}。白马人的统称为ko^{53}dʑɛ^{35}pe^{53}，现居住在甘肃省文县和四川省平武县、九寨沟县，因居住地不同就有了不同的称谓。平武白马人叫tɐ^{31}pu^{53}pe^{53}，tɐ^{31}pu^{53}指涪江上游的支流夺补河，因他们居住在夺补河流域而得名；文县白马人叫ta^{31}ka^{53}pe^{53}，ta^{31}ka^{53}是白马峪河的意思，因其居住在白马河流域而得名；九寨沟县的白马人叫tɕe^{31}ɽɿ^{53}pe^{53}，tɕe^{31}ɽɿ^{53}也是他们居住地的河流名称。白马人自述为古“氐族”后裔，被其他民族称为“番”“西番”或“白马番”。1951年被划入藏族，依据是其与虎牙、嘉戎藏族紧邻，后来就称之为“白马藏族”或“白马人”。费孝通先生在《关于我国的民族识别问题》（1980）一文中提到的“平武藏人”就是现在的平武白马人。

白马人居住在甘、川交界的崇山峻岭之中，总面积七千多平方公里。人口约两万人。主要分布在甘肃省文县铁楼藏族乡，四川省平武县木座藏族乡、白马藏族乡，阿坝藏族羌族自治州九寨沟县下塘地区的勿角乡、马家乡等地。

文县位于甘肃省最南端，与四川、陕西接壤。地处秦巴山地，是甘肃的南大门。东南与四川青川、平武县接壤。西邻四川九寨沟县和甘南藏族自治州，北接陇南市武都区。文县地处东经104°16′16″～105°27′29″，北纬32°35′43″～33°20′36″。东西长217公里，南北宽156公里，辖区面积4994平方公里。文县地形自东向西由亚热带丘陵区向高山峻岭、深山峡谷区过渡，形成西高东低的地势。最高海拔4187米，最低海拔550米，河谷海拔高度550米～1650米。文县是新构造运动强烈区，地震活动频繁，地质构造复杂，地表起伏大，岩石裸露，沟壑发育强。

早在原始氏族公社时期，文县已有人类活动。文县的堡子坝乡朱家台、石鸡坝乡哈南寨均有新石器时代仰韶文化马家窑类型的遗址。战国至西汉初为氐族所居，《史记·西南夷传》载："白马最大，皆氐类。"秦朝秦二世三年（前206）置广汉郡平道；西汉高帝六年（前201）置阴平道，为广汉郡领县之一，并设北部都尉，治阴平；东汉为蜀国都尉治；三国初属魏，曹操改广汉属国为阴平郡，蜀汉置阴平郡；蜀汉末年，魏将邓艾曾偷渡阴平，在此凿山修筑古栈道；东晋和南北朝北魏太和元年（477）建阴平国；北周大象二年（580）北周灭阴平国，明帝封"文"置州，始称"文州"，文县之"文"是沿用"文州"之"文"而来；隋朝废郡，置建昌、曲水、正西三县属文州；唐朝复置文州；宋、元沿置文州；明朝洪武四年（1371）降州设置文县，沿用至今；清朝文县隶属于甘肃省阶州；中华民国时期文县隶属于甘肃省武都专区。

白马人崇拜山神、水神、火神、树神、天神、土地神等，属于多神宗教信仰，具有明显的原始图腾崇拜倾向。从白马人的庙神画案、家神画案、家谱画案，以及白马人服饰和主要祭祀活动来看，白马人的图腾崇拜有自然崇拜、生殖崇拜、道教和佛教崇拜、先祖崇拜四大类。白马人传统的住房为土墙板房，多建于缓坡地，地基略挖即成。在房顶的椽子上面盖10毫米左右的木板，木板是用剖开的塔松树干做的，所以称之为塔板，塔板如鳞状铺到屋顶，这样的房屋称为塔板房。

白马人的服饰别具一格，保存了最完整的文化信息。主要有沙嘎帽、头饰、女彩服（百褶衣）、男装、胸饰、毛腰带、番鞋、绣花鞋等。有关沙嘎帽还有一个美丽的传说。传说白马人先祖遭敌围困数日而疲惫酣睡，敌人突然袭击，危急时刻白公鸡一声啼鸣拯救了白马人，从此白马人头戴插有白鸡翎的沙嘎帽，以示铭记白公鸡的救命之恩。

白马人曾实行比较严格的族内通婚，不与外族（包括藏族）通婚。白马人的亲属关系和通婚范围主要是建立在族群认同基础上的。从大的地域来讲，白马人只在文县、平武县、九寨沟县等境内相互通婚。白马人结婚一般要经过（放小话）提亲、放大话（订婚）、过彩礼、结婚、回门等程序。放大话（订婚）时，女方在男方客人进门前用撒灰的形式来迎接。结婚当天，主客相互对唱《寿故》和《哥舍》，户族招待女方家的客人时要唱《戳勾些》，送客时主客对唱《少这业不业鲁》。可以说，歌声伴随着白马人结婚的整个过程。自改革开放以来，白马人的婚姻观念开始逐渐变化，尤其是近十年来白马人开始与外族通婚。

白马人的饭菜品种繁多，饮食独具特色。主要有酸菜面、拌面饭、黄豆杂面条、搅团、腊肉搡搡饭、火烧馍、面疙瘩、洋芋糍粑、猪血馍、猪血肠、手抓骨头肉、荞凉粉等。白马人很喜欢饮用自己酿造的五色粮食酒和蜂汤酒。其中，五色酒有通经活血、养血、生津、益神等作用。

据《文县志》（1924）记载"文番……丧礼不知成服，惟取薪焚之，延僧忏悔，谓之火葬"。历史上，每个寨子按户族设有火葬公墓，将遗体捆在事先预备好的木轿内，送至火葬处，再将遗体放在墓穴的正中，用柴围住。贝木（神职人员）念经超度之后，点火焚烧。

如今大都实行土葬。送葬开始时由两人持火把先行引路，送丧过程中族人边哭边放鞭炮，有的还唱送葬歌，全寨子人簇拥着将逝者抬至坟地，放入墓坑里，盖上棚木或棚石，掩上新土垒起墓堆，然后由贝木打锣念经超度亡灵，最后逝者家人按礼节向送葬的全村人叩头致谢，所有送葬的人回家时是不能哭的。

白马人勤于学习创造，是一个很早就进入农耕文明的先进族群。白马人大都从事旱作农业，主要种植玉米、小麦、土豆；为了充分利用气候、土质、土地，他们还种植多种杂粮，如青稞、黄豆、苦荞、燕麦、荞、大豌豆、小豌豆、小豆、巴山豆、高粱、糜子、谷子等；同时也种油菜籽、麻子、荏子、胡麻等油料以及萝卜、包心菜、圆根菜等蔬菜。白马人饲养马、骡、驴、黄牛、犏牛，以备役使；养羊剪毛纺织，做衣被；养猪、鸡以食用。同时，纹党参、大黄、当归等中药材的种植也是白马人的传统产业，是多数家庭的重要收入来源。养蜂是白马人的习惯，所产蜂蜜除自己食用外，主要向外出售。

2008年“5·12”特大地震后，白马人的生产生活方式彻底转变。现在，白马人已不再完全从事农耕，与其他民族一样，外出打工成了多数家庭的主要经济来源。

第二节

白马语的系属

关于白马语的系属问题，从20世纪80年代开始就有两种不同的观点。以孙宏开为代表的学者认为白马语是藏语支的一种独立语言。孙宏开先生的观点详见于《白马人的语言》（1980a）、《历史上的氐族和川甘地区的白马人——白马人族属初探》（1980b）、《六江流域的民族语言及其系属分类——兼述嘉陵江上游、雅鲁藏布江流域的民族语言》（1983a）、《试论我国的双语现象》（1983b）、《试论中国境内藏缅语的谱系分类》（《云南民族语文》1990）、《白马语是藏语的一个方言或土语吗？》（2003）、《从词汇比较看白马语内部的方言差异——兼论语言身份识别的方法》（2013a）、《八江流域的藏缅语》（2013b）等文，以及他与日本西田龙雄合著的《白馬譯語の研究：白馬語の構造と系統》（1990）。孙宏开先生认为白马语虽然有不少与藏语相同的特点，但与藏语各方言比较表明，白马人使用的语言有自己的基本词汇和语法构造，与藏语之间的差别已远远超出中国境内藏语三大方言之间的差异程度，应该认为是一个不同于藏语但属于藏语支的独立语言。（孙宏开，2003）费孝通在《关于我国民族的识别》一文中说："他们（白马藏族）的语言和藏语之间的差别超过了藏语各方言之间的差别。"戴庆厦在《中国藏缅语描写语言学的现状及展望》中说，"就目前所知，（藏缅语族）已确定为独立语言的有35种"，其中就包括"白马语"。

另一种观点认为白马语是藏语。张济川（1994）和黄布凡等（1995）都认为白马语和藏语的特点基本相同，特别是它们的词汇，应该是藏语的一个方言，属于藏语康方言。另外，曾文琼的《试论"达布人"的族属问题》（1980）、桑木旦的《谈谈"达布人"的族别问题》（见四川省民族研究所编《白马藏人族属问题讨论集》，1980）、齐卡佳《白马藏族为氐族说新探》（2008a）、杨士宏等的《白马藏语与周边其他藏语方言的层次关系研究》（2014）等，都认为白马语不是独立的语言，而是藏语的一个方言。

中国境内的藏语分为三个方言，即卫藏方言、康方言和安多方言，加上不丹的藏语（宗卡）和拉达克藏语，共五个方言。语言和方言划分大体是根据差异度来确定的，如果将白马语放到藏语各方言中去衡量，那么势必打乱藏语方言划分的历史层次。7世纪创制的藏文虽然经过了多次厘定，但是它与藏语五大方言之间的对应关系是十分清楚的。但是白马语则不同。第一，白马语中的大量词汇在藏文词典中根本找不到；第二，即使能够找到与藏语的同源词，但是它无法建立像藏语其他五个方言那样与藏文之间的读音对应规则；第三，白马语的许多形态成分在藏文中也找不到。（孙宏开，2013a）在境外，语言身份的识别主要是依靠沟通度。如果以沟通度为依据，那么，白马语的方言土语之间也会被识别为不同的语言。因为白马人分布在两省三县，随着对这三个地区白马语的调查，尤其是通过对甘肃文县和四川平武地区白马语的调查，我们发现这三个地区的白马语在语音、词汇、语法等方面都存在着一定的差异。从调查看，平武一带的白马语与九寨沟的白马语比较接近，而与甘肃文县一带的白马语差异较大。也就是说，九寨沟和平武的白马人基本上可以通话，应该属于两个小土语；四川平武一带和甘肃文县的白马语差异比较大，他们之间如果用沟通度方法来测试的话，肯定会认为无法完全沟通。语音上的差异、词汇上的差异决定了这两个地区的白马人在一起时，是很难完全沟通的。

通过大量的实地调查，我们也发现白马语和藏语之间存在一些共同成分，但大多是藏语影响的结果。甚至直到现在，还可以明显看到这种影响的遗迹。例如，同是“太阳”，有两种说法，一种说法与藏语完全相同；另一种说法却不同。这类两读词中，既有宗教用语，也有少数如“嘴”“水”“山”“虎”等常用词。据分析，与藏语相同说法的词是受藏语影响的结果，与藏语不同说法的词是白马语的固有词。（孙宏开，1980a）而这种两读词的产生是历史上这一带少数民族曾经兼用过藏语的结果，以至于不少藏语借词进入了白马人的语言，有的被吸收，增加了共同成分，有的并存并用，延续到现在，也有的被淘汰。这是符合两种语言互相融合的规律的。斯大林曾指出：“实际上，在两种语言融合的时候通常都是有其中某一种成为胜利者，保存自己的文法构造和基本词汇，并继续按其内部发展的规律发展着；另一种语言就逐渐失去自己的本质，而逐渐衰亡。在这种情况下，胜利的语言就从失败的语言中吸取一些词来丰富自己的词汇。”在这里，我们看到了白马人使用的语言在与藏语融合的过程中，战胜了藏语的情况。但在松潘及南坪上塘藏区，这一带的民族却已经完全藏化，语言也完全使用藏语。而这一带的藏语中，却同样吸收了平武一带白马人使用的语言，也同样有一批两读词，其中包括民族自称。这里的藏语和白马人使用的语言更接近一点，同源词高达35%左右，语法上共同点也更多。显而易见，是藏语把白马语融合了：这一带的藏语吸收了白马语的一些词来丰富自己。因此说，白马语应该是受藏语影响较大，但又不同于藏语的一种独立的语言。

第三节

白马语的濒危状况

一　调查点周边语言情况

甘肃文县白马人主要分布在铁楼藏族乡、石鸡坝乡、中寨乡、堡子坝乡、天池乡、梨坪乡、丹堡乡和刘家坪乡。居住呈现出大杂居、小聚居或交错居住状态，其中，文县铁楼藏族乡属于最大的聚居地，其余大都是小聚居于一个村或一个社，还有一些村寨基本上是和汉族交错居住的。甘肃文县铁楼乡古称白马乡，后称铁楼藏族乡，位于文县西白水江之南，东北连城关镇，西北接石坊乡和石鸡坝乡，南邻四川省平武县白马藏族乡，西靠四川省九寨沟县勿角乡，是历史上通往九寨沟和平武的便捷通道。铁楼藏族乡隶属文县，全乡共有2969户，1 0939人；其中，白马人有651户，2689人，其余都是汉族。铁楼藏族乡共有16个建制村，39个自然村。39个自然村中，薛堡寨、寨科桥、杨尕山、草河坝属于杂居村，迭堡寨、枕头坝、草坡山、朱林坡、强曲、案板地、入贡山、中岭山、立志山、麦贡山、腰坪山、夹石山等都属于聚居村。根据调查数据研究发现，相同类型的村寨，其语言使用的情况基本相同。鉴于此，在进行数据分析时，我们只选择了聚居村和杂居村各一个村寨进行数据分析。

草河坝村共有621人，其中，汉族356人，白马人265人，汉族人比白马人稍多一些，属于典型的杂居村。在草河坝村，白马人与汉族交错居住，所有的白马人都会说汉语，但没有一个白马人只说白马语，并且白马语的使用场所非常受限，只有在家里或在村子里遇到白马人时才说白马语，大多数白马人在绝大部分时间都说汉语。从民族认同感上看，白马人在家也努力保存自己的语言文化，但汉语这种强大的语言势必会影响到白马语的使用。通过数据分析，杂居村的语言使用类型可以分为两类，即白、汉双语型和汉语转用型。在杂居村已经不存在白马语单语人了。杂居村白马人的汉语水平普遍较高，这为他们与外界其他民族沟通提供了便利的条件，也为他们学习其他民族尤其是汉民族的优秀文化奠定了基础。所以，杂居村的白马语出现了极度的濒危情况，年轻人都转用汉语进行交流。这对传承民族文化尤其是语言文化极为不利。

麦贡山村有61户，257人，全部是白马人，属于典型的白马人聚居区，母语环境保持良好，母语的社会功能较强，本村的白马人在村子里都能用白马语熟练地交流。从调查数据看，100%的人都会说白马语，98%的人的母语是自然习得，主要是在村子里和家庭学习的，而且母语掌握的程度取决于长辈的水平，从学校习得母语的人数为0。从调查数据看，在麦贡山这样的白马人聚居村，因民族成分比较单一，单语型和转用型较少，尽管普遍存在着双语现象，但母语保留得较好，由于大环境的影响，该语言依然存在着日趋走上衰落的倾向，而且这种倾向会随着社会的发展越来越严重。而且对双语及双语人的态度基本是一致的，绝大多数人对双语及双语人持肯定态度，这也是白马人汉语水平较高，甚至出现以汉语替换白马语的一个重要的因素。

除铁楼藏族乡之外，其余乡镇的白马人和汉族杂居，他们基本上都说汉语，语言的使用情况和铁楼乡的草河坝村大致相同，而不管是杂居村还是聚居村，白马人都被汉族包围，受汉语的影响很大，所以白马语中出现了大量的汉语借词。

二　濒危状况描述

根据对白马语濒危程度抽样数据的调查分析，其濒危状况可描述如下：

表1-1

序号	指标	评级	情况描述
1	语言代际传承	稳定但受到威胁4	白马语虽然是代代相传，但白马人在教学和对外交流上全部使用汉语。随着族内婚到族际婚的变化，这种代代相传也会逐渐被打破。
2	语言使用者的绝对人数	非常少1	据2012年统计，文县全县共有25万人，使用白马语的有7720人。
3	语言使用者占总人口的比例	不安全3	7720人，占该县总人口的0.03%，白马人分布呈现出大杂居、小聚居的状态，聚居村都使用白马语，但杂居村绝大多数人使用汉语。
4	现存语言使用域的走向	多语交替3	白马语只在家庭或族群内部使用，在公共场合、学校、政府部门全部使用汉语。

续 表

序号	指标	评级	情况描述
5	语言对新域及媒体的反映	无活力0	白马语没有进入到新语域、新媒体、新环境，所有的新事物一律采用汉语借词，白马语正在逐渐脱离现实。
6	语言教育材料或读写材料	书面材料可及度0	没有可用的拼音符号和课本。
7	政府和机构的语言态度和语言政策	同等重视4	我国法律规定少数民族有使用和发展自己本民族语言的权利，近年来地方政府也非常重视白马语的保护与传承，但没有开展双语教学。
8	族群人员对自己母语的态度	大多数成员都支持保护和发展母语4	大多数人认为白马语是族群的象征，会说白马语才是真正的白马人，几乎所有的人都支持母语的传承和发展。
9	语言记录的数量和质量	良好3	孙宏开、刘光坤、齐卡佳著《白马语研究》；魏琳、莫超等主编的《陇南白马人民俗文化研究·语言卷》；孙宏开、魏琳、张金生、邱雷生主编的《白马汉大词典》等。

综上所述，无论是白马人的聚居村还是杂居村，白马人的民族认同感都很强烈。但白马语处在以汉语为主体的语言环境之中，所以，白马人几乎都是白马语、汉语双语人，有的甚至还懂三种以上的语言。双语型现已成为白马人语言使用的主要特点。在白马人聚居村，也只有极少数的人是单语人，单语人的形成主要归因于居住环境的封闭和学校教育的缺乏。

在族群内部，白马人虽然都在说白马语，但也只能说一些简单的日常用语，遇到较为复杂的表达时会自然转用汉语来表达。现在，白马人在交流中所借用的汉语词语，不仅有自然科学类的专业术语和近年来才出现的新词术语，就连一些基本词汇也开始借用汉语了。比如数词，白马人本来有自己的表达方式，但在实际语言交流时常会选择汉语来表达。也有一些词，由于大多数白马人已经不知道用白马语怎么表达了，就自然而然地借用了汉语。尤其是听不懂，也不会说的语言。比如，被白马人称之为诗史的“勒”（属于白马人文学中的韵文），尽管它包含了天文、地理、自然、传说等文化知识，但在调查中发现，除了非遗传承人之外没人会唱。即使是传承人也只掌握了其中的一小部分，而且对其中的一些词汇或句子也无法理解其意义。由此可见，随着时间的推移，越来越多的白马人将转用汉语，放弃母语，白马语将走向濒危。

第四节

白马语研究概况

白马人分布在川、甘交界处，居住在两省三县的深山密林中。新中国成立后，白马人划归藏族。白马人居住在汉藏之间，东部和南部与汉区接壤，北部和西部比邻安多藏区。与汉族形成大杂居小聚居，只在少数地区和藏族杂居。但是白马人在语言、服饰、风俗习惯、宗教信仰等方面，均有自己独特的风格，因此引起了学术界的广泛关注。

一　白马语的调查研究

有关白马语的调查研究，最早可以追溯到乾隆时期的《西蕃译语》，该书杂字共有740条，分天文门、地理门、时令门、人物门等20个语义门类。根据西田龙雄和孙宏开先生的研究，《白馬譯語の研究：白馬語の構造と系統》记录的语言和现在平武白马语相近。孙宏开、齐卡佳、刘光坤著《白马语研究》（2007）以平武白马语为调查对象，共收集记录了3000多个白马语常用词汇和部分长篇语料，详细描写和分析了白马语的语音、词汇和语法现象，并对白马语的谱系分类进行深入的探讨。此外，该书还公布了一些文献资料。魏琳、莫超等主编的《陇南白马人民俗文化研究・语言卷》（2011）以文县白马语为调查对象，共收集4000余条白马语常用词汇，并按义类加以编排，分为天文、地理、时令、时节、农业、动作、白马村寨名、詈语、姓氏等34章。杨士宏主持完成的2012年度教育部人文社会科学研究项目“白马人语料库建设及其族属研究”，共收集了4500个白马语词汇，并建立了资料库。杨士宏、杨锋的《白马藏区“阿尼格萨”研究》（2017）一文对白马地区流传的长篇故事“阿尼格萨”进行了调查整理，并对其中的一些片段进行了转写和记录。孙宏开、魏琳、张金生、邱雷生主编的《白马汉大词典》（2019），是在深入调查白马人的生活和生产后编纂而成的，是一部全面记录白马人语言文化的百科全书。

二　白马语专题研究

从20世纪80年代以来，对白马语的研究基本上是围绕其是独立的语言，还是作为藏语方言进行的，其他问题关注较少。自西田龙雄、孙宏开的《白馬譯語の研究：白馬語の構造と系統》（1990）发表后，白马语备受关注，核心问题是其系属问题。西田龙雄、孙宏开对清乾隆年间用汉字和藏文记录的《西番译语》中的一种语言的740条词目进行了研究，并与四川平武的白马语进行对比，发现它们之间有90%左右相同。该书还公布了在实地记录的3000多常用词，揭示了它们的语法和词汇特点。作者认为，“白马语虽然有不少与藏语相同的特点，但与藏语各方言比较后表明，它与藏语的远近关系已经远远超出中国境内藏语三大方言之间的差异程度，应该认为是一个不同于藏语但属于藏语支的独立语言。”（孙宏开，2003）张济川在《白马语与藏语》（1994）中以《白馬譯語の研究：白馬語の構造と系統》附录的词汇为材料与藏语做了详细的比较，得出白马语是一种藏语方言的结论。黄布凡、张明慧在论文《白马语支属问题研究》（1995）中对白马语和藏语的一些语法范畴和形式进行了讨论，认为白马语与藏语有相同的语法范畴和对应的形式，也有相异的语法范畴和语法形式，并列出许多语音对应例词，提出白马语历史上可能不是藏语方言，但如今是藏语方言。随着对白马语研究的深入，有关白马语的研究已逐渐由系属问题的争论转移到对其语言的本体研究。黄星的硕士论文《独特的语言化石——四川省平武县白马语亲属称谓研究》（2004）首次用成分分析法对白马人的亲属称谓词进行了深入的专项研究，并对其体现的文化特征进行了讨论。孙宏开、刘光坤、齐卡佳著的《白马语研究》（2007）第二章专门描写和分析了白马语的语音；第三章讨论了白马语的词汇特点；第四章系统描写和分析了白马语的语法特点。齐卡佳（2005b）一文描写和分析了白马语名词格标记的形式、分布和它们的来源，作者认为，白马语的格标记有的跟藏语同源，有的与羌语支语言有关。齐卡佳（2006）运用了国外语言学界对形态范畴的分析理论，以丰富翔实的调查材料，对白马语的情态范畴进行了系统的分析。齐卡佳（2008b）以白马语作为个案，分析了白马语与藏语安多方言、康方言在示证范畴的相似性。另外，魏琳（2011）、李瑞智、魏琳（2011）、魏琳（2012）、魏琳（2013）等论文，在对白马语进行了深入调查研究的基础上，对其语音、词汇进行了专门的论述。除此之外，莫超、班旭东（2014）对白马语动词词形内部屈折变化的三种表现形式进行了探究，并进而讨论了人称变化与体范畴的关系。

三　词汇调查及长篇语料收集

西田龙雄、孙宏开（1990）附录二，提供了九种西番译语对照写真复制版本。张济川（1994）列出1833个白马语和藏文对应词。孙宏开（2013a）从词汇比较论述了白马语的内部差异。齐卡佳（2007）列出100个白马语核心词，同时，齐卡佳（2008a）还列出近500个书面藏语和白马语对照词。孙宏开、齐卡佳、刘光坤（2007）在附录中提供了白马语三个方言对照词表和两篇长篇语料。魏琳、莫超、班旭东、班保林（2011）收集并整理了4000余条词汇。杨士宏的研究报告"白马人语料库建设及其族属研究"建立了白马语词汇语音库、句子语音库、民俗文化篇章语料库等，共收集白马语词汇4600多条。

四　白马语的保护及传承研究

魏琳（2010）对甘肃文县白马语的传承与生存现状进行了梳理，探究了由于社会的发展、交际的频繁，白马语正逐渐走向衰落，白马语的一些语汇已被遗忘并被汉语逐步取代，有些词语的发音也受到了汉语的影响，一些不常用的词汇几乎面临衰亡，因此抢救和保护白马语意义重大，并提出了保护白马语的途径和方法。魏琳于2015至2018年完成了三项"中国语言资源保护工程项目"，对白马语的三个方言点进行了全面的调查，并完成了语保项目规定的音频、视频的摄录与记录。

第五节

调查说明

一　调查大致过程

甘肃文县白马语的调查工作开始于2010年1月，所选调查点为甘肃文县铁楼藏族乡入贡山村，该村距离乡政府10公里，是白马人聚居村。20世纪80年代对白马语的主要调查区域是四川平武县，对文县白马语没有做过系统的调查。2010年调查收集了4000个常用词。2011～2016年，本课题组深入到甘肃文县、四川九寨沟和平武的各个村寨进行了调查，重点调查了白马语的使用情况及内部差异。虽然入贡山村的语言保存较好，但该村的方言土语较多，与周围其他村寨的语言差异较大。强曲村在文县白马河中段，属于白马人聚居村，语言处于中心位置，能够代表文县大多数的白马语，所以这次调查以甘肃文县铁楼乡强曲村为主要调查区域。调查的起始时间为2011年1月20日～2016年2月26日，收集词汇一万多条，还收集记录故事、歌谣、讲述、韵文等近50万字。

2017年2月13日，课题组又一次深入铁楼藏族乡强曲村，对之前采录的白马人故事、传说进行核对。这次重点对白马人的古歌“勒”进行了调查，同时补充了一些中药名词、拟声词、叹词、语气词、虚词和汉语借词等。

本书的词汇调查提纲以《中国语言资源调查手册·民族语言（藏缅语族）》的调查词表为依据，补充调查词汇983条。语法描写框架主要参考了刘丹青编著的《语法调查研究手册》（2008）、李大勤著《格曼语研究》（2003）和孙宏开、刘光坤、齐卡佳著《白马语研究》（2007），部分参考了江荻、李大勤、孙宏开著《达让语研究》（2013）、宋伶俐著《贵琼语研究》（2011）等。书中还有部分语法例句摘自孙宏开、魏琳、张金生、邱雷生主编的《白马汉大词典》（2019）。

二　发音人简况

此次调查的发音人均为土生土长的白马人，具体情况如下：

余林机，男，生于1967年，甘肃文县铁楼藏族乡强曲村人，高中文化程度，从小生活在强曲村，高中毕业后一直在家务农，几乎没有外出过。国家级非物质文化遗产项目傩舞“文县池哥昼”的国家级代表性传承人，也是白马文化的主要传承人之一。他的母语是白马语，讲得非常流利，他也是甘肃文县唯一一个全面掌握祭祀和古歌的人，他会讲文县方言，也会讲普通话。他的妻子是本村人，文盲，一直在家务农，她的母语是白马语，会说文县方言，不会说普通话。他们在家都说白马语，出了村子就用文县方言交流。作为本次主要的发音人，他提供了词汇、语法例句、故事、歌谣、讲述等材料。

班旭东，男，生于1976年，甘肃文县铁楼藏族乡入贡山人，大专文化。参加工作后一直在铁楼乡中寨小学当老师，后来调到文县教师进修学校任教。2017年调到文县政协办公室工作，主要从事白马人民俗文化研究，他的母语是白马语，会说文县话，也会说普通话。他的父母、妻子都是白马人，都会说白马语，也会说文县话。部分语法例句和故事材料是由他提供的。

班保林，男，生于1968年，甘肃文县铁楼藏族乡入贡山人，中专文化，曾任铁楼学区副校长，现任甘肃文县文化局非物质遗产办公室主任，他的母语是白马语，会说文县话，也会说普通话。本书的调查工作大多数是在他家完成的，他除了提供了部分歌谣和故事材料，还为本书提供了很多照片。

第二章 语音

第一节

声韵调

白马语的语音系统比较接近藏语支的语言，音系整体上呈现比较简单的状态。白马语的语音也有其自身的一些特点：一是音位分布不均匀，有些音节涵盖的词汇较多，有些音节只出现在个别词汇中，甚至也有只出现在孤立词中的音节；二是两读词较多；三是汉语借词较多，并且和白马语混在一起很难区分。

一　声母

（一）单声母的特点

白马语的单声母比较丰富，共有37个。其特点是：

1. 37个声母涉及9个发音部位和12种发音方法。

2. 塞音、塞擦音按发音方法均分清、清送气和浊3套，擦音只分清浊。

3. 擦音分4套，其部位有唇齿、舌尖前、卷舌、舌面前的擦音；此外，还有一个声门浊擦音ɦ。

4. 塞擦音按部位分4套，其部位有舌尖前、卷舌、舌叶和舌面前。与之相配套的擦音仅有3套，即卷舌部位的塞擦音和舌叶部位的塞擦音共用一套擦音。（孙宏开、刘光坤、齐卡佳，2007）这一特点与羌语支语言是很接近的。

5. 鼻音有双唇、舌尖中、舌面前、舌根4套，不分清浊。

白马语单声母的发音部位和发音方法具体如表2-1所示：

表2-1 单声母

发音方法＼发音部位		双唇	唇齿	舌尖前	舌尖中	卷舌	舌叶	舌面前	舌根	喉门
清	不送气	p			t				k	
	送气	ph			th				kh	
浊		b			d				g	
清	不送气			ts		tʂ	tʃ	tɕ	ŋ	
	送气			tsh		tʂh	tʃh	tɕh	x	
浊				dz		dʐ	dʒ	dʑ		
浊		m			n			ȵ		
清	不送气		f	s		ʐ	ʃ	ɕ		
	送气									
浊			v	z				ʑ		ɦ
浊					l					
浊					r					

（二）单声母的说明

1. 唇齿音声母中的清擦音在白马语中出现得很少，主要出现在汉语的借词中。

2. 卷舌塞擦音tʂ、tʂh、dʐ的塞音成分比较重，音值近似于ʈ、ʈh、ɖ。且浊音dʐ在发音时带有轻微的颤动。

3. 擦音ʃ、ʒ在白马语中可变读为ʂ、ʐ。

4. 整个舌面前音的部位稍靠后，音值近似于舌面中音。

5. 在白马语中，齿龈部位的音颤动比较明显，不能变读为ʐ或ʒ。

6. 凡是开元音的音节前面带有一定的喉塞音。例如：a^{31}ȵi^{53}“爷爷”，实际音值为ʔa^{31}ȵi^{53}，凡是以高元音i、y起首的音节，其元音都带有一定的摩擦，近似于ʑ音。

7. 双唇塞音和鼻音与高元音u相拼时，带有较明显的摩擦现象。

（三）单声母的例词

表2-2 单声母及例词

声母	例词1	意译	例词2	意译	例词3	意译
p	pɐ^{53}	儿子	po^{35}	女儿	pe^{35}	叫

续 表

声母	例词1	意译	例词2	意译	例词3	意译
ph	pha^{53}	猪	phe^{53}	炕	phi^{53}	脱
b	bə^{35}	淋	be^{35}	藏	bə^{35}	泡沫
m	mu^{35}	阴	me^{53}	涝	ma^{35}	摸
f	fu^{35}	剂	ku^{31}fu^{53}	姑父	lo^{35}fã^{35}	楼房
ts	tsɛ^{53}	草	tse^{35}	噎	tsɐ^{53}	擤
tsh	tshɔ^{53}	窝	tshɛ^{53}	盐	tshe^{53}	棺材
dz	dza^{35}	月亮	dzɔ^{35}	瓦	dzɛ^{35}	挽
s	sɛ^{35}	土	suə^{35}	大麦	sue^{53}	喂
z	zo^{35}	抓	zɿ^{53}	瞪	zɔ^{241}	强
t	tuə^{35}	烟	tɛ^{53}	马	te^{53}	倚
th	thɔ^{53}	晴	thie^{35}	抽	thio^{53}	挑
d	dɐ^{35}	石头	do^{35}	树	du^{35}	手镯
n	nã^{35}	明天	no^{35}	牛	na^{35}	耳朵
l	lo^{35}	风	le^{53}	擀	lɛ^{35}	腿
r	rɐ^{35}	山	rʅ^{35}	蛇	ro^{35}	蜜蜂
tʂ	tʂue^{35}	跑	tʂɔ^{53}vu^{53}	乖	ȵɛ^{31}tʂu^{35}	火光
tʂh	tʂhu^{53}	挠	tʂha^{35}	插	tʂhe^{53}tʂhe^{53}	细
dʐ	dʐa^{35}	棉花	dʐe^{35}	骡	dʐə̃^{241}	挣
z	ʐə^{35}	以后	ʐuə^{35}	跳蚤	ʐɔ^{35}	阴茎
tʃ	tʃɔ^{53}	现在	tʃɛ^{53}	茶叶	tʃə̃^{35}	蒸
tʃh	tʃha^{35}	雨	tʃhuɐ^{53}	江	tʃhə̃^{35}	撑
ʃ	ʃo^{241}	木耳	ʃʅ^{53}	虱子	ʃe^{35}	柴火
dʒ	dʒa^{35}	舌头	dʒɐ^{31}mu^{53}	重	dʒuɐ^{31}to^{53}	兔唇
tɕ	tɕɐ^{53}	小麦	tɕi^{35}	韭菜	tɕy^{35}	穿
tɕh	tɕhe^{35}	灰	tɕɛ^{53}	谷子	tɕhi^{53}	狗
dʑ	dʑi^{35}	揉	dʑyə^{35}	钱	dʑɔ^{35}	秤
ȵ	ȵyə^{35}	太阳	ȵɛ^{35}	火	ȵɐ^{35}	人
ɕ	ɕɔ^{35}	沙子	ɕyə^{35}	老鼠	ɕɛ^{53}	鸡
ʑ	ʑe^{35}	死	ʑyə^{35}	把儿	ʑi^{35}	躲

续表

声母	例词1	意译	例词2	意译	例词3	意译
k	kɔ^{53}	晒	kue^{35}	衣服	ko^{53}	渴
kh	kho^{53}	缝衣针	khuɐ^{53}	背	khã^{35}	烤
g	guɐ^{35}	坝	ga^{35}	系	gu^{35}	弯
ŋ	ŋue^{35}	以前	ŋuə^{35}	尾巴	ŋe^{35}	菜
x	xɛ̃^{241}	咸	xa^{35}	下	sa^{31}xe^{53}	鞋子
ɦ	ɦa^{35}	更	ɦo^{35}	又	ɦɛ^{35}	狐狸
v	vu^{35}	焖	tʃɛ^{53}vu^{53}	家具	rɛ^{53}vu^{53}	白酒

（四）复声母

白马语的复声母是由浊塞音和浊塞擦音同部位的鼻音构成的鼻冠复辅音。鼻冠复声母共有7个，分别是mb、nd、ŋg、ndz、ndʐ、ndʑ、ndʒ。这些声母的特点是：

1. 结合方式比较单一，基本上都是浊音与浊音相结合，没有浊音与清音或清送气音结合的复辅音。

2. 只有同音位的鼻冠音与同部位的塞音、塞擦音相结合，没有异部位辅音相结合的情况。

3. 白马语的复声母均为不送气音，没有送气的浊音。

4. 例词见表2-3

表2-3　复声母及例词

声母	例词1	意译	例词2	意译	例词3	意译	例词4	意译
mb	mbɐ^{53}	虫子	mbi^{35}	赚	mbie^{35}	拔	mbɔ^{241}	庹
nd	ndɔ^{35}	昨天	ndo^{35}	扣	nduə^{241}	摘	ndu^{53}	在
ŋg	ŋga^{35}	雪	ŋgə^{35}	家里	ŋguə^{53}	叫	ŋgu^{35}	箍
ndz	ndzɐ^{35}	湖	ndzɛ^{53}	麻风	ndzɔ^{53}	装	ndzo^{241}	卖
ndʐ	ndʐe^{35}	稻	ndʐa^{35}	炸	ndʐɔ^{241}	一千	ndʐu^{35}	龙
ndʒ	ndʒuə^{53}	下蛋	ndʒuɐ^{35}	盛饭	ndʒʅ^{35}	磨	ndʒe^{35}	裹
ndʑ	ndʑɔ^{35}	拽	ndʑa^{35}	着凉	ndʑe^{53}	走	ndʑy^{35}	吃

二　韵母

白马语共有36个韵母，其中包括18个单韵母和18个复韵母。18个单韵母包括单纯元音11个：i、e、ɛ、a、ɔ、o、u、ɿ、y、ə、ɐ；卷舌元音1个：ər；鼻化元音6个：ĩ、ɛ̃、ã、õ、ỹ、ə̃。

（一）单韵母

1. 特点

（1）白马语单韵母数量较多，类型比较简单，除了元音舌位图里的7个标准的元音外，还有4个舌面元音、6个鼻化元音和一个卷舌元音。

（2）大多数单韵母都可以和同一声母结合。

2. 描写说明

（1）高元音i的舌位稍低，音值接近y的舌位，但稍低且稍靠后。

（2）o的实际音值比标准元音稍高，音值近似于ʊ，部分词还可以和u自由变读。

（3）a的发音部位稍高，实际音值近似于æ。

（4）ɔ的舌位比标准元音略低，实际音值近似于ɒ。

（5）ə的舌位比较靠后，实际音值近似于ɤ。

（6）舌尖元音ɿ主要出现在舌尖前、卷舌和舌叶擦音塞擦音后面，另外也出现在齿龈颤音的后面，此时其实际音值近似于ʅ。

（7）卷舌元音主要出现在汉语借词和带有感情色彩的词后。出现在固有词中时主要是与边音l和鼻音m相结合，且出现的频率较低。

（8）鼻化音主要出现在汉语借词中，固有词中出现得很少；在固有词中出现时主要是与喉门辅音ɦ相结合，且出现的频率很低。

3. 例词见表2–4

表2–4　单韵母及例词

韵母	例词1	意译	例词2	意译	例词3	意译
a	da^{35}	舔	ma^{35}	摸	$tɕha^{35}$	掐
i	$dʑi^{241}$	捻	$ʑi^{35}$	躲	$tɕhi^{241}$	提
e	the^{35}	抬	$ʃe^{53}$	掺	re^{35}	是
ɛ	$nɛ^{53}$	疼	$ŋɛ^{35}$	五	$ŋgɛ^{53}$	俩
ɔ	$bɔ^{35}$	淋	$kɔ^{53}$	晒	$thɔ^{53}$	晴
o	lo^{35}	风	do^{35}	树	$ʃo^{241}$	蘑菇
u	mu^{35}	阴	nu^{35}	闻	$tʂhu^{53}$	挠
y	$tɕy^{35}$	穿	$ndʑy^{35}$	吃	y^{53}	斟
ỹ	$ỹ^{35}tõ^{22}xue^{44}$	运动会	$tɕỹ^{31}zə^{35}$	军人		

续表

韵母	例词1	意译	例词2	意译	例词3	意译
ʅ	ndʒʅ^{35}	磨	sʅ^{53}	撕	ndzʅ^{35}	摔
ə	ʐə^{35}	以后	ŋgə^{35}	家里	tʃə^{53}	老虎
ɐ	rɐ^{35}	山	ndzɐ^{35}	湖	dɐ^{35}	石头
ər	tɕər^{35}	毽子	mər^{53}	那	tɕhyər^{53}	楔子
ĩ	ȵĩ^{53}ndɐ^{35}	眼珠	tsɐ^{31}ȵi^{53}bĩ^{31}ndo^{53}	泥石流	tɕhĩ^{31}ndʑa^{31}go^{31}o^{53}	水泡
ɛ̃	tɕɛ̃^{35}	煎	mɛ̃^{241}	近	xɛ̃^{241}	咸
ã	tɕhã^{35}	犟	khã^{35}	烘	ʃã^{31}tiɛ̃^{35}	商店
õ	iõ^{35}	使用	ta^{53}kõ^{31}	打工	tʃõ^{31}ɕyə^{35}	中学
ə̃	tʃə̃^{35}	蒸	dʐə̃^{241}	挣	tʃhə̃^{35}	撑

（二）复韵母

1. 特点

白马语的复韵母主要由i、u、y介音组成，共有18个复韵母。主要特点如下：

（1）只有后响韵母，没有前响韵母，也没有三合韵母。

（2）构成复韵母的3个介音中，i、u出现的频率比较高。其中介音i组成了6个复韵母；介音u组成了6个复韵母；介音y的频率比较低，仅仅构成了一个复韵母。

（3）复韵母既可以单独出现，也可以和其他声母结合成音节，在音节开头出现时带有轻微的摩擦，音值近似于半元音。例如：

iɔ^{35}　路　　　音值近似于　jɔ^{35}

ua^{35}ua^{53}　图画　音值近似于　wa^{35}wa^{53}

白马语中的鼻化韵母在白马语固有词中占的比例非常小，基本都是出现汉语借词中。例如：tɕã^{31}ȵi^{53} “涂墙的泥”。

2. 例词见表2–5

表2–5　复韵母及例词

韵母	例词1	意译	例词2	意译	例词3	意译
ie	thie^{35}	抽	ie^{31}	给	mbie^{35}	拔
iɐ	tɕɐ^{53}	小麦	ȵɐ^{35}ŋgue^{35}	相貌	ȵɐ^{35}	人
iɛ	dʑɛ^{35}	天气	ȵɛ^{35}	火	tɕhɛ^{53}	谷子
ia	kha^{31}ia^{35}	盖子	iɑ^{31}ɕi^{53}	毛巾	ia^{53}uɛ^{53}	手
iɔ	iɔ^{35}	路	uə^{31}iɔ^{35}	下面	iɔ^{31}ie^{53}	马铃薯

续 表

韵母	例词 1	意译	例词 2	意译	例词 3	意译
io	thio^{241}	挑	dio^{35}	疟疾	lio^{35}	留
iu	iu^{35}	笛子	iu^{53}uɛ^{53}	山谷	iu^{31}ʃa^{35}	水沟儿
iə	tʃə^{31}liər^{53}	李子	ka^{31}liəɹ^{53}	银杏	dɐ^{35}liər^{31}liər^{53}	鹅卵石
iɛ̃	iɛ̃^{35}	腌	ʃã^{31}tiɛ̃^{35}	商店	miɛ̃^{241}	喵
iã	tɕhiã^{35}	抢	tɕã^{31}ȵi^{53}	涂墙的泥	ȵĩ^{31}tɕhiã^{35}	火枪
ue	ŋue^{35}	以前	sue^{53}	喂	kue^{35}	衣服
uɐ	tʃhuɐ^{35}	江	guɐ^{35}	坝	ndʒuɐ^{241}	盛
uɛ	sʅ^{53}uɛ^{53}	露	iu^{53}uɛ^{53}	山谷	ndʒʅ^{31}uɛ^{53}	麻雀
uə	tuə^{35}	烟	suə^{35}	大麦	ŋuə^{35}	尾巴
ua	tʃua^{241}	抓	kua^{35}	挂	kua^{31}kua^{53}	锅巴
yə	ȵyə^{35}	太阳	ɕyə^{35}	老鼠	ʑyə^{35}	把儿
yɐ	tɕyɐ^{53}	洗	ȵyɐ^{241}	买	ndʑyɐ^{35}	溢
uɛ̃	gɐ^{35}ʃuɛ̃^{35}	闩门	tshuɛ̃^{31}ʃə^{35}ɕe^{31}	庙会		

三　声调

（一）特点

1. 白马语是有声调的语言，每一个音节都有一个固定的声调；除了汉语借词外，几乎没有轻声。

2. 白马语有四个声调，并且有明确的区别意义的作用，在一定程度上还有语法功能方面的区别作用。

3. 高降调有时可以变读为高平调；中升调有时可以变读为升降调，有时也可以读作低升调，尤其在词的后缀中，前面一个音节如果是高降调，紧跟他的音节一般都会变成低降调。

4. 升降调和高升调在部分词中可以自由变读，但大多数情况下是相对稳定的。

（二）例词见表2–6

表2–6　声调及例词

调序	调形	调值	白马语	汉义	白马语	汉义
1	高降	53	ȵa^{53}	有点	ndo^{53}	脾气
2	中升	35	gue^{35}	冬	tsa^{35}	近
3	低降	31	khɛ^{31}	向	ndo^{31}	蛰
4	升降	241	gue^{241}	很	ndo^{241}	喝

四 音节

白马语的音节结构共有以下6种类型：

1. 元音：ɔ^{31} 哈　　y^{35} 震动

2. 元音+元音：ie^{35} 年　　iu^{35} 笛子　　ue^{35} 煨

3. 辅音+元音：ɕi^{53} 送行　　kɔ^{35} 满　　lɛ^{35} 佛

4. 辅音+元音+元音：liɐ^{35} 轻狂　　gue^{241} 很　　khuə^{53} 背

5. 辅音+辅音+元音：mbɔ^{35} 元　　mbə^{53} 虫　　ndʐə^{53} 鬼

6. 辅音+辅音+元音+元音：ndʒuɐ^{31} 嘴　　ndʑyɐ^{35} 溢　　ŋguə^{53} 叫

以上6种类型中，辅音+元音，辅音+辅音+元音的音节出现的频率最多。

第二节

音变

一　语流音变

白马语的单纯词在口语中是不发生音变的。例如：kɛ^{53}mɛ^{53}“星星”、sɿ^{53}uɛ^{53}“露”、rɐ^{35}sɛ^{53}“山地”等。而复合词在语流中受音节之间的相互影响，会产生声调上的变化。在语流中，由于相邻两个音之间的相互影响，声调会产生一定的变化，这种变化是语流中的一种自然现象，是临时的语音变化，以求语音的和谐，但并不影响词汇意义的变化。而且，连读变调也不会产生新的声调，变调的范围仅仅局限于系统里的声调。

（一）声调的同化

声调的同化主要是逆同化，是指相邻的两个音节，受第二个音节的影响，第一个音节的声调调型趋同于第二个音节。例如：中声调35+高降调53，就变读为低降调31+高降调53。例词如下：

nã^{35}	明天	na^{31}ndzue^{53}	什么时候	zɐ̢^{35}	后面	zɐ̢^{31}ȵi^{53}	大后天
sɔ^{35}	饭	sɔ^{31}tʃo^{53}	饭锅	ia^{35}	手	ia^{31}ɕi^{53}	毛巾
nɔ^{35}	天	nɔ^{31}ɕi^{53}	半空	se^{35}	心	se^{31}nɔ^{53}	心里
nɔ^{35}	天	nɔ^{31}khə^{53}	天上				

（二）声调的异化

声调的异化是指在语流中，由于相邻两个音节的影响，相邻两个声调，不是趋同于一方，而是使另一个声调发生变异。这种异化也是为了音律的和谐，而不影响词语的意义。在白马语中，名词、动词、形容词都可以发生这样的变调。

1. 高降调53+高降调53，变读为低降调31+高降调53。例如：

tʃhuɐ^{53}　河　+　ʐo^{53}　小→tʃhuɐ^{31}ʐo^{53}　小溪

pha^{53}　猪　+　tɕha^{53}　血→pha^{31}tɕha^{53}　猪血

2. 高降调53+高降调53，变读为高降调53+低降调31。例如：

tɕɛ^{53}　头发　+　ndʐɛ^{53}　剪→tɕɛ^{53}ndʐɛ^{31}　理发

3. 中升调35+高降调53，变读为低降调31+高降调53。例如：

rɐ^{35}　山　+　ŋgɐ^{53}　头→rɐ^{31}ŋgɐ^{53}　山头

rɐ^{35}　山　+　khə^{53}　上→rɐ^{31}khə^{53}　山上

nɔ^{35}　天　+　khə^{53}　上→nɔ^{31}khə^{53}　天上

4. 中升调35+中升调35，变读为低降调31+中升调35。例如：

sɛ^{35}　地　+　ndʐi^{35}　动→sɛ^{31}ndʐi^{35}　地震

ȵɛ^{35}　火　+　gue^{35}　点→ȵɛ^{31}gue^{35}　点火

5. 中升调35+高降调53，变读为中升调35+低降调31。例如：

ȵɐ^{35}　人　+　se^{53}　杀→ȵɐ^{35}se^{31}　杀人

6. 高降调53+中升调35，变读为低降调31+低降调31。例如：

khuɐ^{31}　拿　+　tɕhe^{35}　走→khuɐ^{31}tɕhe^{31}　拿走

除以上变调以外，高降调53有时可以变读为高平调55，中升调35有时可以变读为升降调241，也有时可以读作低升调13，升降调241和中升调35在部分词中可以自由变读；但大多数情况下是相对稳定的，每一个音节都有一个固定的声调，除了汉语借词外几乎没有轻声。

（三）元音和谐

白马语的名词、代词、动词在和另外一些音节结合时，有时候会发生元音和谐变化。例如：

ŋa^{53}　我→ŋə^{53}　我的　　　　ŋa^{53}　我→ŋe^{31}ŋgɛ^{53}　我俩

zɛ^{241}rɛ^{53}　咱们→ze^{241}ŋgɛ^{53}　咱俩　　　　khi^{31}ȵi^{53}　他→kha^{31}ra^{53}　他们

ȵɐ^{35}　人→ȵi^{31}　人　　　　ndʐe^{35}　走→ndʐi^{35}　走

rɛ^{35}相当于现代汉语的“们”，表示指人的可数名词的复数的助词，也用于第一人称和第二人称代词。例如：

pe^{31}gə^{35}rɛ^{31}　老师们　　　　ndʐue^{53}mbu^{53}rɛ^{31}　客人们

tsha^{31}ʂə^{35}rɛ^{31}　妯娌们　　　　pe^{31}gə^{35}tso^{31}ma^{53}rɛ^{31}　师徒们

ȵɛ̃^{31}ȵi^{53}rɛ^{31}　孩子们　　　　po^{35}po^{35}rɛ^{31}　女人们

pi^{53}rɛ^{31}　哥们　　　　ȵɐ^{35}tʃho^{35}rɛ^{31}　长辈们

ra^{53}相当于现代汉语的“们”，表示指人的可数名词的复数的助词，仅用于第三人称代词。例如：kha^{241}ra^{53}“他们”。rɛ^{35}和ra^{53}在前元音后面用rɛ^{35}，在后元音后面用ra^{53}，这种规律应该属于元音和谐。

二　变音现象

白马语的语素或词语还可能发生与语法意义相关的某些语音变化，这种变化就叫作变音。

（一）动词的变音

1. 声母的屈折变化

白马语的主语谓语之间有一致性的限定关系，第一人称作为动作的发出者时，在不同的体中有不同的表达。例如：在完成体“我点了灯”中，“点”是tɕa^{31}，在未完成体“我正点灯”“我要点灯”中，“点”是ndʑa^{31}；主语是其他人称时，在句子“他点了灯”“他正在点灯”“他要点灯”中，“点”均是tɕa^{31}。

ŋa^{53}　ȵɛ^{31}kɔ^{53}　ndʑa^{31}　iɔ^{31}.
1sg　灯　点　PROS
我要点灯。

khe^{241}ȵi^{53}　ȵɛ^{31}kɔ^{53}　tɕa^{31}　re^{31}.
3sg　灯　点　TAM
他要点灯。

ŋa^{53}　ȵɛ^{31}kɔ^{53}　ndʑa^{31}　ʃʅ^{31}ndu^{35}　uɛ^{31}.
1sg　灯　点　DUR　VOLI
我正在点灯。

2. 韵母的屈折变化

在白马语中，有些动词是通过变化韵母的方式来表现一定的语法范畴。例如：

ŋa^{53}　tɛ^{53}　sɐ^{31}　iɔ^{35}.
1sg　马　喂　PROS
我要喂马。

ŋa^{53}　tɛ^{53}　sɐ^{31}　ʃʅ^{31}ndu^{35}　uɛ^{31}.
1sg　马　喂　DUR　VOLI
我正在喂马。

ŋa^{53}　tɛ^{53}　sue^{53}　mɔ^{35}　uɛ^{31}.
1sg　马　喂　PFV　VOLI
我喂过马了。

ŋa^{53}　tɛ^{53}　sue^{53}　lio^{35}　uɛ^{31}.
1sg　马　喂　完　VOLI
我喂完马了。

khe^{241}ȵi^{53}　tɛ^{53}　sue^{53}　re^{31}.
3sg　马　喂　TAM
他要喂马。

从上面例子看，动词“喂”的主语是第一人称时，动词的词根会随时态不同而发生变化，在未完体中，动词“喂”的韵母为单元音ɐ，在完成体中韵母变成了复韵母ue。主语为其他人称时，动词的韵母不随时态变化而发生变化，无论在完成体还是未完成体中，韵母均为ue，变化很有规律且很整齐。此类的变化在白马语中还有很多。例如：

ŋɐ^{35}ŋue^{35}　炒　　kɐ^{53}kue^{53}　挖　　ʃɐ^{53}ʃue^{53}　歇　　ʃɐ^{53}ʃue^{53}　热

3. 声母和韵母同时发生屈折变化　例如：

ŋa^{53}　mɛ^{35}　nde^{53}　iɔ^{35}.	ŋa^{53}　mɛ^{35}　nde^{53}　ʃɿ^{31}ndu^{35}　uɛ^{31}.
1sg　药　上　PROS	1sg　药　上　DUR　VOLI
我要上药。	我正在上药。
ŋa^{53}　mɛ^{35}　to^{53}　mɔ^{35}　uɛ^{31}.	khe^{241}ȵi^{53}　mɛ^{35}　to^{53}　re^{31}.
1sg　药　上　PFV　VOLI	3sg　药　上　TAM
我上过药了。	他要上药。

从以上例子看，动词“上”的主语是第一人称时，动词的词根会随时态不同而发生变化，在未完体中，动词“上”的声母为浊音nd，韵母为半高元音e；在完成体中，动词“上”的声母为清音t，韵母为高元音o。主语为其他人称时，动词的韵母不随时态变化而发生变化，无论在完成体还是未完成体中，动词“上”的声母均为清音t，韵母为高元音o，变化很有规律且很整齐。

（二）名词的变音

在语流中，有些名词在和形容词组合成新词时，它的声母和韵母同时会发生变音现象。例如：

ȵɐ^{35}　人　tɕo^{31}tʃe^{53}　穷　+　ȵi^{31}　人→tɕo^{31}tʃe^{53}ȵi^{31}　穷人

ȵɐ^{35}　人　tɕhi^{31}mbɛ^{53}　小伙子　+　ȵi^{31}　人→tɕhi^{31}mbɛ^{53}ȵi^{31}　青年

ȵɐ^{35}　人　ta^{31}ka^{53}　白马峪河　+　ȵi^{31}　人→ta^{31}ka^{53}ȵi^{31}　白马人

ȵɐ^{35}　人　ndʑe^{53}　懒　+　ȵi^{53}　人→ndʑe^{53}ȵi^{53}　懒汉

ȵɐ^{35}　人　ndzo^{31}　卖　+　ȵi^{53}　人→ndzo^{31}ȵi^{53}　卖主

ȵɐ^{35}　人　ndʒɛ^{35}　吃　+　ȵi^{53}　人→ndʒɛ^{35}ȵi^{53}　食客

ȵɐ^{35}　人　phɛ^{31}　父亲　+　ȵi^{35}　人→phɛ^{31}ȵi^{35}　娘家

ȵɐ^{35}　人　ndʒʅ^{35}　死　+　tɕa^{31}　怕　+　ȵi^{53}　人→ndʒʅ^{35}tɕa^{31}ȵi^{53}　怕死鬼

ȵɐ^{35}　人　pha^{53}　猪　+　se^{31}　杀　+　ȵi^{53}　人→pha^{53}se^{31}ȵi^{53}　杀猪匠

ȵɐ^{35}　人　tɕhe^{35}　烟　+　thie^{35}　抽　+　ȵi^{53}　人→tɕhe^{35}thie^{35}ȵi^{53}　烟民

ȵɐ^{35}　人　rɛ^{35}　羊　+　se^{31}　杀　+　ȵi^{53}　人→rɛ^{35}se^{31}ȵi^{53}　宰羊的人

ȵɐ^{35}　人　tsho^{53}　买卖　+　ɕe^{53}　做　+　ȵi^{53}　人→tsho^{53}ɕe^{53}ȵi^{53}　生意人

第三节

拼写符号

说明：

1. 本方案主要用于记录、传承和保护白马语言文化之用。

2. 本方案采用拉丁字母，凡白马语中与汉语拼音方案相同的音，均采用相同的字母表达，以利于互相学习语言。

3. 本方案为初稿，在深入记录和研究白马语的过程中，如果发现新的声母或韵母，可以根据已经初步确定的原则，随时增补和修订。

4. 2014年9月3日在文县铁楼乡讨论并原则通过以文县铁楼乡强曲一带的语音为标准。

5. 白马语的书写，以词为单位拼写。人名地名拼写规则、大写规则、移行规则等，依照《汉语拼音正词法基本规则》。

一　字母

表2-7　字母

A a	B b	C c	D d	E e	F f	G g
H h	I i	J j	K k	L l	M m	N n
O o	P p	Q q	R r	S s	T t	U u
V v	W w	X x	Y y	Z z		

二　声母

共44个，其中单辅音37个，鼻冠复辅音7个。

表 2-8　声母

声母	国际音标	声母	国际音标	声母	国际音标
b	p	p	ph	bb	b
m	m	f	f	z	ts
c	tsh	zdz	dz	s	s
zz	z	d	t	t	th
dd	d	n	n	l	l
r	r	zh	tʂ	ch	tʂh
zzh	dʐ	rr	ʐ	zr	tʃ
cr	tʃh	sr	ʃ	zzr	dʒ
j	tɕ	q	tɕh	jj	dʑ
ny	ȵ	x	ɕ	xx	ʑ
g	k	k	kh	gg	g
ng	ŋ	h	x	hh	ɦ
v	v	mbb	mb	ndd	nd
ngg	ŋg	nzz	ndz	nzzh	ndʐ
nzzr	ndʒ	njj	ndʑ		

三　韵母

如表 2-9 所示：

表 2-9　韵母

韵母	国际音标	韵母	国际音标	韵母	国际音标
a	a	i	i	e	e
ea	ɛ	ao	ɔ	o	o
u	u	y	y	yn	ỹ
ii	ɿ	ei	ə	ae	ɐ
er	ər	in	ĩ	ean	ɛ̃
an	ã	on	õ	ein	ə̃
ie	ie	iae	iɐ	iea	iɛ

续表

韵母	国际音标	韵母	国际音标	韵母	国际音标
ia	ia	iao	iɔ	io	io
iu	iu	iei	iə	iean	iɛ̃
ian	iã	ue	ue	uae	uɐ
uea	uɛ	uei	uə	ua	ua
yei	yə	yae	yɐ	uean	uɛ̃

四 声调

如表2–10所示：

表2–10 声调

声调名称	第1调	第2调	第3调	第4调
声调符号	1	2	3	4
调值	31	35	241	53

第三章 词汇

第一节

词汇特点

白马语词汇的一般特点主要表现在四个方面。

一　丰富的农业文化词汇

从词汇的构成及语义表达内容分析，白马人是一个农耕民族，有关农业文化的词在白马人的语言中非常丰富。

（一）与农业文化有关的农具词语极为丰富。例如：

犁	khɛ^{31}ʃe^{53}	犁头	khɛ^{31}ʃe^{53}ŋgɐ^{53}	犁弓	ʃe^{53}ndɛ^{53}
犁铧	sɛ^{53}mə^{31}sɛ^{53}tʃa^{53}	犁架	ʃe^{31}ndɛ^{53}	犁把	khɛ^{31}ʃe^{53}pu^{53}uɛ^{53}
牛轭	no^{35}dzuə^{31}ȵi^{53}	镢头	ka^{53}	锨	khe^{53}
连枷	iɛ^{31}ŋgɛ^{53}	斧头	tɛ^{31}rʅ^{53}	杵子	thuə^{241}

（二）有关纺线、织布的词比较古老，而且非常丰富。例如：

织布机	khu^{31}uɛ^{35}nda^{31}sɛ^{53}	织腰带的机子	kə^{31}ra^{53}nda^{31}sɛ^{53}
线杆子	mbɔ^{35}	纺车	tʃhə^{31}zʅ^{53}
梭子	dɔ^{241}	织布刀	tɔ^{31}
提线棍	ȵyɛ^{35}	织麻布刀	ue^{35}
麻布锭杆	tʂ̥u^{53}tʃa^{53}	系带	kɔ^{31}ta^{35}
绕线脚架	pho^{31}pa^{53}	经线	sa^{31}pa^{53}
理经线的棍子	ki^{53}	隔线棍	ne^{35}
麻线砣	tʂ̥u^{53}go^{35}	夹线板	tsʅ^{53}pa^{53}

二　富有特色的方位词

白马人主要生活大山深处，即使是河坝地区也很少有平地；因此，白马人的方位词依据的不是东南西北，而是根据当地的山势、河流来判断上、下等。例如：

上游	zɛ^{31}tʃe^{53}	下游	mɛ^{31}tʃe^{53}	上席	zɛ^{35}nɔ^{53}	下席	mɛ^{35}nɔ^{53}
地上	sɛ^{31}khə^{53}	地下	thɔ^{31}se^{53}	墩上	tɕi^{31}mbo^{53}	下墩上	uə^{241}tɕĩ^{31}mbo^{53}
上寨	zɛ^{35}ko^{53}	下寨	mɛ^{31}ko^{53}	楼上	ŋgɔ^{31}tɕi^{53}	楼下	ŋgɔ^{31}uə^{53}
以上	tɕi^{53}khə^{31}iɔ^{35}	以下	ʃɔ^{31}dʑi^{35}	上面	khə^{31}pa^{53}	下面	ʃɔ^{31}dʑi^{35}

上丹堡	tã^{31}mu^{31}ɕyə^{53}khə^{53}	下丹堡	tã^{31}mu^{31}ɕyə^{5}
上壳子	khɛ^{31}te^{53}	下壳子	dʐ̩a^{53}uə^{31}

三　与森林有关的词汇

白马人生活在靠近森林的高山或半山上，因此，有关树木和鸟兽的词汇非常丰富，仅松树的种类就有8种以上。例如：

油松	thɔ^{31}ka^{53}thɔ^{31}ʐ̩e^{53}ʑo^{241}	沙松	tho^{53}ʃe^{35}
甘松	tʃuə^{31}na^{53}	马尾松	tʃuə^{31}na^{53}
蒲松	ɕɛ^{31}iɛ^{53}	铁松	kuə^{31}ma^{53}do^{35}
瓦松	dzɔ^{31}thɔ^{35}	塔松	ʃa^{53}do^{35}
松子	thɔ^{31}ʃe^{53}ŋgə^{53}	松树	thɔ^{31}ʃe^{53}do^{35}
松针	thɔ^{31}ʃe^{53}ʃə^{31}ŋgə^{53}	松球	thɔ^{31}ʐ̩o^{53}
松香	thɔ^{31}ʐ̩u^{53}		

与森林中的动物有关的词汇也很丰富。例如：

狮子	sə^{31}ŋgə^{53}	老虎	tʃə^{31}/ta^{53}	猴子	dʐʅ^{31}ma^{53}
金丝猴	ʃʅ^{35}	熊	tə̃^{31}na^{53}	熊猫	tə^{31}ŋga^{53}
狗熊	tə̃^{31}na^{53}	马熊	to^{53}	豹子	ʑə^{35}
狐狸	ɦɛ^{35}	豺狗	mbɛ^{31}rɛ^{53}	大象	lɔ^{31}ndʑo^{241}
野猪	pha^{31}gue^{35}	狍鹿	ʃa^{35}duə^{35}	盘羊	ʑa^{35}
香獐	ia^{35}	崖羊	rɛ^{31}gue^{35}	老鹰	tɕha^{31}la^{53}

四　独特的酒文化词汇

白马人是一个能歌善舞的民族。他们喜酒好歌，每逢过年过节、婚丧嫁娶、迎来送往、喜庆丰收以及平时宾客、朋友相聚，都要饮酒。白马人有句俗话说："会吃饭就会喝酒，会走路就会跳舞，会说话就会唱歌。”白马人善于用各种粮食酿酒，自家酿的酒种类非常丰富，有高粱酒、五谷酒、玉米酒、柿子酒和燕麦酒等。据调查统计，有关白马人的酒歌有一百多种，调查中有关酒的词汇有近百个。例如：

白酒	tʃhɔ^{31}ka^{53}	五谷酒	dzue^{31}tʃhɔ^{53}	高粱酒	tɕi^{31}me^{53}tʃhɔ^{53}
米酒	ndzẹ^{35}tʃhɔ^{53}	黄酒	dzue^{31}tʃhɔ^{53}	葡萄酒	ŋgə^{31}ndzụ^{53}tʃhɔ^{53}
乌独酒	ɦo^{35}lo^{53}tʃhɔ^{53}	洋芋酒	iɔ^{31}ie^{53}tʃhɔ^{53}	大麦酒	suə^{31}tʃhɔ^{35}
玉米酒	ie^{53}me^{31}tʃhɔ^{53}	瓜酒	liɛ^{31}ŋgua^{53}tʃhɔ^{53}	燕麦酒	ʑə^{31}pu^{53}tʃhɔ^{53}
柿子酒	da^{31}nda^{35}tʃhɔ^{53}	圆根酒	ʑo^{31}mɛ^{53}tʃhɔ^{53}	红谷子酒	tɕhɛ^{53}mə^{31}rɿ^{53}tʃhɔ^{53}
烧酒	rɛ^{31}vu^{53}	药酒	mɛ^{31}tʃhɔ^{53}	串风酒	lo^{35}ndzɿ^{31}mɔ^{31}mɛ^{53}tʃhɔ^{53}
酒粮	tʃhɔ^{31}ndzụɐ^{53}	酒甑子	dʑy^{31}zɿ^{53}	美酒	tʃhɔ^{53}ndzạ^{35}
酒糟	tʃhɔ^{31}ȵɔ^{53}	发酵酒	tʃhɔ^{31}ȵã^{53}	蒸酒	tʃhɔ^{53}kho^{35}
酒量	tʃhɔ^{31}ŋgə^{53}	寡酒	tʃhɔ^{35}tʃo^{53}	酒坊	tʃhɔ^{53}kho^{31}sɛ^{53}
淋酒	tʃhɔ^{53}dzọ^{241}	斟酒	tʃhɔ^{53}iu^{31}	酒壶	tʃhɔ^{53}kə^{53}ndzɿ^{53}
卧酒	tʃhɔ^{53}ȵe^{35}	浓酒	tʃhɔ^{53}ŋɛ^{31}pɛ^{53}	泡酒	dzue^{31}rɔ^{53}
酒罐	tʃhɔ^{53}ŋgɛ^{31}kə^{53}	酒筒	tʃhɔ^{53}pɛ^{53}rɿ^{53}	酒杯	zɿ^{31}tsɿ^{53}
酿酒	tʃhɔ^{53}tsue^{53}	醒酒	tʃhɔ^{53}zɛ^{35}se^{31}		

透过这些语言的词汇层面，这个民族的生存环境、思维方式及农耕文化形态便可赫然展现在人们面前。白马人早期就具有一定的农具制作工艺水平，且能从事简单的农业生产活动，并与其他几种生产方式彼此互补，构成了具有多元化特色的经济结构类型。同时，从白马人有关酒的词汇可知，白马人的手工酿造工业生产颇具规模，尤其以白马人自酿的五色酒更具特色。由于白马人的农耕生产刺激了农具等制造业的发展，并形成了颇具特色的手工业。诸如纺织业等都是由农耕生产衍生的副业。因此，白马人的农耕生产活动在多元经济的生产活动中所占的比例极其重要，同时，白马人的农耕生产活动塑造了白马人农耕文化的鲜明个性，并为白马人接受先进文化、步入现代文明社会奠定了良好的基础。（魏琳，2012）

第二节

构词法

词汇是语言表达的具体要素，是语言表达不可缺少的重要内容。白马语在构词时，主要以词根合成为主，加附加成分构成新词的方式为辅。另外，重叠构词、拟声构词、四音连绵构词等在白马语中也是一种能产的构词类型，但不如前两种方式构成的词多。其中单纯词不管有几个音节，都是由一个语素构成。派生词是指一个或多个实词语素加一个虚语素构成的词。复合词是指由两个或多个实词语素按一定的组合方式构成的新词。叠音词一般由两个语音相同的音节重叠后构成新词。四音连绵词一般都是4个音节，按照一定的语音或语义搭配关系组成的词。

一　单纯词

（一）单音节单纯词

单音节单纯词是指由一个音节组成并表达独立意义的词。主要存在于名词、动词、数词、代词、形容词、量词、叹词、副词、助词等。其中，单音节词以名词、代词和动词居多。例如：

lo^{35}	风	no^{35}	牛	pɐ^{53}	儿子	mbi^{35}	吹	ndʐo^{35}	打	bɔ^{35}	浸
tʃʅ^{35}	一	ȵi^{35}	二	dʐu^{53}	六	ŋa^{53}	我	tɕhe^{53}	你	ndɐ^{53}	这
be^{241}	鼓	tshɛ^{53}	痛	tshue^{53}	熟	tshɐ^{53}	句	dʑɔ^{35}	斤	khɔ^{35}	口
ɔ^{31}	哦	ɛ^{31}	唉	xa^{31}	哈	tshɔ^{35}	全	tʃhe^{53}	太	tʃhue^{53}	将要
tɐ^{31}	的	sɛ^{35}	地	sa^{31}	嘛						

（二）双音节单纯词

双音节单纯词是由两个无独立意义的音节构成的词，有以下四种：

1. 联音

联音词是指前后两个音节的声母和韵母各不相同的词。例如：

ŋɐ^{31}pɛ^{53} 云　kuə^{31}dʑy^{35} 雷　pɛ^{31}mu^{53} 雾　iu^{53}uɛ^{53} 山谷

ʃɛ^{53}ndʒu^{53} 洪水　to^{31}zʅ^{53} 今年　ne^{35}ɕi^{31} 前年　yə^{35}ku^{31} 中午

ʃə^{31}ŋgə^{53} 叶子　dʒɔ^{31}ka^{53} 旱柳　tʃɛ^{53}vu^{53} 锣鼓　tɕa^{31}mdɛ^{53} 沙洲

tɕɔ^{31}ʃə^{53} 爽快　mɛ^{35}gu^{241} 药葫芦　mɛ^{35}lie^{35} 努力　tsu^{31}pa^{53} 肋骨

dʒu^{35}ndʐe^{35} 尽头

2. 双声

双声词是指前后两个音节的声母相同的词，这类构词法所构成的词在白马语中较少。例如：

pi^{53}pɛ^{53} 小便宜　mɛ^{31}ma^{35} 红花　ŋgə^{31}ŋgu^{53} 门户　tʃʅ^{31}tʃɔ^{35} 兆头

ŋgɛ^{31}ŋgɛ̃^{53} 肩胛骨　ʃɔ^{53}ʃo^{35} 滚边子　ʃe^{31}ʃu^{53} 广草　dʐo^{53}dʐa^{53} 捆子

ʃʅ^{31}ʃɛ^{53} 掺和　ɕa^{35}ɕe^{31} 拜　ɕɔ^{35}ɕi^{31} 催生　dʐue^{35}dʐʅ^{31} 瞌睡

tso^{35}tsɛ^{53} 玩耍　ndʐʅ^{31}ndʐɛ^{35} 慢点　tʃa^{31}tʃuɐ^{53} 螺丝钉

3. 叠韵

叠韵词是指前后两个音节的韵母相同的词，这类构词法所构成的词在白马语中较多。例如：

tshɛ^{31}pɛ^{53} 痢疾　kɛ^{31}mɛ^{53} 星星　pɛ^{31}zɛ^{53} 霜　te^{31}re^{53} 今天

sɛ^{31}rɛ^{53} 早晨　ʃɛ^{31}mɛ^{53} 豌豆　ŋgɛ^{31}lɛ^{53} 乌鸦　ndɛ^{53}dɛ^{31} 发抖

ndie^{31}ie^{53} 床单　mbo^{31}ro^{53} 袖子　to^{31}xo^{53} 豆腐　kha^{31}ʃa^{53} 辣

mɛ^{31}pɛ^{53} 新郎　ŋge^{31}re^{53} 和尚　ʃɛ^{31}rɛ^{53} 瞎子　ke^{31}me^{53} 妻子

i^{31}ndʑi^{35} 事情　sa^{31}na^{53} 墨　to^{31}ko^{53} 那些　tsɛ^{53}kɛ^{53} 尖

rɔ^{53}nɔ^{35} 闲　kɔ^{31}ʑɔ^{35} 勤快　kha^{31}ra^{53} 他们　tu^{31}ru^{53} 那里

sə^{53}ŋgə^{53} 火麻　zʅ^{31}tsʅ^{53} 酒杯　ŋge^{35}ɕe^{31} 撒娇

4. 双声叠韵

双声叠韵词是指前后两个音节的声母和韵母都相同的词，这类构词法所构成的词在白马语中比较少，主要出现在名词和形容词中。例如：

ne^{31}ne^{53} 乳房　po^{35}po^{31} 亲嘴　ɕi^{53}ɕi^{53} 小　tʂhe^{53}tʂhe^{53} 细

mɛ^{31}mɛ^{35} 低　mɔ̃^{53}mɔ̃^{53} 矮　ʃo^{53}ʃo^{53} 薄　nɛ^{53}nɛ^{53} 这里

ɕɛ^{31}ɕɛ^{53} 飞蛾　kha^{31}kha^{53} 调羹　ȵi^{31}ȵi^{53} 面糊　gɔ^{31}gɔ^{35} 睾丸

mɛ^{31}mɛ^{53} 大姨子　kho^{53}kho^{31} 口弦　ua^{31}ua^{53} 图画　tʃa^{35}tʃa^{31} 喜鹊

luə^{31}luə^{53} 水瓜　mɔ^{53}mɔ^{53} 众多　mie^{31}mie^{31} 咩咩　ndʑo^{35}ndʑo^{53} 大雁

rɔ^{53}rɔ^{53} 白白　ŋɛ^{35}ŋɛ^{35}ŋɛ^{35} 抢嘴　ʃʅ^{53}ʃʅ^{53} 尿　ʃo^{53}ʃo^{53} 薄

ʃuə^{31}ʃuə^{53} 纸　ʑɔ^{31}ʑɔ^{35} 轻松　tʃɛ^{53}tʃɛ^{53} 抱怨

二　合成词

合成词是指两个或两个以上有独立意义的词素合成一个概念或意义的词。按照构成方式及功能可以分为附加式合成词和复合式合成词。

（一）附加式合成词

附加式合成词是指词根加前缀或后缀构成的词。白马语有一定数量的构词前缀和后缀，后缀比前缀多一些，下面逐一陈述。现在我们所看到的构词前缀仅仅有一个a^{31}，它主要加在亲属称谓名词的前面，少数加在其他名词或词类的前面。例如：

a^{31}i^{53}	奶奶	a^{31}ȵi^{53}	爷爷	a^{31}zɔ̢^{35}	舅父	a^{31}ʑy^{53}	伯伯
a^{31}ko^{53}	姐夫	a^{31}uə^{53}	大姨	a^{53}pɛ^{53}	爸爸	a^{53}mɛ^{53}	妈妈
a^{31}tʃɛ^{53}	哥哥	a^{31}ie^{53}	坏	a^{31}le^{53}	猫	a^{31}pa^{53}	恐怕

1. pa^{53}，例如：

多数加此后缀的词看不出它的确切含义，少数有表示“皮”的意思。例如：

no^{35}pa^{53}	牛皮	rɛ^{35}pa^{53}	羊皮	pha^{31}pa^{53}	猪皮	sɛ^{31}pa^{53}	地表
ndʒuɐ^{35}pa^{53}	口才	rɐ^{31}pa^{35}	登山	sɔ^{31}pa^{53}	下饭	yə^{31}pa^{53}	陆
tsɛ^{31}pa^{53}	强行	tʃuə^{31}pa^{53}	火把	tsu^{31}pa^{53}	肋骨	dza̢^{53}pa^{53}	山崖
dzɔ̢^{31}pa^{53}	胸廓						

2. mba^{53}，例如：

ro^{35}mba^{31}mba^{53}	馍馍	ŋgo^{31}mba^{53}	蒿	ndʒuɐ^{35}mba^{35}	健谈	tɔ^{31}mba^{53}	话匣子
ʃə^{31}mba^{53}	皮	tɕã^{31}mba^{53}	泥	ŋɐ^{35}mba^{31}	爱面子	no^{35}mba^{35}	牛垂皮

3. mbɛ^{53}，例如：

tʃhɛ^{31}mbɛ^{53}	砧子	dɛ^{31}mbɛ^{53}	如实	sɐ^{35}mbɛ^{53}	龅牙	kə^{31}mbɛ^{53}	步伐
ndʒuɐ^{35}mbɛ^{53}	肝	tʃɛ^{53}mbɛ^{53}	十	zɛ̢^{31}mbɛ^{53}	生分	sɛ^{53}mbɛ^{53}	桥
iɛ^{53}mbɛ^{53}	傻子	tsɛ^{53}mbɛ^{53}	炒面	rɔ^{53}mbɛ^{53}	自然	tɕa^{31}mbɛ^{53}	沙洲
tɕi^{31}mbɛ^{53}	獾	liɛ^{53}mbɛ^{53}	湿	tɕhi^{31}mbɛ^{53}	小伙子	mɛ^{31}mbɛ^{53}	医生
ndɛ^{31}mbɛ^{35}	箭靶子	nɛ^{31}mbɛ^{53}	患者	ndʒɛ^{35}mbɛ^{53}	剪刀	ŋɛ^{35}mbɛ^{53}	案板
ȵɐ^{35}mbɛ^{53}	疯子	ȵɛ^{35}mbɛ^{53}	冒火	ndzɿ^{31}mbɛ^{53}	胆	ndzɛ̢^{53}mbɛ^{53}	计谋
sɛ^{53}mbɛ^{53}	考虑	ɕɛ^{53}mbɛ^{53}	碎布				

4. mbu^{53}，例如：

bə^{31}mbu^{53}	粗	ʃə^{31}mbu^{53}	甜	tə^{31}mbu^{53}	棒子	thə^{53}mbu^{53}	瓢
kɐ^{53}mbu^{53}	贵	kɛ^{53}mbu^{53}	干	tsɛ^{53}mbu^{53}	坚固	sue^{53}mbu^{53}	囫囵
pe^{53}mbu^{53}	贝木	tshə^{31}mbu^{53}	肥	tɛ^{53}mbu^{53}	酒壶	ʃe^{31}mbu^{53}	钻子

dʑɛ^{35}mbu^{53}	抓阄	kho^{53}mbu^{53}	针锥	ŋɐ^{241}mbu^{53}	蓝	ʃɛ^{35}mbu^{53}	皮屑
nɛ^{31}mbu^{53}	毛料	ŋgɔ^{31}mbu^{53}	建房	ŋgɐ^{31}mbu^{53}	杏子	ʐue^{35}mbu^{53}	嫩
ȵa^{53}mbu^{53}	平等	ndʐə^{53}mbu^{53}	暖和	ndʐue^{53}mbu^{53}	客人	ndʒɛ^{53}mbu^{53}	细

5. uɛ^{53}，例如：

bie^{53}uɛ^{53}	青蛙	tʃhuɐ^{31}uɛ^{53}	泉水	dɛ^{35}uɛ^{53}	大众	i^{31}uɛ^{53}	强壮劳力
kɔ^{53}uɛ^{53}	脚	ku^{53}uɛ^{53}	线	xue^{31}uɛ^{53}	会首	dʐʅ^{31}uɛ^{53}	排场
ia^{53}uɛ^{53}	手臂	tshɛ^{31}uɛ^{53}	半分	ndo^{53}uɛ^{53}	结	dʑɛ^{53}uɛ^{53}	苦根
kə^{53}uɛ^{53}	腰	gɐ^{35}uɛ^{53}	顶嵌	ie^{53}uɛ^{53}	沟谷	ʑi^{53}uɛ^{53}	劳模
tɕe^{53}uɛ^{53}	成年	tɕi^{31}uɛ^{53}	猎户	dʑɛ^{35}uɛ^{53}	伙	ʑa^{31}uɛ^{53}	场院
khu^{31}uɛ^{53}	布	ma^{31}uɛ^{53}	女婿	tha^{31}uɛ^{53}	跳绳	ʃə^{31}uɛ^{53}	里
ndu^{53}uɛ^{53}	正在	ŋgɐ^{35}uɛ^{53}	领导	ŋgɔ^{241}uɛ^{53}	房屋	sʅ^{31}uɛ^{53}	露水
ȵɛ^{31}uɛ^{53}	陈旧	ȵɛ^{53}uɛ^{53}	喉咙	ndzɛ^{35}uɛ^{53}	丫枝	sɔ^{53}uɛ^{53}	以为
ndʑe^{31}uɛ^{53}	皮绳	ndʒʅ^{35}uɛ^{53}	麻雀	rʅ^{35}uɛ^{53}	芦韭	ʑa^{35}uɛ^{53}	屁股

6. mbo^{53}，例如：

dɐ^{35}mbo^{53}	巨石	iɛ^{31}mbo^{53}	口袋	tɕɛ^{31}mbo^{53}	毛发	tʃha^{31}mbo^{53}	下雨
tɕi^{31}mbo^{53}	墩上	nɔ^{35}mbo^{53}	雨天	ȵɛ^{31}mbo^{53}	领包	tsɛ^{53}mbo^{53}	饭桶
ȵi^{31}mbo^{53}	瞳孔	ndzɛ^{31}mbo^{53}	缸	ʃɛ^{31}mbo^{53}	很肥		

7. rʅ^{53}，例如：

tʃha^{35}rʅ^{53}	破旧	kɐ^{53}rʅ^{53}	白色	khu^{31}rʅ^{53}	洞	tɕha^{53}rʅ^{53}	血水
pɛ^{31}rʅ^{53}	筒	pe^{31}rʅ^{53}	檀香	mɐ^{241}rʅ^{53}	红色	ȵɛ^{35}rʅ^{53}	圆鱼骨
tʃhɛ^{31}rʅ^{53}	口袋	tɛ^{53}rʅ^{53}	斧子	tu^{31}rʅ^{53}	那样	ȵɐ^{35}rʅ^{53}	废人
ka^{53}rʅ^{53}	哪个	guɐ^{31}rʅ^{53}	曲折	ia^{53}rʅ^{53}	桥面人	ŋga^{31}rʅ^{53}	法术
tɕɐ^{31}rʅ^{53}	蜥蜴	tɕɛ^{31}rʅ^{53}	壁虎	tɕi^{53}rʅ^{53}	酒提子	ndo^{31}rʅ^{53}	坏脾气
dʑo^{31}rʅ^{53}	娘们	kha^{31}rʅ^{53}	嗒嗒	lɛ^{31}rʅ^{53}	软	ndɛ^{35}rʅ^{53}	懦夫
lo^{53}rʅ^{53}	夯歌	mbɐ^{241}rʅ^{53}	碗	mɛ^{31}rʅ^{53}	疮	na^{31}rʅ^{53}	废料
mu^{31}rʅ^{53}	不朽						

8. ȵi^{53}，例如：

tɕo^{31}tʃe^{53}ȵi^{31}	穷人	ndʑe^{53}ȵi^{53}	懒汉	ndzo^{31}ȵi^{53}	卖主
ndʒɛ^{35}ȵi^{53}	食客	ndʒʅ^{35}tɕa^{31}ȵi^{53}	怕死鬼	tɕhe^{35}thie^{35}ȵi^{53}	烟民
pha^{53}se^{31}ȵi^{53}	杀猪匠	tsho^{53}ɕe^{53}ȵi^{53}	买卖人	rɛ^{35}se^{31}ȵi^{53}	宰羊的人
tɕhi^{31}mbɛ^{53}ȵi^{31}	青年	phɛ^{31}ȵi^{53}	娘家	ndʒɛ^{35}ndo^{241}ɕe^{53}ȵi^{53}	厨师

9. ŋgɐ^{53}，例如：

tʃhɔ^{53}ŋgɐ^{53}	酒量	ti^{53}ŋgɐ^{53}	户主	ba^{31}ŋgɐ^{53}	山楂	pe^{53}ŋgɐ^{53}	草坡山
tʃhuɐ^{31}ŋgɐ^{53}	水源	tɔ^{53}ŋgɐ^{53}	话头	tɛ^{53}ŋgɐ^{53}	马头	dʐa^{35}ŋgɐ^{53}	棉桃
dɛ^{35}ŋgɐ^{53}	村头	do^{35}ŋgɐ^{53}	树冠	dʐɛ^{53}ŋgɐ^{53}	锋芒	dzɐ^{35}ŋgɐ^{53}	膝盖
kɔ^{53}ŋgɐ^{53}	脚尖	gɐ^{35}ŋgɐ^{53}	门头	xuə^{35}ŋgɐ^{53}	惹祸	ɕa^{53}ŋgɐ^{53}	狼
iɔ^{35}ŋgɐ^{53}	路头	io^{31}ŋgɐ^{53}	木龙头	lo^{35}ŋgɐ^{35}	招风	thɔ^{35}ŋgɐ^{53}	松果
ma^{35}ŋgɐ^{53}	掌头	rɐ^{31}ŋgɐ^{53}	山头	rʅ^{35}ŋgɐ^{53}	舌头	ʃe^{35}ŋgɐ^{53}	面具
sə^{31}ŋgɐ^{53}	狮子	sɛ^{35}ŋgɐ^{53}	地球	ʃa^{35}ŋgɐ^{53}	兽头	dʒa^{35}ŋgɐ^{53}	舌根

10. po^{53}，例如：

ra^{31}po^{53}	臀部	sɛ^{35}po^{53}	土堆	se^{35}po^{53}	大胆	ʃe^{35}po^{53}	柴堆子
ʑi^{35}po^{53}	包工	pɛ^{31}po^{53}	势力	ȵi^{31}po^{53}	密竹	dɐ^{35}po^{53}	垒石头
gə^{35}po^{53}	秦艽	tɕe^{31}po^{53}	发鬓	me^{35}po^{53}	粪堆	ŋɐ^{31}po^{53}	脸庞

11. zʅ^{53}，例如：

to^{53}zʅ^{53}	钱	ʃʅ^{53}zʅ^{53}	边界	pa^{53}zʅ^{53}	篱笆	dʐa^{53}zʅ^{53}	渣子
ka^{31}zʅ^{53}	隔把子（农具）	ʃe^{35}zʅ^{53}	挂钩	tʂha^{31}zʅ^{53}	擦子	tʃɐ^{31}zʅ^{53}	黄米
tʂhuɐ^{31}zʅ^{53}	崽子	tʃho^{31}zʅ^{53}	丝绸	tʃhuɐ^{31}zʅ^{53}	背桶	tse^{31}zʅ^{53}	塞子
duə^{31}zʅ^{53}	朵	kə^{53}zʅ^{53}	角	gɐ^{35}zʅ^{53}	背脊	ɕɛ^{35}zʅ^{53}	面桶
ku^{31}zʅ^{53}	股	ʃa^{53}zʅ^{53}	倒刺	guə^{35}zʅ^{53}	斧钉	vu^{53}zʅ^{53}	五味子
the^{31}zʅ^{53}	台子	thie^{31}zʅ^{53}	盘子	tho^{31}zʅ^{53}	接头		

12. le^{53}，例如：

tʃha^{35}le^{53}	伞	ta^{31}le^{53}	旗	da^{31}le^{53}	匹	guə^{31}le^{53}	疙瘩
dɐ^{35}le^{53}	梨子	tɕhe^{31}le^{53}	花色	tie^{53}le^{31}	擀毡	ta^{31}le^{53}	旗子
kə^{31}le^{53}	蚂蟥	guə^{31}le^{53}	份	khɛ^{31}le^{53}	干粮	a^{31}le^{53}	猫
lɛ^{31}le^{53}	扯面	mbo^{31}le^{53}	抹地				

（二）复式合成词

复式合成词有并列、修饰、支配等形式。

1. 并列式

并列式是由名词词素加rɛ^{31}加名词词素构成的复合成词。这类词比较少。例如：

pɛ^{31} rɛ^{31} mɛ^{35} 父母	nɔ^{35} rɛ^{35} sɛ^{35} 天地
父亲 和 母亲	天 和 地
ke^{31}tɕi^{53}rɛ^{31} ke^{31}me^{53} 夫妻	pɐ^{53} rɛ^{31} po^{35} 儿女
丈夫 妻子	儿子 和 女儿

tʃhɔ^{53} rɛ^{31} ʃɛ^{35} 酒肉　　tʃhɔ^{53} rɛ^{31} ŋe^{35} 酒菜
酒 和 肉　　酒 和 菜

2. 修饰式

也叫偏正关系的复合词，修饰词和中心词一般由名词、形容词、动词充当。名词修饰一般在中心词之前，形容词修饰一般置于中心词之后。在修饰词素中，形容词词素较多，动词修饰词素较少。主要有以下四种构成方式：

（1）名词+名词=名词

即前一个名词词素修饰后一个名词词素。这类词在白马语中比较多。例如：

pa^{53} ʃɛ^{35} 猪肉　　bə^{31}tsɛ^{53} tsa^{35} 茅根
猪 肉　　茅草 根

pə^{31}le^{53} tɛ^{31}ŋgɛ^{53} 驴鞭　　pɛ^{53}dʑɛ^{35} tshɔ^{53} 蜘蛛网
驴 鞭子　　蜘蛛 网

pe^{31} tɔ^{53} 白马语　　pi^{53}zɛ^{53} ke^{31}me^{53} 弟媳
白马人 话　　弟弟 妻子

po^{35}po^{31} ne^{53} 妇科病　　tshɛ^{31}zɿ^{53} mə^{21}rɛ^{53} 油菜花
女儿 病　　油菜 花

tshɛ^{53} tʃhɔ^{31}gue^{35} 盐开水　　tʃhɔ^{53} tɔ^{53} 酒话
盐 开水　　酒 话

tʃhɔ^{53} ŋgɔ^{241} 酒坊　　tʃhuɐ^{31} tsɛ^{53} 水草
酒 房　　河 草

dɐ^{35} sɛ^{53}mbɛ^{53} 石桥　　ɦo^{31}ndʐu^{53} tʃhɔ^{53} 葡萄酒
石头 桥　　葡萄 酒

（2）名词+形容词=名词

即后一个形容词词素修饰前一个名词性词素。这类词在白马语中非常多。例如：

ŋe^{35} kɛ^{53}mbu^{53} 干菜　　ȵɛ^{35} ʐɛ^{31}mbu^{53} 生鱼
菜 干　　鱼 生

ʃɛ^{35} kɛ^{53}mbu^{53} 干肉　　a^{31}le^{53} tʂhuɐ^{35}zɿ^{31} 猫仔
肉 干　　猫 崽

dɐ^{35} kɐ^{53}rɿ^{53} 白石头　　a^{31}le^{53} tɕhɛ^{31}le^{53} 花猫
石头 白色　　猫 花

tʃhɔ^{31} gɛ^{35} 喜酒　　tʃha^{35} la^{31}ta^{53} 大雨
酒 喜欢　　雨 大

pɛ^{53}　a^{31}ie^{53}　恶俗　　　　po^{35}　gɔ^{31}zɔ^{53}　美女

风俗　不良　　　　　　女孩　漂亮

po^{35}　ɕi^{53}ɕi^{53}　小女儿　　　　tshɛ^{31}　ma^{53}　红盐

女孩　小　　　　　　　盐　红色

tshɛ^{31}　ȵɐ^{53}mbu^{53}　青盐　　　　tshɛ^{53}　tsɐ^{53}mu^{53}　粗盐

盐　青色　　　　　　　盐　粗

（3）名词+动词=名词

即名词中心词素受动词性词素的修饰限制。这类词在白马语中非常少。例如：

tʂhʅ^{31}gə^{35}　ndʒo^{35}　池哥昼　　　　no^{35}　tɕho^{35}　骟牛

池哥　跳　　　　　　　牛　骟

ua^{31}ua^{53}　xua^{35}　图画　　　　ŋe^{35}　ŋue^{35}　炒菜

图画　画　　　　　　　菜　炒

ʐa^{35}rɛ^{31}　ndʒo^{35}　火圈舞　　　　mə^{31}rɛ^{53}　ndʑɛ^{53}　贴花

场里　跳　　　　　　　花　贴

（4）名词+动词+名词=名词

即先有名词词素和动词词素构成宾动关系，再整体上修饰名词词素。这类词通常指从事某一职业的人。例如：

kue^{35}　ndʐu^{31}　n̥i^{53}　裁缝　　　　dɐ^{35}　ndʐo^{31}　n̥i^{53}　石匠

衣服　缝　人　　　　　石头　打　人

ʃa^{35}　ndʐo^{53}　n̥i^{53}　猎人　　　　no^{35}　ndɐ^{35}　n̥i^{53}　放牛人

野兽　打　人　　　　　牛　放　人

3. 支配式

支配式复合词是由“名词词素+动词词素”构成名词。这类词的数量也非常少。例如：

sɔ^{31}　ra^{53}　锅架　　　　sɔ^{31}　tʃo^{53}　锅　　　　tɕi^{31}　ʃu^{53}　刀鞘

饭　架　　　　　　饭　煮　　　　　刀　装

ia^{31}　ʃu^{53}　手套　　　　kɔ^{31}　ʃu^{53}　袜子

手　装　　　　　　脚　装

三　重叠构词法

白马语中有少量双音节的叠音词，是采用重叠词根的方式构成的。重叠的方式往往采用重叠声母和韵母，声调重叠的比较少。这与白马语音节的节律是前低后高有密切关系。重叠后的叠音词往往也是前低后高。只有少数声调完全相同的叠音词。例如：

ne^{31}ne^{53}　乳房	po^{35}po^{35}　丫头	ɕi^{53}ɕi^{53}　小	tʂhe^{53}tʂhe^{53}　细
mɛ^{31}mɛ^{35}　低	mi^{31}mi^{53}　花	ta^{31}ta^{53}　姑姑	luə^{31}luə^{53}　水瓜
mɔ^{31}mɔ^{53}　众多	mɛ^{31}mɛ^{53}　大姨子	kho^{53}kho^{31}　口弦	ua^{31}ua^{53}　图画

四　拟声法

模仿事物发出的声音构词也是白马语构词的一种手段。虽然构成的词并不多，但也算是词汇构成的一个来源。例如：

tʃa^{35}tʃa^{31}　喜鹊	kɛ^{53}ko^{31}　布谷鸟	a^{31}ɕɔ^{53}pu^{31}ɕɔ^{53}　燕子
dã^{31}dã^{31}　铛铛	ka^{31}ka^{31}　嘎嘎	kə^{31}tsɿ^{31}　咯吱
phə̃^{31}phə̃^{53}　嘭嘭	mər^{31}　哞哞	kha^{31}rɿ^{35}　嗒嗒
kɔ^{31}kɔ^{31}tɛ̃^{35}　嗝嗝蛋（鸡下蛋时的叫声）		ku^{31}lu^{31}　叽咕
ku^{31}tu^{31}ku^{31}tu^{31}　咕噜咕噜	tɕa^{31}tɕa^{31}tɕa^{31}　喳喳喳	
pa^{31}dʐa̡^{53}dʐa̡^{53}　噼噼啪啪	ɔr^{53}xɔ^{31}xɔ^{31}　嗷嗥嗥	
tshɿ^{31}tshɿ^{31}　嗤嗤（形容笑声）	tʃhuã^{31}tʃhuã^{31}　哗啦啦（水流声）	

五　四音连绵构词

四音连绵词是汉藏语系语言的一个明显特点。它的构成是根据语义和语音的一定搭配，组合成4个音节为一组的词语。它们基本上不能够拆分，形成一个非常形象生动的比喻词，类似一般语言里的成语、典故。出现在故事、歌谣等口头文学作品中，用于丰富语言的感染力。一般生活经历比较丰富的老年人用得比较多。有时候在讲故事的过程中，会有成串成串的四音连绵词出现。

白马语中的四音连绵词构成的方式也比较多样。假设以4个大写的英文字母来替代四音连绵词中的4个音节，那么，它们的组合方式有以下几种：即ABCD型、AABB型、ABAB型、ABCB型、AABC型、ABAC型、ABCC型、ABBC型、AC双声BD双声型、AB双声CD双声型等。

1. ABCD型

这类四音连绵词主要是依靠词的语义关系搭配起来的。例如：

tɛ^{53}ŋɛ^{53}rɐ^{31}tʃhə^{53}　五马分尸	iɔ^{35}rɛ^{31}ʃɔ^{53}tɕhi^{31}　穿针引线
du^{31}ŋə^{53}tʃhɛ^{31}so^{53}　汗马功劳	tɕa^{53}ȵi^{53}lɐ^{35}ndʒu^{35}　惊慌失措
ka^{31}bə^{35}i^{31}tɔ^{53}　狂妄自大	khɛ^{31}ta^{53}ŋɐ^{35}zɿ^{31}　面面相觑
du^{31}ŋə^{53}to^{31}ndʐe̡^{35}　劳民伤财	khɛ^{35}gɛ^{35}ŋə^{31}ɕi^{53}　喜笑颜开
ka^{31}ta^{31}ma^{31}ɕi^{53}　乌七八糟	ndɛ^{31}pɛ^{53}tã^{53}mu^{53}　形容人很聪明

tɛ^{31}du^{35}mu^{31}mba^{53} 形容人或东西很丑，没看头

ŋgə^{31}zɿ^{53}tɕi^{31}ȵi^{53} 靠山，可以依靠的人或势力

2. AABB型

这是一种能产的构词模式。AABB型是指四音连绵词的语音搭配方式是第1、2两个音节叠音，第3、4两个音节叠音。这里所指的叠音仅指其声母和韵母，不包括声调。例如：

be^{31}be^{241}bɔ^{31}bɔ^{241} 哄抢

ȵɐ^{35}ȵɐ^{35}to^{31}to^{31} 疯疯癫癫

tʃhɛ^{31}tʃhɛ^{53}tʃho^{31}tʃho^{53} 大大小小

ndʑi^{31}ndʑi^{31}mɔ^{53}mɔ^{53} 急急忙忙

gɛ^{35}gɛ^{35}ɕi^{31}ɕi^{53} 欢欢喜喜

iɛ^{53}iɛ^{53}ʃɿ^{31}ʃɿ^{31} 呆头呆脑

kɔ̃^{31}kɔ̃^{53}ka^{31}ka^{53} 结结巴巴

pu^{31}pu^{35}xɛ̃^{31}xɛ̃^{35} 气喘吁吁

dʐʅ^{31}dʐʅ^{35}ua^{31}ua^{53} 踉踉跄跄

ndʐue^{31}ndʐue^{35}dɛ^{35}dɛ^{35} 和睦相处

phe^{31}phe^{35}phɔ^{31}phɔ^{53} 狼吞虎咽

ndʑi^{31}ndʑi^{35}tʃha^{31}tʃha^{53} 安分守己

ndzə^{31}ndzə^{31}gɛ^{35}gɛ^{35} 说说笑笑

ua^{31}ua^{53}lu^{53}lu^{53} 笨手笨脚

3. ABAB型

ABAB型是指四音连绵词的语音搭配方式是第1、3两个音节叠音，第2、4两个音节叠音。这种构词模式在白马语中比较少。这里所指的叠音仅指其声、韵母，而不包括声调。例如：

tʃhu^{31}tɕhi^{31}tʃhu^{31}tɕhi^{31} 抽泣抽泣

pu^{31}dʐa̧^{53}pu^{31}dʐa̧^{53} 扑闪扑闪

tʃhua^{31}rɿ^{31}tʃhua^{31}rɿ^{31} 脆生生

tsɐ^{31}tʃɿ^{53}tshɐ^{31}tʃɿ^{53} 逐字逐句

ɛ^{31}kue^{53}ɛ^{31}kue^{53} 三番五次

4. ABCB型

这是白马语里最能产的四音构词模式。它的构词特点是第2和第4音节叠音。例如：

a^{31}du^{35}ŋɐ^{31}du^{35} 极不情愿

tʃhɐ^{31}dzɐ^{35}mu^{31}dzɐ^{35} 畅所欲言

a^{31}ndɛ^{35}pɛ^{31}ndɛ^{35} 摇摇晃晃

tʃhɐ^{31}ndʐȩ^{35}mu^{31}ndʐȩ^{35} 尽情欢唱

pɐ^{31}gə^{35}po^{31}gə^{35} 大男大女

tʃhɐ^{31}tsɛ^{53}mu^{31}tsɛ^{53} 尽情欢跳

tshɛ^{31}dʐa̧^{53}mɛ^{31}dʐa̧^{53} 炎热

tshuɐ^{31}dʐə̧^{35}phɛ^{31}dʐə̧^{35} 想来想去

tshuɐ^{31}y^{35}phɛ^{31}y^{35} 摆来摆去

tshuɐ^{31}ndʑe^{53}phɛ^{31}ndʑe^{53} 过来过去

ɦa^{241}tʃuə^{53}pɛ^{31}tʃuə^{53} 扭扭捏捏

tʃha^{31}rɿ^{53}na^{31}rɿ^{53} 废品

kɔ^{31}dʑɔ^{35}ia^{31}dʑɔ^{35} 伸手伸脚

tɛ^{31}ie^{53}a^{31}ie^{53} 不好看

ia^{35}ʑɔ^{35}kɔ^{31}ʑɔ^{35} 脚勤手快

ie^{31}suə^{53}dza^{31}suə^{53} 日积月累

mə^{31}dʐə̧^{35}ŋgə^{31}dʐə̧^{35} 胡思乱想

mə^{31}sɔ^{53}guə^{31}sɔ^{53} 胡思乱想

mə^{31}dzɐ^{35}guə^{31}dzɐ^{35} 啥都说得出

mə^{31}ɕe^{53}guə^{31}ɕe^{53} 啥都干得出

ku^{53}ȵi^{53}dɔ^{31}ȵi^{53} 贼眉鼠眼

tɕɐ^{31}rɿ^{53}guɛ^{35}rɿ^{53} 曲曲弯弯

ie^{53}suə^{53}dza^{31}suə^{53}　成年累月

khɛ^{31}ʑɔ^{35}ŋə^{31}ʑɔ^{35}　和颜悦色

tsɛ^{31}ɦo^{53}tso^{31}ɦo^{31}　心乱如麻

kɛ^{31}uã^{53}mɛ^{31}uã^{53}　亮亮堂堂，指房子明亮

nɔ^{31}pa^{35}sɛ^{31}pa^{35}　爬上爬下，主要形容孩子

nɔ^{31}ndʑe^{53}sɛ^{31}ndʑe^{53}　跑上跑下，主要形容孩子

nɔ^{31}khuə^{53}sɛ^{31}khuə^{53}　背上背下，形容背孩子到处转

khɛ^{31}du^{35}se^{31}du^{35}　愁眉苦脸，愁容满面

se^{31}mɔ^{53}tʃɛ^{31}mɔ^{31}　心机多，想的事情多

ndʑe^{31}ɛ^{53}ndʑe^{31}uɛ^{31}　脑子进水了，傻子

sɛ^{35}kə^{31}uɛ^{35}kə^{31}　干活麻利，干脆

mə^{31}tɕe^{53}guə^{31}tɕe^{53}　没走的路都走了，形容经历的事情多

a^{53}ndɛ^{35}pɛ^{53}nbɛ^{35}　形容走路摇摇晃晃的小孩或喝醉酒的人

tʃhɐ^{31}ndʑo^{35}kɔ^{31}ndʑo^{35}　豁出去，什么都不管

ie^{53}dẓu^{35}the^{35}dẓu^{35}　拉上拉下，指人搬运东西

tshə^{31}dẓu^{35}phɛ^{31}dẓu^{35}　拽上拽下，牵上拉下

5. AABC型

这是指四音连绵词的第1、2两个音节叠音。这类构词模式构成的词非常少。例如：

po^{31}po^{35}ua^{31}kue^{31}　坑坑洼洼

tʃhɔ^{53}tʃhɔ^{53}ʃə^{53}mbu^{53}　香甜的美酒

6. ABAC型

这是指四音连绵词的第1、3两个音节叠音。这也是能产的构词模式之一。例如：

io^{31}tuə^{53}io^{35}ndʑa^{35}　饥寒交迫

mu^{31}tʃhɛ^{53}mu^{31}tʃho^{53}　不大不小

iɛ^{31}se^{35}iɛ^{31}dẓə^{35}　痴心妄想

ke^{31}lɛ^{53}ke^{31}ʑɔ^{35}　通情达理

ɦɛ^{31}rɛ^{53}ɦɛ^{31}ndʑi^{241}　转来转去

7. ABCC型

是指四音连绵词的第3、4两个音节叠音。这种构词模式构成的词在白马语里很少。例如：

tʃhu^{35}ru^{53}ndʑo^{31}ndʑo^{35}　事已至此

lo^{35}ke^{53}ʃuã^{31}ʃuã^{31}　飒飒风声

ge^{31}ku^{53}zɔ^{31}zɔ^{53}　老当益壮

8. ABBC型

是指四音连绵词的第2、3两个音节叠音。这种构词模式构成的词在白马语里很少。例如：

ma^{31}tʂhe^{53}tʂhe^{31}vu^{53}　不期而遇

mu^{31}tʃhɛ^{53}tʃhɛ^{31}tɔ^{53}　自高自大

9. AC双声BD双声型

这种类型的四音连绵词比较少。其结构是第1、第3两个音节双声，第2、第4两个音

节也是双声，并且3、4两个音节还同韵。例如：

ndɐ^{35}rʅ^{53}ndɛ^{35}rɛ^{53}　东倒西歪　　ndɐ^{31}mu^{53}ndɛ^{31}mɛ^{31}　迷迷糊糊

xə^{35}rʅ^{53}xɛ^{31}rɛ^{31}　形容饭菜非常稀

ndɐ^{31}rʅ^{53}ndɛ^{53}rɛ^{31}　讽刺别人呆头呆脑

zə^{53}rʅ^{53}zɛ^{31}rɛ^{31}　形容庄稼或星星非常稀疏，忽隐忽现

thə^{53}rʅ^{53}thɛ^{31}rɛ^{31}　形容庄稼很细，头发很稀

tsə^{31}rʅ^{53}tsɛ^{31}rɛ^{31}　形容人病快快的

10. AB双声CD双声型

其结构是第1、第2音节为双声，第3、第4音节也是双声，而1、3音节还叠韵。这种类型的四音连绵词很少，仅仅收集到一例如下：

xə^{31}xe^{35}gə^{31}ga^{241}　指人很死板，办事不灵活

第三节

词汇的构成

白马语的词汇由固有词和借词两部分构成。固有词是白马人在数百年来与自然的斗争和社会生活中逐渐积累起来的词汇，也是白马人与其他民族不同的地方，体现了白马人的语言特色。与此同时，因白马人要和周围的族群接触，在长期的生活中该语言也出现了丰富的借词，而且在词汇系统中所占比重越来越大。

白马语属于汉藏语系的一种语言，所以，其借词主要来源于邻近的汉语和藏语。作为藏语支里的一种语言，要将白马语中的借词或同源词区分起来相当困难；尤其是其中的藏语借词，不仅数量大，而且已经融入了白马语的核心部分。正是因为这个原因，白马语在藏缅语族中独立语言的历史地位一直受到质疑。下面分固有词和借词两个部分来介绍一下白马语词汇的构成。

一　固有词

白马语的固有词是白马语里的基本成分，其中最核心的部分应该来源于原始藏缅语乃至汉藏语。这部分词中，目前从它们的语音情况看，仍然能够发现它与相关的其他语支的语言有同源关系。孙宏开先生曾将部分白马语与国内藏语支的藏语、彝语支的彝语、羌语支的羌语、景颇语支的独龙语进行对比，发现白马语有一些与藏缅语族语言同源的词，这些词从读音来分析，有的比较接近彝语，如io^{53}“绵羊”、so^{53}“三”、guɐ^{35}“九”等；有的接近羌语，如ia^{35}“手”、ȵo^{35}“黑”等；有的接近独龙语，如na^{35}“耳朵”、sɐ^{35}“牙齿”、no^{35}“牛”等；更多的是接近藏语，如ndʒuɐ^{35}“嘴”、khɛ^{31}ndɐ^{53}“苦”、ȵɛ^{35}“鱼”等；还有部分词，与所有藏缅语族语言都比较接近，如ȵi^{35}“二”、ndʐɔ^{35}“千”、ŋa^{53}“我”等。孙宏开先生认为这些词虽然数量不多，但是作用很大，白马语里的固有词主要由

它们用派生或合成等方式来创造。因此，它们是词汇的核心。（孙宏开、齐卡佳、刘光坤，2007）

二　借词

受语言接触的影响，白马语词汇系统中，除了本身的固有词外，从邻近民族语言中借用，也是白马语丰富自己词汇的一个重要来源。据统计，汉语借词约占12%，藏语借词约占10%。

（一）汉语借词

白马语中的汉语借词有早期的借词，也有新借词。早期的已经适应了白马语的特点，在韵尾和声调方面与白马语的固有词没有区别。虽然新老借词的界限不是很明显，但依然可以从它的特征上做出判断。

1. 老借词

（1）老借词还保留了汉语早期的浊音。例如：

tsha^{35}　擦	tshe^{53}　棺材	tshɔ^{31}xe^{53}　鞋
kua^{35}　挂	tɕhi^{31}to^{53}　剃刀	ŋɔ̃^{35}　硬
ŋɔ^{35}　撬	tɕɛ̃^{35}　煎	ʃo^{35}　蘑菇
io^{31}dʑa^{53}　油渣	iɔ^{31}ie^{35}　洋芋	ie^{31}tʃɔ^{35}xua^{31}　向日葵

（2）白马语中有大量的半借汉语词的情况，从目前的调查发现，这类词已经逐渐变成白马人最主要的构词方式，而且这类词会随着社会的发展越来越多。这是白马语受汉语影响较深的一个具体表现。例如：

tʃɐ^{53}	tsɿ^{53}　桌子	pɛ^{31}	ndʑi^{53}　凳子
桌（固有词）	子（汉语借词）	板（汉语借词）	凳（固有词）
ȵa^{31}	zɿ^{53}　鸭子	ŋe^{35}	iɛ̃^{35}　腌菜
鸭（固有词）	子（汉语借词）	菜（固有词）	腌（汉语借词）
ȵɛ^{35}	dʑɛ̃^{35}　淬火	me^{35}	tshuɛ̃^{35}　堆粪
火（固有词）	蘸（汉语借词）	粪（固有词）	攒（汉语借词）
mi^{35}	thɛ̃^{35}　猜谜	miɛ^{31}rɛ^{53}	ma^{35}　捋胡子
谜语（固有词）	猜（汉语借词）	胡子（固有词）	捋（汉语借词）
ke^{31}ʃɔ^{53}	iɔ^{35}　街道		
街上（汉语借词）	路（固有词）		

2. 新老借词并用。在白马语中还有一部分是新老借词并用的情况。例如：

老借词	新借词	汉义
tə^{53}mbu^{53}	ŋgõ^{35}	棍
to^{53}zʅ^{53}	tɕɛ̃^{35}	钱
tɕo^{31}tsʅ^{53}	ie^{35}me^{31}	玉米
kha^{31}pa^{53}	la^{31}tɕo^{53}	辣椒
mɛ^{31}ku^{53}	ʑo^{241}	油

3. 新借词。

白马语借词的主要特点是将现代社会发展中出现的一些新事物、新概念及一些地名加以整体借用。这主要包括以下五类：

（1）政治文化词。例如：

pa^{31}i^{31}tɕɛ̃^{35}tɕo^{31}tɕe^{31} 建军节	pa^{31}lu^{35}tɕõ^{31} 八路军	thõ^{53}tʃʅ^{35} 统治
kɛ^{53}tsɔ^{35} 改造	kõ^{35}tshɛ̃^{53}tã^{53} 共产党	mĩ^{35}pĩ^{31} 民兵
tsuə^{53}phɛ^{53} 左派	tʃə̃^{35}tʃʅ^{35} 政治	tʃə̃^{35}tã^{53} 政党
tʃɛ̃^{35}tsə̃^{31} 战争	tʃɛ̃^{35}lyə^{31} 战略	ɕĩ^{35}tɕõ^{31} 行军

（2）地名、行政机构等名词。例如：

tʃuɛ̃^{31}tɕhy^{31} 专区	tʃə̃^{35}fu^{53} 政府	tʃə̃^{35}tsʅ^{31} 镇
ɕɛ̃^{35}ue^{53} 县委	sə̃^{53}ue^{53} 省委	ɕɛ̃^{35}tʃə̃^{35}fu^{53} 县政府
ɕã^{31}tʃə̃^{35}fu^{53} 乡政府	vu^{53}tʃhuã^{31}phu^{35} 武装部	və̃^{35}tʃo^{31} 文州
lɛ̃^{35}tʃo^{31} 兰州	ʃə̃^{31}tʃə̃^{35} 深圳	sʅ^{35}tʃhuɛ̃^{31} 四川
kuã^{53}tʃo^{31} 广州	ke^{31}tʃo^{31} 阶州	ŋɔ^{35}mə̃^{31} 澳门
ŋɔ^{35}ta^{35}li^{35}ia^{53} 澳大利亚	zʅ^{31}pə̃^{53} 日本	thɛ^{35}uɛ̃^{31} 台湾
sə^{31}tshɛ̃^{53}tue^{35} 生产队	ɕĩ^{35}iõ^{35}ʃə^{35} 信用社	

（3）新事物、新概念等名词。例如：

pɔ^{35}fa^{31}xo^{35} 暴发户	pɔ^{35}ʃə^{35} 报社	pə^{31}uə^{31}kuɛ̃^{53} 博物馆
pɔ^{35}ɕɔ^{31} 报销	phɛ^{35}tʃɔ^{35} 牌照	piɛ̃^{31}tɔ^{53} 编导
pĩ^{31}kuɛ̃^{53} 宾馆	pĩ^{31}ɕã^{31} 冰箱	tʃhõ^{31}tiɛ̃^{35}tɕhi^{35} 充电器
tshɛ^{35}tʃə̃^{35} 财政	tʃhɔ^{31}sʅ^{35} 超市	tʃhu^{31}pɛ̃^{53} 出版
tiɛ̃^{35}tshi^{31} 电梯	tiɛ̃^{35}xua^{35} 电话	tiɛ̃^{35}nɔ^{53} 电脑
tiɛ̃^{35}ĩ^{53} 电影	tiɛ̃^{35}ɕĩ^{35} 电信	fa^{31}phiɔ^{35} 发票
ĩ^{31}ɕõ^{35} 英雄	tɕɔ^{31}thõ^{31} 交通	

（4）文化、教育等名词。例如：

tɕɔ^{35}ʃʅ^{31} 教室　pɛ̃^{35} 班　pɛ̃^{53}tsha^{31} 黑板擦

pe^{31}ge^{53}tʃɐ^{53}tsʅ^{53} 讲桌　pi^{35}khuə^{35} 备课　pu^{53}khɔ^{35} 补考

pu^{53}khuə^{35} 补课　və̃^{35}tɕɛ̃^{35} 文件　və̃^{35}ʃu^{31} 文书

və̃^{35}ɕyə^{35} 文学　ɕɔ^{35}tʃã^{53} 校长　ɕɔ^{53}ɕyə^{35} 小学

yɛ̃^{35}khue^{31} 圆规　yɛ̃^{35}ĩ^{31} 元音　thue^{31}tɕɛ̃^{35} 推荐

ɕã^{35}phiɛ̃^{53} 相片　thõ^{35}ɕyə^{35} 同学　thõ^{31}tʃʅ^{31} 通知

thõ^{31}tʃʅ^{31}ʃu^{31} 通知书　ʃə̃^{31}tɕi^{31} 升级　tɕhĩ^{31}kõ^{31}ie^{31} 轻工业

pĩ^{31}pər^{35}tɕho^{35} 乒乓球　tʃhuɛ̃^{35}ɕi^{35}ʃuə^{53} 传习所　kã^{31}pi^{31} 钢笔

kã^{31}tʃhʅ^{31} 钢尺　tɕɔ^{35}tshɛ^{35} 教材　mɔ^{35}pi^{31} 毛笔

tɕɔ^{35}ʃʅ^{31} 教室

（5）现代社会的职业、身份等名词。例如：

ly^{31}sʅ^{31} 律师　pɔ^{53}ŋɛ̃^{31} 保安　pɔ^{53}kuɛ̃^{53} 保管　pə^{31}sʅ^{35} 博士

phɛ^{35}tʃã^{53} 排长　tʃhã^{53}tʃã^{53} 厂长　kõ^{31}ʐə̃^{35} 工人　tɕĩ^{31}tsha^{35} 警察

tɕõ^{31}tʃã^{53} 军长　tɕhy^{35}tʃã^{53} 局长　sə̃^{53}tʃã^{53} 省长　ʃə̃^{31}fə̃^{35}tʃə̃^{35} 身份证

ɕã^{31}tʃhã^{53} 乡长　ɕɔ^{35}tʃã^{53} 校长　pɛ̃^{31}tʃu^{53}ʐə̃^{35} 班主任　thõ^{31}ɕiõ^{35}yɛ̃^{35} 通讯员

（二）藏语借词

白马语中有大量的藏语借词，这说明藏语对白马语的影响也是非常深远的。至于这些词是什么时候借入的，目前还无从考证；但根据调查发现，这类借词借入的时间应该是非常早的，所以在语音上已经基本上被“白马化”了。正因为这些原因，我们仅仅根据词义和某些语音特征很难判断某词是否是借词。所以，我们就只能根据词义的内容、有无派生能力、音位是否和谐等来判断它是否是借词。当然，这些大的原则并不能够将所有的同源词与借词区别开来，而仅仅能区分大部分而已。

1. 直接借藏语的词。例如：

ma^{53} 军队　tɛ^{53} 马　ma^{35} 酥油　se^{35} 金子　la^{241} 佛像

ʃʅ^{53}pɛ^{53} 柏枝　ko^{35} 价格　ȵe^{31}kɔ^{53} 佛灯　la^{31}ma^{53} 喇嘛　gɛ^{35} 喜欢

sa^{31}na^{53} 墨　tʃə^{53} 老虎　kuɐ^{31}mɛ^{53} 小偷儿　mɛ^{31}mbɛ^{53} 医生

2. 一半借藏语，一半用固有词。例如：

tɛ^{53}　ȵo^{35} 黑马　se^{35}　tʃu^{53} 镀金

马（藏语借词）黑（固有词）　金子（藏语借词）涂、抹（固有词）

mɛ^{35}　ʑi^{35} 药方

药（藏语借词）书（固有词）

3. 一半借汉语，另一半借藏语

这类例子不是很多，但是在一定程度上表明汉语词和藏语词在白马人的语言使用中早就能够运用自如了。例如：

tɕho^{35}	tɛ^{53} 骟马	ʃə^{31}mba^{53}	tʃhuɛ̃^{35} 皮船
骟（汉语借词）	马（藏语借词）	皮子（藏语借词）	船（汉语借词）
mɛ^{35}	tsha^{35} 擦药		
药（藏语借词）	擦（汉语借词）		

第四节

民俗文化词

一　服饰

1. $i\varepsilon^{31}re^{53}$ “女彩衣”

“女彩衣”即百褶裙，是白马人女性最常穿的一种服装（见图1、图2）。上身为衣，下身为裙，衣裙相连，形成具有连衣裙特征的女子长衫结构形式。裙子的后面有24个皱褶，对开襟，无纽扣，袖口较宽大且短，下摆较短，穿着时用华丽的腰带扎束。百褶裙的衣领、袖子和背部均采用传统刺绣手法装饰精美的图案，内容包括以彩色条纹为主要特征的抽象的几何图案和花卉图案，包涵着较为深厚的民俗文化意蕴。传统的百褶衣一般用纯羊毛布或麻布制作，主体部分是单色，以红、深蓝、褐色为主体色，装饰图案的色彩丰富，有沉着而热烈的艺术效果。不穿时，将衣裙按皱褶折叠起来，用绳子捆扎保存，以求再穿时皱褶舒展美观。

图1　传统女彩衣

文县铁楼乡立志山村 /2010.2.27/ 杨波　摄

图2　现代女彩衣

文县铁楼乡入贡山村 /2010.2.4/ 班自茹　摄

2. pe³¹ɦɔ³⁵ “番鞋”

“番鞋”是白马男性常穿的一种鞋，形状像靴子（见图3）。原来选用野猪、牛、盘羊等动物的皮做鞋底，用麻布、毛毡等做鞋面和靴筒，现在也有人用小帆布做鞋面和靴筒。在靴筒和鞋面上绣出彩条状花纹图案。鞋做好后往鞋里垫上少许燕麦草做鞋垫，适时换草，柔软暖和。番鞋最适宜在雪地里和山林里行走，冬天穿上番鞋，即使在冰天雪地里双脚都很暖和。夏天穿上番鞋，耕地、锄草不怕土往鞋里钻，走在山林里不怕蚂蟥叮咬、毒蛇侵袭。

图3　男番鞋

文县铁楼乡立志山村 /2010.2.27/ 邱雷生　摄

3. ʃa³¹ka⁵³ “沙嘎帽”

“沙嘎帽”是白马人有别于其他民族的重要标志之一。用白羊毛做成，形状如带花边的圆盘，帽檐为波折状。高约二三厘米，直径约十五厘米。帽子上用彩色花线绣成扇子花、鸡爪花、万不断等图案。在帽子上插一两支白公鸡的鸡翎，有的还在插鸡翎的地方用锦鸡冠毛进行装饰。女性的帽子多为折边，边缘绕以珠饰或铜钮（见图4），男性的帽子为荷叶边。男女戴法略有不同，男子多斜戴，女子多正戴。在帽子下面用一根线绳系在脖子上以防脱落。传说白马人头戴插有白鸡翎的沙嘎帽，是为了铭记白公鸡的救命之恩。

图4　女性沙嘎帽

文县铁楼乡麦贡山村 /2009.10.20/ 豆海红　摄

4. nɛ³¹mbu⁵³kə³¹ra⁵³ “毛腰带”

“毛腰带”是白马人捆扎衣服的装饰品（见图5）。传统的腰带为无图案单色腰带，一般用白色的羊毛线染成红色编织而成，长度可达3.6米。现代女性的腰带则用各色毛线或棉线编织而成，图案为抽象的几何图形，色彩艳丽、变化多端，宽度一般为17

图5　毛腰带

文县铁楼乡入贡山村 /2009.10.19/ 班保林　摄

厘米，长度约为180厘米，经常与华丽的百褶裙搭配在一起。

5. ȵɛ³⁵ɿ⁵³ “鱼骨头饰品”

“鱼骨头饰品”是白马人女性头上的装饰品（见图6），前段用5、7或9个带小孔的圆形鱼骨牌依次排列，穿在红毛线发辫上，后段的红毛线散开，和各色串珠相互搭配。佩戴的方式因年龄不同而具有一定的差异：年轻人佩戴时前段的鱼骨牌与发辫捆绑在一起，在头顶缠绕一圈，而后段的毛线和串珠从耳边自然下垂。中老年人因为要缠头帕，所以将鱼骨头饰和头帕一起盘绕在头顶，末端不再自然下垂。

图6 鱼骨头饰

文县铁楼乡草河坝村 /2009.10.18/ 班保林 摄

二 歌舞

1. pɛ³¹lɔ⁵³do³⁵ “土琵琶弹唱”

“土琵琶弹唱”是文县白马人最具特色的说唱艺术之一。每逢闲暇时候，白马人便会聚居在一起，弹起心爱的土琵琶，唱起欢乐的歌谣。土琵琶弹唱的表演形式多样，有自弹自唱，有一人弹多人唱，也有多人弹多人唱等形式（见图7）。表演时间和场地均不受限制。

图7 家庭弹唱 文县铁楼乡入贡山村 /2011.3.7/ 班保林 摄

除白马人外，文县其他汉族村寨也经常有土琵琶弹唱。从表演的年龄看，大都在四十岁以上，年轻人很少会弹土琵琶。

2. tʂhʅ^{31}gə^{35}ndʒo^{35} “池哥昼”

“池哥昼”是文县、九寨沟县和平武县的白马人共同表演的一种祭祀性舞蹈（见图8），2008年已被列入国家级非物质文化遗产名录。“池哥昼”表演一般由池哥和池母两种基本角色组成，角色均由男性扮演。祭祀的主要目的是为了驱邪纳祥，整个表演都伴随着群众性的歌唱。祭祀活动一般都要经过敬神、请神、在公共场所表演驱邪、入户驱邪纳吉、送神等环节。但不同的村寨其角色的数量、表演的时间均不一样。

图 8　“池哥昼”表演　文县铁楼乡草河坝村 /2016.2.22/ 班保林 摄

3. ʐa^{35}rɛ^{31}ȵɛ^{35}khã^{31} “烤街火”

“烤街火”被称之为白马人的狂欢节，是白马人各村寨共有的习俗（见图9）。从腊月初八开始，到第二年正月十七日结束，历时四十天。每年的腊月初八开始，寨子里人在吃过晚饭后便聚集在场院，青少年和小孩则敲锣打鼓，按寨内房屋先后顺序，唱着凑柴歌，挨家挨户去凑柴，把凑集的柴集中在固定的场院点燃，全村人围在火堆旁聊天、讲故事、说笑话、唱歌、跳舞。每晚活动达到高潮时，男女老少便会手牵手围着篝火跳起欢快的火圈舞，唱响高亢嘹亮的歌曲。他们时而男女对唱，时而男女合唱，时而左转圈，时而右转圈，速度时快时慢，形式多样，变化多端。歌声、篝火、舞姿与夜空的白马山寨构成了一幅生动优美的生活画卷。这一民

图 9 烤街火 文县石鸡坝镇薛堡寨村 /2009.10.9/ 孙孝珠 摄

俗活动发挥着凝聚人心、训练队伍、传承文化、祭祀神灵的作用。白马人的烤街火，历时之长，声势之大，感染力之强，实属罕见。

4. ʃa³⁵ndʒo³⁵ “知玛”表演

“知玛”表演是文县白马河流域在池哥昼表演中增加的舞蹈角色（见图10），它来源于

图 10 “知玛”表演 文县铁楼乡麦贡山村 /2010.2.26/ 豆海红 摄

一个民间故事。传说有一位白马姑娘，不顾家庭反对与外族人结婚生子，多年后返回家乡，又怕被人认出来，于是就在脸上抹上锅墨，穿上破烂的衣服来参加祭祀。这个故事反映了白马人的婚姻观。知玛一般由三位男性扮演，脸上均涂抹锅墨。其中一人身穿女性破烂服装，头上挂上萝卜片做的象征鱼骨牌的头饰，手拿犏牛尾刷或拐杖；另一人身穿男性破烂民族长服或烂毛水毯，头戴装饰有五彩折叠纸花的草帽，脚穿破烂草鞋，一手持拐杖，一手拿犏牛尾刷或扇子；还有一男童（有些寨子里只有两位知玛，没有这个角色）身穿破烂的民族服装，手拿拐杖。这三个角色共同用诙谐夸张的动作模仿白马人的各种生活习俗，增添气氛，发挥惩戒等教育作用。知玛一般要在宽敞的场院进行表演，其舞蹈语言粗野张狂，唱念做打俱全，人间万象纷呈，常常令人捧腹大笑。其中男女知玛互相嬉戏挑逗，说着有关生育的粗俗笑话，表演赞赏、调情、亲昵、交配、生育等过程，可以看作是人与部落的由来或人的由来。除集体表演外，知玛还有单独的表演，舞蹈动作丰富，舞姿神采飞扬，令观众喝彩不止。

三　风俗习惯

1. ɦɔ^{35}ie^{31}pa^{53}ɕe^{53} “迎火把”

“迎火把”是白马人举行的一种祭祀活动（见图11）。每年正月十五晚上，全村十六岁以上、六十岁以下的人在庙堂里参加祭祀活动。祭祀完毕后，点上火把，唱着感谢神灵的歌曲回家，年龄十六岁以下者拿着火把，在半道上迎接，最后把火把迎接到固定的场院进行舞蹈。

图 11　迎火把　文县铁楼乡草河坝村 /2016.2.22/ 班保林 摄

2. tɕhe^{35}kɛ^{53} “撒灰”

“撒灰”是白马人的传统习俗，认为经火烧下的柴灰，是圣洁之物，有祛灾避邪的功用（见图12）。过去探望病人，病人家要先在过道上撒灰，方可入内；家中人远道而归，也要在过道上撒灰后进家门，表示把鬼怪邪气隔在门外。农历二月二，各家各户都要在房屋和圈棚周围撒一道灰圈，防病防邪，保护家人、牲畜平安。

图12　撒灰　文县铁楼乡入贡山村 /2011.8.16/ 班保林 摄

3. ʃo^{31}gu^{53} “唱寿故”

“唱寿故”是白马人结婚时的一种仪式（见图13）。送新娘子的人到新郎家的当天晚上，

图13　唱寿故　文县铁楼乡入贡山村 /2011.2.23/ 邱雷生 摄

要在客厅摆几张桌子，正中放升子，内装小麦，小麦上插上一对点燃的蜡烛和三炷香，旁边放两壶酒。司仪和送新娘子的客人坐上席，新郎、新娘及其他客人坐对面。司仪或新客中的领队站起来，拿着寿尕（结婚仪式中，司仪手里拿的刻有人像挂着红布的木板），在新郎、新娘头上边绕边唱《寿故》，接着吟唱《高舍》，然后唱其他歌。

4. dzə̰^{31}na^{53}ndzʅ^{35} “抹锅墨”

“抹锅墨”是文县白马人的一种古老习俗（见图14、图15），这种风俗是伴随着春节期间的传统傩舞进行的。一般是平辈之间相互往脸上抹锅墨，爷孙之间也可以相互抹，但不

图14 抹锅墨 文县铁楼乡入贡山村 /2011.2.18/ 刘启舒 摄

图15 抹锅墨 文县铁楼乡入贡山村 /2011.2.18/ 王国珍 摄

能给客人抹。脸上被别人涂抹上锅墨，表示对方对你的喜爱尊重和祈祷祝福，被抹者应高高兴兴地接受。有的寨子把抹锅墨当作请客的方式。有的寨子把抹锅墨当作示爱的方式，小伙子往喜爱的姑娘脸上抹锅墨，姑娘追去，到无人处便相互倾诉心中的爱。四川九寨沟和平武白马人的抹锅墨风俗与文县稍有不同，除了平辈之间抹锅墨以外，也可以给客人抹，以此表达对客人的欢迎与祝福。

5. $tʃhɔ^{53}ndʒə^{35}$ “敬酒”

“敬酒”是白马人的一种待客习俗（见图16）。白马人十分热情好客，来客必敬酒，敬酒必唱歌。他们在岁时节庆、婚丧嫁娶、亲朋聚会、迎宾送客、修房造屋、生产劳动等活动中，都要唱敬酒歌并敬酒。白马人敬酒时有很多规矩，一般先给外族外寨的人敬酒，然后给本族本寨的人敬；先给尊贵的客人敬，后给平常的客人敬，先给长辈敬后给晚辈敬，先给年纪大的敬后给年纪小的敬，这样依次进行敬酒唱歌。客人要走时，主人还要唱挽留的敬酒歌，客人也要唱答谢的敬酒歌，给主人回敬。

图16　给长辈敬酒　文县铁楼乡入贡山村 /2009.4.26/ 邱雷生 摄

6. $\text{tɕhi}^{31}\text{ndʑa}^{35}\text{ɕa}^{35}\text{ɕe}^{53}$ “拜水节”

“拜水节”是文县铁楼藏族乡白马人的一种祭祀活动（见图17、图18）。文县铁楼藏族乡石门沟村有一个云瀑泉，泉水清冽甘甜，每逢腊月初八，石门云瀑的泉水就会很准时地“离开”一段时间，等到来年二月十九日，它又会如期“回来”。于是，每年农历二月十九日，白马人都要举行盛大的“拜水节”。在这一天，白马人将身着节日的盛装，跳起神圣的池哥昼，请水神、迎水神、拜水神、祭水神，为新的一年祈福，祈求风调雨顺、四季平安、五谷丰登。

图17　拜水节　文县铁楼乡石门沟村 /2014.4.18/ 董超　摄

图18　拜水节　文县铁楼乡石门沟村 /2014.4.18/ 董超　摄

四 劳动生活

1. ʃɛ³⁵tɕe⁵³ȵɛ³¹uɛ⁵³ “腊肉”

“腊肉”是白马人最传统的饮食（见图19）。每年腊月白马人便把带骨头的猪肉切成手掌宽的条状，将炒热的食盐和花椒粉均匀撒在肉上，然后将肉放在锅蒲里，上面用干净的白布盖住。过三四天后，待调味品渗入肉里，肉中的水分渗出，再将肉挂起来，下面生火慢慢熏干，供一年四季食用。

图19 腊肉 文县铁楼乡入贡山村/2010.2.28/豆海红摄

2. no³⁵sɛ³⁵mɐ³⁵ “二牛抬杠”

“二牛抬杠”是白马人传统的耕作技术（见图20）。耕作时，两牛相距七八尺，中间横抬一“杠”，“杠”后接续辕犁。一人在前牵牛，一人控制犁铧入土的深浅。

图20 二牛抬杠 文县铁楼乡草河坝村/2016.2.22/班保林 摄

买家具中大奖
7月21日至23日

第四章 分类词表

说明：

1. 本章第一、二两节收录《中国语言资源调查手册·民族语言（藏缅语族）》“调查表”中“叁 词汇”的词条（原表1200词），标记“（无）”的词条不收录。第一节为通用词，是语保工程调查中汉语方言与少数民族语言共有的调查词表。第二节为扩展词（原表1800词），是专家学者根据各个语族的实际情况制定的调查词表。这两节皆分为如下14类：

一 天文地理	六 服饰饮食	十一 动作行为
二 时间方位	七 身体医疗	十二 性质状态
三 植物	八 婚丧信仰	十三 数量
四 动物	九 人品称谓	十四 代副介连词
五 房舍器具	十 农工商文	

2. 第三节为其他词，主要收录天文地理、房屋器具、服饰饮食、婚丧信仰、人品称谓、地名及部分植物、野生动物、中药等方面的词。

第一节

《中国语言资源调查手册 · 民族语言（藏缅语族）》通用词

一　天文地理

太阳～下山了 ȵyə^{35}

月亮～出来了 dza^{35}

星星 kɛ^{53}mɛ^{53}

云 ŋɐ^{31}pɛ^{53}

风 lo^{35}

台风 lo^{35}dʐ̩ɛ^{35}

闪电名词 ndʐ̩uə^{31}tʃa^{53}

雷 kuə^{31}dʑy^{35}

雨 tʃha^{35}

下雨 tʃha^{35}po^{31}

淋衣服被雨～湿了 bɔ^{35}

晒～粮食 kɔ^{53}

雪 ŋga^{35}

冰 tʃho^{31}ro^{53}

冰雹 tshɛ^{31}rɛ^{53}

霜 pɛ^{31}zɛ^{53}

雾 pɛ^{31}mu^{53}

露 sɿ^{53}uɛ^{53}

虹统称 ɕɛ^{53}ko^{53}ko^{53}

日食 ȵyə^{35}zɿ^{35}ndʒue^{35}mɔ^{31}ʃɿ^{31}

月食 dza^{35}zɿ^{35}ndʒue^{35}mɔ^{31}ʃɿ^{31}

天气 nɔ^{35}dʑɛ^{35}

晴天～ thɔ^{53}

阴天～ mu^{35}

旱天～ kɔ^{53}

涝天～ me^{53}

天亮 nɔ^{35}iɔ^{241}

水田 tʃhuɐ^{53}sɛ^{35}

旱地浇不上水的耕地 rɐ^{35}sɛ^{35}

田埂 sɛ^{35}guə^{31}lɛ^{53}

路野外的 iɔ^{35}

山 rɐ^{35}

山谷 iu^{53}uɛ^{53}

江大的河 tʃhuɐ^{53}

溪小的河 tʃhuɐ^{31}ʐo^{53}

水沟儿较小的水道 iu^{31}ʃa^{35}

湖 ndzɐ^{35}

池塘 ndzɐ^{35}

水坑儿地面上有积水的小洼儿 tɕhi^{31}ndʑa^{35}ndʑi^{31}sɛ^{53}

洪水 ʃɛ^{53}ndʒu^{53}

淹被水～了 ndʑi^{241}mɔ^{31}

河岸 tʃhuɐ^{53}khɛ^{31}ndʐʅ^{53}

坝拦河修筑拦水的 guɐ^{35}

地震 sɛ^{31}ndʑi^{241}

窟窿小的 khu^{31}rʅ^{53}

缝儿统称 sʅ^{31}tɕi^{53}

石头统称 dɐ^{35}

土统称 sɛ^{35}

泥湿的 tsɐ^{31}ȵi^{53}

水泥旧称 dɐ^{35}tɕhe^{35}

沙子 ɕɔ^{35}

砖整块的 ȵi^{31}tsʅ^{53}

瓦整块的 dzɔ^{35}

煤 dɐ^{31}na^{53}

煤油 dɐ^{31}na^{53}mɛ^{53}ku^{53}

炭木炭 sɛ^{35}

灰烧成的 tɕhe^{35}

灰尘桌面上的 tɕhe^{35}pa^{53}

火 ȵɛ^{35}

烟烧火形成的 tuə^{35}

失火 ȵɛ^{35}mbɛ^{53}

水 tɕhi^{31}ndʑa^{35}

凉水 tɕhi^{31}ndʑa^{35}ndʑa^{31}ku^{53}

热水如洗脸的热水，不是指喝的开水 tɕhi^{31}ndʑa^{35}ndʑa^{31} ndɐ^{53}

开水喝的 tʃhuɐ^{31}gue^{35}

磁铁 ɕi^{31}thie^{35}ʃʅ^{35}

二　时间方位

时候吃饭的～ ra^{53}ko^{31}

什么时候 na^{31}ndzue^{53}

现在 tʃɔ^{53}

以前十年～ ŋue^{35}

以后十年～ zə̧^{35}

一辈子 ȵɐ^{31}thuə^{53}tʃʅ^{53}

今年 to^{31}zʅ^{53}

明年 ie^{53}sɛ^{53}rɛ^{31}

后年 sɔ^{31}ue^{53}

去年 ndʑi^{53}ȵi^{35}

前年 ne^{35}ɕi^{31}

往年过去的年份 ne^{35}ɕi^{53}ŋue^{35}

年初 ie^{53}sɛ^{53}mɔ^{241}uɛ^{31}

年底 ie^{53}tsa^{35}

今天 te^{31}re^{53}

明天 nã^{35}

后天 nã^{31}ȵi^{53}

大后天 zɐ̧^{31}ȵi^{35}

昨天 ndɔ^{35}

前天 khɛ̃^{31}nu^{53}

大前天 kha^{35}zʅ^{31}nu^{53}

整天 ȵi^{31}ndʒʅ^{53}ȵyə^{35}

每天 ȵi^{31}ndʒʅ^{53}ȵi^{31}ndʒʅ^{53}

早晨 sɛ^{53}rɛ^{35}

上午 sɛ^{53}rɛ^{35}

中午 ȵyə^{35}ku^{31}

下午 ȵyə^{35}tshɛ^{31}ʃa^{53}

傍晚 gu^{31}ɕyə^{53}nɔ^{31}

白天 ȵyə^{35}ku^{31}

夜晚与白天相对，统称gu^{31}kɛ^{53}

半夜ndzɛ^{35}rɛ^{35}

正月农历ie^{31}sa^{53}dza^{35}

大年初一农历ie^{31}sa^{53}tshe^{31}tʃʅ^{53}

元宵节ie^{31}sa^{53}tʃa^{53}ŋɛ^{53}

清明so^{53}mbɛ^{53}mɛ^{31}ȵi^{31}tɕa^{53}ȵi^{31}nɔ^{31}

端午ue^{35}thuə^{31}

七月十五农历，节日名di^{31}mbɛ^{53}tʃa^{53}ŋɛ^{53}

中秋dʑɛ^{31}pɛ^{53}tʃa^{53}ŋɛ^{53}

腊月农历十二月la^{53}yə^{53}dza^{35}

除夕农历nɔ^{31}to^{53}

历书kɛ^{53}mɛ^{53}tɛ^{53}ʑi^{35}

地方sɛ^{31}tʃɛ^{53}

什么地方tʃhɐ^{53}sɛ^{31}tʃɛ^{53}

家里ŋgə^{35}

城里ŋgɛ̃^{31}nɔ^{53}

上面从～滚下来khə^{31}pa^{53}

下面从～爬上去ʃɔ^{31}dʑi^{241}

左边ʃɛ^{31}ɕyə^{53}

右边lɛ^{31}ɕyə^{53}

中间排队排在～pɛ^{31}tɕi^{35}

前面排队排在～ŋuə^{31}ndʑyə^{53}

后面排队排在～ʐə^{31}tuə^{53}

末尾排队排在～ʐə^{35}rɛ^{31}ʐə^{35}

对面phɛ^{31}kə^{53}

面前khɛ̃^{31}ŋuə^{53}ŋuə^{31}dʑyə^{53}

背后dʑyə^{31}ɕyə^{53}

里面躲在～se^{53}rɛ^{35}

外面衣服晒在～ge^{31}tsɛ^{53}

旁边khɛ^{31}ndzʅ^{53}

上碗在桌子～khə^{31}pa^{53}

下凳子在桌子～ʃɔ^{31}dʑi^{241}

边儿桌子的～tʃha^{35}khɛ^{31}

角儿桌子的～kə^{53}zʅ^{53}

上去他～了ie^{53}so^{241}

下来他～了the^{35}ue^{35}

进去他～了se^{53}rɛ^{35}tɕhe^{35}

出来他～了ge^{31}tsɛ^{53}ue^{35}

出去他～了ge^{31}tsɛ^{53}tɕhe^{35}

回来他～了ɕi^{53}ue^{35}

起来天冷～了te^{53}ɕo^{241}

三　植物

树do^{35}

木头do^{35}

松树统称thɔ^{31}ʐe^{35}do^{35}

柏树统称ʃʅ^{53}pɛ^{53}do^{35}

杉树thɔ^{31}ʃe^{53}do^{35}

柳树dʒɔ^{31}do^{35}do^{35}

竹子统称ȵo^{31}ma^{53}

笋ȵo^{31}ma^{53}ʐue^{31}mbu^{53}

叶子ʃə^{31}ŋgə^{53}

花mə^{31}rɛ^{53}

花蕾花骨朵mə^{31}rɛ^{53}to^{35}

草tsɛ^{53}

藤ʑo^{31}mɛ̃^{53}

刺名词tso^{31}ma^{53}

水果ʃe^{35}ŋgɐ^{53}

苹果le^{31}ɕo^{53}

桃子ŋgɔ^{31}ʃu^{53}

梨dɐ^{31}le^{53}

李子tʃə^{31}liər^{53}

杏ŋgɛ^{31}mbu^{53}

柿子nda^{31}nda^{53}

石榴 ke^{31}ɕo^{53}

核桃 te^{53}gɛ^{35}

银杏白果 ka^{31}liər^{53}

甘蔗 kɛ̃^{31}kɛ̃^{53}

木耳 a^{53}le^{53}na^{35}

蘑菇野生的 ʃo^{241}

香菇 ʃo^{241}

稻指植物 ndʐe^{35}

稻谷指籽实（脱粒后是大米）ndʐe^{35}

稻草脱粒后的 ndʐe^{35}tsɛ^{53}

大麦指植物 suə^{35}

小麦指植物 tɕɐ^{53}

麦秸脱粒后的 tɕɐ^{53}kɛ^{53}ndzʅ^{53}

谷子指植物（籽实脱粒后是小米）tɕhɛ^{53}

高粱指植物 tɕi^{31}me^{53}

玉米指成株的植物 ie^{53}me^{31}

棉花指植物 dʐa^{35}

油菜油料作物，不是蔬菜 tshɛ^{31}zʅ^{53}

芝麻 sə^{53}ŋgə^{53}

向日葵指植物 ie^{31}tʃɔ^{35}xua^{31}

蚕豆 ʃɛ^{53}mɛ^{53}la^{31}ta^{53}

豌豆 ʃɛ^{53}mɛ^{53}

黄豆 ʃə^{31}le^{53}

绿豆 ʃə^{31}le^{53}ŋɐ^{31}mbu^{53}

大白菜东北～ ŋe^{31}ka^{53}

韭菜 tɕi^{35}

香菜芫荽 iɛ̃^{31}ɕy^{53}

葱 ʃə^{31}zo^{53}

蒜 gə^{31}pɛ^{53}

姜 dʐe^{35}gɛ^{241}

辣椒统称 la^{31}tɕo^{53}

南瓜扁圆形或梨形，成熟时赤褐色 liɛ^{31}ŋga^{53}

马铃薯 iɔ^{31}ie^{53}

山药圆柱形的 ʃu^{31}ʑi^{53}

四　动物

老虎 tʃə^{53}

猴子 dʐʅ^{31}ma^{53}

蛇统称 rʅ^{35}

老鼠家里的 ɕyə^{35}

蝙蝠 ŋgɐ^{31}nduə^{53}

鸟儿飞鸟，统称 ɕi^{31}ro^{53}

麻雀 ndʒʅ^{31}uɛ^{53}

喜鹊 tʃa^{35}tʃa^{31}

乌鸦 ŋgɛ^{31}lɛ^{53}

鸽子 phu^{31}le^{53}

翅膀鸟的，统称 ʃʅ^{53}pɛ^{53}

爪子鸟的，统称 kɔ^{53}uɛ^{53}

尾巴 ŋuə^{35}

窝鸟的 tshɔ^{53}

虫子统称 mbɐ^{53}

蝴蝶统称 ɕɔ^{35}lɔ^{35}tsʅ^{31}

蜻蜓统称 ndzɐ^{35}ɦa^{31}ʐu^{53}

蜜蜂 ro^{35}

蜂蜜 ro^{53}tsʅ^{53}

知了统称 ɦo^{31}mbe^{35}

蚂蚁 tɕyə^{31}ma^{53}iɔ^{53}

蚯蚓 mbɐ^{53}po^{31}no^{53}

蚕 mbɐ^{31}gɔ^{35}mbɐ^{53}

蜘蛛会结网的 kɛ^{53}pu^{31}tɕɔ^{53}

蚊子统称 tʃa^{53}ɕi^{53}

苍蝇统称 ro^{31}na^{53}

跳蚤咬人的 ʐuə^{35}

虱子 ʃʅ^{53}

鱼 ȵε^{35}

青蛙统称 bie^{31}uε^{53}

癞蛤蟆表皮多疙瘩 bie^{31}uε^{53}bie^{31}ka^{53}

马 tε^{53}

驴 pə^{31}le^{53}

骡 dʐe^{35}

牛 no^{35}

公牛统称 iɔ^{31}gə^{35}

母牛统称 no^{35}mε^{53}

放牛 no^{35}ndzɐ^{35}

羊 rε^{35}

猪 pha^{53}

种猪配种用的公猪 pha^{53}phə^{31}tɕɔ^{53}

公猪成年的，已阉的 pha^{53}phɐ^{31}lɐ^{53}

母猪成年的，未阉的 pha^{53}iε^{53}mu^{53}

猪崽 pha^{53}pho^{31}ro^{53}

猪圈 pha^{31}tshɔ^{53}

养猪 pha^{53}sue^{53}

猫 a^{53}le^{53}

公猫 a^{53}le^{53}go^{35}

母猫 a^{53}le^{53}mε^{35}

狗统称 tɕhi^{53}

公狗 tɕhi^{53}go^{35}

母狗 tɕhi^{31}mε^{35}

叫狗～ ŋguə^{53}

兔子 ro^{35}

鸡 ɕε^{53}

公鸡成年的，未阉的 ɕε^{53}to^{35}

母鸡已下过蛋的 ɕε^{53}mε^{53}

叫公鸡～（即打鸣儿）ke^{53}tɕa^{35}

下鸡～蛋 ndʒuə^{53}

孵～小鸡 lo^{53}

鸭 ȵa^{53}zʅ^{53}

鹅 ndʑo^{31}ndʑo^{241}

阉～公猪 tɕho^{35}

阉～母猪 tɕho^{35}

阉～鸡 tɕho^{35}

喂～猪 sue^{53}

杀猪统称 pha^{53}se^{53}

杀～鱼 se^{53}

五　房舍器具

村庄一个～ dε^{31}ŋgue^{35}

街道 ke^{31}ʃɔ^{53}iɔ^{35}

盖房子 ŋgɔ^{31}uε^{53}ɕe^{31}

房子整座的，不包括院子 ŋgɔ^{31}uε^{53}

屋子房子里分隔而成的，统称 ŋgɔ^{31}uε^{53}

卧室 ȵe^{31}sε^{53}ŋgɔ^{31}uε^{53}

茅屋茅草等盖的 tsε^{31}ŋgɔ^{241}

厨房 tso^{31}ŋgɔ^{241}

灶统称 to^{35}

锅统称 sɔ^{31}tʃo^{53}

饭锅煮饭的 sɔ^{31}tʃo^{53}

菜锅炒菜的 sɔ^{31}tʃo^{53}

厕所旧式的，统称 tɕa^{31}ŋgɔ^{241}

檩左右方向的 gɐ^{31}mε^{53}

柱子 do^{35}ka^{35}

大门 gɐ^{35}la^{31}ta^{53}

门槛儿 guə^{31}lε^{53}

窗旧式的 tʃε^{31}ȵi^{53}

梯子可移动的 ke^{53}ŋgu^{53}

扫帚统称 pi^{31}iɔ^{53}

扫地 sε^{35}duɐ^{35}

垃圾 kɔ^{31}dʑi^{241}

家具统称tʃɛ^{53}vu^{53}

东西我的～ iɛ^{31}tʃɛ^{53}

炕土、砖砌的，睡觉用phe^{53}

床木制的，睡觉用n̥ə^{31}rʅ^{53}

枕头ŋe^{31}ie^{53}

被子ŋgo^{31}ie^{53}

床单ndie^{31}ie^{53}

褥子ndie^{31}ie^{53}

席子ndie^{31}ie^{53}

蚊帐tʃa^{53}ɕi^{53}ŋga^{35}tʃʅ^{31}sɛ^{53}

桌子统称tʃɐ^{53}tsʅ^{53}

柜子统称ie^{31}khue^{241}

抽屉桌子的tʃho^{31}ɕa^{53}

案子长条形的ŋɛ^{31}mbɛ^{53}

椅子统称pɛ^{31}ndʑi^{53}

凳子统称pɛ^{31}ndʑi^{53}

菜刀ʃə^{31}rʅ^{53}

瓢舀水的thə^{31}mbu^{53}

缸ndzɛ^{31}mbo^{53}

坛子装酒的～ ndzɛ^{31}luə^{53}

瓶子装酒的～ ŋgo^{53}zʅ^{53}

盖子杯子的～ kha^{31}ia^{35}

碗统称mbɐ^{31}rʅ^{53}

筷子tʃuɐ^{53}zɛ^{53}

汤匙ɕyə^{31}tʃo^{53}

柴火统称ʃe^{35}

锁gɐ^{35}go^{35}

钥匙de^{31}n̥i^{53}

脸盆khẽ^{31}ŋuə^{53}ra^{31}u^{53}

洗脸水khẽ^{31}ŋuə^{53}ndʑyɐ^{31}sɛ^{53}tɕhi^{31}ndʑa^{35}

毛巾洗脸用ia^{31}ɕi^{53}

手绢ia^{31}ɕi^{53}

肥皂洗衣服用ʑi^{35}tsʅ^{31}

梳子旧式的，不是篦子sɔ^{31}uɛ^{53}

缝衣针kue^{35}tʂu^{31}sɛ^{53}kho^{53}

剪子ndʒɛ^{31}mbɛ^{53}

蜡烛lɛ^{53}zu^{53}

手电筒kɛ^{53}ɦo^{53}

雨伞挡雨的，统称tʃha^{31}i^{53}

自行车tsʅ^{35}ɕĩ^{35}tʃhə^{31}

六　服饰饮食

衣服统称kue^{35}

穿～衣服tɕy^{35}

脱～衣服phi^{53}

系～鞋带ga^{35}

衬衫ʃɛ^{31}ʃu^{53}kue^{35}

背心带两条杠的，内衣ʃɛ^{31}ʃu^{53}kue^{35}

袖子mbo^{31}ro^{53}

口袋衣服上的iɛ^{31}mbo^{53}

裤子kɔ^{31}nɔ^{53}

短裤外穿的kɔ^{31}nɔ^{53}tɕhi^{31}ŋue^{53}

裤腿kɔ^{31}nɔ^{53}n̥e^{31}i^{53}

帽子统称ʃɛ^{31}mbe^{53}

鞋子sa^{31}xe^{53}

袜子kɔ^{31}ʃu^{53}

围裙pɔ^{31}dʒʅ^{35}

尿布tɕa^{31}dʒʅ^{35}

扣子tho^{31}tʃa^{53}

扣～扣子ndo^{35}

戒指ndzu^{31}tɕi^{53}

手镯du^{35}

理发tɕɛ^{53}ndʒɛ^{31}

梳头ŋgɐ^{53}sə^{31}

米饭 dzʅ^{53}mɛ^{53}sɔ^{35}

稀饭用米熬的，统称 dzʅ^{53}mɛ^{53}thə^{31}ŋgu^{53}

面粉麦子磨的，统称 ɕɛ^{35}

面条统称 ɕɛ^{35}tho^{31}tho^{35}

面儿玉米～，辣椒～ ɕɛ^{35}

馒头无馅的，统称 khɛ^{31}le^{53}

油条长条形的，旧称 iu^{35}thiɔ^{35}

菜吃饭时吃的，统称 ŋe^{35}

干菜统称 ŋe^{35}kɛ^{53}mbu^{53}

豆腐 to^{31}xo^{53}

猪血当菜的 pha^{31}tɕha^{53}

猪蹄当菜的 pha^{53}kɔ^{31}ʐo^{53}

猪舌头当菜的 pha^{53}dʒa^{35}

猪肝当菜的 pha^{53}ndʒuɐ^{31}mbɛ^{53}

下水猪牛羊的内脏 nɔ^{31}za^{53}

鸡蛋 ɕɛ^{31}gɔ^{35}

猪油 pha^{53}ʑo^{241}

盐名词 tshɛ^{53}

香烟 tɕhe^{31}ka^{53}

旱烟 tɕhe^{31}na^{53}

白酒 rɛ^{53}vu^{53}

黄酒 dzue^{31}tʃhɔ^{53}

江米酒酒酿，醪糟 ndʐe^{35}tʃhɔ^{53}

茶叶 tʃɛ^{53}

沏～茶 bɔ^{35}

冰棍儿 tʃho^{31}ro^{53}ka^{31}ko^{53}

做饭统称 sɔ^{35}tɕi^{31}

炒菜统称，和做饭相对 ŋe^{35}ŋue^{35}

煮～带壳的鸡蛋 tsue^{53}

煎～鸡蛋 tɕɛ̃^{35}

炸～油条 ndʐa^{35}

蒸～鱼 tʃə̃^{35}

揉～面做馒头等 dʑi^{35}

擀～面，～皮儿 le^{53}

吃早饭 sɛ^{31}iɔ^{53}ndo^{241}

吃午饭 ndzɛ^{53}rɛ^{53}ndʒɛ^{35}

吃晚饭 gu^{31}ze^{53}ndo^{241}

吃～饭 ndʒɔ^{35}

喝～酒 ndo^{241}

喝～茶 ndo^{241}

抽～烟 thie^{35}

盛～饭 ndʒuɐ^{35}

夹用筷子～菜 tʃɛ^{53}

斟～酒 y^{53}

渴口～ ko^{53}

饿肚子～ tuə^{53}

噎吃饭～着了 tse^{35}

七　身体医疗

头人的，统称 ŋgɐ^{53}

头发 tɕɛ^{53}

辫子 tɕɛ^{53}tɛ^{53}

旋 ɕyər^{35}

额头 thɛ^{31}pɛ^{53}

相貌 ȵɐ^{31}ŋgue^{35}

脸洗～ khɛ̃^{31}ŋuə^{53}

眼睛 ȵi^{31}ndzʅ^{53}

眼珠统称 ȵĩ^{53}dɐ^{35}

眼泪哭的时候流出来的 ȵi^{31}ndzʅ^{53}ndʒuə^{35}

眉毛 ȵi^{31}mbu^{53}ndzɔ^{35}

耳朵 na^{35}

鼻子 nɛ^{31}ŋgə^{53}

鼻涕统称 no^{35}

擤～鼻涕 tsɐ^{53}

嘴巴人的，统称ndʒuɐ^{35}

嘴唇ndʒuɐ^{35}pa^{53}

口水～流出来khɛ^{31}ʐu^{53}

舌头dʒa^{35}

牙齿sɐ^{35}

下巴mɛ^{31}ndʑe^{35}

胡子嘴周围的miɛ^{31}rɛ^{53}

脖子kɐ^{31}rʅ^{53}

喉咙ȵɛ^{53}uɛ^{53}

肩膀ndʐa^{31}ta^{53}

胳膊pu^{53}uɛ^{53}

手包括臂：他的～摔断了ia^{53}uɛ^{53}

左手ʃɛ^{31}ɕyə^{53}ia^{53}uɛ^{53}

右手lɛ^{31}ɕyə^{53}ia^{53}uɛ^{53}

拳头bu^{31}dzuə^{35}

手指ia^{31}ndzu^{35}

大拇指ndɐ^{31}tʃe^{53}

食指ndzu^{31}ʐo^{53}

中指ndzu^{35}re^{31}re^{53}

无名指ndzu^{35}tʃho^{31}re^{53}

小拇指ndzu^{35}ɕi^{53}ɕi^{53}

指甲ndzɐ^{31}mu^{53}

腿lɛ^{35}

脚包括小腿和大腿：他的～压断了kɔ^{53}uɛ^{53}

膝盖指部位dzɐ^{31}ŋgɐ^{53}

背名词gɐ^{31}zʅ^{53}

肚子腹部phə^{35}

肚脐phə^{35}tɕə^{241}

乳房女性的ne^{31}ne^{53}

屁股ʐa^{31}uɛ^{53}

肛门ʐa^{35}ku^{53}zʅ^{53}

阴茎成人的ʐɔ^{35}

女阴成人的ʐɔ^{35}khu^{31}rʅ^{53}

肏动词de^{35}

精液ʐɔ^{35}sɛ̃^{31}ŋue^{53}

来月经po^{35}po^{31}tɕha^{31}tsɛ^{53}uɛ^{31}

拉屎tɕe^{31}uɛ^{53}tɔ^{31}

撒尿ʃʅ^{53}ʃʅ^{53}tɔ^{31}

放屁ɕi^{35}tʃɔ^{35}

病了ne^{53}iɔ^{31}

着凉ndʑa^{35}

咳嗽ie^{53}pɛ^{53}ɕe^{31}

发烧ʃa^{53}

发抖ndɛ^{53}dɛ^{31}

肚子疼phə^{35}nɛ^{31}

拉肚子phə^{35}ndʐe^{35}

肿tɕɔ^{53}

化脓na^{35}suə^{31}

疤好了的mɛ^{31}ʐe^{35}

癣so^{53}

痣凸起的tɕi^{241}

疙瘩蚊子咬后形成的guə^{31}le^{53}

狐臭ŋe^{31}vu^{53}

看病ne^{53}tɛ^{31}

诊脉bu^{35}ta^{53}tsɛ^{31}

针灸kho^{53}ȵɛ^{35}ʃa^{31}

打针kho^{53}tʂo^{31}

打吊针tɕhi^{31}ndʑa^{35}ɕɔ^{35}

吃药统称mɛ^{35}ndʒɔ^{35}

汤药tɕhi^{31}ndʑa^{35}mɛ^{35}

病轻了ne^{53}ʑo^{35}ʑo^{53}ndʑo^{35}ʃʅ^{31}

八　婚丧信仰

说媒pɛ^{31}ȵi^{53}ɕe^{31}

媒人 pε^{53}ȵi^{53}

相亲 dε^{31}zε^{53}tε^{31}

订婚 tsho^{31}tʃhɔ^{53}ndo^{241}

嫁妆 ȵe^{31}ze^{53}gə^{31}ze^{53}

结婚统称 tʃha^{31}ndo^{241}ɕe^{31}

娶妻子男子～，动宾 ke^{31}me^{53}tɔ^{31}

出嫁女子～ pa^{53}nε^{31}ndʑe^{31}

拜堂 ʃo^{35}gu^{35}

新郎 mε^{31}pε^{53}

新娘子 a^{31}ʃʅ^{31}pɔ^{53}

孕妇 iε^{53}pu^{53}tʃə^{53}ȵi^{35}

怀孕 iε^{53}pu^{53}tʃə^{31}

害喜妊娠反应 iε^{53}pu^{53}tʃə^{31}

分娩 ȵε̃^{31}ȵi^{53}sɐ^{53}

流产 ȵε̃^{31}ȵi^{53}lio^{35}mɔ^{31}ʃʅ^{31}

双胞胎 ndzɐ^{31}zε^{53}

坐月子 yə^{53}le^{31}ndu^{31}

吃奶 ne^{31}ne^{53}tsa^{31}

断奶 ne^{31}ne^{53}tuə^{53}

满月 tʃhuɐ^{31}uε^{53}kuə^{35}

生日统称 sɐ^{53}ie^{31}kε^{53}mε^{53}

做寿 ia^{31}zo^{53}

死统称 ʃɐ^{53}

死婉称，最常用的几种，指老人：他～了 ʑe^{35}

自杀 ra^{31}ŋgu^{53}rɔ^{31}se^{53}

咽气 bu^{35}tɕhe^{241}

入殓 tshe^{53}rε^{31}dzɔ^{35}

棺材 tshe^{53}

出殡 rɐ^{35}ɕi^{31}

灵位 ʃɐ^{53}vu^{53}ndʒu^{31}sε^{53}

坟墓单个的，老人的 tu^{31}rε^{53}

上坟 tʃhɔ^{31}vu^{53}tʃue^{35}

纸钱 ʃuə^{31}ʃuə^{53}to^{53}zʅ^{53}

老天爷 nɔ^{35}ŋɐ^{31}mbu^{53}

灶神口头的叫法 tso^{35}ȵε^{35}

寺庙 sε^{31}kɔ^{53}

和尚 ŋge^{31}re^{53}

道士 pe^{53}mbu^{53}

算命统称 ʃuə^{53}tε^{31}

运气 ʃuə^{31}iɔ^{35}

保佑 ĩ^{53}xo^{31}

九 人品称谓

人一个～ ȵɐ^{35}

男人成年的，统称 pɐ^{53}zε^{53}po^{31}

女人三四十岁已婚的，统称 po^{35}po^{31}

单身汉 pɐ^{31}gə^{35}

老姑娘 po^{31}gə^{35}

婴儿 ȵε̃^{31}ȵi^{53}ʐue^{31}mbu^{53}

小孩三四岁的，统称 ȵε̃^{31}ȵi^{53}

男孩统称：外面有个～在哭 pɐ^{53}ȵε̃^{31}ȵi^{53}

女孩统称：外面有个～在哭 po^{35}ȵε̃^{31}ȵi^{31}

老人七八十岁的，统称 ge^{31}ku^{53}

亲戚统称 ȵo^{35}pu^{31}

朋友统称 ndʐue^{31}mu^{53}

邻居统称 pha^{35}tsu^{53}

客人 ndʐue^{53}mbu^{53}

农民 ʑi^{31}ȵɐ^{35}

商人 tsho^{53}ɕe^{31}ȵi^{53}

手艺人统称 ia^{31}ʑi^{35}ʃe^{31}ȵi^{53}

泥水匠 tsɐ^{31}ȵi^{53}dzʅ^{31}ȵi^{53}

木匠 ʃe^{35}ndʒε^{35}

裁缝 kue^{35}ndʐu^{31}ȵi^{53}

理发师 ŋgɐ^{53}ndʑε^{53}ȵi^{53}

厨师 ndʒɛ31ndo241ɕe31ȵi53

师傅 pe31gə35

徒弟 tso31ma53

乞丐统称，非贬称 khɛ31tsɿ53

妓女 zḁ35ndzo31ȵi53

流氓 ŋgɐ31dʑɛ35la31dʑɛ35

贼 kuɐ53mɛ53

瞎子统称，非贬称 ʃɛ53rɛ53

聋子统称，非贬称 nɛ31ue53

哑巴统称，非贬称 ȵi31ŋga53ʃu31ȵi53

驼子统称，非贬称 ta31gu35

瘸子统称，非贬称 kɔ31zḁ53

疯子统称，非贬称 ȵɐ35mbɛ53

傻子统称，非贬称 iɛ31mbɛ53

笨蛋蠢的人 ndɐ53rɿ53ndɛ31rɛ31

爷爷呼称，最通用的 a31ȵi53

奶奶呼称，最通用的 a31i53

外祖父叙称 a31ȵi53

外祖母叙称 a31i53

父母合称 ȵɐ35tʃho35rɛ31

父亲叙称 phɛ31gə35

母亲叙称 mɛ31gə35

爸爸呼称，最通用的 a53pɛ53

妈妈呼称，最通用的 a53mɛ53

继父叙称 zə̥35phɛ31

继母叙称 zə̥35mɛ241

岳父叙称 tɕə53pu53

岳母叙称 ʑo31gə35

公公叙称 tɕə53pu53

婆婆叙称 ʑo31gə35

伯父呼称，统称 a31iu53

伯母呼称，统称 a31mo53

叔父呼称，统称 phɛ31o53

排行最小的叔父呼称，如“幺叔” a53pɛ53tʃho53

叔母呼称，统称 ma35ɕi53

姑呼称，统称 ta31ta53

姑父呼称，统称 ku31fu53

舅舅呼称 ʃɐ53vu53

舅妈呼称 nɔ̃53nɔ̃53

姨呼称，统称 a31uə53

姨父呼称，统称 ie31fu53

弟兄合称 pi53zɛ53pi31pi53

姊妹合称 ȵe31ʃe35

哥哥呼称，统称 a53tʃɛ53

嫂子呼称，统称 ʃo31gə35

弟弟叙称 pi53zɛ53

弟媳叙称 pi53zɛ53ke31me53

姐姐呼称，统称 mɛ31mɛ53

姐夫呼称 ma31uɛ53

妹妹叙称 ʃo35

妹夫叙称 ma31uɛ53tʃho53

堂兄弟叙称，统称 phɛ31pi53

表兄弟叙称，统称 lɔ53piɔ53

妯娌弟兄妻子的合称 tsha31ʃə53

连襟姊妹丈夫的关系，叙称 ndzə̥31dɔ35

儿子叙称：我的～ pɐ53

儿媳妇叙称：我的～ nɔ35

女儿叙称：我的～ po35

女婿叙称：我的～ mɛ31pɛ53

孙子儿子之子 ɕi31dzu̥53

重孙子儿子之孙 iɔ31ndzɿ35

侄子弟兄之子 pɐ31dzu̥53

外甥姐妹之子 tsho35

外孙女儿之子ȵi^{31}ro^{53}

夫妻合称ke^{31}tɕi^{53}ke^{31}me^{31}

丈夫叙称，最通用的，非贬称：她的～ ke^{31}tɕi^{35}ȵi^{31}

妻子叙称，最通用的，非贬称：他的～ ke^{31}me^{53}

名字ȵi^{35}

十　农工商文

干活儿统称：在地里～ ʑi^{35}ɕe^{31}

事情一件～ i^{31}ndʑi^{53}

插秧dʐe^{35}tsu^{53}

割稻ndʐe^{35}ndʐa^{53}

种菜ŋe^{35}to^{53}

犁名词khɛ^{31}ʃe^{53}

锄头kɛ^{31}ʐo^{53}

镰刀sɛ^{53}rɛ^{53}

把儿刀～ ʑyə^{35}

扁担ndʐa^{31}dʑɔ^{35}

箩筐ȵo^{31}ma^{53}uə^{31}to^{35}

筛子统称tsha^{31}tʃo^{53}

簸箕农具，有梁的tsuə^{35}

簸箕簸米用tsuə^{31}ʐo^{53}

臼guə^{31}do^{35}

磨名词ndʒʅ^{35}

年成tɕe^{53}uɛ^{53}

打工ta^{53}kõ^{31}

斧子tɛ^{53}rʅ^{53}

钳子tʃa^{53}ndʒɛ^{53}

钉子zɛ^{53}rʅ^{53}

绳子tɕho^{31}go^{35}

棍子tə^{53}mbu^{53}

做买卖tsho^{53}ɕe^{31}

商店ʃã^{31}tiɛ̃^{35}

饭馆sɔ^{31}ŋgɔ^{241}

旅馆旧称ʃə^{31}ȵi^{53}ta^{31}sɛ^{31}

贵kɐ^{53}mbu^{53}

便宜phɛ^{35}tho^{31}

亏本khɔ^{53}mɔ^{31}ʃʅ^{31}

钱统称to^{53}zɿ^{53}

零钱to^{53}zɿ^{53}tsa^{53}mɔ^{31}mɛ^{53}

硬币tʃa^{31}ka^{53}to^{53}zɿ^{53}

本钱dɛ^{35}

工钱ia^{31}ŋə^{53}

路费iɔ^{31}kɔ^{53}

花～钱tsɐ^{53}

赚卖一斤能～一毛钱mbi^{35}

挣打工～了一千块钱dʑə̃^{241}

欠～他十块钱tʃha^{53}

秤统称dʑɔ^{35}

称用秆秤～ ndʐa^{53}

赶集tsho^{53}ndzuə^{31}sɛ^{31}ndʑe^{53}

集市tsho^{53}ndzuə^{31}sɛ^{53}

庙会tshuɛ̃^{31}ʃə^{35}ɕɛ^{31}

学校ɕyə^{31}ɕɔ^{35}

教室tɕɔ^{35}ʃʅ^{35}

上学ɕyə^{31}ɕɔ^{35}ndʑe^{53}

放学fã^{35}ɕyə^{241}

考试khɔ^{53}sɿ^{241}

书包ʑi^{35}tʃhɛ^{31}ʐo^{53}

本子pə^{53}ndzɿ^{31}

铅笔tɕhɛ̃^{31}pi^{31}

钢笔kã^{31}pi^{53}

圆珠笔iu^{35}pi^{31}

毛笔mɔ^{35}pi^{53}

墨sa^{31}na^{53}

砚台 na^{31}pu^{53}

信一封～ tshɿ^{53}ku^{53}

捉迷藏 ʑi^{31}re^{53}ɕe^{31}

跳绳 tha^{31}uɛ^{53}ndʒo^{241}

毽子 tɕər^{35}

舞狮 ŋɐ^{31}ʐ̩e^{53}bu^{35}

唱歌 thɛ^{31}kə^{53}ɕe^{31}

锣鼓统称 tʃɛ^{53}vu^{53}

笛子 iu^{35}

讲故事 nɛ^{31}ru^{53}ʃe^{31}

猜谜语 mi^{35}thɛ̃^{31}

玩儿游玩：到城里～ tso^{35}tsɛ^{31}

走亲戚 ȵo^{35}pu^{53}ndʑe^{31}

十一　动作行为

看～电视 te^{35}

听用耳朵～ na^{35}ȵi^{31}

闻嗅：用鼻子～ nu^{35}

吸～气 ndʒɿ^{241}

睁～眼 tɕhi^{53}

闭～眼 tso^{53}

眨～眼 tso^{53}

张～嘴 tɕhi^{53}

闭～嘴 tso^{53}

咬狗～人 sɐ^{53}nde^{31}

嚼把肉～碎 le^{53}

咽～下去 ȵy^{53}tɔ^{31}

舔人用舌头～ da^{35}

含～在嘴里 tɕhĩ^{35}

亲嘴 po^{53}po^{31}

吮吸用嘴唇聚拢吸取液体，如吃奶时 ndʒɿ^{35}

吐上声，把果核儿～掉 thue^{53}le^{31}ta^{31}

吐去声，呕吐：喝酒喝～了 ɕy^{53}

打喷嚏 a^{53}tɕhy^{53}ɕe^{31}

拿用手把苹果～过来 ku^{53}tɕɛ^{31}

给他～我一个苹果 ie^{31}

摸～头 ma^{35}

伸～手 dʑɔ^{35}

挠～痒痒 tʂhu^{53}

掐用拇指和食指的指甲～皮肉 tɕha^{35}

拧～螺丝 tʃuɐ^{53}

拧～毛巾 tʃuɐ^{53}

捻用拇指和食指来回～碎 dʑi^{241}

掰把橘子～开，把馒头～开 tʃa^{53}

剥～花生 ŋguə^{53}

撕把纸～了 sɿ^{53}

折把树枝～断 tʃa^{53}

拔～萝卜 mbie^{35}

摘～花 nduə^{241}

站站立：～起来 ɕɛ^{53}tsu^{31}rɛ^{53}

倚斜靠：～在墙上 te^{53}

蹲～下 tɕo^{35}

坐～下 thɔ^{53}

跳青蛙～起来 ndʒo^{35}

迈跨过高物：从门槛上～过去 ŋgɔ^{35}tʃa^{31}

踩脚～在牛粪上 tʃa^{31}tʃa^{53}

翘～腿 tɕo^{31}tɕa^{53}

弯～腰 gu^{35}

挺～胸 mbɛ^{35}

趴～着睡 pha^{35}

爬小孩在地上～ pha^{35}

走慢慢儿～ so^{35}

跑慢慢儿走，别～ tʂue^{35}

逃逃跑：小偷～走了 tʂue^{35}

追追赶：～小偷 te^{53}
抓～小偷 zo^{35}
抱把小孩～在怀里 pɔ^{31}pɔ^{53}
背～孩子 khuɐ^{53}
搀～老人 zo^{35}khuə^{31}
推几个人一起～汽车 nde^{53}
摔跌：小孩～倒了 ndʐʅ^{35}
撞人～到电线杆上 do^{35}
挡你～住我了，我看不见 kha^{53}tʃʅ^{31}
躲躲藏：他～在床底下 ʑi^{35}
藏藏放，收藏：钱～在枕头下面 be^{35}
放把碗～在桌子上 ʐa^{241}
摞把砖～起来 po^{53}
埋～在地下 me^{241}
盖把茶杯～上 ko^{53}
压用石头～住 tʃɐ^{53}
摁用手指按：～图钉 dʒa^{35}
捅用棍子～鸟窝 tʃhuə^{35}
插把香～到香炉里 tʂha^{35}
戳～个洞 tʃhuə^{35}
砍～树 tso^{53}
剁把肉～碎做馅儿 tso^{53}
削～苹果 ʐuə^{35}
裂木板～开了 ke^{35}
皱皮～起来 tʃhu^{241}
腐烂死鱼～了 rʅ^{35}
擦用毛巾～手 tsha^{35}
倒把碗里的剩饭～掉 ʑy^{53}
扔丢弃：这个东西坏了，～了它 ʃue^{241}
扔投掷：比一比谁～得远 ʃue^{241}
掉掉落，坠落：树上～下一个梨 thɔ^{53}
滴水～下来 thɔ^{53}
丢丢失：钥匙～了 po^{241}
找寻找：钥匙～到 tshʅ^{53}
捡～到十块钱 ʃʅ^{241}
提用手把篮子～起来 tɕhi^{241}
挑～担 thio^{241}
扛把锄头～在肩上 tɕhe^{241}
抬～轿 the^{35}
举～旗子 zɛ^{31}tɕi^{53}
撑～伞 tʃhɔ̃^{35}
撬把门～开 ŋɔ^{35}
挑挑选，选择：你自己～一个 thio^{241}
收拾～东西 duə^{35}
挽～袖子 dzɛ^{35}
涮把杯子～一下 ʃə^{53}
洗～衣服 tɕyɐ^{53}
捞～鱼 lo^{35}
拴～牛 ta^{241}
捆～起来 ga^{35}
解～绳子 phi^{53}
挪～桌子 dʐʅ^{31}dʐɛ^{53}ndʑi^{241}
端～碗 the^{241}
摔碗～碎了 ʃue^{241}
掺～水 ʃe^{53}
烧～柴 ʃa^{53}
拆～房子 sʅ^{53}
转～圈儿 ndʑi^{241}
捶用拳头～ tsa^{35}
打统称：他～了我一下 dʐo^{53}
打架动手：两个人在～ ndʐo^{31}re^{53}ta^{31}
休息 ʃue^{53}
打哈欠 khɛ^{53}tɕhi^{31}
打瞌睡 nɔ^{53}ȵi^{53}dʐʅ^{31}

睡他已经～了ȵe^{35}

打呼噜ŋɐ^{31}pɛ^{53}ɕe^{31}

做梦ȵyə^{35}ȵi^{31}

起床ʑɔ^{35}vu^{31}

刷牙sɐ^{35}ʃə^{31}

洗澡iɛ^{31}pu^{53}ndʑyɐ^{35}

想思索：让我～一下sɛ^{53}mbɛ^{53}

想想念：我很～他dẓə^{241}

打算我～开个店dẓə^{35}uɛ^{31}

记得se^{53}khɛ^{53}ẓa^{241}

忘记ke^{53}ẓe^{35}

怕害怕：你别～ tɕa^{53}

相信我～你ɕi^{35}ŋgɐ^{31}re^{35}

发愁se^{31}du^{35}

小心过马路要～ se^{35}ɕi^{31}ȵa^{53}ɕe^{31}

喜欢～看电视ʃɐ^{53}gɛ^{35}

讨厌～这个人ȵy^{53}ȵi^{31}

舒服凉风吹来很～ la^{31}ka^{53}re^{35}

难受生理的a^{31}ie^{53}

难过心理的se^{31}nɔ^{53}a^{31}ie^{53}

高兴ʃɐ^{53}gɛ^{35}

生气ʃɛ^{53}ndzɿ^{31}

责怪lũ^{35}ta^{31}

后悔tʃɔ^{31}go^{35}

忌妒tʃe^{53}mu^{31}gɛ^{35}

害羞ŋɐ^{35}tshɛ^{31}

丢脸ŋɐ^{35}ʃa^{31}

欺负ŋɐ^{31}sa^{53}ndʒe^{31}

装～病i^{31}tɔ^{53}

疼～小孩儿ʃɛ^{35}nɛ^{31}

要我～这个gɐ^{35}

有我～一个孩子nɔ^{35}

没有他～孩子mu^{31}nɔ^{35}

是我～老师re^{35}

不是他～老师ma^{31}re^{35}

在他～家nɔ^{35}

不在他～家mu^{31}nɔ^{35}

知道我～这件事tʃhɛ^{53}nɔ^{35}

不知道我～这件事tʃhɛ^{53}mu^{31}nɔ^{35}

懂我～英语ʃe^{35}

不懂我～英语mu^{31}ʃe^{35}

会我～开车ʃe^{35}

不会我～开车mu^{31}ʃe^{35}

认识我～他ŋɐ^{35}ẓe^{31}

不认识我～他ŋɐ^{35}mu^{31}ẓe^{31}

行应答语uə^{35}re^{35}

不行应答语uə^{35}ma^{31}re^{35}

肯～来mu^{53}re^{35}

应该～去ie^{53}re^{35}

可以～去uə^{35}re^{35}

说～话dzue^{241}

话说～ tɔ^{53}

聊天儿khɛ^{53}sa^{35}

叫～他一声儿pe^{35}

哭小孩～ ŋuɐ^{241}

骂当面～人tɕhyə^{35}

吵架动嘴：两个人在～ ndzɐ^{53}mu^{53}ta^{31}

骗～人go^{35}

哄～小孩go^{35}

撒谎dzɐ^{31}mɛ^{53}ɕe^{31}

吹牛ndʒuɐ^{31}tshɛ^{53}ndʑa^{31}

拍马屁ẓa^{35}da^{35}

开玩笑dzɐ^{31}ie^{53}gɛ^{31}iɛ^{53}

告诉～他dzue^{35}

谢谢致谢语 zɔ^{53}tɕhe^{35}

对不起致歉语 ma^{31}ndʑo^{241}tɕhe^{31}

再见告别语 dɛ^{35}mu^{53}dʑi^{241}

十二　性质状态

大苹果～ tʃhɛ^{53}

小苹果～ ɕi^{53}ɕi^{53}

粗绳子～ bə^{31}mbu^{53}

细绳子～ tʂhe^{53}tʂhe^{53}

长线～ re^{31}dʑa^{35}

短线～ tɕhi^{31}ŋue^{53}

长时间～ ŋgɛ^{53}io^{31}ʃʅ^{31}

短时间～ ŋgɛ^{53}ma^{31}io^{31}ʃʅ^{31}

宽路～ khuɛ^{31}ndʒə^{35}

宽敞房子～ khuɛ^{31}ndʒə^{35}

窄路～ dʐe^{31}ʐo^{53}

高飞机飞得～ ndɐ^{31}mu^{53}

低鸟飞得～ mɛ^{31}mɛ^{35}

高他比我～ ndɐ^{31}mu^{53}

矮他比我～ mɔ̃^{53}mɔ̃^{53}

远路～ tha^{31}re^{53}

近路～ mɛ̃^{241}

深水～ ndɐ^{31}mu^{53}

浅水～ mɔ̃^{53}mɔ̃^{53}

清水～ tãmu^{53}

浑水～ ȵe^{53}vu^{53}

圆 ɦɛ^{35}tɐ^{31}re^{31}

扁 piɛ^{31}ta^{53}

方 tɕyə^{53}ʐɐ^{35}

尖 tsɛ^{53}kɛ^{53}

平 tɕi^{31}kɛ^{53}

肥～肉 tshə^{31}mbu^{53}

瘦～肉 so^{53}pu^{53}

肥形容猪等动物 dʑa^{31}pɛ^{53}

胖形容人 ʃɛ^{31}dʑa^{35}

瘦形容人、动物 kɛ^{53}mbu^{53}

黑黑板的颜色 ȵo^{241}

白雪的颜色 kɐ^{53}rʅ^{53}

红国旗的主颜色，统称 mɐ^{31}rʅ^{53}

黄国旗上五星的颜色 sɐ^{31}pu^{53}

蓝蓝天的颜色 ŋɐ^{31}mbu^{53}

绿绿叶的颜色 vu^{31}tʂha^{35}

紫紫药水的颜色 vu^{31}tʂha^{35}

灰草木灰的颜色 kɛ^{53}pu^{31}re^{31}

多东西～ mɔ^{53}vu^{53}

少东西～ ȵa^{53}

重担子～ dʒɐ^{31}mu^{53}

轻担子～ ʑo^{35}ʑo^{31}

直线～ dʐã^{53}mu^{53}

陡坡～，楼梯～ rɐ^{31}ŋə^{53}

弯弯曲：这条路是～的 guɐ^{31}rʅ^{53}

歪帽子戴～了 tshɛ^{31}ʃa^{53}

厚木板～ ndɐ^{31}pu^{53}

薄木板～ ʃo^{53}ʃo^{53}

稠稀饭～ kɛ^{53}ndɐ^{53}

稀稀饭～ thə^{31}ŋgu^{53}

密菜种得～ ndɐ^{31}pu^{53}

稀稀疏：菜种得～ ʃo^{53}ʃo^{53}

亮指光线，明亮 kɐ^{53}rʅ^{53}

黑指光线，完全看不见 na^{31}pu^{53}

热天气 ʃa^{53}

暖和天气 ndʐə^{53}mbu^{53}

凉天气 ndʑa^{31}pu^{53}

冷天气 ndʑa^{31}ku^{53}

热水 tshɛ^{31}ndɐ^{53}

凉水 ndʑa^{31}ku^{53}

干干燥：衣服晒～了 kɔ^{53}

湿潮湿：衣服淋～了 liɛ^{31}mbɛ^{53}

干净衣服～ tsɔ^{53}rɛ^{53}

脏肮脏，不干净，统称：衣服～ dʑɛ^{53}rʅ^{53}

快锋利：刀子～ tʃhue^{31}mu^{53}

钝刀～ bɐ^{35}dɐ^{35}

快坐车比走路～ ndʑɛ^{53}pu^{53}

慢走路比坐车～ ru^{53}tɛ^{53}

早来得～ ŋue^{35}

晚来～了 zə^{35}ɕyə^{31}

晚天色～ gu^{31}kɛ^{53}

松捆得～ lə^{31}o^{53}

紧捆得～ tɕə^{53}mu^{53}

容易这道题～ iɔ^{31}iɔ^{35}re^{31}

难这道题～ ɕe^{31}ie^{53}a^{31}ie^{53}

新衣服～ sɛ^{53}pɛ^{53}

旧衣服～ ȵɛ^{31}uɛ^{53}

老人～ ge^{35}

年轻人～ nɛ^{53}sɐ^{53}tʃho^{31}tʃho^{53}

软糖～ lɛ^{31}rʅ^{53}

硬骨头～ ʃɛ^{53}ndɐ^{53}

烂肉煮得～ lɛ^{31}rʅ^{53}

煳饭烧～了 tshʅ^{53}

结实家具～ dzʅ^{31}pɛ^{53}

破衣服～ dzhə^{53}vu^{53}

富他家很～ ndzɐ^{31}pɛ^{53}

穷他家很～ tɕo^{31}tʃe^{53}

忙最近很～ ndʑi^{241}

闲最近比较～ rɔ^{53}nɔ^{35}

累走路走得很～ tʃhe^{53}

疼摔～了 nɛ^{53}

痒皮肤～ mbie^{35}

熟悉这个地方我很～ tʃhɛ^{53}nɔ^{31}

陌生这个地方我很～ tʃhɛ^{31}ȵi^{53}

味道尝尝～ dzʅ^{53}

气味闻闻～ dzʅ^{53}

咸菜～ xɛ̃^{241}

淡菜～ mu^{31}ŋe^{35}

酸 ɕɛ^{53}mu^{53}

甜 ʃə^{53}mbu^{53}

苦 khɛ^{31}ndɐ^{53}

辣 kha^{31}ʃa^{53}

鲜鱼汤～ sɛ^{53}pɛ^{53}

香 ʃə̃^{53}mbu^{53}

臭 dzə^{35}ŋe^{31}

馊饭～ sʅ^{31}tɕhi^{35}

腥鱼～ tɕo^{31}ʑo^{241}dzʅ^{53}

好人～ ndza^{35}

坏人～ a^{31}ie^{53}

差东西质量～ a^{31}ie^{53}

对账算～了 re^{35}

错账算～了 ma^{31}re^{35}

漂亮形容年轻女性的长相：她很～ gɔ^{31}zɔ^{53}

丑形容人的长相：猪八戒很～ ŋgə̃^{31}ŋə^{53}

勤快 kɔ^{31}ʑɔ^{35}

懒 ndze^{31}ȵi^{53}

乖 tsɔ^{53}vu^{53}

顽皮 ŋgɐ^{31}dʑɛ^{35}

老实 tsɔ^{53}vu^{53}

傻痴呆 iɛ^{53}mbɛ^{53}

笨蠢 iɛ^{31}gə^{35}

大方不吝啬 se^{31}zɔ^{53}

小气吝啬 sɛ^{31}tʃə^{53}

直爽性格～ tɕɔ^{35}ʃə^{35}

犟脾气～ tɕhã^{35}

十三　数量

一～二三四五 tʃʅ^{53}

二 ȵi^{35}

三 so^{53}

四 ʐɐ^{35}

五 ŋɛ^{35}

六 dʐu^{53}

七 dʑi^{241}

八 dʑɛ^{35}

九 guɐ^{241}

十 tʃɛ^{31}mbɛ^{53}

二十 ȵɐ^{31}ʃuɐ^{53}

三十 suə^{31}tʃuɐ^{53}

一百 dʑɛ^{31}ue^{53}

一千 ndʐɔ^{241}

一万 ndʐɔ^{241}re^{31}dʑa^{241}

一百零五 dʑɛ^{31}ue^{53}rɛ^{31}tsɛ^{31}ŋɛ^{35}

一百五十 dʑɛ^{31}ue^{53}rɛ^{31}ndʐe^{35}ŋɛ^{35}

第一～，第二 tʃʅ^{53}nɛ^{31}kə^{53}

二两重量 ʃɔ^{53}ȵi^{35}

几个你有～孩子？ tʃhʅ^{31}zɔ^{35}

俩你们～ ŋgɛ^{53}

仨你们～ so^{53}

个把 tʃo^{53}ie^{53}ȵi^{35}zɔ^{31}

个一～人 ndʐɛ̃^{53}mu^{53}

匹一～马 ndʐɛ̃^{53}mu^{53}

头一～牛 ndʐɛ̃^{53}mu^{53}

头一～猪 ndʐɛ̃^{53}mu^{53}

只一～狗 ndʐɛ̃^{53}mu^{53}

只一～鸡 ndʐɛ̃^{53}mu^{53}

只一～蚊子 ndʐɛ̃^{53}mu^{53}

条一～鱼 ŋgo^{241}

条一～蛇 ŋgo^{241}

张一～嘴 ndʑɛ̃^{53}mu^{53}

张一～桌子 ndʑɛ̃^{53}mu^{53}

床一～被子 ȵe^{31}ro^{53}

领一～席子 ndʑɛ̃^{53}mu^{53}

双一～鞋 tʃhɛ^{53}

把一～刀 pa^{31}tʃa^{53}

把一～锁 pa^{31}tʃa^{53}

根一～绳子 ŋgo^{241}

支一～毛笔 ŋgo^{241}

副一～眼镜 tʃhɛ^{31}

面一～镜子 ndʑɛ̃^{53}mu^{53}

块一～香皂 guə^{31}le^{53}

辆一～车 ndʑɛ̃^{53}mu^{53}

座一～房子 ndʑɛ̃^{53}mu^{53}

座一～桥 ndʑɛ̃^{53}mu^{53}

条一～河 ŋgo^{241}

条一～路 ŋgo^{241}

棵一～树 ŋgo^{241}

朵一～花 duə^{31}zʅ^{53}

颗一～珠子 ndʑɛ̃^{53}mu^{53}

粒一～米 ndʐo^{31}go^{35}

顿一～饭 sɛ^{31}uə^{53}

剂一～中药 fu^{35}

股一～香味 ku^{53}zʅ^{53}

行一～字 kɐ^{53}

块一～钱 mbɔ^{35}

毛角：一～钱 kɔ^{53}uɛ^{53}

件一～事情 nɛ^{31}

点儿一～东西 ȵa^{53}

些一～东西 ȵa^{53}

下打一～，动量，不是时量 xa^{35}

会儿坐了一～ ʃə^{35}

顿打一～ uə^{53}

阵下了一～雨 ʃə^{35}

趟去了一～ ɛ^{31}kue^{53}

十四 代副介连词

我～姓王 ŋa^{53}

你～也姓王 tɕhe^{53}

您尊称 tɕhe^{53}

他～姓张 khe^{241}ȵi^{53}

我们不包括听话人：你们别去，～去 ŋe^{241}rɛ^{53}

咱们包括听话人：他们不去，～去吧 zɛ^{241}rɛ^{53}

你们～去 tɕhe^{31}rɛ^{53}

他们～去 kha^{31}ra^{53}

大家～一起干 vu^{35}kə^{31}

自己我～做的 ra^{31}ŋgu^{53}

别人这是～的 ȵi^{53}rɛ^{31}

我爸～今年八十岁 ŋə^{53}a^{53}pɛ^{53}

你爸 tɕhe^{53}a^{31}pɛ^{53}

他爸～在家吗？～去世了 khe^{241}ȵi^{53}a^{53}pɛ^{53}

这个我要～，不要那个 ndɐ^{53}

那个我要这个，不要～ mər^{53}

哪个你要～杯子？ ka^{53}rʅ^{53}

谁你找～？ suɐ^{53}

这里在～，不在那里 nɛ^{53}nɛ^{53}

那里在这里，不在～ mu^{53}tsɛ^{53}

哪里你到～去？ ka^{53}tsɛ^{53}

这样事情是～的，不是那样的 ndu^{31}rʅ^{53}re^{35}

那样事情是这样的，不是～的 tu^{31}ru^{53}

怎样什么样：你要～？ tʃhu^{31}ru^{53}

这么～贵啊 ndu^{31}ru^{53}

怎么这个字～写？ tʃhu^{31}ru^{53}

什么这个是～字？ tʃhɐ^{53}

什么你找～？ tʃhɐ^{53}

为什么你～不去？ tʃhu^{31}ru^{53}

干什么你在～？ tʃhɐ^{53}ɕe^{53}dɛ^{35}

多少这个村有～人？ tʃhʅ^{31}zɔ^{35}

很今天～热 gue^{241}

非常比上条程度深：今天～热 gue^{241}

更今天比昨天～热 ɦa^{35}

太这个东西～贵，买不起 tʃhe^{53}

最弟兄三个中他～高 tsue^{35}

都大家～来了 vɛ^{35}kə^{31}

一共～多少钱？ ɦa^{31}ndʒʅ^{53}

一起我和你～去 ndʐuə^{31}tʃʅ^{53}

只我～去过一趟 se^{53}

刚这双鞋我穿着～好 tʃhɛ^{53}kə^{35}

刚我～到 ʐɔ^{35}tshɛ^{241}

才你怎么～来啊？ tʃɔ^{53}tshɛ^{35}

就我吃了饭～去 se^{53}

经常我～去 na^{31}ndzue^{53}i^{31}ʑi^{53}

又他～来了 ɦo^{35}

还他～没回家 ɦa^{241}

再你明天～来 ɦo^{241}

也我～去；我～是老师 iɛ^{53}

反正不用急，～还来得及 tʃhu^{31}ru^{53}ɕe^{31}ɕe^{53}

没有昨天我～去 ma^{31}

不明天我～去 mu^{31}

别你～去 ma^{31}

甭不用，不必：你～客气 ma^{31}

快天～亮了khɛ^{53}nɔ^{35}

差点儿～摔倒了n̥a^{53}ndzʅ^{31}ndzʅ^{53}tʂ̥ha^{35}

宁可～买贵的nẽ^{35}tʃɔ^{31}

故意～打破的duə^{35}tsu^{53}n̥i^{53}

随便～弄一下tʂ̥hu^{31}i^{31}ʑ̥i^{53}

白～跑一趟rɔ^{53}

肯定～是他干的se^{53}

可能～是他干的a^{31}pa^{53}

和我～他都姓王rɛ^{31}

和我昨天～他去城里了rɛ^{31}

对他～我很好tsa^{31}

往～东走ɕyə^{53}

向～他借一本书tsa^{35}

按～他的要求做tu^{35}

替～他写信ie^{31}

如果～忙你就别来了tsʅ^{31}sʅ^{53}

不管～怎么劝他都不听tʃhu^{35}ɕe^{53}n̥i^{31}

第二节

《中国语言资源调查手册·民族语言（藏缅语族）》扩展词

一　天文地理

天～地 nɔ^{35}

阳光 ȵyə^{31}ze^{53}

日出 ȵyə^{35}mbi^{53}

日落 ȵyə^{35}thɔ^{53}

彗星扫帚星 pi^{31}iɔ^{53}kɛ^{53}mɛ^{53}

七姐妹星 ȵe^{31}ʃe^{53}dʑi^{241}kɛ^{53}mɛ^{53}

光～线 sɿ^{241}

影子 tɕe^{53}mɛ^{53}

刮风 lo^{35}ɕɔ^{241}

风声风呼呼声 lo^{35}ke^{53}

打雷 kuə^{31}dʑy^{35}tɕa^{31}

响雷霹雳，名词 kuə^{31}tɕyə^{53}tɕa^{31}mu^{53}

大雨 tʃha^{35}la^{31}ta^{53}

小雨 tʃha^{35}ɕi^{53}ɕi^{53}

毛毛雨 tʃha^{35}ɕi^{53}ɕi^{53}

暴风雨 tʃha^{35}lo^{53}la^{31}ta^{53}

雨声 tʃha^{35}ke^{53}

下雪 ŋga^{35}mbo^{53}

雪崩 ŋga^{35}yə^{53}

雪水 ŋga^{35}ʐuɐ^{31}mɛ^{53}tɕhi^{31}ndʑa^{35}

结冰 tʃho^{31}ro^{53}tʃha^{31}

融化雪～了 ʐuɐ^{35}mɔ^{31}

乌云 ŋɐ^{31}pɛ^{53}ȵo^{35}

彩云 ŋɐ^{31}pɛ^{53}tɕhɛ^{31}le^{53}

蒸汽水蒸气 luə^{53}pɛ^{53}

地总称 sɛ^{35}

土地 sɛ^{31}ʐe^{35}

坡地 rɐ^{35}sɛ^{35}

荒地 ŋgɛ^{31}gue^{35}

山地 rɐ^{35}sɛ^{35}

平地平坦的土地 sɛ^{35}guɐ^{35}

地界田地的边界 sɛ^{35}ʃɿ^{31}zɿ^{53}

庄稼地 yə^{31}rɛ^{53}sɛ^{35}

沼泽地 tʃhuɐ^{53}sɛ^{35}

坝子山中的平地 guɐ^{35}

地陷 sɛ^{35}dɛ^{35}lu^{35}

海大～ mu^{31}ndzɐ^{35}

田总称 sɛ^{35}

梯田 sɛ^{35}ke^{53}ŋgu^{53}

田坎 sɛ^{35}kɛ^{53}pɛ^{53}

秧田 ndzȩ^{35}sɛ^{35}

小山 rɐ^{35}ɕi^{53}ɕi^{53}

荒山 ŋgɛ^{31}gue^{35}

雪山 ŋga^{35}dzɛ^{35}

山顶 rɐ^{35}ŋgɐ^{53}tsɿ^{53}

山峰 dzɛ^{35}

山腰 rɐ^{35}pɛ^{31}tɕi^{53}

山脚 rɐ^{35}dɛ^{35}

阴山指山背阴一面 ʃɿ^{53}kɛ^{53}ɕyə^{31}

阳山指山朝阳一面 ȵi^{31}ŋgɛ^{53}ɕyə^{31}

岩洞 dzạ^{53}khu^{31}rɿ^{53}

岩石 dzạ^{53}dɐ^{35}

花岗岩 dzạ^{53}tɕhɛ^{31}le^{53}

鹅卵石 dɐ^{35}liər^{31}liər^{53}

平原 ŋguɐ^{35}ɕa^{31}ka^{53}

滑坡 iu^{31}la^{53}tʃhə^{31}

陡坡 rɐ^{31}ŋə^{53}

悬崖峭壁 dzạ^{31}ŋga^{35}

石板 dɐ^{31}ʑi^{53}

小河 tʃhuɐ^{53}ɕi^{53}ɕi^{53}

河水 tʃhuɐ^{31}rɔ^{53}tɕhi^{31}ndʑa^{35}

上游河的～ zɛ^{31}tʃe^{53}

下游河的～ mɛ^{31}tʃe^{53}

漩涡河里的～ tʃhuɐ^{31}ndʑi^{241}

泡沫河里的～ bə^{35}

泉水 tʃhuɐ^{31}uɛ^{53}rɛ^{31}tɕhi^{31}ndʑa^{35}

清水与浊水相对 tɕhi^{31}ndʑa^{35}tã^{31}mu^{53}

瀑布 dzạ^{31}tʃhuə^{53}tɕhi^{31}ndʑa^{35}

草原 pɔ^{53}dzȩ^{53}

峡谷 iu^{31}ʃa^{35}

泥石流 tsɐ^{31}ȵi^{53}bĩ^{31}ndo^{53}

地洞 sɛ^{35}khu^{31}rɿ^{53}

洞口 khu^{31}rɿ^{53}khɛ^{31}rɛ^{53}

山路 rɐ^{31}iɔ^{35}

岔路 iɔ^{35}ndzɛ^{35}

大路野外的 iɔ^{35}la^{31}ta^{53}

小路野外的 iɔ^{35}ɕi^{53}ɕi^{53}

公路 ta^{31}iɔ^{35}

桥统称 zɛ^{31}mbɛ^{53}

石桥 dɐ^{35}zɛ^{31}mbɛ^{53}

菜园 ŋe^{31}dʑi^{241}ra^{35}

果园 ʃe^{31}ŋgɐ^{53}ra^{35}

尘土干燥的泥路上搅起的 tɕhe^{31}dʑi^{241}

红土 sɛ^{35}mɐ^{31}rɿ^{53}

粉末 tɕhe^{35}

渣滓榨油剩下的～ dzạ^{53}zɿ^{53}

煤渣炭屑煤炭燃烧后余下的东西 dɐ^{31}na^{53}dzạ^{53}zɿ^{53}

锅烟子 dzə̧^{31}na^{53}

金 sɛ^{53}

银 ŋe^{35}

铜 se^{35}

铁 tʃa^{53}

锈名词 tsɛ^{53}

生锈动词 tsɛ^{53}tʃha^{31}

钢 ko^{35}

锡 ʃɛ^{53}ȵi^{53}

铝 tʃa^{31}ka^{53}

玉 dɐ^{35}tã^{53}mu^{53}

玛瑙 dʑy^{35}mu^{53}

玻璃ʃə^{31}ŋə^{53}

碱tɕɛ̃^{53}

火药po^{31}mɛ^{35}

硝做火药的～ɕo^{241}

火种ȵɛ^{31}pe^{53}

火光ȵɛ^{35}sʅ^{35}

火焰ȵɛ^{35}tʃu^{53}

火塘thɛ^{31}kɛ^{53}

打火石ȵɛ^{35}dɐ^{35}

山火rɐ^{31}ȵɛ^{35}

火把tʃuə^{31}pa^{53}

火星火塘里的ȵɛ^{35}ta^{53}

火舌火苗ȵɛ^{35}tʂu^{35}

火灾ȵɛ^{35}dʐɛ^{35}

火石ȵɛ^{35}dɐ^{35}

火铲ȵɛ^{35}khe^{53}

油漆sɛ^{53}tʃuə^{53}

井水～tʃhuɐ^{31}uɛ^{53}

沸水tʃhɔ^{31}gue^{35}tɕhi^{53}mɛ^{53}

温水tɕhi^{31}ndʑa^{35}dʐue^{31}mɛ^{53}

二　时间方位

春天zɛ^{31}kɛ^{53}nɔ^{31}

夏天tshɛ^{31}gɔ^{35}

秋天sə^{53}ŋgə^{53}nɔ^{31}

冬天gue^{31}suə^{53}

过年ie^{53}sɛ^{31}

过节tɕe^{31}le^{53}kuə^{35}

每年ie^{31}ʐʅ^{53}ʐʅ^{53}

上半年ŋuɐ^{31}ndʑyə^{53}ie^{53}tshɛ^{31}uɛ^{53}

下半年ʐə^{31}tu^{53}ie^{53}tshɛ^{31}uɛ^{53}

闰月dza^{35}nɛ^{35}

二月ȵi^{31}mbɛ^{53}dza^{35}

三月so^{53}mbɛ^{53}dza^{35}

四月ʐɐ^{31}uɛ^{53}dza^{35}

五月ŋɛ^{31}uɛ^{53}dza^{35}

六月dʐu^{53}pɛ^{53}dza^{35}

七月di^{31}mbɛ^{53}dza^{35}

八月dʑɛ^{31}pɛ^{53}dza^{35}

九月guɐ^{31}uɛ^{53}dza^{35}

十月do^{31}tʃa^{53}dza^{35}

十一月tʃha^{31}ndo^{35}dza^{35}

十二月la^{53}yuə^{53}dza^{35}

每月dzɛ^{31}ʐʅ^{53}ʐʅ^{53}

月初dza^{35}sɛ^{53}rɛ^{53}

月底dza^{35}lio^{35}

初一除了正月以外，其他月份的初一。下同tshe^{31}tʃʅ^{53}

初二tshe^{31}ȵi^{35}

初三tshe^{31}so^{53}

初四tshe^{53}ʐɐ^{35}

初五tshe^{53}ŋɛ^{35}

初六tshe^{53}dʐu^{53}

初七tshe^{53}dʑi^{241}

初八tshe^{53}dʑɛ^{35}

初九tshe^{53}guɐ^{241}

初十tshe^{53}tʃɛ^{53}mbɛ^{53}

昼夜指白天黑夜ȵyə^{35}rɛ^{53}ʃa^{53}

半天ȵyə^{35}tshɛ^{31}uɛ^{53}

古时候tɔ^{53}vu^{53}gɔ^{35}

东ʃɛ^{31}ɕyə^{53}

南lu^{31}ɕyə^{53}

西lɛ^{31}ɕyə^{53}

北lɐ^{31}ɕyə^{53}

正面ŋuɐ^{31}ndʑyə^{53}ɕyə^{31}

反面 dʑyə^{31}ɕyə^{53}

附近 ndɛ^{31}y^{53}

周围 ndɛ^{31}y^{53}

对岸河的～ phɛ^{31}kə^{53}

门上挂在～ gɐ^{35}khɛ^{31}

楼上 ŋgə^{31}tɕi^{53}

楼下 ŋgə^{31}uə^{53}

角落墙的～ kə^{53}zɿ^{53}khɛ^{31}

在……后 tɕi^{53}ʐə^{35}

在……前 tɕi^{53}ŋue^{35}

在……之间 tɕi^{53}pɛ^{31}tɕi^{53}

三　植物

梧桐 xõ^{53}pu^{53}ʃe^{241}

杨树 zɛ^{31}pɛ^{53}do^{35}

白桦 ta^{53}uɛ^{53}ʃe^{35}

桑树 sɐ^{31}dʑi^{241}ʃe^{35}

椿树 tɕi^{31}me^{53}do^{35}

棕树 ŋɐ^{31}rɿ^{53}do^{35}

槐树 xue^{53}zɿ^{53}do^{35}

漆树 sɛ^{53}ʃe^{31}do^{35}

水冬瓜树 tʃhuɐ^{31}ɕa^{53}do^{35}

青冈栎 pa^{35}ʃe^{35}

万年青 pə^{31}le^{53}na^{35}

树皮 do^{35}ʃə^{31}mba^{53}

树枝 do^{35}ia^{53}

树干 do^{35}iɛ^{53}pu^{53}

树梢 do^{35}ŋgɐ^{53}ʐu^{53}

根树～ tsa^{35}

树浆 do^{35}ʑo^{241}

年轮树的～ do^{31}dʑi^{241}

松球 thɔ^{31}ʐu^{53}

松针 thɔ^{31}ʃe^{53}ʃə^{31}ŋgə^{53}

松脂 thɔ^{31}ʐu^{53}

松香 thɔ^{31}ʐu^{53}

松包松树枝头上的果实 thɔ^{31}ʃe^{35}ŋgə^{53}

松明劈成细条的山松，可以点燃照明 tʃuə^{53}ȵi^{53}

火麻路边长的一种扎人的植物 sə^{53}ŋgə^{53}

桃核 ŋgə^{241}ʃu^{53}ia^{31}tsa^{35}

葡萄 ɦo^{31}ndʐu^{53}

樱桃 le^{31}ʃɿ^{53}

枇杷 pɛ^{31}rɛ^{35}ŋgɐ^{53}

壳核桃～ ʃə^{31}mba^{53}

核儿枣～ nɔ^{31}za^{53}

山楂 ba^{31}ŋgɐ^{53}

果皮统称 ʃe^{31}ŋgɐ^{53}ʃə^{31}mba^{53}

果干晒干了的果实 ʃe^{35}ŋgɐ^{53}kɛ^{53}mbu^{53}

杏仁 ŋgɛ^{31}mbu^{53}ia^{31}tsa^{35}

葵花籽未去壳的 ie^{53}tʃɔ^{35}xua^{31}dʐɛ^{31}mbu^{53}

瓜蔓 liɛ^{31}ŋgua^{53}tɕa^{35}

艾草 dʑɛ^{31}dʐɛ^{53}

狗尾草 tɕhi^{53}ŋuə^{35}tsɛ^{53}

车前草 mə^{31}pɛ^{53}

草根 tsɛ^{53}tsa^{35}

青苔 lɛ^{31}ie^{53}

杜鹃花 ɦɐ^{35}ʃe^{53}mə^{31}rɛ^{53}

海棠花 mba^{31}ŋgɐ^{53}mə^{31}rɛ^{53}

鸡冠花 ɕɛ^{53}sɛ^{35}mə^{31}rɛ^{53}

葵花 ie^{53}tʃɔ^{35}xua^{31}

桃花 ŋgɛ^{31}mbu^{53}mə^{31}rɛ^{53}

金银花 sɛ^{53}ŋe^{35}mə^{31}rɛ^{53}

花瓣 mə^{31}rɛ^{53}pɛ^{53}ndzɿ^{53}

花蕊 mə^{31}rɛ^{53}se^{35}

芦苇 bə^{31}tsɛ^{53}

菖蒲 ŋgɐ^{31}lɛ^{53}gə^{31}pɛ^{53}

红菌 ʃo^{35}mɐ^{31}rʅ^{53}

黄菌 ʃo^{35}sɐ^{31}pu^{53}

笋衣指笋的嫩壳 ȵo^{31}ma^{53}ʃə^{31}mba^{53}

瓜子西～ liɛ^{31}ŋgua^{53}ndʐɛ^{53}mbu^{53}

籽菜～ ndʐɛ^{53}mbu^{53}

薄荷 pɔ^{35}xɔ^{31}

枸杞 tɕhi^{53}la^{31}tɕo^{53}

蒲公英 iɛ̃^{35}iɛ̃^{35}pã^{53}pã^{53}

银耳 a^{53}le^{53}na^{35}kɐ^{53}rʅ^{53}

竹根 ȵo^{31}ma^{53}tsa^{35}

竹节 ȵo^{31}ma^{53}tshʅ^{31}kɛ^{53}

竹竿 ȵo^{31}ma^{53}kɛ^{53}ndzʅ^{53}

柳絮 dʒɔ^{31}do^{35}dɛ^{35}tsʅ^{53}

篾条编篮子的～ ȵo^{31}ma^{53}

发芽 khɛ^{31}pu^{53}mbi^{53}

结果 ŋgɐ^{53}thuə^{31}

成熟 ȵy^{35}

开花 mə^{31}rɛ^{53}ŋgɛ^{31}

吐须 ta^{31}mu^{53}mbi^{35}

凋谢 ʑe^{35}

粮食统称 ndʐuɐ^{53}

种子 sɛ̃^{31}ŋue^{53}

秧植物幼苗的统称 ndʐe^{35}khɛ^{31}pu^{53}

稻穗 ndʐe^{35}ȵi^{31}ndɛ^{53}

抽穗 ȵyə^{35}mbi^{31}

大米脱粒后的 dʐʅ^{53}mɛ^{53}

小米脱粒后的 tʃɐ^{53}zʅ^{53}dʐʅ^{53}mɛ^{53}

秕谷 ndʐe^{35}ʃɐ^{53}vu^{53}

稗子 tɕhi^{31}rɔ^{53}ʑɐ^{35}pu^{53}

糠 bɐ^{35}

粟 tɕhe^{53}

玉米苞玉米棒子 tɕo^{31}tsʅ^{53}tshã^{31}mu^{53}

玉米秆 tɕo^{31}tsʅ^{53}iɛ^{31}pu^{53}

玉米须 tɕo^{31}tsʅ^{53}ta^{31}mo^{53}

青稞 ne^{35}

燕麦 ʑɐ^{31}pu^{53}

荞麦 dʐo^{35}

苦荞 dʐɛ^{31}gə^{35}

麦芒 tɕɐ^{53}tɕɔ^{35}

麦穗 tɕɐ^{53}ȵi^{31}ndɛ^{53}

麦茬麦秆割过余下的部分 tɕɐ^{31}ʃʅ^{53}

荞花 dʐo^{35}mə^{31}rɛ^{53}

荞壳 dʐɛ^{31}vu^{53}

豆子统称 ʃɛ^{53}mɛ^{53}

豆秸 ʃɛ^{53}mɛ^{53}kɛ^{31}ndzʅ^{53}

四季豆 to^{31}to^{53}

豆苗豆类的幼苗 ʃɛ^{53}mɛ^{53}khɛ^{31}pu^{53}

扁豆 ʃɛ^{53}mɛ^{53}

冬瓜 liɛ^{31}ŋgɐ^{53}

青菜 ŋe^{35}ŋɐ^{31}mbu^{53}

菜花一种蔬菜 ŋe^{35}mə^{31}rɛ^{53}

空心菜 dʐɛ^{53}rʅ^{53}ŋe^{35}

百合蔬菜 pie^{31}xo^{53}

蒜苗 gə^{31}pɛ^{53}khɛ^{31}pu^{53}

青椒 la^{31}tɕo^{53}ŋɐ^{31}mbu^{53}

红椒 la^{31}tɕo^{53}mɐ^{31}rʅ^{53}

干辣椒 la^{31}tɕo^{53}kɛ^{31}mbu^{53}

笋壳 ȵo^{31}ma^{53}ʃə^{31}mba^{53}

笋干 ȵo^{31}ma^{53}gõ^{31}dʑi^{53}kɛ^{31}mbu^{53}

四 动物

野兽 ʃa^{35}

狮子 sə^{31}ŋgɐ^{53}

豹 ʑɐ^{35}

大熊猫 tə^{31}ŋga^{53}

狗熊 tə̃^{31}na^{53}

熊掌 to^{53}ia^{53}

熊胆 to^{53}ndzʅ^{31}mbɛ^{53}

野猪 pha^{31}gue^{35}

獒藏～，狗的一种 ndʐɐ^{31}tɕhi^{53}

豺狗 mbɛ^{31}rɛ^{53}

豪猪 tɕhi^{31}gue^{35}

鹿总称 nɛ^{53}ie^{53}

鹿茸 nɛ^{31}ie^{53}gɛ^{35}

狐狸 ɦɛ^{35}

狼 ɕa^{53}ŋgɐ^{53}

黄鼠狼 ʃʅ^{35}mu^{31}tʃɔ^{53}

穿山甲 rɐ^{35}se^{53}dʐɐ^{31}ȵi^{53}

水獭 tʃhuɐ^{31}ʃɔ^{53}

野牛 na^{31}ra^{53}no^{35}

牦牛 ʑa^{35}

挤～牛奶 tsɐ^{53}

骆驼 kɐ^{31}rʅ^{53}re^{31}dʑɔ^{35}

驼峰 ʃɛ^{35}gɛ^{35}

大象 lɔ^{31}ndʑo^{241}

象牙 lɔ^{31}ndʑo^{241}sɐ^{53}

象鼻 lɔ^{31}ndʑo^{241}nɛ^{31}ŋgə^{53}

松鼠 do^{31}pu^{53}sɛ^{53}rɛ^{53}

金丝猴 ʃʅ^{35}

啄木鸟 ʃe^{35}tɛ^{53}uə^{31}

布谷鸟 kɛ^{53}ko^{31}

斑鸠 the^{31}ue^{53}

燕子 a^{31}ɕɔ^{53}pu^{31}ɕɔ^{53}

野鸡 dʑɛ^{31}zɛ^{53}

老鹰 tɕha^{31}la^{53}

鹰爪 tɕha^{31}la^{53}kɔ^{53}uɛ^{53}

猫头鹰 ɦo^{31}uɛ^{53}

孔雀 mɛ^{35}ɕɛ^{53}

画眉鸟 ndʒo^{35}

鹌鹑 kuɛ^{31}tɛ^{35}

鸟蛋 ɕi^{31}ro^{53}gɔ^{35}

鸟笼 ɕi^{31}ro^{53}pie^{31}o^{53}

麝 ie^{53}tsʅ^{53}

麝香 ie^{53}tsʅ^{53}

野兔 ro^{35}

毒蛇 rʅ^{35}uə^{31}ʐə^{35}

蟒蛇 rʅ^{35}la^{35}ta^{53}

水蛇 tʃhuɐ^{31}rʅ^{35}

眼镜蛇 rʅ^{35}ȵi^{31}lu^{53}

菜花蛇 rʅ^{35}tɕhɛ^{31}le^{53}

竹叶青一种毒蛇 rʅ^{35}ŋɐ^{31}mbu^{53}

蛇皮 rʅ^{35}ʃə^{31}mba^{53}

蛇胆 rʅ^{35}ndzʅ^{31}mbɛ^{53}

蛇洞 rʅ^{35}khu^{31}rʅ^{53}

刺猬 tɕhi^{31}gue^{35}

田鼠 sɛ^{31}rɔ^{53}ɕyə^{35}

母老鼠母的家鼠 ɕyə^{35}mɛ^{35}

蜥蜴 tɕɐ^{31}rʅ^{53}

壁虎 ɕyɛ^{31}rʅ^{53}

头虱 ŋgɐ^{31}ʃʅ^{53}

虮子虱卵 ʃʅ^{31}ma^{53}

螳螂 ʃʅ^{53}tɛ^{31}ȵi^{53}mbɐ^{53}

蟋蟀蛐蛐 ma^{31}tsa^{35}

蚕丝 mbɐ^{31}gɔ^{35}ku^{53}uɛ^{53}

蚕蛹 mbɐ^{31}ʃʅ^{53}gɔ^{35}

地蚕土壤里吃土豆、花生的虫子，色白状如蚕 ŋgɛ^{31}lɛ^{53}mbɐ^{53}

蜂总称 ro^{35}

蜂窝 ro^{35}tshɔ^{53}

蜂王 ro^{35}khuɐ^{31}tʃe^{53}

蜂箱 ro^{35}ɦɛ^{35}

蜂蜡 ro^{53}iɛ^{53}

飞蛾 ɕɛ^{31}ɕɛ^{53}

萤火虫 ɦɐ^{31}rʅ^{53}ȵi^{31}ndzʅ^{53}

白蚁 tɕyə^{31}ma^{31}iɔ^{53}kɐ^{53}rʅ^{53}

蚁窝 tɕyə^{31}ma^{31}iɔ^{53}tshɔ^{53}

蚁蛋 tɕyə^{31}ma^{31}iɔ^{53}gɔ^{35}

田蚂蟥 kə^{31}le^{53}

山蚂蟥 kə^{31}le^{53}

牛虻 ʃuə^{31}rɛ^{53}

蠓墨蚊 ʃe^{31}ro^{53}

臭虫 tʃɔ^{35}ŋɛ^{35}mbɐ^{53}

毛毛虫 ɕyə^{31}ma^{53}mbɐ^{31}

蛔虫肚子里的 tuə^{31}ȵy^{35}

肉蛆 ʃɛ^{31}mbɐ^{53}

屎蛆 tɕɛ^{53}uɛ^{53}mbɐ^{31}

滚屎虫屎壳郎 mbɐ^{31}rʅ^{53}tsɛ^{31}ŋgɐ^{53}

绿头蝇 ro^{31}na^{53}ŋɐ^{31}mbu^{53}

蜘蛛网 pɛ^{53}dʑɛ^{35}tshɔ^{53}

织网蜘蛛～ pɛ^{53}dʑɛ^{35}tshɔ^{53}ɕe^{31}

蜗牛 ŋgɛ^{31}lɛ^{53}kə^{53}ndzʅ^{53}

蝌蚪 bie^{31}uɛ^{53}tha^{31}ŋgu^{53}

金鱼 sɛ^{53}ȵɛ^{35}

娃娃鱼鲵 ȵɐ^{35}suə^{35}ʐɐ^{31}mba^{53}

鱼鳍鱼翅膀 ȵɛ^{35}ʃʅ^{53}pɛ^{53}

鱼刺 ȵɛ^{35}rʅ^{31}pɛ^{53}

鱼子鱼卵 ȵɛ^{35}tha^{31}mbu^{53}

鱼苗 ȵɛ^{35}tʂhuɐ^{31}zʅ^{53}

鱼饵 ȵɛ^{35}tʃhe^{53}

剖鱼 ȵɛ^{35}kha^{53}tʃa^{53}

皮子总称 ʃə^{31}mba^{53}

毛总称 pɐ^{53}

羽毛 pɐ^{53}

角动物身上长的 gɛ^{35}

蹄子统称 ŋɐ^{31}tʃo^{53}

发情动物～ tʃhuɐ^{31}zʅ^{53}tshʅ^{31}

产崽动物～ tʃhuə^{31}zʅ^{53}tɕhi^{53}

开膛剖开宰杀动物的腹部 ga^{31}ʃa^{53}tɔ^{31}

交尾 tʃhuə^{31}zʅ^{53}tɕyɐ^{31}

蝉脱壳 ɦo^{31}mbe^{53}ʃə^{31}mba^{53}liɐ^{31}

水牛 tʃhuɐ^{31}no^{35}

黄牛 mɛ^{31}ro^{53}

公牛阉过的 iɔ^{31}gə^{35}

牛犊 no^{35}pi^{31}ro^{53}

牛角 no^{35}gɛ^{35}

牛皮 no^{31}pa^{53}

牛筋 no^{35}dʑe^{31}pɛ^{53}

牛垂皮黄牛颈项垂下的～ no^{35}mba^{35}

牛打架 no^{35}do^{35}re^{53}ta^{31}

牛反刍 no^{35}ndʒe^{35}ɕe^{31}

公马 tɛ^{53}kɐ^{53}

母马 tɛ^{53}mɛ^{53}

马驹 tɛ^{31}ndʐụ^{53}

马鬃 tɛ^{53}tsõ^{35}

绵羊 ʑy^{53}

山羊 rɛ^{35}

公羊 rɛ^{31}kɐ^{53}

母羊 rɛ^{31}mɛ^{53}

羊羔 rɛ^{35}ru^{31}ru^{53}

羊毛 rɛ^{31}pɐ^{53}

羊皮 rɛ^{31}pa^{53}

公驴 pə^{53}kɐ^{53}

母驴 pə^{53}mɛ^{53}

看家狗 tɕhi^{53}gɐ^{31}ʃo^{31}

猎狗 ʃa^{31}tɕhi^{53}

疯狗 tɕhi^{53}ȵɐ^{35}mbɛ^{53}

狗窝 tɕhi^{31}tshɔ^{53}

冠鸡～ sɛ^{35}

鸡崽 ɕɛ^{53}ɕi^{31}ro^{53}

鸡爪 ɕɛ^{53}kɔ^{53}uɛ^{53}

鸡屎 ɕɛ^{31}tɕa^{53}

鸡胗 ɕɛ^{53}ndʒʅ^{35}dɐ^{35}

蛋壳 ɕɛ^{31}gɔ^{53}ʃə^{31}mba^{53}

蛋清 ɕɛ^{31}gɔ^{35}nɔ^{31}zʅ^{53}kɐ^{53}rʅ^{53}

蛋黄 ɕɛ^{31}gɔ^{35}nɔ^{31}zʅ^{53}sɐ^{31}pu^{53}

鸡内金 ɕɛ^{53}ndʒʅ^{35}dɐ^{35}

嗉囊鸟类食管后部用于暂存食物的膨大部分 phə^{35}

蜕皮 ʃə^{31}mba^{53}liɐ^{53}

叮蚊子～ sɐ^{53}nde^{31}

蜇蜂子～ dʑa^{35}

爬虫子～ pa^{35}

叫牛～ phɛ^{31}re^{53}

五 房舍器具

楼房 lo^{35}fã^{35}

木板房 ʃe^{35}ŋgɔ^{35}

砖瓦房 dzɔ^{31}ŋgɔ^{241}

磨坊 ndʒʅ^{31}kɔ^{53}

仓库 dzuə^{31}ŋgɔ^{241}

棚子 dʐɔ^{31}mɛ^{53}

草棚 tsɛ^{53}dʐɔ^{31}mɛ^{53}

窑炭～ tɕo^{53}

碉楼 tshe^{31}sɛ^{53}dɐ^{31}ŋgɔ^{241}

山寨 rɐ^{31}ŋguə^{53}dɛ^{35}

屋檐 ŋge^{35}ka^{53}

屋顶 ŋgɔ^{241}ŋgɐ^{53}tsʅ^{53}

梁 pɛ^{31}tɕi^{31}ndʐə^{31}ʃe^{35}

椽子 dʐə^{31}rɛ^{53}

立柱房屋中间的主要支柱 do^{35}ka^{35}

门 gɐ^{35}

寨门 dɛ^{35}gɐ^{35}

门口 gɐ^{35}tsa^{35}

闩门～ gɐ^{31}tʃa^{53}

篱笆竹木条～ ra^{31}ŋga^{35}

栏杆 ŋe^{31}tɛ^{53}

级楼梯的～ kə^{31}tsu^{53}

木料 ʃe^{35}do^{35}

圆木 do^{35}thã^{31}mu^{53}

板子 ʑi^{53}

墙板 tɕɔ^{31}ʃa^{53}

楼板 pɛ^{31}kɔ^{53}

木板 ʃe^{35}ʑi^{35}

天花板 pɛ^{31}kɔ^{53}

门板 gɐ^{31}ʃa^{53}

墙壁 tɕɔ^{35}

围墙 tʃha^{31}uə^{53}tɕɔ^{35}

砌墙 tɕɔ^{35}po^{31}

砖墙 ȵi^{31}tsʅ^{53}tɕɔ^{35}

土墙 sɛ^{35}tɕɔ^{35}

城墙 ŋgɛ^{35}tɕɔ^{35}

石墙 dɐ^{35}tɕɔ^{35}

房间 ngɔ^{31}uɛ^{53}phu^{31}ia^{35}

外间 ge^{31}tsɛ^{53}ngɔ^{31}uɛ^{53}

里间 nɔ^{31}rɛ^{53}ngɔ^{31}uɛ^{53}

饭桌 sɔ^{35}ndo^{241}sɛ^{53}tʃɐ^{53}tsʅ^{53}

小板凳 pɛ^{31}ndʑi^{53}ɕi^{53}ɕi^{53}

棕垫棕树纤维做的床垫 ŋɐ^{31}rʅ^{53}dɛ^{35}

电灯 luɛ^{35}ȵɛ^{31}kɔ^{53}

灯泡 ȵɛ^{31}kɔ^{53}go^{35}

开关 ȵɛ^{31}kɔ^{53}tʃɛ^{53}sɛ^{53}

油灯 ȵɛ^{31}kɔ^{53}

灯芯 ȵɛ^{31}kɔ^{53}se^{35}

灯花烧过的灯芯 ȵɛ^{31}kɔ^{53}mə^{31}rɛ^{53}

灯笼 ȵɛ^{31}kɔ^{53}ŋgɔ^{31}uɛ^{53}

松明灯 tʃuə^{31}ka^{53}ȵɛ^{31}kɔ^{53}

盆洗脸～ ra^{31}u^{53}

镜子 sɛ^{53}ŋɐ^{53}

风箱 lo^{31}pɛ^{53}

背篓背小孩的～ se^{31}vu^{53}

袋子装粮食的～ tʃhɛ^{31}ʐo^{53}

麻袋 tʃhɐ^{31}rʅ^{53}

钩子挂东西用的 ŋə^{31}tʃo^{53}

手纸便后用的～ ʃuə^{31}ʃuə^{53}

雨衣 tʃha^{35}kue^{35}

炉子 lu^{31}ta^{53}

吹火筒 tho^{31}ma^{53}

火钳 tʃa^{31}ndʒə^{35}

铁锅 tʃa^{53}sɔ^{31}tʃo^{53}

铝锅 tʃa^{31}ka^{53}sɔ^{31}tʃo^{53}

小锅 sɔ^{31}tʃo^{53}ɕi^{53}ɕi^{53}

锅盖 sɔ^{31}tʃo^{53}kha^{31}ia^{35}

锅垫圈 sɔ^{31}ra^{53}

三脚架柴火灶的～ tʃa^{31}i^{53}

锅铲 tʃa^{31}kha^{35}

刷子统称 ʃua^{31}tho^{35}

锅刷 ʃua^{31}tho^{35}

调羹 kha^{31}kha^{53}

勺子盛汤、盛饭用的～统称 ɕyə^{31}tʃo^{53}

木勺子 thə^{31}mbu^{53}

饭勺 ɕyə^{31}tʃo^{53}

砧板 tʃha^{31}pɛ^{53}

饭碗 mbɐ^{31}rʅ^{53}

大碗 mhɐ^{31}rʅ^{53}la^{31}ta^{53}

小碗 mbɐ^{31}rʅ^{53}ɕi^{53}ɕi^{53}

木碗 ʃe^{35}mbɐ^{31}rʅ^{53}

筷子筒 tʃu^{31}ȵi^{53}

碟子小的 thie^{31}zʅ^{53}

刀总称 tɕi^{31}ʐo^{53}

尖刀 tɕi^{31}ʐo^{53}tsɛ^{53}kɛ^{53}

刀刃 tɕi^{31}ʐo^{53}sɛ^{241}

缺口刀刃上坏掉缺少的一块 tɕi^{31}ʐo^{53}xa^{31}to^{53}

刀面 tɕi^{31}ʐo^{53}ʃɔ^{53}

刀背 tɕi^{31}ʐo^{53}ta^{53}pɛ^{53}

刀鞘 tɕi^{31}ʃu^{53}

柴刀 ʃɔ^{31}rʅ^{53}

磨刀石 da^{241}

瓦罐 ŋgɛ^{31}kə^{53}

酒杯 ʐʅ^{31}tsʅ^{53}

甑子 dʑy^{31}zʅ^{53}

捞箕笊篱 tsa^{31}za^{53}

臼窝 guə^{31}do^{35}

碓杵 thuə^{241}

工具统称 tʃɛ^{53}vu^{53}

铁锤 tʃa^{53}do^{31}sɛ^{53}

锯子 suə^{31}iu^{53}

推刨 dʐɔ^{35}ɕe^{31}sɛ^{53}

钻子 ʃe^{31}mbu^{35}

凿子 ʃe^{31}mbu^{53}

墨斗 ʃe^{31}tʃo^{53}

尺子 tshe^{31}ɛ^{53}

纺车 tʃhə^{31}zɿ^{53}

织布机 khu^{31}uɛ^{35}nda^{31}sɛ^{53}

纺线 tɕa^{31}ra^{53}ndʑe^{31}

梭子 zɛ^{53}zɛ^{53}

针眼 kho^{53}ȵi^{31}ndzʅ^{53}

顶针 kho^{53}dzuə^{31}sɛ^{53}

枪 bu^{35}

子弹 po^{31}dʑi^{241}

子弹头 po^{31}dʑi^{241}ŋgɐ^{53}

子弹壳 po^{31}dʑi^{241}ʃə^{31}mba^{53}

土铳火枪 bu^{35}

炮 ȵĩ^{31}tɕhã^{53}

长矛 ndo^{35}

弓箭弓与箭的统称 zʉə^{35}ndɛ^{53}

弓 zʉə^{35}

箭 ndɛ^{53}

毒箭 ndɛ^{53}uə^{31}zə̠^{35}

箭绳弦 ʃu^{31}dʑi^{241}

马笼头 tɛ^{31}ndu^{35}

马鞭 tɛ^{53}ndzo̠^{31}la^{53}

马鞍 tɛ^{53}gɛ^{35}

脚蹬马鞍上的～ te^{31}ndzʅ^{53}

前鞧固定马鞍用的～ dzɔ̠^{31}la^{53}

后鞧固定马鞍用的～ za̠^{31}la^{53}

缰绳 ndzʉə^{31}la^{53}

箍桶～，名词 sʅ^{31}tɕi^{53}

柴草枝叶柴 tsɛ^{53}o^{53}ʃo^{31}o^{53}

锉子 ʃe^{31}mbu^{53}

槌子 ʃe^{35}thuə^{241}

锥子 mbu^{35}

铃打～ tɕho^{31}ro^{53}

眼镜 ȵi^{31}lu^{53}

扇子 lo^{35}y^{35}

拐杖 tə^{53}mbu^{53}

钱包 to^{53}zɿ^{53}iɛ^{31}mbo^{53}

大烟罂粟 iɛ^{53}

烟头 tɕhe^{35}tho^{31}zɿ^{53}

烟灰 iɛ^{31}ʃɿ^{53}

烟斗 iɛ^{31}ŋguə^{53}

水烟筒 tɕhi^{31}ndʑa^{35}iɛ^{31}ŋguə^{53}

烟嘴 mbe^{53}ndʒu^{53}

烟锅 iɛ^{31}ŋguə^{53}

竹签 ȵo^{31}ma^{53}tɕɔ^{35}

水桶 tɔ^{31}zɿ^{53}

花瓶 mə^{31}rɛ^{53}ŋgo^{53}zɿ^{53}

花盆 mə^{31}rɛ^{53}ra^{31}u^{53}

刀架放刀的木架 tɕi^{31}zo̠^{53}dɔ^{35}

刨花 ʃe^{35}ʃɔ^{31}a^{53}

锯末 ʃe^{31}mu^{53}

水磨 tʃhuɐ^{31}ndʒɿ^{35}

筲箕 pie^{31}o^{53}

磨盘 ndʒɿ^{35}dɐ^{35}

磨眼儿 ndʒɿ^{35}ndʒuɐ^{35}

老虎钳 tʃa^{31}ndze̠^{53}

推剪 ndzɛ̠^{53}

剃头刀 tɕhi^{31}to^{53}

剃须刀 miɛ^{31}rɛ^{53}tɕhi^{31}to^{53}

棉被 ŋgo^{31}ie^{53}ndɐ^{31}pu^{53}

被里 ŋgo^{53}ie^{53}ʃɔ^{31}dʑi^{241}

被面儿 ŋgo^{53}ie^{53}khə^{31}pa^{53}

毯子 ndʑɛ^{241}rɛ^{53}

枕巾 ŋɛ^{53}ie^{53}ia^{31}ɕi^{53}

枕芯 ŋɛ^{53}ie^{53}nɔ^{31}zɿ^{53}

沉淀物澄清后沉在底层的东西 dɛ^{35}ndu^{31}
大刀 tɕi^{31}ʐo^{53}la^{31}ta^{53}
小刀 tɕi^{31}ʐo^{53}ɕi^{53}ɕi^{53}
匕首 tɕi^{31}ʐo^{53}ɕi^{53}ɕi^{53}
铁箍 tʃa^{53}sʅ^{31}tɕi^{53}
火镰 ȵɛ^{31}rɛ^{53}
炭火盆 ȵɛ^{35}ra^{31}u^{53}
瓶塞儿 tse^{53}zʅ^{53}
木臼 ʃe^{53}guə^{31}do^{35}
水碾 tʃhuɐ^{31}ndʒʅ^{35}
驮架 gɛ^{35}
靠背椅～ gɐ^{31}zʅ^{53}te^{31}sɛ^{53}
飞机 fe^{31}tɕi^{31}

六　服饰饮食

布总称 khu^{31}uɛ^{53}
棉布 dʐa^{35}khu^{31}uɛ^{53}
麻布 sɐ^{31}re^{53}khu^{31}uɛ^{53}
线总称 ku^{53}uɛ^{53}
毛线 tɕa^{31}ra^{53}
棉线 dʐa^{35}ku^{31}uɛ^{53}
麻线 sɐ^{31}re^{53}ku^{53}uɛ^{53}
线团 duə^{35}
绸子 mbɐ^{31}gɔ^{35}khu^{53}uɛ^{53}
皮革 ɦa^{31}ndʑi^{241}
皮袄 ʃə^{31}mba^{53}kue^{35}
上衣 kue^{35}
内衣 ʃɛ^{31}ʃu^{53}kue^{35}
外衣 khə^{31}pa^{53}kue^{35}
单衣 kue^{35}ʃo^{53}ʃo^{53}
长袖 mbo^{31}ro^{53}re^{31}dʑa^{35}
短袖 mbo^{31}ro^{53}tɕhi^{31}ŋue^{53}

扣眼 tho^{31}tʃa^{53}mɛ^{35}
袖口 mbo^{31}ro^{53}khɛ^{31}rɛ^{53}
衣襟 dʐɔ^{31}ŋgo^{53}
大襟 dʐɔ^{31}ŋgo^{53}tʃhɛ^{53}
小襟 dʐɔ^{31}ŋgo^{53}tʃho^{53}
裙子 mə^{31}re^{53}
绣花名词 ro^{35}tsu^{31}
花边 tʂhu^{31}tʂhɛ^{53}
领子 kue^{35}kɔ^{35}
衣袋 kue^{35}iɛ^{31}mbo^{53}
裤裆 kɔ^{31}nɔ^{53}tã^{53}
布鞋 khu^{31}uɛ^{53}sa^{31}xe^{53}
靴子 dʑɔ^{35}
草鞋 tshɔ^{31}xe^{53}
皮鞋 ʃə^{31}mba^{53}sa^{31}xe^{53}
胶鞋 dʑɛ^{31}ɦɔ^{35}
鞋底 sa^{31}xe^{53}dɛ^{35}
鞋后跟 sa^{31}xe^{53}ɕi^{31}tɕi^{53}
鞋带 sa^{31}xe^{53}na^{31}la^{53}
草帽凉帽 tsɛ^{53}ʃɛ^{31}mbe^{53}
皮帽 ɦɛ^{31}ʃo^{53}ʃɛ^{31}mbe^{31}
手套 ia^{31}ʃu^{53}
腰带 kə^{31}ra^{53}
围腰帕 pɔ^{31}dʐʅ^{35}
绑腿兵～ ȵe^{31}tɕi^{53}
带子统称 la^{53}
头巾 ŋgɐ^{31}khɛ^{53}ia^{31}ɕi^{53}
头绳 tɕɛ^{53}tɛ^{53}
镯子 du^{35}
耳环 nɛ^{31}iu^{53}
项链 kɐ^{31}thuə^{53}
珠子 ka^{31}tɕi^{53}

粉化妆用的 ɕɛ^{35}

食物总称 ndʒɛ^{31}ndo^{241}

肉总称 ʃɛ^{35}

肥肉 ʃɛ^{31}tɕe^{53}tshə^{31}mbu^{53}

瘦肉 ʃa^{31}na^{53}

肉皮指猪、牛、羊等可食用的～ ʃɛ^{31}tɕe^{53}ʃə^{31}mba^{53}

排骨 tsu^{31}pa^{31}ʃɛ^{35}

剔骨头 rʅ^{31}pɛ^{53}kua^{53}le^{31}ɕe^{31}

腊肉 ʃɛ^{31}tɕe^{53}ȵɛ^{31}uɛ^{53}

熏腊肉 ʃɛ^{31}tɕe^{53}tuə^{35}du^{35}

五花肉 dzɔ̢^{31}me^{53}

炖肉 ʃɛ^{31}tɕe^{53}ndzue^{35}

坨坨肉一块一块的肉 kə^{53}tɛ^{53}

猪腰子 pha^{53}ndʑɐ^{31}lɐ^{53}

锅巴 kua^{31}kua^{53}

面片儿 ɕɛ^{35}lɛ^{31}le^{53}

粑粑 rɔ^{31}y^{35}

烧饼 ʃo^{31}pi^{53}

素菜 ŋe^{35}dʒɛ^{31}rɛ^{53}

荤菜 ʃɛ^{35}ŋe^{35}

酸菜 ɕɛ^{53}pu^{53}

汤总称 thə^{31}ŋgu^{53}

米汤 dzʅ^{53}mɛ^{53}thə^{31}ŋgu^{53}

肉汤 ʃɛ^{31}ru^{53}thə^{31}ŋgu^{53}

菜汤 ŋe^{35}thə^{31}ŋgu^{53}

舀汤 thə^{31}ŋgu^{53}ndʒuɐ^{35}

面筋 ɕɛ^{35}tsɛ^{53}

糖总称 ma^{31}thã^{35}

白糖 ma^{31}thã^{35}kɐ^{53}rʅ^{53}

红糖 ma^{31}thã^{35}mɐ^{31}rʅ^{53}

瓜子儿 liɛ^{31}ŋgua^{53}ndʑɛ^{53}mbu^{53}

茶总称 tʃɛ^{53}

浓茶 tʃɛ^{53}ŋɛ^{31}pɛ^{53}

油总称 ʑo^{241}

板油 nɔ^{31}ʑo^{241}

猪油炼过的～ pha^{31}ʑo^{241}

油渣 ʑo^{241}tshɐ^{31}rʅ^{53}

菜籽油 tshɛ^{31}zʅ^{53}ʑo^{241}

桂皮 rɛ^{35}ne^{31}ne^{53}

花椒 zɛ^{31}mɛ^{53}

胡椒面儿 ka^{31}ma^{53}

豆腐渣 to^{31}xo^{53}dza̢^{53}zʅ^{53}

面糊 ȵi^{31}ȵi^{53}

麻花 ka^{31}ko^{53}tɕhɛ^{31}le^{53}

酥油茶 ma^{35}

牛奶 no^{35}ne^{31}ne^{53}

酒总称 tʃhɔ^{53}

蛇胆酒 rʅ^{35}mɛ^{35}tʃhɔ^{53}

酒曲 pho^{53}

冷水 tɕhi^{31}ndʑa^{35}ndʑa^{31}ku^{53}

蒸饭 sɔ^{35}tʃə̃^{35}

夹生饭 tshue^{53}rɛ^{31}ma^{31}tshue^{53}mɛ^{31}sɔ^{31}

白饭 sɔ^{35}ndʒɛ^{31}rɛ^{53}

硬饭 sɔ^{35}ʃɛ^{53}ndɐ^{53}

软饭 sɔ^{35}lɛ^{31}rʅ^{53}

碎米 dzʅ^{53}mɛ^{53}za^{53}vu^{53}

寡蛋孵不出小鸡的蛋 ɕɛ^{31}gɔ^{35}rʅ^{31}vu^{53}

凉粉 tɕho^{31}xu^{53}

搅团一种用玉米、荞麦面做的糊糊 tɕyə^{31}thuə^{35}

七 身体医疗

身体统称 iɛ^{31}pu^{53}

个头 pə^{31}ndʑɔ^{53}

皮肤 ʃɛ^{31}pa^{53}

皱纹 ʃɛ^{31}pa^{53}tʃhu^{31}vu^{53}

肌肉人的 ʃɛ^{35}luə^{31}luə^{53}

血液 tɕha^{53}

骨头 rʅ^{31}pɛ^{53}

骨髓 rʅ^{53}pɛ^{53}ʑo^{241}

肋骨 tsu^{31}pa^{53}

脊椎 gə^{31}kɔ^{53}

头盖骨 ŋgɐ^{53}liɛ^{31}ŋgua^{53}

肩胛骨 ŋgɛ^{31}ŋgɛ̃^{35}

踝骨 tʃa^{53}kɛ^{53}

内脏统称 nɔ^{31}za^{53}

心 se^{35}

肝 ndʒuɐ^{31}mbɛ^{53}

脾 tʃa^{31}ta^{53}

肺 yə^{35}

肾腰子 ndʑɐ^{31}lɐ^{53}

胃 phə^{35}

胆 ndzʅ^{31}mbɛ^{53}

筋 tsɛ^{53}

脉 bu^{35}ta^{53}tsɛ^{53}

血管 dʑɛ^{31}pɛ^{53}

肠子 dʑyə^{35}

大肠 dʑyə^{35}la^{31}ta^{53}

小肠 dʑyə^{35}tʂhe^{53}tʂhe^{53}

发髻 tɕɛ^{31}po^{53}

头顶 dɛ^{31}ko^{53}

头旋脑旋 tɕɛ^{53}ɕyər^{35}

脑髓 dɛ^{31}pɛ^{53}

后脑 dʑyə^{31}ɕyə^{53}ŋgɐ^{53}

囟门 ɕi^{35}mir^{31}

白发 tɕɛ^{53}kɐ^{53}rʅ^{53}

鬓角 na^{31}pa^{53}tɕɛ^{31}mbo^{53}

睫毛 ȵi^{31}mbu^{53}ndzɔ^{35}

气管 ȵi^{31}ta^{53}

食道 tʃhe^{31}ta^{53}

喉结 ȵɛ^{53}uɛ^{53}ʃe^{31}lu^{53}

颧骨 ŋɐ^{31}po^{53}

太阳穴 na^{31}pa^{53}

眼皮 ȵi^{31}pa^{53}tʃha^{35}

单眼皮 ȵi^{31}pa^{53}tʃha^{35}tʃʅ^{53}

双眼皮 ȵi^{31}pa^{53}tʃha^{35}ȵi^{35}

眼角 ȵi^{31}ndzʅ^{53}kə^{31}zʅ^{53}

眼白 ȵɛ^{31}dɐ^{35}kɐ^{53}rʅ^{53}

眼屎 ȵi^{31}tɕa^{53}

耳孔 na^{35}khu^{31}rʅ^{53}

耳垂 na^{35}dɐ^{35}

耳屎 nɛ^{31}ʃʅ^{53}

痰 khɛ^{31}ie^{53}

鼻孔 nɛ^{31}ŋgə^{53}khu^{31}rʅ^{53}

鼻尖 nɛ^{31}u^{53}

鼻梁 nɛ^{31}ŋgə^{53}rʅ^{31}pɛ^{53}

鼻毛 nɛ^{31}pɐ^{53}

鼻屎 no^{31}tɕa^{53}

门牙 gɐ^{35}sɐ^{35}

犬齿 ndʒə^{35}

臼齿 tɕhi^{31}ndʑɔ^{35}pha^{31}ndʑɔ^{35}

齿龈 sɐ^{31}ȵi^{53}

牙缝 sɐ^{35}pɛ^{53}rɛ^{31}

牙垢 sɐ^{35}dʑɛ^{53}rʅ^{53}

假牙 sɐ^{35}dzɐ^{31}mɛ^{53}

小舌 ȵɛ^{53}uɛ^{31}tʃə^{31}i^{53}

舌尖 dʒa^{35}ŋgɐ^{53}tsʅ^{53}

兔唇 dʒuɐ^{31}to^{53}

人中 nɛ^{35}dɐ^{35}

络腮胡 dʐɛ^{53}dʑɛ^{35}kuə^{31}le^{31}

八字胡 miɛ^{31}rɛ^{53}tshuɐ^{31}phie^{35}phɛ^{31}phie^{35}

乳头女性的 ne^{31}ne^{53}ŋgɐ^{53}

乳汁 ne^{31}ne^{53}

胸脯 dʐɔ^{31}rʅ^{53}

腰 kə^{53}uɛ^{53}

小腹 phə^{35}ɕi^{53}ɕi^{53}

手心 ia^{31}ndʑi^{241}

手背 ia^{53}uɛ^{53}ta^{53}pɛ^{53}

手茧子 ʃɛ^{31}ndʑi^{241}

手腕 ia^{31}i^{53}

汗毛 pɐ^{53}tsɛ^{53}

汗毛孔 pɐ^{53}tsɛ^{53}khu^{31}rʅ^{53}

粉刺脸上的～ tʃhɔ^{53}ndʐuɐ^{53}

痱子 ʐə^{31}xue^{35}tsʅ^{31}

指纹 ndzu^{31}ʐe^{35}

虎口 tʃə^{53}khɛ^{53}

倒刺指甲下方的翻起的小皮 ʃa^{31}zʅ^{53}

腋窝 ndʒə^{31}uə^{53}

腿肚子 ȵɛ^{35}pho^{31}ro^{53}

腘窝大腿和腿肚间的弯曲处 dzɐ^{31}ŋgɐ^{53}uə^{31}tʃa^{53}

脚心 kɔ^{31}ndʑi^{241}

脚趾 kɔ^{53}uɛ^{53}ndzu^{35}

脚印 kɔ^{31}ʐe^{35}

响屁 ɕi^{35}tɕa^{31}mu^{53}

闷屁 ɕi^{35}mu^{31}tɕa^{35}mɛ^{31}

稀屎 tɕe^{53}uɛ^{53}thə^{31}ŋgu^{53}

膀胱尿泡 gɔ^{31}o^{53}

子宫 tɕa^{35}

阴道 ʐɔ^{35}khu^{31}rʅ^{53}

阴毛 ʐɔ^{35}pu^{53}

睾丸 gɔ^{31}gɔ^{35}

汗 ŋe^{31}tʃu^{53}

汗垢 dʐɛ^{53}rʅ^{53}

唾沫 ndʒuə^{35}

医院 ne^{53}tɛ^{31}sɛ^{31}

药店 mɛ^{35}ndzo^{31}sɛ^{53}

小病 ne^{53}ɕi^{53}ɕi^{53}

大病 ne^{53}la^{31}ta^{53}

内伤 khuɐ^{31}ne^{53}

外伤 ʃɛ^{31}pa^{53}dʐɔ^{31}

药总称 mɛ^{35}

药粉 ɕɛ^{35}mɛ^{35}

药水 tɕhi^{31}ndʑa^{35}mɛ^{35}

药膏 ʃə^{31}mba^{53}mɛ^{35}

药酒 mɛ^{31}tʃhɔ^{53}

草药 tsɛ^{53}mɛ^{35}

蛇药 rʅ^{35}mɛ^{35}

毒药 mɛ^{35}uə^{31}ʐə^{53}

开药方 mɛ^{35}khe^{35}

熬药 mɛ^{35}ŋo^{35}

搽药 mɛ^{35}tsha^{35}

动手术 ʃo^{53}ʃu^{35}ɕe^{31}

麻药 ʃɛ^{35}ma^{35}mɛ^{35}

补药 lɛ^{31}pu^{53}mɛ^{35}

忌口 khɛ^{53}ndzɛ^{31}

治～病 tɛ^{53}

呕干～ ɕy^{31}luə^{53}ta^{31}

发冷感冒前兆时～ ndʑa^{35}

打冷战发疟疾时～ ndʑa^{35}ȵi^{53}ndɛ^{53}

感冒 ndʑa^{31}ne^{53}

传染 ʐə^{35}

头晕 ŋgɐ^{31}iu^{53}ndʑi^{241}

头疼 ŋgɐ^{53}nɛ^{31}

按摩 ȵyə^{53}

穴位 ɕɛ^{31}tɔ^{35}

发汗 ŋe^{31}tʃu^{53}mbi^{35}

牙痛 sɐ^{35}nɛ^{53}

抽筋 tsɛ^{53}tʃhu^{35}

抽风 lo^{35}iɔ^{35}

瘟疫 tʃhɔ^{31}re^{53}

哮喘 xo^{31}tsɿ^{31}

麻风 ndzɛ^{53}

天花 mə^{31}rɛ^{53}

水痘 sə^{31}ŋgə^{53}mə^{31}rɛ^{53}

疟疾 dio^{35}

麻疹 ua^{31}mbo^{53}mə^{31}rɛ^{53}

痢疾 tshɛ^{31}pɛ^{53}

中风 lo^{35}iɔ^{35}

大脖子病 ba^{35}ne^{31}

骨折 rɿ^{31}pɛ^{53}tʃa^{53}

脱臼 tʃuə^{53}mɔ^{31}ʃɿ^{31}

伤口 mɛ^{53}rɛ^{53}

痂伤口愈合后结的～ tɕa^{31}tɕa^{31}tsɿ^{53}

疮总称 mɛ^{31}rɿ^{53}

痔疮 ẓa^{31}nɛ^{53}mɛ^{31}rɿ^{53}

冻疮 ndʑa^{31}ẓu^{53}

起泡 go^{35}dẓo^{31}

水泡 tɕhĩ^{31}ndʑa^{31}go^{31}o^{53}

血泡 tɕha^{53}go^{35}

流鼻血 na^{31}ia^{53}pi^{31}

伤痕未好的 mɛ^{31}ẓe^{35}

胀肚子～ be^{35}

麻手发～ ma^{35}

僵硬 ʃɛ^{53}gə^{31}re^{53}

伤受～ mɛ^{35}

出血 tɕha^{53}pi^{31}

瘀血 tɕha^{31}dʑyə^{35}

茧手上长的老～ ʃɛ^{31}ndʑi^{241}

雀斑 ma^{53}zɿ^{53}

麻子 ma^{53}zɿ^{53}

胎记 phə^{35}rɛ^{31}ndzɛ^{35}

结巴 dʒa^{31}dʑi^{35}

脚气 kɔ^{31}ne^{53}

灰指甲 ndzɐ^{31}mu^{53}tɕhe^{31}pa^{53}

瘌痢头癞子 ndzɛ^{53}

左撇子 ia^{53}ʃɛ^{31}ɕyə^{53}

六指 ia^{31}ndzu^{35}dẓu^{53}

近视眼 ȵi^{31}lu^{53}ȵi^{31}

老花眼 ȵi^{31}ndzʅ^{53}tɕhɛ^{31}le^{53}

白内障 ȵi^{31}ndzʅ^{53}ŋɐ^{31}pɛ^{53}

鸡眼脚茧病 ɕɛ^{53}ȵi^{31}ndzʅ^{53}

独眼 ȵi^{31}ndzʅ^{53}gɛ^{31}i^{53}

对眼 ȵi^{31}ndzʅ^{53}ʑɐ^{31}rɿ^{53}

斜眼 ȵi^{31}ndzʅ^{53}tshɛ^{31}ʃa^{53}

歪嘴 ndʒuɐ^{35}ʑɐ^{31}rɿ^{53}

瘫痪 lyɛ̃^{241}

八 婚丧信仰

招赘 pɐ^{53}tshɿ^{31}

接亲 a^{31}ʃɿ^{31}pɔ^{53}pe^{35}

抢婚 ke^{31}me^{53}ndẓuə^{35}

离婚 tʃɿ^{31}ndu^{53}ɕe^{31}

胎 nɛ̃^{31}ȵi^{53}ruə^{53}zɛ^{53}

胎衣 nɛ̃^{31}ȵi^{53}ruə^{53}zɛ^{53}

脐带 phə^{35}tɕər^{35}thuə^{31}ta^{53}

小产 nɛ̃^{31}ȵi^{53}lu^{35}mɔ^{31}ʃɿ^{31}

打胎 nɛ̃^{31}ȵi^{53}ndẓo^{53}

寿命 ʃuə^{31}ta^{53}

岁数人的～ nɛ^{53}sɛ^{53}

送葬 rɐ^{35}ɕi^{31}

尸体 rɐ^{31}ndʑa^{35}

寿衣 ʃɐ^{31}ue^{53}

唱丧歌 ŋɐ^{31}ma^{53}ndẓe^{31}

火葬 ȵɛ^{31}ʃa^{53}ɕe^{31}

火葬场 ȵɛ^{31}ʃa^{53}ɕe^{31}sɛ^{53}

土葬 sɛ^{31}se^{53}me^{35}

天葬 tɕha^{31}la^{53}nɔ^{31}khuɐ^{53}

坟地 tu^{53}sɛ^{35}

灵魂 ʃo^{53}mɛ^{53}

法术 ŋga^{31}rʅ^{53}

作法 ŋga^{35}to^{31}

命运 ʃuə^{53}

打卦 mɐ^{35}dẓo^{31}

佛 lɛ^{35}

鬼 ndẓɐ^{53}

祸～不单行 dẓɛ^{35}

仙 lɛ^{35}

巫师 ndɔ^{31}pɛ^{53}

巫婆 ndɔ^{31}mɔ^{53}

龙 ndẓu^{35}

许愿 khɛ^{31}ie^{53}zɛ^{35}tsɔ^{31}

还愿 khɛ^{31}ie^{53}ɕe^{31}

占卜 mɐ^{31}nde^{31}

供祭品 la^{31}ndẓa^{35}

鬼火磷火 tɕhi^{31}rɔ^{53}ȵɐ^{35}

凤凰 ɕɛ^{53}tɕɛ^{35}tɕho^{31}

九　人品称谓

高个儿 iɛ^{53}pu^{53}la^{31}ta^{53}

光头 ŋgɐ^{31}liər^{53}

老太婆 po^{35}po^{31}ge^{31}ku^{53}

老头子 ge^{31}ku^{53}

年轻人 tɕhi^{31}mbɛ^{53}ȵi^{31}

小伙子 tɕhi^{31}mbɛ^{53}

姑娘 ʃe^{31}tʃo^{53}

熟人 ȵɐ^{35}ŋɐ^{31}ẓe^{35}

生人 ȵɐ^{35}ŋɐ^{35}mu^{31}ẓe^{35}mɛ^{31}

富人 ndzɐ^{31}pɛ^{53}ȵi^{31}

穷人 tɕo^{31}tʃe^{53}ȵi^{31}

官总称 khuɐ^{31}tʃe^{53}

头目 ŋgɐ^{53}pe^{53}

医生 mɛ^{31}mbɛ^{53}

猎人 ʃa^{35}ndẓo^{31}ȵi^{31}

屠夫 du^{31}gə^{35}ʃe^{31}lu^{53}

老板 dʑyə^{31}da^{35}

强盗 ȵɐ^{35}tɕhã^{31}ȵi^{53}

土匪 tə^{53}mbu^{53}ndẓu^{31}ȵi^{53}

骗子 dzɐ^{31}mɛ^{53}

胖子 dʑa^{31}pɛ^{53}

白马人白马人自称 pe^{53}

汉族 dʑɛ^{35}

老百姓 ȵɐ^{35}rɛ^{53}

姓你～什么？ tʂhu^{53}

主人 y^{31}da^{53}

兵总称 ma^{35}

老师 pe^{31}gə^{35}

学生 tso^{31}ma^{53}

敌人 dɛ^{31}zɛ^{53}

伙伴 ruə^{53}zɛ^{53}

裁判 mɛ^{31}tsɛ^{53}tɐ^{53}ȵi^{53}

酒鬼 tʃhɔ^{53}ŋgɐ^{53}tʃa^{53}ȵi^{53}

证人 pɛ^{31}tɕi^{53}ȵɐ^{35}

鳏夫 du^{31}gə^{35}

寡妇 ie^{31}sɛ^{53}

接生婆 ȵɛ̃^{31}ȵi^{53}ʃʅ^{31}ȵi^{53}

国王皇帝 dʑɛ^{31}vu^{53}

头人 ŋgɐ^{31}pe^{53}

石匠 dɐ^{31}ndʒɛ^{35}

篾匠 ȵo^{31}ma^{53}tʃɛ^{53}vu^{53}ɕe^{53}ȵi^{53}

铁匠 ŋgɛ^{53}rɛ^{53}

渔夫 ȵɛ^{35}ndʐo^{31}ȵi^{53}

中人 pɛ^{31}tɕi^{53}ȵɐ^{35}

流浪汉 ndɛ^{31}ndʑɛ^{53}ɕe^{31}ȵi^{53}

藏族 pe^{53}

私生子 da^{31}vu^{53}mu^{31}nɔ^{35}mɛ^{31}ȵɛ̃^{31}ȵi^{53}

囚犯 ŋgɔ^{31}ndʑa^{35}ndu^{31}ȵi^{53}

赶马人 tɛ^{53}nde^{31}ȵi^{53}

长辈统称 ȵɐ^{35}tʃho^{35}

曾祖父 iɔ^{31}ȵi^{53}

曾祖母 iɔ^{31}ʑi^{53}

大舅 ʃɐ^{53}vu^{53}tʃhɛ^{53}

小舅 ʃɐ^{53}vu^{53}ɕi^{53}ɕi^{53}

大舅母 nɔ̃^{53}nɔ̃^{53}tʃhɛ^{53}

小舅母 nɔ̃^{53}nɔ̃^{53}ɕi^{53}ɕi^{53}

兄弟 pi^{53}zɛ^{53}pi^{31}pi^{53}

姐妹 ȵi^{31}ʃe^{35}

堂兄 phɛ^{31}pi^{53}tʃhɛ^{53}

堂弟 phɛ^{31}pi^{53}tʃho^{53}

堂姐 phɛ^{31}pi^{53}mɛ^{31}mɛ^{53}

堂妹 phɛ^{31}pi^{53}ʃo^{241}

子女 pɐ^{53}rɛ^{31}po^{35}

侄女 po^{31}dʐu^{53}

外甥女 tsho^{35}

孙女 po^{35}ɕi^{31}dʐu^{53}

外孙女 ȵi^{31}ro^{53}

重孙 iɔ^{31}ndzʅ^{53}

祖宗 a^{31}ȵi^{53}iɔ^{31}ȵi^{53}

孤儿 ȵɐ^{35}tʃho^{35}mu^{31}nɔ^{35}mɛ^{31}ȵɛ̃^{31}ȵi^{53}

母女俩 mɛ^{31}mo^{35}ȵi^{31}ŋgɛ^{53}

男朋友 pɐ^{53}zɛ^{53}ruə^{53}zɛ^{53}

女朋友 po^{35}ruə^{53}zɛ^{53}

大舅子 a^{53}tʃɛ^{53}tʃhɛ^{53}

小舅子 pi^{53}zɛ^{53}

大姨子 mɛ^{31}mɛ^{53}

小姨子 ʃo^{241}

兄弟俩 pi^{53}ȵi^{31}ŋgɛ^{53}

夫妻俩 ke^{31}tɕi^{35}ke^{31}me^{53}ȵi^{31}ŋgɛ^{53}

姐妹俩 ȵi^{31}ʃe^{35}ȵi^{31}ŋgɛ^{53}

母子俩 mɛ^{53}rɛ^{31}pɐ^{53}ȵi^{31}ŋgɛ^{53}

父女俩 phɛ^{53}rɛ^{53}po^{35}ȵi^{31}ŋgɛ^{53}

婆家 ʑo^{31}gə^{35}tɕi^{31}

亲家 ȵo^{35}pu^{53}

亲家公 ȵo^{35}pu^{53}

亲家母 ȵo^{35}pu^{53}

父子 phɛ^{31}pho^{35}

父女 phɛ^{53}rɛ^{53}po^{35}

母子 mɛ^{35}rɛ^{53}pɐ^{53}

母女 mɛ^{31}mo^{53}

十　农工商文

种水稻 ndʐe^{35}to^{31}

播种 to^{53}rɛ^{35}

点播 tsu^{53}

撒播 to^{53}

犁田 sɛ^{35}mɐ^{35}

种田 sɛ^{31}ʑi^{35}ɕe^{31}

栽种 tsu^{53}

耙田 sɛ^{35}ndʐu^{35}

挖地 sɛ^{35}kɐ^{31}

锄地 du^{35}kɐ^{31}

除草 ŋə^{35}kɐ^{31}

收割 duə^{35}

开荒 ŋgɛ^{31}gue^{35}kɐ^{31}

浇水 tɕhi^{31}ndʑa^{35}mbi^{35}nde^{31}

肥料 me^{35}

施肥 me^{35}to^{31}

沤肥 me^{35}dʒa^{35}

掰玉米 tɕo^{31}tsɿ^{53}pɛ^{31}

杠子抬物用的 ndʒɛ^{53}

楔子櫼 tɕhyər^{53}

连枷 iɛ^{53}ŋgɛ^{53}

连枷把 iɛ^{53}ŋgɛ^{53}iɛ^{53}i^{53}

连枷头 ŋgɐ^{31}dʒa^{53}

锄柄 kɛ^{31}ʐo^{53}ʑyə^{35}

铁锹 tʃa^{53}khe^{53}

铲子 tʃa^{31}kha^{35}

犁头 khɛ^{31}ʃe^{53}ŋgɐ^{53}

犁铧 sɛ^{35}mɐ^{31}sɛ^{53}tʃa^{53}

犁架 ʃe^{31}ndɛ^{53}

犁弓 ʃe^{31}ndɛ^{53}

犁把 khɛ^{31}ʃe^{53}pu^{53}uɛ^{53}

铡刀 tsɛ^{53}tʂha^{31}sɛ^{53}ʃɐ^{31}rɿ^{53}

耙～地 sɛ^{31}ndʐu^{35}

牛轭 dzuə^{53}ȵi^{53}

打场指在谷场上脱粒 ʑa^{35}do^{35}

晒谷 tɕhɛ^{53}kɔ^{31}

晒谷场 ndʐuɐ^{53}kɔ^{31}sɛ^{53}ʑa^{35}

风车扇车 lo^{31}pɛ^{53}

磙子整地用的 dɐ^{31}ndʑi^{241}

麻绳 suə^{35}tha^{31}uɛ^{53}

撮箕 tshuə^{31}ʐo^{53}

木耙 ʃe^{35}sɛ^{31}ndʐu^{35}

鞭子 ndʐo^{31}la^{53}

牛鼻绳 nɛ^{31}o^{53}tɕho^{31}go^{35}

筐统称 mbo^{35}

粗筛指眼大的筛子 tsha^{31}tʃo^{53}tsɐ^{53}mu^{53}

细筛指眼小的筛子 tsha^{31}tʃo^{53}ndʒɛ^{53}mbu^{53}

圈儿统称，名词 tshɔ^{53}

牛圈 no^{35}tshɔ^{53}

马棚 tɛ^{53}tshɔ^{53}

羊圈 rɛ^{31}tshɔ^{53}

鸡窝 ɕɛ^{31}tshɔ^{53}

笼子 piɛ^{31}o^{53}

猪槽 pha^{53}ɦɛ^{35}

木槽 ʃe^{35}ɦɛ^{35}

谷桶 tɕhɛ^{53}ɕɛ^{31}zɿ^{53}

碾米 dzʅ^{53}mɛ^{53}ȵɛ̃^{35}

舂米 dzʅ^{53}mɛ^{53}tʃhuã^{35}

猪草 pha^{53}ŋɐ^{35}

猪食 pha^{53}tʃhe^{53}

利息 pi^{53}pɛ^{53}

买 ȵyɐ^{241}

卖 tso^{53}

交换物物～ ʐe^{35}

价钱 ko^{53}ʐɛ^{53}

借钱 to^{53}zɿ^{53}ɕi^{53}

还钱 tʃha^{35}pɛ^{53}ʐe^{35}

讨价 ko^{53}ʐɛ^{53}dzɐ^{35}

还价 ko^{53}rɛ^{53}dʒe^{35}

债 tʃha^{31}pɛ^{53}

赢~钱 ʃɛ^{53}

输~钱 khɔ^{53}mɔ^{31}ʃʅ^{31}

戥子厘秤 ndʐə^{31}tʃa^{53}

秤钩 dʑɔ^{35}ŋa^{31}tʃo^{53}

秤盘 dʑɔ^{35}thie^{31}zʅ^{31}

秤星 dʑɔ^{35}kɛ^{53}mɛ^{53}

秤砣 dʑɔ^{35}dɐ^{35}

火车 xuə^{53}tʃhə^{31}

汽车 tʃa^{53}no^{35}

邮局 iu^{35}tɕhy^{35}

机器 tɕi^{31}tɕi^{35}

属相 tʃhɐ^{53}yə^{31}

子属鼠 ɕyə^{35}

丑属牛 nɔ^{35}

寅属虎 ta^{53}

卯属兔 ʑo^{241}

辰属龙 ndʐu^{35}

巳属蛇 rʅ^{35}

午属马 tɛ^{53}

未属羊 lu^{53}

申属猴 ʃʅ^{35}

酉属鸡 ɕɛ^{53}

戌属狗 tɕhi^{53}

亥属猪 pha^{53}

国家统称 kuɛ^{31}tɕa^{31}

政府 tʃə̃^{35}fu^{53}

乡政府 ɕã^{31}tʃə̃^{35}fu^{53}

省行政区划的~ sə̃^{53}

县行政区划的~ ɕɛ̃^{35}

村行政~ dɛ^{35}

印章统称，名词 thɐ^{53}

私章个人用的 thɐ^{53}

记号标记 ndzɛ^{35}

证据 tʃə̃^{35}tɕy^{35}

黑板 xe^{53}pɛ̃^{53}

粉笔 ȵo^{35}ka^{53}

笔总称 ȵo^{35}

纸总称 ʃuə^{31}ʃuə^{53}

书总称 ʑi^{35}

念书 ʑi^{35}tɛ^{31}

小学 ɕɔ^{53}ɕyə^{31}

中学 tʃõ^{31}ɕyə^{35}

大学 ta^{35}ɕyə^{31}

请假 tɕĩ^{53}tɕa^{53}

放假 fã^{35}tɕa^{53}

毕业 pi^{53}ȵe^{31}

荡秋千 a^{53}vu^{53}nda^{35}

踩高跷 ndɐ^{31}mu^{53}kɔ^{31}ndʑe^{53}

吹口哨 sɐ^{31}rʅ^{53}ɕe^{31}

练武术 ndʐo^{31}re^{53}ɕe^{31}

打弹弓 vu^{31}da^{35}mbe^{35}

翻筋斗 kə^{31}ndo^{53}ta^{31}

潜水 tɕhi^{31}ndʑa^{35}dɛ^{35}rɛ^{53}ndzʅ^{35}

跳舞 vu^{53}ndʒo^{31}

锣总称 ŋgɛ^{31}ŋɛ^{53}

钹 mbə^{31}tʃhe^{53}

鼓总称 ŋgɛ^{35}

唢呐 suər^{53}la^{31}

口弦 kho^{53}kho^{31}

哨子 sɐ^{31}rʅ^{53}

喇叭 la^{31}xua^{53}

木鱼 ʃuə^{31}dʐu^{53}

颜色 tʃuɐ^{53}

射击 mbɛ^{35}tshe^{31}

墨水 sa^{31}na^{53}tɕhi^{31}ndʑa^{35}

墨汁 sa^{31}na^{53}tɕhi^{31}ndʑa^{35}

糨糊 tɕa^{31}ʐu^{53}

地图 tsʅ^{35}thu^{35}

图画 ua^{31}ua^{53}

涂改 ɦo^{31}ndʐɐ^{35}ɕe^{31}

字写～ ʑi^{35}

算～数 tɕha^{35}

数～数 tsɐ^{53}

加数学中的～法 nɛ^{35}

减数学中的～法 tɕɛ̃^{53}

乘数学中的～法 tʃhɔ̃^{241}

除数学中的～法 tʃhu^{35}

球总称 go^{35}

倒立 kɔ^{53}uɛ^{53}nɔ^{35}dʑa^{35}

对歌 thɛ^{31}kə^{53}dʐe^{53}

唱山歌 na^{31}ra^{53}thɛ^{31}kə^{53}ndʐe^{35}

比赛 tshe^{31}re^{53}ɕe^{31}

游泳 iu^{35}iõ^{53}

骑马 tɛ^{53}ʑo^{241}

钓鱼 ȵɛ^{35}ɕɔ^{241}

十一　动作行为

燃烧火～ mbɛ^{53}

哈气 bu^{35}mbi^{35}

浮～在水面 fu^{35}

流水～动 mbi^{35}

飞在天上～ mbɐ^{35}

住～旅馆 ndu^{53}

来～家里 ʃuɐ^{53}

吹～火 pi^{35}

拉～车 dʐu^{35}

挖～土豆 kue^{53}

捉～鸡 zo^{35}

挠用手指或指甲抓人 tʂhu^{53}

圈动词，～牲口 kha^{53}tʃʅ^{31}

刺～了一刀 suə^{53}

搓～手掌 phu^{53}

榨～油 dʐa^{35}

抹～水泥 dʐʅ^{35}

笑 gɛ^{35}

旋转 ɦɛ^{31}rɛ^{53}ndʑi^{241}

沉～没 dɛ^{35}ndʑe^{53}

浸～泡 bɔ^{35}

漏～雨 mbi^{35}

溢水～出来了 ndʑyɐ^{35}

取名 ȵi^{35}da^{31}

晾衣 kue^{35}kɔ^{31}

补～衣服 dʑa^{35}

剪～布 ndʐɛ^{53}

裁～衣服 ndʐɛ^{53}

织～毛线 nda^{35}

扎～稻草人、风筝等 ga^{35}

砍柴 ʃe^{35}tso^{31}

淘米 dʐʅ^{53}mɛ^{53}tho^{241}

洗碗 mbɐ^{31}rʅ^{53}dʑyɐ^{53}

搅拌 tɕy^{53}

焖～米饭 vu^{35}

炖～牛肉 dzue^{53}

烤～白薯 khã^{35}

腌～咸肉 iɛ̃^{35}

饱吃～了 ndʐɔ^{35}

醉酒～ phə^{53}

打嗝 ga^{31}pɛ^{53}ɕe^{31}

讨饭 sɔ^{35}tsɔ^{31}

酿酒 tʃhɔ^{53}dzue^{53}

搬家 ŋgɔ^{241}uɛ^{53}pɛ^{31}

分家 yə^{53}dʑi^{241}

开门 gɐ^{35}ɕɛ^{241}

关门 gɐ^{35}tʃɛ^{53}

洗脸 khɛ̃^{31}ŋuə^{53}ndʑyɐ^{31}

漱口 khɛ^{53}ʃə^{31}

做鬼脸 tɕhi^{31}rɔ^{53}khɛ^{31}ŋɐ^{35}ɕe^{31}

伸懒腰 kə^{53}uɛ^{53}dʑə^{35}

点灯 ȵɛ^{31}kɔ^{53}tɕa^{31}

熄灯 ȵɛ^{31}kɔ^{53}se^{31}

说梦话 ȵi^{31}tɔ^{53}dzɐ^{35}

醒睡～ zɛ^{35}se^{31}

晒太阳 ȵyə^{35}ndɛ^{53}

烤火 ȵɛ^{35}ndɛ^{53}

暖被窝 ȵe^{31}rʅ^{53}ro^{35}

等待 gu^{35}

走路 iɔ^{35}ndʐe^{31}

遇见 ndʐe^{35}

去～街上 ndʑe^{53}

进～山 nɔ^{31}rɛ^{53}ndʑe^{53}

出～操 ndʑe^{53}

进来 nɔ^{31}rɛ^{53}ɕo^{35}

上来 tɕe^{53}ɕo^{35}

下去 the^{35}ndʐe^{53}

争～地盘 dʐɔ̃^{241}

吃亏 khɔ^{53}tɛ^{31}

上当 go^{35}mɔ^{31}

帮忙 ɕe^{31}rɔ^{53}ɕe^{31}

请客 ndʐue^{53}mbu^{53}pe^{35}

送礼 ia^{31}zo^{53}ʐe^{35}

告状 ʃuɐ^{53}

犯法 fɛ̃^{35}fa^{31}

赌博 tu^{53}pə^{31}

坐牢 ŋgɔ^{31}ndʑa^{35}ndu^{31}

砍头 ŋgɐ^{53}kɐ^{31}tʃʅ^{31}

吻 po^{53}po^{31}

呛喝水～着了 ndzɛ^{35}

呼气 bu^{35}pi^{35}

抬头 ŋgɐ^{53}ie^{53}the^{35}

低头 ŋgɐ^{53}gu^{35}

点头 ŋgɐ^{31}ʐu^{53}ɕe^{31}

摇头 ŋgɐ^{53}y^{35}

摇动 y^{35}

招手 ia^{53}y^{35}

举手 ia^{53}uɛ^{53}zɛ^{31}tɕi^{53}

笼手～在袖子里 ia^{53}uɛ^{53}ndo^{241}

拍手 a^{35}uɛ^{53}tɕhɛ^{35}tʃa^{53}ndʐo^{31}

握手 ia^{53}uɛ^{53}gɛ^{35}gɛ^{35}

弹手指～ mbe^{35}

掐双手指～虱子 tʃɛ^{53}

抠手指～ kho^{35}

牵～一条牛 tɕhi^{53}

扳～手腕 pɛ^{53}

捧～水 lɛ̃^{35}

抛向空中～物 ʃue^{35}

掏从洞中～出来 ndʐe^{35}

骗～猪 tɕho^{35}

夹～腋下 tʃɛ^{53}

抓～把米 tʃua^{241}

甩～水 ʃue^{35}

搓～面条 phu^{53}

跟～在别人的后面 ʐɛ^{35}nde^{31}

跪～在地上 tsu^{53}

踢～了他一脚 dɐ^{31}tɐ^{53}

躺～在地上 dʑɔ^{241}

侧睡 tshɛ^{31}ʃa^{53}ɕe^{31}ȵi^{35}

靠～在椅子上睡着了 te^{53}

遗失 na^{53}mɔ^{31}

堆放 po^{53}ra^{31}

叠～被子 ɦa^{31}tʃa^{53}

摆～碗筷 ndʒuə^{53}

搬～粮食 pɛ^{53}

塞堵～ tse^{35}

抢～东西 ndʐuə^{35}

砸～核桃 tsa^{35}

刮～胡子 tɕhi^{35}

揭～锅盖 tɕe^{35}

翻～地 ʑyɐ^{35}

挂～书包 kua^{35}

包～饺子 po^{35}

贴～年画 ndʑɛ^{53}

割～麦子 ndʐa^{53}

锯～木头 nda^{35}

雕～花 thio^{35}

箍～桶 ga^{35}

装～口袋 ndzɔ^{53}

卷～席子 dʐʅ^{35}

染～花布 ʐɛ̃^{35}

吓～人 tɕa^{53}

试～衣服 sɿ^{35}

换～灯泡 ʐɛ^{35}

填～土 nɛ^{35}

留～在我这里 lio^{35}

使用 iõ^{35}

顶用角～ do^{35}

刨食鸡用脚～ tʃhe^{53}pho^{35}

晒衣 kue^{35}kɔ^{31}

摘菜 ŋe^{35}tʃa^{53}

切菜 ŋe^{35}tu^{53}

烧开水 tʃhuɐ^{31}gue^{35}tɕi^{31}

熬～茶 ŋo^{35}

烘把湿衣服～干 khã^{35}

蘸～一点辣椒 tsɛ̃^{35}

溅水泼到地上～了一身 mbɛ^{35}

洒水 tɕhi^{31}ndʑa^{35}tɐ^{31}

返回 ɦə^{31}tʃa^{53}

到达～北京 tse^{53}

招待 mbe^{35}

认罪 tsue^{35}ʐə̃^{35}

包庇 ʐa^{35}ŋgo^{31}

卖淫 ʐa^{35}ndzo^{35}

偷盗 kuɐ^{53}ɕe^{31}

毒～死 lo^{35}

听见 na^{35}tɕhy^{31}

偷听 kha^{31}ra^{53}rɛ^{31}na^{35}ȵi^{31}

看见 ȵi^{53}ndo^{35}

瞄准 tshe^{53}ia^{53}ɕe^{31}

剐蹭我的车被他的车～了 kua^{35}

啃～骨头 khə̃^{35}

磕头 ŋgɐ^{53}do^{35}

拖在地上～着走 dʐu^{35}

拍～肩 phe^{35}

托用双手～ the^{35}

压双手～ tʃɐ^{53}

抽鞭～ khuə^{35}

勒~在脖子上 ga^{35}

抖~袋 dʐu^{53}

拄~杖 tɕi^{53}

垫~在屁股底下 dʐʅ^{35}

划刀~ ra^{53}

锉~锯子 dɛ^{241}

钻~在地洞里 ndzɿ^{35}

捂用手~住嘴 vu^{35}

渗~透 sə^{241}

滤~沙子 ly^{35}

叼~烟 tɕhĩ^{35}

叉腰 kə^{53}uɛ^{53}tɕi^{31}

赤膊 pu^{53}uɛ^{53}ndʒɛ^{31}rɛ^{53}

敲打 tɕho^{35}

撒娇 ŋge^{35}ɕe^{31}

呻吟 ŋgɐ^{31}mbu^{53}ɕe^{31}

仰睡 ɕɛ^{53}kɛ^{53}tʃa^{53}ȵi^{31}ȵe^{35}

喂草 tsɛ^{53}sue^{31}

放夹捕捉猎物方式 tʃa^{53}ŋgu^{35}ndʒu^{31}

装索套捕捉猎物方式 tha^{31}uɛ^{53}dʐu^{31}

拔毛 pɐ^{53}mbie^{35}

燎毛 pɐ^{53}ʃa^{53}

剥皮剥动物皮 ʃə^{31}mba^{53}guə^{31}

烧砖 ȵi^{31}tsɿ^{53}ʃa^{53}

烧窑 dzɔ^{35}ʃa^{53}

烧石灰 tɕhe^{31}ka^{53}ʃa^{31}

刷墙 tɕɔ^{35}dʐʅ^{31}

穿针 kho^{53}ndo^{35}

绣花 ro^{35}tsu^{53}

缠足 kɔ^{53}uɛ^{53}ga^{31}

磨刀 tɕi^{31}ʐo^{53}dɛ^{35}

劈柴 ʃe^{35}sɛ^{53}

酒醒 tʃhɔ^{31}ȵi^{53}tɔ^{35}

闩门 gɐ^{35}ʃuɛ̃^{35}

剪指甲 ndzɐ^{31}mu^{53}ndʐɛ^{31}

掏耳朵 na^{35}dʒe^{35}

动身 dʐʅ^{53}dʐɛ^{53}ndʑi^{241}

赶路 iɔ^{35}nde^{53}

让路 iɔ^{35}tʃɛ^{53}

劝架 ʃʅ^{53}mɛ^{53}ŋgɛ^{35}

报恩 ndʐa^{35}khuɐ^{53}

报仇 ȵɛ^{31}ɕi^{53}ie^{31}

照顾 tɛ^{53}ndu^{31}

收礼 ia^{31}zo^{53}duɐ^{35}

抢劫 ndʐuə^{35}

杀人 ȵɐ^{35}se^{31}

劳改 lɔ^{35}kɛ^{53}

鞭打 ndʐo^{31}la^{53}rɛ^{31}ndʐo^{31}

胜利 ʃɛ^{53}ʃʅ^{31}

失败 ma^{31}uə^{35}

瞪~着双眼 zɿ^{53}

拽用绳子~ ndʐu^{35}

捋~袖子 dzɛ^{241}

搁把东西~在房顶上 ndʒuə^{53}

揣怀~ ndzɔ^{35}

携带 khuɐ^{53}

扒~土 pho^{241}

蹦一~老高 tsɛ^{53}

跺脚 kɔ^{53}uɛ^{53}do^{35}

打滚 ko^{31}ndu^{53}ta^{31}

扑猫~老鼠 phɔ̃^{35}

粘~贴 ndʑɛ^{53}

剖~膛开肚 kha^{53}tʃa^{31}

劈分开 sɛ^{53}

漆~桌子 sɛ^{53}tʃuɐ^{53}dʑa^{35}

搓~绳 dʑi^{241}

钉~钉子 do^{35}

绞~肉 tɕy^{53}

蒙~眼 ŋga^{35}tʃʅ^{31}

发脾气 ndo^{53}iɔ^{31}

赌气 bu^{35}tʃa^{31}

生长 ɕɛ^{53}

打猎 ʃa^{35}ndʐo^{31}

蛀虫子吃 la^{35}

系围裙 pɔ^{31}dzʅ^{35}ndʒe^{241}

打结 ndɔ^{53}uɛ^{53}dʑa^{31}

认得 ŋɐ^{35}ʐe^{31}dɛ^{35}

伤心 se^{35}nɔ^{53}a^{31}ie^{53}

讨喜小孩讨人喜欢 tʃe^{53}gɛ^{31}mu^{31}

恨你别~我 ȵy^{53}

满意 se^{31}tsɛ^{53}phɛ^{35}

着急 ndʑi^{241}

理睬 ta^{31}tʃə^{53}ɕe^{31}

担心 se^{35}du^{35}

放心 se^{35}dɛ^{35}

愿意 se^{35}gɛ^{35}

变~作 ʐɛ^{35}

恼火 ʃɛ^{53}ndzʅ^{31}

心痛 se^{35}nɛ^{31}

记仇 ne^{31}ndʑa^{35}khuɐ^{53}

害~人 xɛ^{35}tɕe^{31}

反悔 fɛ̃^{53}xue^{53}

可惜 tɕo^{31}la^{53}

声音 ke^{53}

喊~话 pe^{241}

问~话 dzʅ^{241}

答应 ŋgɐ^{31}ʐu^{53}ɕe^{31}

介绍 kha^{53}iɔ^{35}

回答 khɛ^{53}ɕi^{31}

造谣 to^{31}dze^{35}ndʑa^{31}

打听 ndʐɐ^{53}

十二　性质状态

凸 mbɛ^{35}

凹 uɛ^{31}do^{35}

正 ŋo^{31}ndʑyə^{35}ɕyə^{31}

反 dʑyə^{31}ɕyə^{53}

斜 tshɛ^{31}ʃa^{53}

横 ndʐə^{241}

竖 zɛ^{35}tsɔ^{31}

活~鱼 xuə^{53}vu^{53}

满水很~ kɔ^{35}

足分量~ mɔ^{53}vu^{53}

光滑鱼很~ dʒɛ^{31}rɛ^{53}

冷清街上~得很 ndʑa^{31}ku^{53}

浊 ȵe^{53}vu^{53}

空瓶子是~的 khuɐ^{31}to^{53}

嫩 ʐue^{31}mbu^{53}

生 ʐɛ^{31}mbɛ^{53}

熟 tshue^{53}

乱 tʃhɐ^{53}mə^{31}re^{53}

真 dɛ^{31}mbɛ^{53}

假 dzɐ^{31}mɛ^{53}

暗光~ na^{31}pu^{53}

闷热 sɛ^{31}mu^{53}ndʑi^{241}

破碗~了 tʃa^{53}

缩~脖子 tʂhu^{35}

困了 tʃhe^{53}ʃʅ^{31}

瘪压～了 pi^{31}to^{53}

倒～着放，去声 tɔ^{35}tɔ^{35}tsʅ^{31}

纯～棉衣服 tʃo^{53}

枯叶子～了 kɔ^{53}

潮衣服～ tʃho^{31}pu^{53}

强身体～ zɔ^{241}

弱身体～ rʅ^{31}vu^{53}

焦烤～了 tshʅ^{53}

清楚 tã^{53}mu^{53}

模糊 mə^{31}tɔ^{53}

准确 dʑi^{31}mu^{53}

耐用 lɛ^{31}zə^{53}

空闲 rɔ^{53}nɔ^{35}

涩柿子～嘴 tsuə^{35}

脆花生米～ tʃhua^{31}tɛ^{53}

霉烂 rʅ^{31}vu^{53}

不要紧 tʃɔ^{53}mu^{31}nɔ^{35}

浪费 dʑa^{35}tʃe^{31}

疏忽大意 se^{35}tsɐ^{53}mu^{53}

顺利 ʃõ^{35}xuɐ^{31}

聪明 dʑɛ^{31}ndzʅ^{53}

狡猾 se^{35}kə^{53}tɕy^{53}

大胆 se^{31}po^{53}

胆小 dɛ^{31}mɛ^{53}

慌张 ȵɐ^{31}ȵɐ^{53}to^{31}to^{31}

麻利 ndʑɛ^{53}pu^{53}

节俭 ȵyə^{53}

厉害 zɔ^{53}vu^{53}

勇敢 se^{31}po^{53}

可怜 ȵɔ^{35}ʃʅ^{31}

麻烦 tshɛ^{31}uɛ^{53}sɛ^{31}

光荣 kuã^{31}iõ^{35}

孤独 du^{31}tʃe^{53}

亲他跟奶奶特别～ ndzu̥e^{31}mu^{53}

齐心 se^{35}tʃo^{53}ie^{53}ɕe^{31}

贪心 se^{31}ndʒʅ^{35}

拖拉做事情～ ru^{53}tɛ^{53}

十三　数量

十一 tʃu^{31}tʃʅ^{53}

十二 tʃu^{31}ȵi^{35}

十三 tʃuɐ^{31}so^{53}

十四 tʃu^{53}zɐ^{35}

十五 tʃa^{53}ŋɛ^{35}

十六 tʃɐ^{31}ro^{53}

十七 tʃɐ^{31}dʑi^{241}

十八 tʃɐ^{31}dʑɛ^{35}

十九 tʃɐ^{31}guɐ^{241}

二十一 ȵɐ^{31}ʃuɐ^{53}tsɛ^{31}tʃʅ^{53}

四十 zɐ^{31}tʃuɐ^{53}

五十 ŋɛ^{31}tʃuɐ^{53}

六十 dzu^{31}tʃuɐ^{53}

七十 di^{31}tʃuɐ^{53}

八十 dʑɛ^{31}tʃuɐ^{53}

九十 guɐ^{241}tʃuɐ^{53}

一百零一 dʑɛ^{31}ue^{53}tsɛ^{31}tʃʅ^{53}

百把个 dʑɛ^{31}ue^{53}zɔ^{31}

千把个 to^{31}tsʅ^{53}zɔ^{31}

左右 ʃɛ^{31}ɕyə^{53}lɛ^{31}ɕyə^{53}

三四个 so^{53}zɐ^{35}zɔ^{31}

十几个 ndze^{31}zʅ^{53}mu^{31}phɛ^{35}

十多个 tʃɛ^{53}mbɛ^{53}mu^{31}phɛ^{35}

第二 ȵi^{35}na^{31}kə^{53}

第三 so^{53}na^{31}kə^{53}

大约a^{31}pa^{31}

半个tshɛ^{31}uɛ^{53}ie^{31}

倍zɔ^{31}nɔ^{35}

串一～葡萄ndʒɔ^{35}

间一～房phu^{31}ia^{35}

堆一～垃圾phə^{31}le^{53}

节一～竹子ŋgɛ^{53}nɛ^{53}

本一～书pɐ^{53}lɐ^{53}

句一～话tshɐ^{35}

庹两臂伸展开后的长度mbɔ^{241}

拃拇指和中指伸开两端间的宽度ndɐ^{35}

斤重量单位dʑɔ^{35}

两重量单位ʃɔ^{53}

分重量单位kɛ^{53}mɛ^{53}

斗kə^{241}

升ʃə^{53}ndzɿ^{53}

寸ndɐ^{35}tʃʅ^{31}

尺khɛ^{53}

丈tə^{53}mbɛ^{53}

亩一～地kha^{53}

里一～地ʃə^{31}uɛ^{53}

步走一～kə^{31}tsu^{53}

次玩一～ɛ^{31}kue^{53}

十四 代副介连词

这些近指ndo^{31}ko^{53}

那些中指mu^{31}ko^{53}

那些远指to^{31}ko^{53}

那些更远指phu^{31}rɛ^{53}to^{31}ko^{53}

哪些ka^{53}rʅ^{53}to^{31}ko^{53}

我俩ŋe^{31}ŋgɛ^{53}

咱俩ʑi^{31}ŋgɛ^{53}

他俩kha^{31}ŋgɛ^{53}

人家ȵi^{53}rɛ^{31}

每人ȵɐ^{35}i^{31}ʑi^{53}

多久tʃhʅ^{31}zɔ^{35}iu^{35}

人们ȵɐ^{35}rɛ^{31}

到底dɛ^{35}khɛ^{31}tse^{53}

差不多ŋɛ^{53}tʃha^{35}ma^{31}re^{35}

马上tʃɔ^{53}se^{53}

先～走ŋue^{35}

后～走zə̣^{35}

一直他～没有来ŋue^{35}se^{53}

从前ŋue^{35}

后来指过去zə̣^{35}tse^{31}ȵi^{31}

来不及uə^{35}ma^{31}re^{35}

来得及uə^{35}re^{35}

偷偷地kha^{31}ra^{53}rɛ^{31}

够～好tʃhuə^{53}

真～好dɛ^{31}mbɛ^{53}

好～看ndza̤^{35}

难～看a^{31}ie^{53}

完全vɛ^{35}kə^{31}

全部vɛ^{35}kə^{31}

难道mu^{31}te^{31}

究竟tɕo^{35}tɕĩ^{53}

也许a^{31}pa^{31}

一定ȵa^{31}

暂时ʃə^{35}ndɐ^{31}

互相tʃo^{35}pa^{53}tʃo^{35}

居然ɦa^{241}ȵi^{31}

趁～热吃tsho^{35}tʃhu^{31}

像～他那样ndzɛ̣^{31}ia^{53}

归～你管ie^{53}re^{35}

第三节

其他词

一　天文地理

日晕ȵyə^{35}guɐ^{35}

月晕dza^{35}guɐ^{35}

白昼ȵyə^{35}kɛ^{53}mɔ^{53}

夕阳ȵyə^{35}ma^{53}

落日ȵyə^{35}thɔ^{31}ze^{53}

光影ȵyə^{35}ze^{53}

雨滴tɕha^{35}ndʐɛ̃^{31}mbu^{53}

白水江嘉陵江上游最大的支流tʃhuɐ^{31}ka^{53}tʃhuɐ^{31}

沟谷ie^{53}uɛ^{53}

黄河tʃhuɐ^{31}ma^{53}

礌石dɐ^{35}mbo^{53}

溜口从山顶向山下顺柴或木头的小沟壑yə^{31}lio^{53}

凶潭死水潭i^{31}ko^{53}

山崩rɐ^{35}yə^{53}

水笕水渠tʃhuɐ^{31}tɛ^{53}

土硝sɛ^{35}ɕo^{35}

土锈石pə^{31}dɐ^{35}

白马峪文县白马河ta^{31}ka^{53}io^{53}gɛ^{35}

歇台供背东西的人休息的地方ʃɐ^{31}iɔ^{35}

扒昔家平武县白马藏族乡村寨mbɛ^{35}ɕi^{53}

堡子坪文县石鸡坝乡村寨pɐ^{31}zʅ^{31}khə^{53}

博达峰文县石鸡坝乡村寨sɛ^{35}rʅ^{35}khə^{53}

博峪甘南州周曲县博峪乡tʃha^{31}lu^{53}

草坡沟文县铁楼藏族乡村寨ŋɛ^{35}zo^{35}io^{31}uɛ^{53}

大水田九寨沟县郭元乡村寨pɛ^{31}zɛ^{31}ȵi^{53}

丹堡文县丹堡乡村寨tã^{31}mu^{31}ɕyə^{53}

迭堡寨文县铁楼藏族乡村寨to^{31}tʃhə^{35}

碟子坪九寨沟县双河乡村寨the^{31}ze^{53}

夺补平武县境内河流的名称tɐ^{31}pu^{53}

厄哩平武县白马藏族乡村寨ŋge^{31}re^{53}

核桃坪文县铁楼藏族乡村寨kuə^{31}rɛ^{53}

甲勿九寨沟县勿角乡村寨dʑi^{241}uɛ^{53}

阶州陇南市所在地ke^{31}tʃo^{53}

九寨沟ŋgɐ^{35}pu^{53}

旧寨文县铁楼藏族乡村寨mɛ^{31}gue^{35}

李子坝文县铁楼藏族乡村寨tse^{241}

立志山文县铁楼藏族乡村寨lɐ^{31}zɿ^{53}

马家九寨沟县马家乡 sɛ^{35}ŋɛ^{35}ʃɿ^{53}

马尾山文县石鸡坝乡村寨tʃho^{31}i^{53}nɔ^{31}

苗州家九寨沟县马家乡村寨me^{31}tʃo^{53}re^{31}

岷堡沟文县铁楼藏族乡村寨dʑɛ^{35}nɔ^{53}

抹地九寨沟县郭元乡沟里村的别称mbo^{31}le^{53}

木麻沟平武县白马乡村寨mbɛ^{31}ʃɿ^{53}

木座平武县木座藏族乡村寨nɛ^{31}tsɔ^{53}

南岸家九寨沟县马家乡村寨tshə^{31}ndʒo^{35}

平武 la^{53}i^{53}

蒲龙贯九寨县勿角乡村寨phu^{31}li^{31}ŋgɔ^{241}

蒲南九寨沟县勿角乡村寨so^{35}thɔ^{35}

强曲文县铁楼藏族乡村寨ŋgə^{31}ndʐə̹^{35}rɛ^{31}

入贡山文县铁楼藏族乡村寨ʐo̹^{35}

三角石文县铁楼藏族乡草河坝村境内ɕɛ^{31}ruə^{53}

色入加平武县白马藏族乡村寨ʃe^{31}ro^{53}

上草地九寨沟县草地乡村寨ʃe^{31}ʐa̹^{35}

稍塘里九寨沟县勿角乡村寨so^{35}thɔ^{35}

石门沟文县铁楼藏族乡村寨sɛ^{53}mɛ^{53}tʃhuə^{31}mə^{53}

水牛家平武县白马藏族乡村寨kɐ^{53}ʃɿ^{53}

松潘 so^{53}zʅ^{53}

王坝楚平武县白马藏族乡村寨o^{35}pɛ^{31}sɛ^{53}

王桥坝文县铁楼藏族乡村寨ndzo^{35}guɐ^{35}

文县也称白马峪河ta^{31}ka^{53}

下敦上文县铁楼藏族乡村寨uə^{241}tɕi^{31}mbo^{53}

详述家平武县白马藏族乡村寨ɕɔ^{31}dʐu̹^{53}

肖家山文县铁楼藏族乡村寨ŋgɐ^{35}ʐɛ̹^{53}ŋgə^{31}nɔ^{53}

小槽里平武县白马藏族乡村寨ŋgɔ^{241}rɿ^{35}do^{35}

新寨文县铁楼藏族乡村寨ɕi^{31}ndʐe̹^{31}rɛ^{31}

演武坪文县铁楼藏族乡村寨ia^{31}na^{35}tʃhu^{31}tsɿ^{31}

洋汤河文县天池乡洋汤河流域a^{31}ŋgɐ^{35}io^{53}gɛ^{35}

腰坪山文县铁楼藏族乡村寨zɛ^{35}mbə^{35}

阴坡山文县铁楼藏族乡村寨ʐu̹ɐ^{31}nɔ^{53}

寨科桥文县铁楼藏族乡村寨nie^{31}tʃɛ^{53}

枕头坝文县铁楼藏族乡村寨ŋgu^{31}dʐu̹^{53}

竹林坡文县铁楼藏族乡村寨phɛ^{31}ko^{53}

二　时间方位

月中 dza^{35}tɕi^{31}ue^{53}

月半 dza^{35}tshɔ^{31}pɛ^{53}

凌晨 ndzɛ^{35}lo^{53}

通宵 ndzɛ^{35}zʅ^{53}

西时 ȵyə^{35}thɔ^{31}ze^{53}

拂晓 nɔ^{35}iɔ^{31}ke^{53}

将来 ʐə̹^{35}tɕɔ^{35}

过去 ŋue^{35}gɔ^{35}

近来 ndɔ^{35}tɛ̃^{31}nɔ^{31}

上席 zɛ^{35}nɔ^{53}

下席 mɛ^{35}nɔ^{53}

地上 sɛ^{31}khə^{53}

地下 thɔ^{31}se^{53}

上寨 zɛ^{35}ko^{53}

下寨 mɛ^{31}ko^{53}

以上 tɕi^{53}khə^{31}iɔ^{35}

以下 ʃɔ^{31}dʑi^{35}

城上 ŋgɛ^{35}phɛ^{31}kə^{31}

坪上 a^{31}sɿ^{31}pa^{53}

三　植物

白芍 ka^{31}du^{35}

败酱草 pha^{31}ŋgo^{53}

蓖麻子 ma^{31}mɛ^{35}

萹蓄 sɛ^{31}ma^{53}

广草 ʃe^{31}ʃu^{53}

蒿 ŋgo^{31}mba^{53}

黄檗刺 ɕi^{31}zo̜^{53}ndzo^{31}ma^{53}

黄蒿 ŋɐ^{241}kɐ^{53}rɿ^{53}

芥子 tsha^{31}ka^{53}

苦苣 pha^{31}ŋgu^{35}

骡子草多年生草本植物 ɕĩ^{31}tsɔ^{53}tsɛ^{53}

马鞭花多年生草本植物 tɕhi^{31}ra^{53}

牛蒡子 khə^{31}tha^{31}iɔ^{53}

爬地枸 tʃa^{31}ta^{35}ʃe^{35}

牵牛花 tɛ^{31}mbu^{53}mə^{31}rɛ^{53}

茜草 rɿ^{35}dʑɛ^{35}ɕy^{53}

石苇 pə^{31}ma^{35}

水灯芯 tɛ^{53}sɐ^{35}

水登草 tʃhuɐ^{31}ȵi^{53}tsɛ^{53}

水东关 tʃhuɐ^{31}ɕa^{53}do^{35}

水都叶 sɿ^{35}a^{31}tʃo^{53}

水瓜蔓 luə^{31}luə^{35}tɕa^{35}

水瓜子 luə^{31}luə^{35}

水广草 pɛ^{31}uɛ^{53}thɔ^{31}re^{53}

水黄连 bio^{31}uɛ^{53}thɔ^{31}re^{53}

酸酸蔓 a^{31}sɿ^{31}iɔ^{53}

天门冬 gɐ^{35}duə^{35}

菟丝子 tsa^{35}mu^{31}nɔ^{35}

万不断 pe^{31}ro^{35}

万不断花 ndɛ^{31}rɛ^{53}

香猫草 a^{31}le^{35}ŋuə^{35}

小蓟 tsɿ^{31}ke^{53}

小米赖 tə^{53}mbu^{53}la^{31}tɕo^{53}

白蔓树 ȵi^{31}ȵi^{53}ʃe^{35}

白头翁 pɔ^{31}dza̜^{35}

白玄 sa^{35}a^{53}ʃe^{35}

缠条木 tɕhi^{31}na^{53}ʃe^{35}

刺柏子 rɛ^{31}ʃu^{53}ʃe^{31}

刺黄杨 pɛ^{53}tsɛ^{53}ʃe^{35}

大黄刺柏 rɛ^{31}gɐ^{35}ndzo^{31}ma^{53}

大木榛子 ʑyə^{31}mbə^{35}ʃe^{35}

大栒子 tshɐ^{31}rɿ^{53}ʃe^{31}

灯笼木 sɿ^{31}o^{53}ʃe^{35}

杜鹃木 ɦɐ^{35}ʃe^{35}

菟丝子 rɿ^{53}tha^{31}uɛ^{53}

椴木 tha^{31}ka^{35}ʃe^{35}

蜂木 ɕɛ^{53}dzɔ̜^{31}zɿ^{53}ʃe^{35}

干浆 ndʒɛ^{35}gue^{35}ʃe^{35}

枸树 kɛ^{53}rɛ^{53}ʃe^{35}

鬼圪针 tɕhi^{31}rɔ^{35}kho^{53}

鬼见愁 sɔ^{241}ʃe^{35}

旱柳 dʒɔ^{31}ka^{53}

红豆杉 se^{31}dʑi^{241}ʃe^{35}

黄柏树 khɛ^{31}ndɐ^{53}ʃe^{35}

黄芥子 uə^{31}ndɛ^{53}

黄精 ȵi^{31}ku^{53}

黄连 tsa^{35}khɛ^{31}ndɐ^{35}

黄路 sɐ^{31}ro^{53}ʃe^{35}

鸡婆楸 sa^{35}ʃe^{35}

浆桲树 kə^{31}tsɿ^{53}ʃe^{35}

卷柏 dza̜^{53}ʃɿ^{53}pɛ^{53}

苦丹木 khɛ^{31}ndɐ^{53}ʃe^{35}

苦楝树 khɛ^{31}ndɐ^{53}do^{35}

檽木 ʃe^{35}tsɛ^{31}tu^{53}

梁刺尖 ndzɛ̜^{53}ŋgɐ^{53}

林芙子 ŋga^{31}y^{53}ʃe^{35}

罗蔓栯 yə^{31}zɛ̜^{53}ʃe^{35}

麻黄 tsɛ^{31}ma^{53}

麻柳木 ȵi^{35}ʃe^{35}
马桑木 uə̃^{31}mbo^{53}ʃe^{31}
马尾松 tʃuə^{53}ȵi^{53}
米柴 dʐʅ^{53}mɛ^{53}ʃe^{35}
绵葛条 tu^{53}ʑi^{53}
木莲花 ka^{53}tsʅ^{53}ʃe^{35}
木香 ʃe^{31}mɛ^{35}
木榛子 dʑɛ^{35}ɕa^{53}ʃe^{35}
牛壳膝 ia^{31}do^{35}
牛皮桦 no^{35}pa^{53}ta^{31}ma^{35}
青桐木 pa^{35}ʃe^{35}
青蛇木 dʑɛ^{35}ndʒɔ^{35}ʃe^{35}
茹木 guɛ^{31}bo^{35}ʃe^{35}
三角枫 dzạ^{53}pa^{53}ʃe^{35}
沙棘果 iɛ^{53}vu^{53}ŋgɐ^{53}
山槐 rɔ^{31}ʃe^{35}
山麻杆 dzọ^{53}ʃe^{35}
山棉柳 dʒɔ^{31}ma^{53}
山榆木 xua^{31}zụ^{53}ʃe^{35}
树胶 ʃe^{35}zụ^{53}
双扇材 zụə^{31}zẹ^{35}ʃe^{35}
水柏子 pho^{31}ʃo^{53}ʃe^{35}
水青桐 tɛ^{31}sʅ^{53}ʃe^{35}
水楸 ɕi^{31}ʃu^{53}ʃe^{35}
水桃树 ɕyə^{35}ŋgɛ^{31}mbu^{53}do^{35}
塔松 ʃa^{53}do^{35}
棠林木 bɛ^{31}le^{53}ʃe^{35}
铁扫帚 tʃa^{53}pi^{31}iɔ^{53}
铁树 tʃa^{53}do^{35}
中国旌节花 dza^{31}ka^{53}ʃe^{31}
土大黄 pə^{31}le^{53}na^{35}
瓦松 dzɔ^{35}thɔ^{35}
乌独 o^{31}lo^{53}
五角枫 tʃhuɐ^{53}ʃe^{35}
小枸子 lɛ^{31}tɕhi^{35}ʃe^{35}
杏树 ŋgɛ^{31}mbu^{53}do^{35}
盐水条 mbɛ^{31}rɛ^{53}ŋuə^{35}
羊奶椅 rɛ^{31}nɛ^{53}ʃe^{35}
野狐杆 rɔ^{31}le^{53}tsɛ^{53}
野桑木 ɕɛ^{31}tɕa^{53}ra^{31}na^{53}ʃe^{35}
银杏树 ka^{31}do^{35}
硬杂木木质比较硬的灌木 ʃɛ^{31}ʃe^{35}
云杉 ʃa^{53}
子竹 ȵo^{31}ma^{53}
梓落梓 dza^{31}ka^{53}ʃe^{35}
紫草茸 pɔ^{31}dʑa^{35}vu^{31}ta^{35}
字楸 ɦo^{31}i^{53}ʃe^{35}
草莓 sʅ^{35}
毛桃 ŋgɔ^{241}ɕy^{53}
莓子 ra^{31}na^{53}
木瓜 ʃe^{31}da^{35}
杏子 ŋgɛ^{31}mbu^{53}
野核桃 na^{53}gɐ^{35}
野葡萄 ŋgɐ^{35}ndzụ^{53}
野樱桃 le^{31}ʃʅ^{53}
红苋菜 tɕo^{31}ʑo^{241}
黄花菜 ŋgɛ^{31}lɛ^{53}gə^{35}pɛ^{53}
灰条菜 ȵo^{31}gue^{35}
芥菜 uə^{31}ndɛ^{53}
芦韭 rʅ^{35}uɛ^{53}
牛耳菜 no^{35}pa^{53}ŋe^{35}
漆尖菜 sɛ^{53}ŋgɐ^{53}ŋe^{35}
石芥菜 tʃhuɐ^{31}le^{53}ŋe^{35}
香椿 ʃe^{31}ma^{53}

香茬子 ɕyə^{31}rʅ^{53}

薤 sʅ^{31}zɛ̃^{53}

野葱 tsuə^{31}luə^{53}

野韭 dʐa^{31}tɕi^{35}

银盖菜 uə^{53}ndɛ^{53}

鱼腥草 tɕo^{31}ʑo^{241}

圆根 ʑo^{31}mɛ^{53}

春荞 tshɛ^{31}dʐo^{35}

大豆 ʃə^{31}le^{53}

稻糠 ndʐe^{35}bɐ^{35}

火燕麦 ʑɐ^{31}na^{53}

麻 suə^{35}

荞糁子 tʃhɛ^{31}tsʅ^{53}

荨麻 ɕyə^{31}ma^{53}

野荞 ɕa^{31}ie^{53}

四　动物

豹猫 sɛ^{35}ɕi^{53}ta^{31}ma^{31}

催生一种动物，形似蝙蝠 ɕɔ^{35}ɕi^{31}

飞狸 ɕɔ^{35}ɕi^{31}

犏牛是牦牛与黄牛杂交的第一代牛 zɛ^{35}ro^{53}

尕母牛是犏牛再杂交的育种 ŋgɛ^{31}mu^{53}

公莱牛 tɕi^{53}pu^{53}

公犏牛 tɕi^{53}ndzɐ^{53}

果子狸 tɕi^{53}mbɛ^{53}tha^{31}ka^{53}

黑熊 tə̃^{31}na^{53}

红秀鸡 ɕɛ^{53}ɦo^{31}ma^{53}

红嘴鸭 tsɛ^{31}ŋgə^{35}uər^{31}

花豹 ʑɐ^{35}tɕhɛ^{31}le^{53}

獾 tɕi^{31}mbɛ^{53}

黄公牛 pɛ^{31}gə^{35}

锦鸡 ʃə^{53}ndʑɛ^{53}

裤裆蜂一种红颜色的野蜂 sɛ^{35}ro^{53}

奎鸡 ɕɛ^{53}khuə^{31}ue^{35}

羚牛 khe^{31}ʑa^{35}

羚羊 ʃa^{35}na^{35}

骡子 dʐe^{35}

马鸡 ɕɛ^{53}ɕɔ^{35}

芒鼠 ȵo^{31}ma^{53}ɕyə^{35}

母犏牛 tɕi^{53}ndzo^{35}

盘羊 ʑa^{35}

狍鹿 ʃa^{35}duə^{35}

青鹿 nɛ^{53}ie^{31}

青羊 ʃa^{35}na^{35}

山鸡 na^{31}ra^{53}ɕɛ^{53}

山驴 ʃɛ^{35}dʑɛ^{35}

山麻雀 tɛ^{31}i^{53}uə^{31}

山鹊 ndʑɛ^{35}ndʒʅ^{35}

山鼠 na^{31}ra^{53}ɕyə^{35}

香獐 ia^{35}

崖羊 rɛ^{31}gue^{35}

岩鼠 ɕi^{31}do^{35}

鹞鹰 ȵa^{31}xər^{53}

野猫 tu^{53}ru^{53}

蜂蜡虫 ro^{31}mbɐ^{53}

燎蜂 ro^{35}ʃa^{53}

马陆 tɛ^{35}lo^{53}ʃe^{35}

千足虫 tɕi^{31}me^{53}mbɐ^{53}

土鳖虫 pə^{31}tɕi^{53}

土狗娃 pha^{53}pho^{31}ro^{53}

蚰蜒 pə^{31}le^{35}mbɐ^{53}

蟑螂 ʃʅ^{53}tɛ^{31}ȵi^{53}mbɐ^{31}

长尾鸟 dʑɛ^{35}ndʒʅ^{35}

照蛾灯 ɕɛ^{53}ɕɛ^{53}

五 房舍器具

庵房简易房子dzɔ̢^{53}mɛ^{53}

穿枋连接房子两柱的长方形木头ka^{35}ndʑɔ^{31}mɛ^{53}

打墙tɕɔ^{35}do^{35}

吊脚楼ɕɔ^{31}ŋgɔ^{241}

顶嵌连接左右两根柱子的木头gɐ^{35}uɛ^{35}

耳房主房旁边的小房子ŋgɔ^{241}tʃo^{53}

二柱ʃo^{31}se^{53}ka^{35}

盖瓦铺瓦dzɔ^{35}ŋgo^{53}

脊桶带花纹的瓦ŋge^{31}do^{35}

木柱ʃe^{35}ka^{35}

排扇将几个立柱串联在一起，称为一排扇ka^{35}dze̢^{53}

石板房dɐ^{35}ŋgɔ^{241}

塔板塔松做的木板ʃa^{53}mɛ^{53}

塔板房塔板盖的房子ʃa^{53}ŋgɔ^{241}

檐柱ka^{241}

柱顶石房屋檐柱下垫的石器kɛ^{53}dɐ^{35}

鼻桊穿在牛鼻子上的小木棍或小铁环nɛ^{31}o^{35}

大篅竹篾编的盛粮食的器物mbo^{35}

镐ʃe^{31}tɛ^{53}uə^{31}ka^{53}

隔把子犁上的部件ka^{31}zɿ^{53}

隔窝犁上的部件o^{35}

薅锄kɛ^{31}zo̢^{53}

铧耳tʃa^{53}na^{35}

嚼子khɛ^{31}la^{53}

镢头ka^{53}

犁箭dzu̢^{31}ke^{53}

犁口re^{35}ue^{53}

两齿ka^{53}ndzɛ^{35}

牛鞍子no^{35}gɛ^{35}

皮欠用牛皮等做成的连接犁与牛轭的部件nɛ^{31}o^{35}

前攀dzɔ̢^{31}la^{53}

三齿锄sɐ^{35}so^{53}kɛ^{31}zo̢^{53}

摔棍手工脱粒农具ŋgõ^{35}dʑi^{241}

锨khe^{53}

棒槌tsa^{31}sɛ^{53}

鐾刀布tɕhi^{31}to^{53}mbi^{31}sɛ^{53}

锛子tsɿ^{31}

甏ndzɛ^{31}mbo^{53}

菜箕装菜的簸箕ŋe^{35}ndʒuə^{31}sɛ^{53}

衬子背东西时垫在后背的布垫ʃɐ^{31}dʒɿ^{35}

杵子thuə^{241}

褡裢sɐ^{31}ndzɐ̢^{53}

鼎锅子圆形尖底锅ɕɔ^{31}tʃo^{53}

碓窝guə^{241}do^{35}

纺锤纺车上的部件mbɔ^{241}

粪箕装粪的簸箕me^{35}ʃɿ^{53}pɛ^{31}o^{53}

风簸lo^{35}pɛ^{53}

蜂篼养蜂人用竹子或树皮编成的招蜂器具tɕo^{31}ʃu^{53}

斧钉斧柄头上加的铁楔子guə^{35}zɿ^{53}

擀面杖ə^{31}ndze̢^{53}

钩柴刀砍柴的镰刀ʃɔ^{53}rɿ^{53}

罐子ŋgɛ^{31}kə^{53}

锅圃竹子编成的用于装粮食或卧酒胚的器具ɦo^{31}ro^{53}

禾镰收割庄稼的镰刀sɛ^{53}rɛ^{53}

鸡罩竹子编成的罩鸡的器具ɕɛ^{31}ŋge^{53}

剑tɕa^{35}

弦ʃu^{31}dʑi^{241}

搅锨子晾酒胚时的搅拌工具tʃhɛ̃^{31}ŋge^{53}

酒罐tʃhɔ^{53}ŋgɛ^{31}kə^{53}

酒淋子在酒缸中抽酒的弯管ndza^{31}ŋgə^{53}

橛用来固定篱笆的木桩phə^{31}pɛ^{53}

坑木做支柱的木头ŋgɛ^{31}sɔ^{53}

二胡弓 ɕɛ35ʐuɐ35

镰刀盒放镰刀的盒子 sɛ53rɛ53ʃu53

铃神职人员专用 sɐ31ŋə53

溜签子磨坊用具 ndʐuɐ53lu31sɛ53ȵo31ma53

炉桥火塘里漏灰的铁棍子 ȵɛ35tʃa53

鲁干补平武白马人传说中装酒的罐子 lu53kɛ53mbu53

罗锅热酒的器具 lo53ɦo53

面马勺取面用的木制工具 ɕɛ35thə31mbu53

面桶用来装面的圆形木桶 ɕɛ35zɿ53

篾锅座放锅的圆形竹器 ȵo31ma53sɔ35ra53

磨槽为磨坊输送水的渡槽 tʃhuɐ31tɛ53

木杈打场时挑草的工具 ʃe35ndzɛ35

木马 ʃe35tɛ53

木锨 ʃe35khe53

耙子用来搅粮食的农具 pha35zɿ53

皮桶用树皮做的桶 ʃə31mba53tɔ53zɿ53

囤篮用竹子编成的晒粮食或晾酒胚的器具 de35tsɿ53

秦桌老式的条桌 pe31dɛ35

肉砧子 tʃhɛ31mbɛ53

三眼铳用生铁铸造的三眼炮 ȵi31tɕhã53a31ŋgu35

晒谷簟晒粮食的席子 ndʐuɐ53kɔ53sɛ53

潲桶盛放潲水的木桶 tʃhuə31ʃuə53tɔ53zɿ53

石槽 dɐ35ɦɛ35

石斧 dɐ35tɛ53rɿ53

石斛 ʃɛ31la31ta53

石棣织布时夹布的工具 ku53uɛ53tʃɛ53sɛ53

石锁 dɐ35go35

手锣 tã53lã53ku53

手磨子 ia53ndʒɿ35

水瓢 ma31ʃuə53

四角箕盛放东西的四边形竹器 kɔ31ʐɐ35pɛ31o53

梭镖 ndo35

天棚烘干食物用的支架 ɦo31i53

铁瓢舀水或撮取粮食用的器具 tʃa31to53

铜吸管专门用来喝咂杆酒的工具 se35dzɛ31ŋgə53

土盆 sɛ35ra31o53

团线箕放线团的工具 gɐ35lɐ53

托盘 sɿ31pe53

驮子牲口背上驮的东西 ʃɛ31ɛ53

瓮 dzɛ31luə53

线把 ku53uɛ53tɕɐ31sɛ53

线杆砣 ɦɛ31i53

香案 pɛ31dɛ35

小篙 mbo31ndʒo53

小罐 tʃhe31ʐo53

楦子专门用来撑制鞋型的木头模具 sa31xe53tɕhyər53

盐筒装盐的筒子 tshɛ53pɛ53rɿ53

药葫芦 mɛ35gu241

鹰锄锄头的一种 kɛ31ʐo53tsɛ31kɛ53

砸锤 dɐ35do35

烙铁 tʃa31ndʐɛ53

铁楔 tʃa31tɕhyər53

马口木工用具 tʃa53khɛ53

针锥 kho53mbu53

錾子 tʃa53tsɛ53kɛ53

铁砂弹圆形的小铁蛋 tʃa53dʐɛ53mbu53

探杆清洗枪筒的工具 tʃa53ndɛ35suə53

老虎凳 tʃə53pɛ31ndʑi53

铁罐 tʃa53ŋgɛ31kə53

织布刀 dɔ35

织腰带机 sɛ35nda35

钉锤 zɛ53rɿ53dʐa35sɛ53

猪食钩搅猪食的木棍 pha31tʃhe35kə31to35

煮潲～喂猪 tʃhuə31ʃuə53ndzue35

茶罐 tʃɛ^{53}ŋgɛ^{31}kə^{53}

书架 ʐi^{35}ndʒuə^{53}sɛ^{53}

六 服饰饮食

前襟 dzə̣^{31}ŋgo^{53}

对襟 dzə̣^{31}ŋgo^{53}ɦa^{241}te^{53}

百褶衣 iɛ^{31}re^{53}

麻布长裙 sə^{31}re^{53}

五彩衣绣有各色图案和花型的衣服 mbɐ^{31}re^{53}

羊皮袄 rɛ^{31}pa^{53}kue^{35}

背花衣服后背绣的花 ɦa^{241}o^{53}

鸡翎 ɕɛ^{53}pu^{53}

肩花衣服肩部绣的花 pɛ^{53}ndzɿ^{53}

角革男性腰间的装饰品 dʑyə^{31}kɐ^{53}

毛缠用羊毛织成的裹腿 rɛ^{31}pu^{53}ȵe^{31}tɕi^{53}

毛腰带用羊毛编织的腰带 nɛ^{31}mbu^{53}kə^{31}ra^{53}

梅花片做衣服用的带花贴边 rɛ^{53}tʂhɛ^{53}

五彩辫用五色毛线编织的假辫子 tɕɛ^{31}tɛ^{53}

鱼骨胸牌女性胸前佩戴的方形饰品 kuə^{31}thuə^{35}

圆鱼骨女性头上佩戴的圆形饰品 ȵɛ^{35}rɿ^{53}

番鞋 pe^{31}ɦɔ^{35}

麻鞋 suə^{35}tshɔ^{31}xe^{53}

男番鞋 pɐ^{53}zɛ^{53}sɐ^{31}ɔ^{35}

女番鞋 pe^{31}ɔ^{35}

沙嘎帽 ʃa^{31}ka^{53}

头帕 ʃo^{31}pha^{35}

羊毛鞋 rɛ^{31}pu^{53}ɦɔ^{35}

塞勒女性腰上的装饰品 se^{31}re^{53}

毡鞋 tie^{53}ɦɔ^{35}

拌面饭白马人的一种家常饮食 ȵi^{31}ȵi^{53}

棒棒馍用面粉烤制的10厘米长的条形馍 ka^{31}ko^{53}

蜂坛酒用蜂蜜酿的酒 rɔ^{31}rɔ^{53}

浮子酒原浆酒 di^{31}ŋgu^{53}

酒糟 tʃhɔ^{31}ȵɔ^{53}

烧酒 rɛ^{31}vu^{53}

柿子酒用柿子酿的酒 nda^{31}nda^{35}tʃhɔ^{53}

土盐 dza̤^{53}tshɛ^{53}

乌独酒用乌独酿的酒 ɦo^{35}lo^{53}tʃhɔ^{53}

五谷酒五谷杂粮酿的酒 dzue^{31}tʃhɔ^{53}

血馍将猪血和面搅拌蒸的馍馍 pha^{31}tɕha^{53}

腌菜 ŋe^{35}iɛ̃^{35}

洋芋粉 iɔ^{31}ie^{53}fə̃^{53}

洋芋酒洋芋酿的酒 iɔ^{31}ie^{53}tʃhɔ^{53}

油茶 ɕɛ^{35}ru^{53}tʃɛ^{53}

咂杆酒用吸管喝的酒 ɦo^{31}tʃhɔ^{53}

七 身体医疗

指缝 ndzu^{35}pɛ^{53}rɛ^{31}

指节 ndzu^{35}tshɿ^{35}kɛ^{53}

指骨 ndzu^{35}rɿ^{35}pɛ^{53}

箕纹手指上像箕斗的指纹 ndzɐ^{35}ɕɔ^{241}

上腭 zɛ^{35}kɛ^{35}a^{31}tʃo^{53}

胸骨 dzə̣^{53}gɛ^{35}

胸口 dzə̣^{53}sɐ^{53}

下胯 lɛ^{35}ua^{53}

髀 lɛ^{35}

胸廓 dzə̣^{31}pa^{53}

公鸭嗓 ke^{31}ŋga^{53}

寒凉病 tʃhɔ^{31}re^{53}

瘿 ba^{35}

癫痫病 ndzɛ^{53}rɿ^{53}

瘴气 ndzɛ^{53}rɿ^{53}luə^{53}pɛ^{53}

阑尾炎 phə^{35}tɕɔ^{31}tʃo^{53}

大肚病 phə^{53}be^{35}ne^{53}

狂犬病tɕhi^{53}ȵɐ^{31}mbɛ^{53}ne^{53}

肺炎yə^{35}ne^{53}

白癜风ʃu^{31}tʃu^{53}

八　婚丧信仰

唱寿故结婚时的一种仪式ʃo^{31}gu^{53}

回娘家phɛ^{31}ȵi^{53}ndu^{53}

寿尕主持婚礼时，司仪手里拿的器具。ʃo^{31}ŋga^{35}

提亲上女方家说婚事ndʐɐ^{53}

阿里尕九寨沟白马人的一种双人舞a^{31}li^{53}ka^{53}

柏香柏树的枝条，用于祭祀。ʃɿ^{53}pɛ^{53}

曹盖平武白马人对傩舞的称呼tshɔ^{31}gɛ^{35}

曹母平武白马人傩舞中的一个角色tshɔ^{31}mu^{53}

朝呆给长辈或客人敬酒时唱的歌曲tʃhɔ^{31}tɛ^{53}

朝哲祭祀词tʃhɔ^{31}ndʒə^{35}

池哥文县“池哥昼”表演中的男性角色tʂhɿ^{31}gə^{35}

池哥昼文县白马人的祭祀舞蹈tʂhɿ^{31}gə^{35}ndʒo^{35}

池母文县“池哥昼”表演中的女性角色tʂhɿ^{31}mu^{53}

池母擀面舞蹈名tʂhɿ^{31}mu^{53}ɕɛ^{35}le^{31}

传老爷也就是羊皮扇鼓舞ndɔ^{31}pɛ^{53}ndɔ^{35}ndʒo^{35}

凑柴白马人的一种习俗ɦɔ^{35}tshɛ^{35}ɕe^{53}

措伧九寨沟白马人的一种舞蹈比赛tshuɐ^{31}ndʒo^{35}

风神lo^{35}tɕhi^{31}rɔ^{53}

尕九寨沟白马人“伧舞”的第二套动作ga^{35}

甘昼文县薛堡寨的一种情景性祭祀舞蹈kɛ^{31}ndʒo^{35}

高舍结婚时司仪主持仪式时说的吉言kɔ^{31}ʃe^{53}

哥舍结婚时新客与主家对唱的一种仪式gɐ^{35}ʃe^{53}

篝火ke^{31}ʃɔ^{53}ȵɛ^{35}

狗舞文县“麻昼”第十一大套舞蹈名称nɔ^{31}ʃɿ^{53}tɕhi^{53}ndʐo^{53}

夯歌白马人打墙时唱的歌lo^{53}rɿ^{53}

猴舞文县“麻昼”的第九大套舞蹈名称ʃɿ^{35}ndʒo^{35}

火把节文县白马人特有的重大祭祀活动ɦɔ^{35}ie^{31}pa^{53}

火圈舞白马人群众性的集体舞蹈ʑa^{35}rɛ^{31}ndʒo^{35}

鸡舞文县“麻昼”第十大套舞蹈名称ɕɛ^{53}ndʒo^{35}

鸡愿给神灵许愿杀鸡ɕɛ^{53}khɛ^{31}ie^{53}

祭灶腊月二十三晚上祭祀灶神的一种仪式tso^{35}duɐ^{35}

家神ŋgə^{35}ȵɛ^{35}

袈裟o^{31}ŋo^{53}

叫风夏天用打口哨或大声吼叫方法～lo^{35}pe^{35}

街火场白马人烤街火、跳火圈舞的专用场所ʑa^{35}

敬酒歌tʃhɔ^{31}tɛ^{53}

烤街火全民参与的民俗活动ʑa^{35}rɛ^{31}ȵɛ^{35}khã^{31}

喇嘛lɛ^{53}mɛ^{53}

勒白马人古歌的总称lɐ^{35}

勒贝对系统掌握白马人传统文化的人的尊称lɐ^{31}pe^{53}

铃铛tɕho^{31}ro^{53}

麻昼模仿动物的祭祀舞mba^{31}ndʒo^{35}

马舞文县“麻昼”第七大套舞蹈名称pɔ^{35}dʑɛ^{53}lɛ^{35}mu^{53}

猫猫舞舞蹈名称a^{31}le^{53}ka^{31}ʐuə^{53}

门风家风ȵi^{31}nɛ^{53}

门槛歌结婚时客人与主人对唱的歌曲gɐ^{35}ʃe^{53}

面具ʃe^{35}ŋgɐ^{53}

面具舞ʃe^{35}ŋgɐ^{53}ndʒo^{35}

木卦用木头做成的卦ʃe^{35}mɐ^{35}

撵弄白马人的迷信活动tɐ^{53}ɕe^{53}

牛角卦用牛角做成的卦no^{35}gɛ^{35}mɐ^{35}

牛舞文县“麻昼”的第二大套舞蹈名称iɔ^{31}ndʒo^{35}

纽九寨沟白马人傩舞的第一套动作名称ȵo^{53}

盘圈指用树枝或藤条拧成圈状ŋgɛ^{35}ŋgu^{35}

青苗神看管青苗的神灵yə^{31}rɛ^{53}ȵɛ^{35}

秋昼双人祭祀舞tɕho^{31}ndʒo^{35}

色拙寨婚礼上迎新的仪式sə^{31}ndʐuɐ^{35}ndʒɛ^{35}

杀野猪一种情景性祭祀舞蹈 pha^{31}gue^{35}se^{53}

蛇舞文县“麻昼”第六大套舞蹈名称 sɛ^{35}ndzʅ^{53}

神案 ȵɛ^{35}ŋe^{35}mbɛ^{53}

神歌祭祀时唱的歌曲 ndɔ^{31}lɐ^{53}

施法术 ŋga^{35}to^{53}

送神一种迷信活动 ȵɛ^{35}ɕi^{53}

跳神祭祀性舞蹈 ndɔ^{35}ndʒo^{35}

兔舞文县“麻昼”第四大套舞蹈名称 ʑo^{241}ndʒo^{35}

瘟神 tʃhɔ^{31}re^{53}ȵɛ^{35}

舞场跳舞的场院 ndʒo^{31}sɛ^{53}

熊猫舞头戴熊猫面具的舞蹈 tə^{31}ŋga^{53}kɛ^{31}ndʒo^{35}

熊舞一段情景性舞蹈的名称 to^{53}ndʒo^{35}

休闲歌白马人休闲时唱的歌 rɔ^{53}ndu^{53}thɛ^{31}kə^{53}

阎王 tɕhi^{31}rɔ^{53}da^{35}vu^{53}

阴魂 ʃo^{31}mɛ^{53}

阴间 sɛ^{35}uə^{53}

跃刍九寨沟县白马人路上跳的舞蹈 iɔ^{31}ndʒo^{35}

早必早鲁送亲时唱的歌 tsɔ^{31}pi^{53}tsɔ^{31}lu^{53}

知玛文县白马人面具舞中的一个角色 dzʅ^{53}ma^{53}

跳知玛扮演知玛 dzʅ^{53}ma^{53}ndʒo^{35}

刍舞九寨沟县白马人表演的一种面具舞 ndʒo^{35}o^{53}

猪舞文县“麻昼”第十二大套舞蹈名称 pha^{31}ndʐo^{35}

羊皮鼓 ŋgɛ^{31}ŋgɛ̃^{35}

刀舞以刀为道具的舞蹈名称 tɕi^{31}ro^{53}ʃua^{35}

俄斯劳九寨沟白马人对火圈舞的叫法 ɦə^{31}sʅ^{31}lɔ^{53}

竹卦竹子制成的卦 ȵo^{31}ma^{53}mɐ^{35}

坐夜人去世后晚上守灵 ʃa^{53}ndu^{53}

做道场超度亡灵 ŋɐ^{35}ɕe^{53}

九 人品称谓

长子 pɐ^{53}tʃhɛ^{53}

幼子 pɐ^{53}tʃho^{53}

次子 pɐ^{53}ndʐə^{35}

养子 pɐ^{53}tɕhi^{53}ra^{53}mɛ^{53}

长兄 pi^{31}tʃhɛ^{53}

小叔子 pi^{31}zɛ^{53}

小弟 pi^{31}zɛ^{53}ɕi^{53}ɕi^{53}

老兄 pi^{53}tʃhɛ^{53}

老弟 pi^{53}tʃho^{53}

侄婿 po^{31}dʐu^{53}mɛ^{31}pɛ^{53}

长女 po^{35}tʃhɛ^{53}

养女 po^{35}tɕhi^{53}ra^{53}mɛ^{53}

小女 po^{35}ɕi^{53}ɕi^{53}

糊涂虫 tɔ^{53}ŋgue^{53}mu^{31}ʃe^{53}mɛ^{31}

胆小鬼 dɛ^{35}mɛ^{53}ɦɛ^{35}

马夫 tɛ^{53}tɕhi^{31}ȵi^{53}

笑面虎 gɛ^{35}ŋɐ^{35}se^{35}na^{53}

老伴 ge^{31}ro^{53}

江湖佬跑江湖的人 ge^{31}tsɛ^{53}tɕyɐ^{31}ȵi^{53}

白马人统称 ko^{53}dʑɛ^{35}pe^{53}

小偷 kuɐ^{53}mɛ^{31}

拳手会武术的人 ia^{53}ʃe^{35}ȵi^{53}

扛夫以肩扛货物为生的人 iɛ^{53}tʃɛ^{53}tɕhe^{35}ȵi^{53}

姨夫 ie^{31}fu^{53}

外来户从其他村子搬迁来的人 io^{31}ndʑɔ^{35}

皇帝 dʑɛ^{35}vu^{53}

太子 dʑɛ^{35}vu^{53}pɐ^{53}

穷光蛋 tɕo^{31}ȵi^{53}gɛ^{35}gɛ^{35}gɛ^{31}

败家子 tɕo^{31}ndʐuə^{53}ta^{31}ȵi^{53}

义母 khɛ^{31}ŋge^{53}mɛ^{35}

义父 khɛ^{31}ŋge^{53}phɛ^{53}

继子 tɕhi^{53}khue^{31}mɛ^{53}ȵɛ̃^{31}ȵi^{53}

馋嘴子嘴馋的人 lɛ̃^{31}ȵi^{53}tɕo^{31}ȵi^{53}

大姑子 mɛ^{31}mɛ^{53}

懦夫 ndɛ^{35}rɿ^{53}

射手 ndɛ^{53}mbe^{31}ȵi^{53}

穷怂鬼小气、吝啬的人 ŋɛ^{35}du^{35}

二流子不务正业游手好闲的人 ŋgɐ^{35}dʑe^{35}

哭脸虫爱哭的人 ŋuə^{53}ɕi^{31}po^{53}

硬汉 ȵɐ^{35}ʃɛ^{53}ndɐ^{53}

平辈 ȵɐ^{35}thuə^{53}ndʑɛ^{53}ia^{53}

火夫专指点火、烧火的人 ȵɛ^{35}mbi^{31}ȵi^{53}

贝木神职人员的尊称 pe^{53}mbu^{53}

会首组织表演“池哥昼”的人 xue^{31}uɛ^{53}

土官当地的头人 ŋgɐ^{53}uɛ^{53}

西番对白马人的蔑称 pe^{31}ʑi^{35}

挑夫 ndʐa^{35}dʑɔ^{35}ɕe^{53}ȵi^{53}

司机 tʃa^{53}no^{35}nde^{53}ȵi^{31}

铁汉指非常强壮的人 tʃa^{53}ȵɐ^{35}

主管 tʃu^{53}kuɛ̃^{31}

东家 y^{31}da^{35}

译员 ʑyɐ^{31}ȵi^{53}

劳模 ʑi^{53}uɛ^{53}

书生 ʑi^{35}ʃe^{35}ȵi^{53}

包工头 ʑi^{35}po^{35}ȵi^{53}

通讯员 thõ^{31}ɕõ^{35}yɛ̃^{31}

保安 pɔ^{53}ŋɛ̃^{31}

保管 pɔ^{53}kuɛ̃^{53}

排长 phɛ^{35}tʃã^{53}

厂长 tʃhã^{53}tʃã^{53}

回族 xue^{31}xue^{35}

汉族 dʑɛ^{53}

藏族 pe^{53}

纳西族 na^{31}ɕi^{31}

达嘎贝文县白马人的称谓 ta^{31}ka^{53}pe^{53}

夺补贝平武白马人的称谓 tɐ^{31}pu^{53}pe^{31}

界日贝九寨沟白马人的称谓 tɕe^{31}rɿ^{53}pe^{53}

十　农工商文

出坡干农活儿 na^{31}ra^{53}ndʑe^{53}

翻地冬天耕过的地，春天播种时再耕一遍 sɛ^{35}ʑyɐ^{35}

反刍 ndʐe^{35}ɕɛ^{53}

回牛犁地时，从一头到另一头折回的过程。rɛ^{35}ɕe^{53}

回青返青 ŋɐ^{35}ʃɿ^{53}ɕo^{35}

抹地把不平整的地刨平整 re^{35}pho^{35}

撵柴把柴从山上撬下来 ʃe^{35}nde^{53}

牛腩 no^{35}ba^{35}

跑墒指耕地水分蒸发散失 kɔ^{53}mɔ^{31}ʃɿ^{31}

起圈清理猪圈、羊圈、牛栏里的粪便 tshɔ^{53}dʐɔ^{35}

垫圈给牲畜的圈铺垫干土、碎草等 tshɔ^{53}ndie^{35}

圈牛把牛关在圈里 no^{35}tshɔ^{53}ndʒu^{31}

回栏 tshɔ^{31}rɔ^{53}ndzɿ^{35}

圈养 tshɔ^{31}rɔ^{53}sɐ^{53}

抱窝 tshɔ^{35}lo^{53}

双抢指两种农作物同时收割 tʃhɛ^{31}ndʑi^{241}

扬场粮食从泥沙或粮糠中分离出的过程 ndʐuɐ^{53}iã^{31}

要子用树枝或藤条扭成能捆柴的带子 ʃa^{31}la^{53}

乘凉歌 ke^{31}ʃɔ^{53}thɛ^{31}kə^{53}

锄草歌 du^{35}kɐ^{53}thɛ^{31}kə^{53}

熬土盐从土盐中熬制食盐的过程 sɛ^{35}o^{53}ŋo^{35}

追猎打猎 ʃa^{35}nde^{53}

放弩 ndɛ^{53}mbe^{35}

擀毡 tie^{53}le^{31}

包边做衣服的术语 ʃɔ^{53}ʃo^{35}

火炕 phe^{53}

火糟子木柴未完全燃尽的残留物 sə^{31}nda^{53}

浆衣用米汤浸泡衣服，使其干后挺括 kue^{35}bɔ^{35}

经布织土布上机前的一道工序 tha^{53}dʒe^{241}dɐ^{35}

诓哄逗 go^{35}

淋酒用淋子把酒缸里泡好的酒汁抽出来 tʃhɔ^{53}ndʐe^{35}

刨地 re^{35}ɕe^{53}

刨土 sɛ^{35}pho^{35}

泡酒 dzue^{31}rɔ^{53}

抢食争抢一种食物 tʃhe^{53}ndʐuə^{35}

抢嘴抢着吃、抢着说话 ŋɛ^{35}ŋɛ^{35}ŋɛ^{35}

缲边一种缝衣服的针法 tʃha^{35}tʃa^{53}

热酒 tʃhɔ^{53}ʃɐ^{53}

润口 khɛ^{53}pe^{31}

绱鞋将鞋底与鞋筒、鞋面缝合的过程 sa^{31}xe^{53}nda^{35}

烧山开垦荒地时先要～ rɐ^{35}ʃa^{53}

烧糟子用木柴烧制的打农具用的燃料 sɛ^{35}ʃa^{53}

抬门安装大门 gɐ^{35}the^{35}

摊场把农作物铺开打碾 ŋgue^{35}

织布 khu^{31}uɛ^{53}nda^{31}

打猎歌打猎时唱的歌曲 ʃa^{35}ndʐo^{53}thɛ^{31}kə^{53}

打墙歌打墙时唱的歌曲 tɕɔ^{35}do^{35}thɛ^{31}kə^{53}

贩卖 tsho^{53}ɕe^{53}

幼儿园 io^{35}ər^{31}yɛ̃^{35}

情报 tɕhĩ^{35}pɔ^{35}

白马语 pe^{31}tɔ^{53}

汉语 dʑɛ^{35}tɔ^{53}

中医 tʃõ^{31}i^{31}

中央 tʃõ^{31}iã^{31}

中农 tʃõ^{31}lõ^{35}

中专 tʃõ^{31}tʃuɛ^{31}

重工业 tʃõ^{35}kõ^{31}ie^{35}

专业队 tʃuɛ̃^{31}ȵe^{31}tue^{35}

专区 tʃuɛ̃^{31}tɕhy^{31}

专员 tʃuɛ̃^{31}yɛ̃^{31}

专政 tʃuɛ̃^{31}tʃə̃^{35}

组织 tsu^{53}tʃʅ^{31}

作风 tsuə^{31}fə̃^{31}

作用 tsuə^{31}iõ^{35}

作家 tsuə^{31}tɕa^{31}

作业本 tsuə^{31}ȵe^{31}pə̃^{53}

作文 tsuə^{31}və̃^{35}

计划 dʐə^{31}khuɐ^{53}

主权 tʃu^{53}tɕhyɛ̃^{35}

字典 tsʅ^{35}tiɛ̃^{53}

发言人 dzɐ^{35}ȵi^{53}ȵɐ^{35}

印泥 dza^{31}ma^{53}

杂志 tsa^{35}tsʅ^{35}

圆规 yɛ̃^{31}khue^{31}

学问 ɕyə^{35}və^{35}

学员 ɕyə^{35}yɛ̃^{31}

教书 ʑi^{35}tso^{53}

生字 ʑi^{35}ʐɛ^{31}mbɛ^{53}

新书 ʑi^{35}sɛ^{53}pɛ^{53}

书皮 ʑi^{35}ʃə^{31}mba^{53}

橡皮擦 ʑi^{35}tsha^{31}sɛ^{53}

书包 ʑi^{35}tʃhɛ^{31}ʐo^{53}

书 ʑi^{35}to^{31}ko^{53}

书费 ʑi^{35}kɔ^{53}

信用社 ɕĩ^{35}iõ^{35}ʃə^{35}

宪法 ɕɛ̃^{35}fa^{31}

文化 ɕɛ^{53}luə^{53}

文凭 və̃^{31}phĩ^{31}

文件 və̃^{35}tɕhɛ̃^{35}

文书 və̃^{35}ʃu^{31}

文学 və̃^{35}ɕyə^{35}

通知 thõ^{31}tʃʅ^{31}

通知书 thõ^{31}tʃʅ^{31}ʃu^{31}

身份证ʃə̃^{31}fə̃^{35}tʃə̃^{35}

班主任pɛ̃^{31}tʃu^{53}ʐə̃^{35}

算术suɛ̃^{35}ʃu^{35}

数学ʃu^{35}ɕyə^{35}

十一 动作行为

煺毛pɐ^{53}liɐ^{53}

入赘pɐ^{53}ɕe^{53}

泄愤bu^{35}pi^{35}

掰开pɛ^{53}mɔ^{31}

插嘴pɛ^{53}rɛ^{31}dzɐ^{35}

上香pe^{31}rɿ^{53}tɕa^{53}

烧香pe^{31}rɿ^{53}ndʑa^{31}

绷pə̃^{35}

逼迫pi^{31}phɛ^{31}

闭关pi^{35}kuɛ̃^{31}

脱手把货物售出pi^{53}ʃʅ^{31}mɔ^{31}

垒po^{53}

码放po^{53}ʐa^{35}

攘臂捋起衣袖，伸出胳膊pu^{31}uɛ^{53}dzɛ^{35}

撞见tʂhe^{53}

捎信tshɿ^{53}ku^{31}tɔ^{31}

回信tshɿ^{53}ku^{53}ue^{35}

刁难tshɿ^{53}ŋə^{35}

惊动tsho^{53}

销账tʃha^{35}pɛ^{53}ko^{35}

祈雨tʃha^{35}xua^{31}

绗tʃha^{35}ɕi^{35}

贴边tʃha^{35}zɛ^{53}

喂食tʃhe^{53}sɐ^{31}

叼食tʃhe^{53}the^{35}

撩食tʃhe^{53}ɕyə^{31}

啄食tʃhe^{53}tsɛ̃^{35}

受潮tʃho^{35}

出差tʃhu^{31}tshɛ^{31}

汆tʃhuɐ^{53}pi^{35}

焯tʃhuɐ^{53}mbi^{35}

挑拨tʃhuə^{35}

坐堂tshuə^{35}thã^{31}

穿梭tshuə^{53}ʑyɐ^{35}

堆积tshuɛ̃^{35}ra^{31}

滚沸tshue^{53}

搭ta^{35}

犟嘴tɔ^{31}ɕi^{53}tɕi^{31}

前往tɔ^{35}ndʑe^{53}

屙tɔ^{53}

打岔tɔ^{53}a^{31}ie^{53}dzɐ^{35}

搭茬tɔ^{53}ndʑy^{35}

翻译tɔ^{53}ʑyɐ^{35}

耷拉da^{35}la^{31}re^{53}

蹭dɛ^{35}

消灭dɛ^{35}mɔ^{35}

追根dɛ^{35}nde^{53}

游街dɛ^{35}ndʑi^{241}

损耗dɛ^{53}ȵi^{53}ʐuɐ^{35}

改嫁dɛ̃^{31}pu^{53}ʐɛ^{35}

砸碎do^{35}ȵi^{31}tɐ^{53}

撞倒do^{35}ȵi^{35}yɐ^{35}

械斗tə^{53}mbu^{53}dʐo^{53}re^{53}

打夯tɛ^{31}du^{35}do^{35}

澄清tə̃^{35}le^{31}ɕe^{53}

汇款to^{53}zɿ^{53}ndʐo^{31}

打靶ka^{31}ta^{53}tshe^{31}

劈开ka^{31}ʃa^{53}tɔ^{31}

栽跟头 kə^{31}mbɛ^{53}pɛ^{31}

落枕 kə^{31}rʅ^{53}lie^{35}

闪烁 kɛ^{53}pu^{53}kɛ^{53}pu^{53}

结痂 guə^{35}mɔ^{31}

灌溉 kuɛ̃^{35}khɛ^{35}

发愣 kue^{35}z̢ɛ^{35}

行善 i^{31}ndʑi^{53}ndz̢a^{35}ɕe^{53}

惹事 i^{31}ndʑi^{53}ndz̢ɐ^{53}

拶指 ia^{53}ga^{31}

落难 iɔ^{35}a^{31}ie^{53}rɛ^{31}tse^{53}

修路 iɔ^{35}ɕe^{53}

蛮干 iɛ^{31}ɕe^{53}

升职 iɛ^{53}ɕɛ^{53}

踢腾 ie^{53}dɐ^{35}tɐ^{53}dʑa^{35}

上缴 ie^{53}dz̢e^{53}

洇 ĩ^{35}

铸 io^{53}

捻线 tɕa^{31}kõ^{31}

警惕 tɕĩ^{53}thi^{35}

镀 tɕyɐ^{53}

抽噎 khɐ^{53}ndz̢e^{35}

羡慕 lɛ̃^{31}ȵi^{53}i^{35}

烙 luə^{35}

背粪 me^{35}khuɐ^{53}

哆嗦 ndɛ^{53}

眩晕 ŋgɐ^{35}z̢u^{53}ɕe^{53}

乔迁 ŋgɔ^{241}uɛ^{35}ɕɛ^{31}

逮捕 ndʑɔ^{35}

涌 ndʑyɐ^{35}

饶恕 phi^{53}tɔ^{31}

私通 rɔ^{31}se^{35}

绱鞋 sa^{31}xe^{53}nda^{35}

楦鞋鞋做好后用楦子定型 sa^{31}xe^{53}tɕhyər^{53}dʑa^{35}

割漆 sɛ^{53}kɐ^{53}tʃʅ^{31}

嘲讽 tʃɐ^{31}gue^{35}ta^{31}

诽谤 dʒa^{35}le^{53}

搀扶 zo^{35}khuɐ^{31}

动摇 dz̢ʅ^{53}dz̢ɛ^{53}ndʑi^{241}

怒吼 dz̢ʅ^{35}ʃə^{53}

淬 dz̢ɛ̃^{35}

权衡 dz̢ə^{35}ɕi^{31}

扎营 dz̢ɔ^{53}mɛ^{53}dz̢a^{35}

祈求 dz̢ɔ^{31}ɔ^{53}

表扬 zɛ^{35}the^{35}

呵斥 dzɛ^{35}ndz̢ʅ^{53}

能干 zɔ^{53}vu^{53}

敬拜 ɕa^{53}ɕe^{53}

瞟 uə^{53}tɛ^{53}

侵袭 uə^{31}dʑa^{35}dz̢o^{53}

推荐 thue^{31}tɕɛ̃^{35}

佩戴 thuə^{53}khuɐ^{53}

统治 thõ^{53}tʃʅ^{35}

突击 thu^{31}tɕi^{31}

濯 tho^{35}

粜 thio^{35}

刓 thio^{35}

提拔 thi^{35}pa^{35}

下垂 the^{35}ndʑɔ^{35}

卸载 the^{35}tɕe^{35}

贪污 thɛ̃^{31}vu^{31}

坠落 thɔ^{53}mɔ^{31}

拔河 tha^{31}uɛ^{53}ndz̢u^{35}

吞噬 sue^{53}ȵi^{53}ta^{31}

戳穿 suə^{53}ȵi^{31}lu^{35}

肃清 su^{31}tɕhĩ^{31}

硝~皮子 ʃu^{35}

受贿 ʃo^{35}xue^{35}

码柴柴堆摆放整齐 ʃe^{35}po^{53}

披 ʃɛ̃^{35}

取胜 ʃɛ^{53}ʃɿ^{31}

命令 ʃɛ^{31}dze^{35}ɕe^{53}

摊派 ʃɛ^{31}ɛ^{53}gə^{35}

痛恨 ʃɐ^{31}ȵy^{53}

沉醉 ʃɐ^{31}mbə^{35}

忌讳 ʃɐ^{31}du^{35}

眄视 ʃa^{53}tɛ^{53}

糊涂 se^{35}ŋgu^{53}ʃu^{53}ta^{31}

信奉 se^{35}te^{53}

牵挂 se^{35}tʃhə^{31}

暗算 se^{31}ʑi^{53}ɕe^{53}

渴望 sɔ^{53}dɛ^{35}

隐瞒 sɔ^{31}be^{35}ɕe^{53}

打战 sɐ^{35}ndʑɛ^{53}dʐu^{53}

弥漫 ru^{53}nɔ^{35}

抄家 ʐuə^{35}tsa^{35}

夭折 ʐue^{31}tʃa^{53}

撤换 ʐe^{35}mɔ^{31}

跟随 ʐɛ^{35}nde^{53}

遗传 rɿ^{35}ʃɿ^{31}

唆使 rɿ^{35}tɔ^{53}tso^{53}

请示 tɕhĩ^{53}sɿ^{35}

抱养 tɕhi^{53}ra^{31}mɛ^{31}

带领 tɕhi^{5}

叫唤 phɛ^{31}re^{53}ɕe^{53}

破案 phə^{35}ŋɛ̃^{31}

磨牙 ndʒuɐ^{35}dʑa^{35}tʃe^{31}

噘嘴 ndʒuɐ^{35}dʑɔ^{35}

激将 ndʒu^{53}

伴舞 ndʒo^{35}rɔ^{53}ɕe^{53}

封顶 ndʒu^{31}dʐɔ^{35}

顶撞 ndʒə^{31}tɕi^{53}tɕi^{53}

逃避 ndʐue^{35}ʑi^{35}

缝合 ndʐu^{35}ndʒuɐ^{35}

受灾 ndʐɛ^{35}phə^{53}

十二　中药名

白芨 ɕɛ^{31}ka^{53}mɛ^{53}

白钱 rɛ^{35}ne^{31}ne^{53}

白石 dɐ^{35}ka^{53}

川贝母 dʐa^{53}dʐɿ^{53}mɛ^{53}

刺五加 ie^{53}vu^{53}

当归 ŋɛ^{53}tu^{35}

党参 tʃə^{31}du^{35}

防风 lo^{35}phu^{31}dza^{241}

甘草 ʃə^{53}mbu^{53}tsa^{35}

钩藤 ko^{31}da^{35}

骨碎补 ŋgɛ^{31}kə^{35}pa^{31}

蒿本 tʃuə^{31}tɕy^{53}

虎杖 tʃə^{53}tɛ^{31}ŋgɛ^{53}

滑石 dɐ^{35}ʃua^{31}lio^{35}

苦参 sɛ^{31}mɛ^{35}

苦根 dʐɛ^{53}uɛ^{53}

老鹰茶 tʃɛ^{53}do^{35}ŋgɐ^{53}

莨菪子 xa^{31}xa^{31}ɕo^{35}

马勃 ŋgɔ^{241}ɕɛ^{31}lu^{35}

马钱子 ta^{31}gu^{35}

麦冬 mã^{31}duə^{35}

泡参 dʒa^{31}pu^{53}

秦艽 gə^{35}po^{53}

商陆 yə^{31}pa^{53}

升麻 ŋga^{31}pu^{53}

石胆 dɐ^{35}da^{35}

手参 tɕhe^{35}tʃa^{53}

天麻 iɔ^{31}da^{35}

土爬蔓 ŋga^{31}ʃu^{53}

五灵子 ɦo^{31}uɛ^{53}tɕa^{53}

五味子 vu^{53}zɿ^{53}

阳起石 dɐ^{35}ʃa^{53}

茵陈 mo^{31}pa^{53}

荆芥 vu^{31}dza^{31}tsɛ^{53}

豆蔻 khɛ^{31}mɛ^{35}

独活 du^{31}ka^{53}

杜仲 sɿ^{31}da^{35}

十三　性质状态

皱巴巴 a^{31}tʃo^{53}ndʐɛ^{53}ia^{53}

毛烘烘 pɐ^{53}kuə^{31}le^{31}

稠糊糊 bə^{35}do^{35}

矮墩墩 bɛ^{35}dɐ^{35}re^{53}

胖乎乎 bɛ^{35}lu^{31}re^{31}

乱蓬蓬 bie^{35}zɿ^{31}re^{53}

雾蒙蒙 pɛ^{31}mu^{53}ŋgu^{35}nɔ^{35}

热乎乎 tshɛ^{31}ɕy^{53}ɕy^{53}

火辣辣 tshɛ^{53}xua^{31}re^{53}

暖融融 tshɛ^{53}o^{31}re^{53}

烂稀稀 tʃha^{31}rɿ^{53}na^{31}rɿ^{53}

暖烘烘 tʃhə^{53}ɕy^{31}re^{53}

直撅撅 tʃhɿ^{31}ka^{53}ka^{53}

静悄悄 tʃhɿ^{53}tʃha^{53}mu^{31}tɕa^{35}

脆生生 tʃhua^{31}rɿ^{53}tʃhua^{31}rɿ^{53}

含含糊糊 ta^{35}re^{31}mu^{31}ta^{35}

稀稀拉拉 dɐ^{35}rɿ^{53}dɛ^{31}rɛ^{53}

白皑皑 kɛ^{53}la^{31}re^{31}

亮晶晶 kɛ^{53}la^{31}re^{31}

白花花 kɛ^{53}uã^{31}re^{31}

白茫茫 kɛ^{53}ɕy^{31}re^{31}

白生生 kɛ^{53}tsɿ^{31}re^{31}

乐滋滋 gɛ^{35}gɛ^{35}re^{31}

辣乎乎 kha^{31}ʃa^{53}xuər^{31}xuər^{31}

空荡荡 khuɐ^{31}to^{53}khuã^{31}khuã^{35}

松垮垮 lɐ^{31}o^{53}lɛ^{31}uɛ^{53}

稀糊糊 lɐ^{31}rɿ^{53}lɛ^{31}rɛ^{53}

软绵绵 lɛ^{31}lɛ^{35}lɛ^{31}

湿淋淋 liɛ^{53}mbɛ^{53}tsɐ^{53}rɿ^{35}rɿ^{35}

醉醺醺 mbə^{35}mbə^{35}re^{31}

乱糟糟 mbe^{53}tsɿ^{31}re^{53}

蔫乎乎 miɛ̃^{31}miɛ̃^{31}re^{31}

黑沉沉 na^{53}pu^{31}re^{31}

黑黝黝 na^{53}tɕi^{31}re^{31}

浑浑噩噩 ndɐ^{35}mə^{53}ndɛ^{35}mɛ^{31}

迷迷糊糊 ndɐ^{35}mu^{53}ndɛ^{31}mɛ^{31}

零零碎碎 ndɛ^{35}ndɛ^{35}mə^{31}mə^{31}

颤巍巍 ndɛ^{53}xuər^{31}xuər^{31}

厚墩墩 ndu^{35}gə^{31}re^{53}

蓝莹莹 ŋɐ^{31}la^{53}re^{31}

羞答答 ŋɐ^{35}tshɛ^{31}xuər^{31}xuər^{35}

青溜溜 ŋɐ^{35}tɕi^{31}re^{53}

绿茸茸 ŋɐ^{35}lã^{31}re^{31}

雾沉沉 ŋɐ^{35}mu^{31}re^{53}

绿油油 ŋɐ^{35}ɕy^{53}re^{31}

蓝晶晶 ŋɐ^{35}tʃu^{31}re^{53}

茶呆呆 ŋɐ^{241}mu^{31}re^{53}

汗津津 ŋe^{35}tʃu^{53}kuə^{31}le^{31}

平坦坦 ŋgə^{35}tɕi^{53}kɛ^{53}

冷冰冰 ndʑa^{35}gə^{31}re^{53}

凉飕飕 ndʑa^{35}sɿ^{31}re^{31}

黏糊糊 ndʑɛ^{53}xuər^{31}xuər^{31}

慌慌张张 ȵɐ^{35}ȵɐ^{35}to^{31}to^{31}

可怜巴巴 ȵɔ^{35}ʃʅ^{53}xuər^{31}xuər^{35}

嘻嘻哈哈 rɛ^{31}pa^{53}tshʅ^{31}vu^{53}

瘦精精 rɛ^{35}gɛ^{35}ndʐɛ^{53}ia^{53}

懒洋洋 ʐu^{35}ȵi^{31}lio^{35}nɔ^{31}

黄澄澄 sɐ^{53}uã^{31}re^{31}

臭乎乎 dʐɔ^{35}ŋe^{35}xuər^{31}xuər^{31}

密密麻麻 dʐɛ^{53}dʐɛ^{53}dʐɛ^{31}

赤裸裸 dʒo^{35}mə^{53}dʒɛ^{35}rɛ^{53}

第五章　语法

第一节

词类

根据白马语的形态、意义和它在句中的功能，词汇大致可分为12类，分别是：名词、数词、量词、代词、动词、形容词、副词、拟声词、语气词、叹词、助词和连词。

一　名词

名词是表示人或事物的名称，包括具体、抽象的事物，也包括表示时间、方位、处所及亲属称谓、新事物和专有名词等，有时候它们在句子里的功能有一定的差异。例如：

（一）名词的分类

1. 普通名词

表示人、事物、物质名称的词称为普通名词，在句子中一般充当主语、宾语，也可以充当一些其他名词的修饰语。在白马语中，表示具体事物名称的词是很丰富的。例如：

ŋɐ^{31}pɛ^{53}　云　　lo^{35}　风　　ȵɛ^{35}　火　　dɐ^{35}　石头　　tɕhi^{31}ndʑa^{35}　水　　pha^{53}　猪

ȵe^{31}ro^{53}　床　　tɕha^{53}　血　　sɐ^{35}　牙　　tɛ^{53}　马　　tɕhi^{53}　狗　　tʃha^{35}　雨

tʃɐ^{53}tsɿ^{53}　桌子　　ʑi^{35}　书　　do^{35}　树　　rɐ^{35}　山　　sɛ^{35}　地　　se^{35}　金

在白马语中，有一些表示抽象事物的普通名词，这类词比较少。例如：

ke^{53}　声音　　se^{35}tsɛ^{53}　良心　　bu^{35}　恶气　　pɛ^{53}　民俗

tɔ^{53}　话　　tʃhə̃^{35}tɕo^{35}　成就　　dʑo^{35}mɛ^{53}　面子　　dzʅ^{31}uɛ^{53}　排场

ʃuə^{53}　命运　　tshɛ^{35}　力气　　se^{35}ŋɛ^{35}　决心　　ko^{53}ʐɛ^{53}　价格

dʐə^{35}zu^{53}　思维　　dʐɛ^{53}mbɛ^{53}　策略　　dzʅ^{35}ʃə^{53}　气势　　ɕhi^{31}rɔ^{53}　神

se^{35}nɔ^{53}dʐə^{35}mɛ^{53}　心愿　　dʐə^{31}khuɐ^{53}　计划

普通名词又可以分为可数名词和不可数名词，白马语的可数名词有数的语法范畴，分单数、双数和多数。单数一般没有标记，双数和多数一般在名词后加助词表示。

（1）双数

白马语的双数通常情况下是在可数名词后面加助词ȵi^{31}ŋgɛ^{35}表示。例如：

ke^{31}tɕi^{53}ke^{31}me^{31}　夫妻　+　ȵi^{31}ŋgɛ^{53} →　ke^{31}tɕi^{53}ke^{31}me^{31}ȵi^{31}ŋgɛ^{53}　夫妻俩

pi^{53}rɛ^{31}　兄弟　+　ȵi^{31}ŋgɛ^{53} →　pi^{53}ȵi^{31}ŋgɛ^{53}　兄弟俩

tsha^{31}ʃə^{53}　妯娌　+　ȵi^{31}ŋgɛ^{53} →　tsha^{31}ʃə^{53}ȵi^{31}ŋgɛ^{241}　妯娌俩

mɛ^{31}mo^{53}　母女　+　ȵi^{31}ŋgɛ^{53} →　mɛ^{31}mo^{53}ȵi^{31}ŋgɛ^{53}　母女俩

ȵi^{31}ŋgɛ^{53}一般用于有生命的动物名词后面表示双数，ȵi^{35}来源于白马语的数词ȵi^{35}，表示“二”，ŋgɛ^{35}也有两个的意思，这两个词合起来用于名词后面表示两个。

（2）多数

白马语在表示多数时，一般在名词后面加助词rɛ^{35}、ra^{35}或to^{31}ko^{241}来表示。

rɛ^{31}相当于现代汉语的“们”，是表示人的复数的助词，也用于第一人称和第二人称代词。例如：

pe^{31}gə^{35}rɛ^{31}　老师们　　pe^{31}gə^{35}tso^{31}ma^{53}rɛ^{31}　师徒们　　ndʐ̩ue^{53}mbu^{53}rɛ^{31}　客人们

tsha^{31}ʃə^{35}rɛ^{31}　妯娌们　　ȵɛ̃^{31}ȵi^{53}rɛ^{31}　孩子们　　pi^{53}rɛ^{31}　哥们

ra^{53}相当于现代汉语的“们”，表示人的复数的助词，仅用于第三人称代词。例如：他们kha^{241}ra^{53}。rɛ^{35}在前元音后面用rɛ^{35}，在后元音后面变成ra^{53}，这种规律应该属于元音和谐。

to^{31}ko^{241}相当于现代汉语的“些”，用于所有的可数名词后表示复数。

孩子们　ȵɛ̃^{31}ȵi^{53}to^{31}ko^{53}　　猪们　pha^{53}to^{31}ko^{53}

桌子们　tʃɐ^{31}tsɿ^{53}to^{31}ko^{241}　　椅子们　pɛ̃^{31}tɕi^{35}to^{31}ko^{241}

2. 方位名词，举例如下：

ʃɛ^{31}ɕyə^{53}　东　　lɛ^{35}ɕyə^{53}　西　　lu^{35}ɕyə^{53}　南　　lɐ^{35}ɕyə^{53}　北

khə^{31}pa^{53}　上面　　ʃɔ^{31}dʑi^{241}　下面　　lɛ^{31}ɕyə^{53}　左边　　ʃɛ^{31}ɕyə^{53}　右边

se^{53}ȵi^{53}　里边　　ge^{31}tsɛ^{53}　外边　　pɛ^{31}tɕi^{53}　中间　　ŋo^{31}ndʑyə^{53}　前面

zə̥^{35}tu^{53}　后面　　nɛ^{31}nɛ^{53}　这里　　ka^{31}ɕyə^{53}　那边

3. 时间名词

（1）表示时间概念，包括年、月、日、日期、时刻等。例如：

zɛ^{31}kɛ^{53}nɔ^{31}　春天　　tshɛ^{31}gɔ^{35}　夏天　　te^{31}re^{53}　今天　　ndʑi^{53}ȵi^{35}　去年

nã^{35}　明天　　sɛ^{53}rɛ^{35}　早晨　　ȵyə^{35}ku^{31}　下午　　zə̥^{35}tɕɔ^{35}　将来

ŋue^{35}gɔ^{35}　过去　　ŋue^{35}　以前　　ndɔ^{35}　昨天　　gu^{31}kɛ^{53}　晚上

ndɔ^{35}tɛ̃^{31}nɔ^{31} 近来　tʃɔ^{53} 现在　tə^{53}vu^{53}gɔ^{35} 古时候　ʑɔ^{35}tshɛ^{35} 刚才

tshe^{31}tʃʅ^{53} 初一　tshe^{53}ȵi^{35} 初二　tshe^{53}so^{53} 初三　tshe^{31}zɐ̥^{35} 初四

tshe^{53}guɐ^{35} 初九　tshe^{31}tʃɛ^{53}mbɛ^{53} 初十　ie^{53} 年　dza^{35}月

（2）表示生辰、属相的名词，这类词属于藏语借词。例如：

ɕyə^{31}yə^{53} 属鼠　lɔ^{35}yə^{53} 属牛　ta^{31}yə^{53} 属虎　ʑo^{241}yə^{53} 属兔

ndʐ̥u^{31}yə^{53} 属龙　rʅ^{35}yə^{53} 属蛇　tɛ^{53}yə^{53} 属马　rɛ^{241}yə^{53} 属羊

ʃʅ^{35}yə^{53} 属猴　ɕɛ^{53}yə^{53} 属鸡　tɕhi^{31}yə^{53} 属狗　pha^{31}yə^{53} 属猪

4. 亲属称谓词

白马语的亲属称谓词绝大多数都是白马语的固有词，少数是汉语借词。例如：

a^{31}ko^{53} 姐夫　mɛ^{31}mɛ^{53} 姐姐　a^{31}i^{53}tʃhɛ^{53} 伯祖母　a^{31}io^{53} 伯父

a^{31}i^{53} 奶奶　a^{31}ȵi^{53} 爷爷　a^{31}i^{53}tʃho^{53} 叔祖母　a^{31}mo^{53} 伯母

a^{31}zɔ̥^{35} 舅舅　nə̃^{53}nə̃^{53} 舅母　a^{31}uə^{53} 大姨　a^{31}ʑy^{53} 伯伯

a^{31}tʃɛ^{53} 哥哥　pi^{53}zɛ^{53} 弟弟　a^{53}pɛ^{53} 爸爸　a^{53}mɛ^{53} 妈妈

a^{53}pɛ^{53}tʃho^{53} 叔叔　ma^{35}ɕi^{35} 婶婶　pɐ^{31}dzu̥^{53} 侄子　po^{31}dzu̥^{53} 侄女

ta^{31}ta^{53} 姑姑　ku^{31}fu^{53} 姑父　ie^{31}fu^{53} 姨夫　mɛ^{53}ʃu^{53} 姨妈

ʃo^{35} 妹妹　ʃo^{35}dɛ^{35}pu^{53} 妹夫　tɕɛ^{53}pu^{53} 岳父　ʑo^{31}gə^{35} 岳母

tɕɛ^{53}pu^{53} 公公　ʑo^{31}gə^{35} 婆婆　dɛ̃^{31}pu^{53} 丈夫　ke^{31}me^{53} 妻子

pɐ^{53} 儿子　po^{35} 女儿　phɛ^{31}pi^{53}tʃhɛ^{53} 堂兄

phɛ^{31}pi^{53}tʃho^{53} 堂弟　phɛ^{31}pi^{53}mɛ^{31}mɛ^{53} 堂姐　phɛ^{31}pi^{53}ʃo^{35} 堂妹

5. 新概念、新事物的名词基本借用汉语。例如：

ʃo^{53}tɕi^{31} 手机　tiɛ̃^{35}sʅ^{35} 电视　tiɛ̃^{35}pĩ^{31}ɕã^{31} 电冰箱

tiɛ̃^{35}thi^{31} 电梯　xuə^{53}tʃhə^{31} 火车　mo^{53}thuə^{31}tʃhə^{31} 摩托车

kõ^{31}sʅ^{31} 公司　tʃhɔ^{31}sʅ^{35} 超市　tiɛ̃^{35}ɕĩ^{35} 电信

6. 专有名词

在白马语中，专有名词主要是一些地名。地理位置上比较近的用白马语固有词，地理位置上比较远的则用汉语借词。例如：

to^{31}zə̥^{53} 中寨　pɐ^{31}zʅ^{31}khə^{53} 堡子坪　tshə^{31}ndʒo^{35} 南岸家

tʃha^{31}lu^{53} 博峪　kɐ^{53}ʃʅ^{53} 水牛家　kuə^{31}rɛ^{53} 核桃坪

la^{53}i^{53} 平武　lɐ^{31}zʅ^{53} 立志山　zo̥^{35} 入贡山

ŋgə^{31}ndzə̥^{35}rɛ^{31} 强曲　o^{35}pɛ^{31}sɛ^{53} 王坝楚　ta^{31}ka^{53} 文县

tɕi^{31}mbo^{53} 墩上　dʑɛ^{35}nɔ^{53} 岷堡沟村　dʑi^{241}uɛ^{53} 甲勿

距离白马人居住的寨子比较远的地方，或者不太熟悉的地方则用汉语借词。

pɛ^{31}tɕĩ^{31} 北京　　sɿ^{35}tʃhuɛ̃^{31} 四川　　lɛ̃^{35}tʃo^{31} 兰州

tʃhə̃^{35}tu^{31} 成都　　ke^{31}tʃo^{53} 阶州（武都）　　ta^{31}ka^{53} 文县

（二）句法功能

1. 名词在白马语中一般做主语、宾语和定语。

（1）做主语。例如：

n̠ɛ̃^{31}n̠i^{53} thɛ^{31}kə^{53} ɕe^{31} dɛ^{35}.

孩子 歌曲 唱 DUR

孩子在唱歌。

te^{31}re^{53} ndzɐ̥^{53} tʃhɔ^{53} ndo^{241}.

今天 提亲 酒 喝

今天喝提亲酒。

（2）做宾语。例如：

khe^{241}n̠i^{53} n̠ɛ^{31}kɔ^{53} tɕa^{31} re^{31}.

3sg 灯 点：IPFV TAM

他要点灯。

ŋa^{53} tɛ^{53} sɐ^{31} ʃɿ^{31} ndu^{35} uɛ^{31}.

1sg 马 喂：IPFV TAM 1sg-DUR VOLI

我正在喂马。

（3）做定语。例如：

ŋgɔ^{241}uɛ^{53} khɛ^{31} ndzɛ^{35}lo^{53} ndza̠^{35} gue^{35} re^{31}.

房子 上：LOC 装饰 好 很 TAM

房子上的装饰很精巧。

ta^{31}ka^{53}pe^{53} po^{35}po^{31} rɛ^{31} ʃo^{31}pha^{35} ndʒe^{35} ʃɿ^{31}gɛ^{35} re^{31}.

白马人 妇女 PL 帕子 系 喜欢 TAM

白马妇女们喜欢系帕子。

（三）名词的小称

白马语名词后大多可加ɕi^{53}ɕi^{53}，表示该事物较小、较可爱。例如：

tʃha^{35}ɕi^{53}ɕi^{53} 小雨　　tʃhuə^{53}ɕi^{53}ɕi^{53} 小河　　iɔ^{35}ɕi^{53}ɕi^{53} 小路

ʑi^{35}ɕi^{53}ɕi^{53} 小字　　dɐ^{35}ɕi^{53}ɕi^{53} 小石头　　dza^{35}ɕi^{53}ɕi^{53} 小月

gɔ^{53}uɛ^{53}ɕi^{53}ɕi^{53} 小脚　　pɐ^{53}ɕi^{53}ɕi^{53} 幼子

在部分动物名词后加tʂhuɐ^{31}zʅ^{53}或ro^{53}表示动物较小，较可爱。例如：

lɔ^{31}ndʑo^{241}tʂhuɐ^{31}zʅ^{53}　小象　　a^{31}le^{53}tʂhuɐ^{31}zʅ^{53}　小猫

tə^{31}ŋga^{53}tʂhuɐ^{31}zʅ^{53}　小熊猫　　ndʒʅ^{31}uɛ^{53}tʂhuɐ^{31}zʅ^{53}　幼鸡

mbɐ^{53}tʂhuɐ^{31}zʅ^{53}　幼虫　　ndʒʅ^{31}uɛ^{53}tʂhuɐ^{31}zʅ^{53}　幼鸟

tɕhi^{53}tɕho^{35}ro^{53}　小狗　　ɕɛ^{31}ro^{53}　幼鸡

ro^{35}rɔ^{31}dzu̥^{53}　幼蜂　　pha^{53}pho^{31}ro^{53}　猪崽

在部分称谓名词或表示人的名词后加tʃho^{53}或ɕi^{53}ɕi^{53}表示人较小，较可爱。例如：

pi^{53}tʃho^{53}　小弟　　pi^{31}zɛ^{53}ɕi^{53}ɕi^{53}　小弟　　nɛ^{53}sɐ^{35}tʃho^{53}　年龄小

ȵɐ^{35}tʃho^{31}tʃho^{35}　年轻人　　ȵe^{31}ʃe^{35}tʃho^{53}　老幺　　ʃɐ^{53}vu^{53}ɕi^{53}ɕi^{53}　小舅

a^{31}i^{53}ɕi^{53}ɕi^{53}　小祖母　　pɐ^{53}ɕi^{53}ɕi^{53}　小儿子　　po^{35}ɕi^{53}ɕi^{53}　小女儿

ȵɛ̃^{31}ȵi^{5}ɕi^{53}ɕi^{53}　小孩

二　数词

数词分为基数词、序数词、倍数、分数、约数等。数词在句子中一般不能单独使用，要和量词结合，形成数量结构的短语，在句子中充当句子成分。

（一）基数词

1. 一至十。例如：

tʃʅ^{53}　一　　ȵi^{35}　二　　so^{53}　三　　zɐ̥^{35}　四　　ŋɛ^{35}　五

dzu̥^{53}　六　　dʑi^{241}　七　　dʑɛ^{35}　八　　guɐ^{35}　九　　tʃɛ^{53}mbɛ^{53}　十

超过十以上的数词，在合成双位或多位数词时，语音要发生一些变化，这种变化主要表现在声调和元音上。十至二十的数词如下：

tʃu^{31}tʃʅ^{53}　十一　　tʃu^{31}ȵi^{35}　十二　　tʃuɐ^{31}so^{53}　十三　　tʃo^{53}zɐ̥^{35}　十四

tʃa^{31}ŋɛ^{35}　十五　　tʃo^{31}ro^{53}　十六　　tʃɐ^{31}dʑi^{241}　十七　　tʃɐ^{31}dʑɛ^{35}　十八

tʃɐ^{31}guɐ^{241}　十九　　ȵɐ^{31}ʃuɐ^{53}　二十

2. 二十以上，九十以下的整数

ndzɐ̥^{35}加个位数组合表示整数，用于日常生活中，表示多少个。除了二和五之外，其余则在个位数加ndʒuə^{53}组合表示几十。“二”只与ʃuɐ^{53}组合，表示二十，“五”只与tʃu^{53}组合，表示五十。同时，这两种表达方式在语音上也有一些差异。例如：

ȵɐ^{31}ʃuɐ^{53}　ndzɐ̥^{35}ȵi^{35}　二十　　so^{31}ndʒuə^{53}　ndzɐ̥^{35}so^{53}　三十

zɐ̥^{31}tʃuɐ^{53}　ndzɐ̥^{35}zɐ̥^{35}　四十　　ŋɛ^{35}tʃu^{53}　ndzɐ̥^{35}ŋɛ^{35}　五十

dzu̥^{31}tʃuɐ^{53}　ndzɐ̥^{35}dzu̥^{53}　六十　　di^{31}tʃuɐ^{53}　ndzɐ̥^{35}dʑi^{241}　七十

dʑɛ^{31}tʃuɐ^{53}　ndzɐ̥^{35}dʑɛ^{35}　八十　　guɐ^{31}tʃuɐ^{53}　ndzɐ̥^{35}guɐ^{35}　九十

3.“百”用dʑɛ^{31}ue^{53}表示，一百零一用dʑɛ^{31}ue^{53}加rɛ^{31}再加tʃʅ^{53}表示。例如：

dʑɛ^{31}ue^{53}tʃʅ^{53} 一百　　dʑɛ^{31}ue^{53}ȵi^{35} 二百　　dʑɛ^{31}ue^{53}so^{53} 三百

dʑɛ^{31}ue^{53}ʐɐ^{35} 四百　　dʑɛ^{31}ue^{53}ŋɛ^{35} 五百　　dʑɛ^{31}ue^{53}dʐu^{53} 六百

dʑɛ^{31}ue^{53}dʑi^{241} 七百　　dʑɛ^{31}ue^{53}dʑɛ^{35} 八百　　dʑɛ^{31}ue^{53}guɐ^{241} 九百

4.“千”用ndʐə^{35}加数字表示，万用tʂhʅ^{31}tsʅ^{53}加数字表示。例如：

ndʐə^{35}tʃʅ^{53} 一千　　ndʐə^{35}ȵi^{35} 二千　　ndʐə^{35}so^{53} 三千

tʂhʅ^{31}tsʅ^{53}ie^{31} 一万　　tʂhʅ^{31}tsʅ^{53}ȵi^{35} 二万　　tʂhʅ^{31}tsʅ^{53}so^{53} 三万

tʂhʅ^{31}tsʅ^{53}ʐɐ^{35} 四万　　tʂhʅ^{31}tsʅ^{53}ŋɛ^{35} 五万

5. 十位数与个位数合成使用时，中间要加一个衬音tsɛ^{31}。例如：

ȵɐ^{31}ʃuɐ^{53}tsɛ^{31}tʃʅ^{53} 二十一　　ȵɐ^{31}ʃuɐ^{53}tsɛ^{31}ʐɐ^{35} 二十四

ȵɐ^{31}ʃuɐ^{53}tsɛ^{31}ŋɛ^{35} 二十五　　ȵɐ^{31}ʃuɐ^{53}tsɛ^{31}dʐu^{53} 二十六

ȵɐ^{31}ʃuɐ^{53}tsɛ^{31}dʑi^{241} 二十七　　ȵɐ^{31}ʃuɐ^{53}tsɛ^{31}guɐ^{241} 二十九

6. 其他位数相连，一般要用rɛ^{31}连接。例如：

dʑɛ^{31}ue^{53} rɛ^{31} dʑi^{241}　　dʑɛ^{31}ue^{53} rɛ^{31} ŋɛ^{31}tʃuɐ^{53}

一百 和 七　　一百 和 五十

一百零七　　一百五十

dʑɛ^{31}ue^{53} rɛ^{31} tʃɛ^{31}mbɛ^{53}　　to^{31}tsʅ^{53} rɛ^{31} dʑɛ^{31}ue^{53}

一百 和 十　　一千 和 一百

一百一十　　一千一百

（二）序数词

在个位数词后面加na^{31}kə^{53}构成序数词，十以上的数词不与na^{31}kə^{53}结合。例如：

tʃʅ^{53}na^{31}kə^{53} 第一　　ȵi^{35}na^{31}kə^{53} 第二　　so^{53}na^{31}kə^{53} 第三

ʐə^{35}na^{31}kə^{53} 第四　　ŋɛ^{35}na^{31}kə^{53} 第五　　dʐu^{53}na^{31}kə^{53} 第六

dʑi^{35}na^{31}kə^{53} 第七　　dʑɛ^{35}na^{31}kə^{53} 第八　　guə^{241}na^{31}kə^{53} 第九

tʃɛ^{31}mbɛ^{53}na^{31}kə^{53} 第十

表示日期的序数词往往在数词前面加tshe^{31}表示。例如：

tshe^{31}tʃʅ^{53} 初一　　tshe^{31}ȵi^{53} 初二　　tshe^{31}so^{53} 初三

tshe^{31}ʐɐ^{35} 初四　　tshe^{31}ŋɛ^{35} 初五　　tshe^{31}dʐu^{53} 初六

tshe^{31}dʑi^{35} 初七　　tshe^{31}dʑɛ^{35} 初八　　tshe^{31}guə^{241} 初九

tshe^{31}tʃɛ^{31}mbɛ^{53} 初十

（三）倍数

倍数的表示方法是在数词后面加lɛ^{35}，lɛ^{35}的原义是“份”，也用来表示“倍”。例如：

tʃɿ^{53}lɛ^{35} 一倍　　ȵi^{35}lɛ^{35} 二倍　　ʐɐ^{35}lɛ^{35} 四倍

tʃɛ^{31}mbɛ^{53}lɛ^{35} 十倍　　ȵɐ^{31}ʃuɐ^{53}lɛ^{35} 二十倍　　ʐɐ^{31}tʃuɐ^{53}lɛ^{35} 四十倍

dʑi^{31}lɛ^{35} 一百倍　　to^{31}tsɿ^{53}lɛ^{35} 一千倍　　tʂhɿ^{31}tsɿ^{53}lɛ^{35} 一万倍

（四）约数

约数词有 mu^{31}phɛ^{35}“以上”和 zɔ^{31}“左右”两个。例如：

to^{31}tsɿ^{53} mu^{31}phɛ^{35}　　tʃɛ^{53}mbɛ^{53} mu^{31}phɛ^{35}

一千 以上　　十 以上

一千多个　　十多个

so^{53} ʐɐ^{35} zɔ^{53}　　dʑɛ^{31}ue^{53} zɔ^{31}

三 四 APPR　　一百 APPR

三四个左右　　一百左右

（五）分数。举例如下：

tʃɛ^{53}mbɛ^{53} se^{53}rɛ^{31} tʃɿ^{53}　　so^{53} se^{53}rɛ^{31} ȵi^{35}

十 里面 一　　三 里面 二

十分之一　　三分之二

dʑɛ^{35}ue^{53} se^{53}rɛ^{31} ȵɐ^{31}ʃuɐ^{53}

一百 里面 二十

百分之二十

三　量词

白马语中的量词相对藏语支里的语言算是比较丰富的，但它与彝语支、羌语支比，又算是比较少的。大致可以分为个体量词、集体量词等几类。

（一）个体量词

这类量词的数量比较多，但是还没有形成类别性特征，它的基本词序仍然是量词在前，数词在后。例如：

ȵɐ^{35} ndʐɛ̃^{31}mu^{53} ȵi^{35}　　do^{35} ŋgo^{241} so^{53}

人 个 两　　树 棵 三

两个人　　三棵树

no^{35} ndʐɛ̃^{31}mu^{53} dʐu^{53}　　sɔ^{35} khɔ^{35} ie^{31}

牛 头 六　　饭 口 一

六头牛　　一口饭

（二）表示集体的量词

ro^{35} tshɔ^{31}uə^{53} ie^{31}

蜂 窝 一

一窝蜂

gə^{35} tshɔ^{31}uə^{53} ie^{31}

蛋 窝 一

一窝蛋

ȵɐ^{35} kə^{31}ʃa^{53} ie^{31}

人 批 一

一批人

rɛ^{35} dʑɛ^{35}uɛ^{53} ie^{31}

山羊 群 一

一群山羊

（三）表示度量衡单位的量词

1.表示长度的量词。例如：

khu^{31}uɛ^{53} khɛ^{53} so^{53}

布 尺 三

三尺布

iɔ^{35} ʃə^{31}uɛ^{53} tʃɛ^{31}mbɛ^{53}

路 里 十

十里路

ku^{31}uɛ^{53} mbɔ^{241} ȵi^{35}

线 庹 两

两庹线

ku^{31}uɛ^{53} mi^{53} ie^{31}

布 米 一

一米布

2.表示重量的量词。例如：

tʃhɔ^{53} dʑɔ^{35} tʃʅ^{53}

酒 斤 一

一斤酒

tshɛ^{53} ʃɔ^{53} ȵi^{35}

盐 两 二

二两盐

zʅ^{53}mɛ^{53} ʃə^{53}ndzʅ^{53} ie^{31}

米 升子 一

一升米

ndʐuɐ^{53} kə^{35} ie^{31}

粮食 斗 一

一斗粮食

（四）借用名词做量词。例如：

tʃhɔ^{53} tʃa^{53} kɔ^{35}

酒 汤碗 满

一汤碗酒

thə^{31}ŋgu^{53} ɕi^{35} kɔ^{35}

汤 勺 满

一勺汤

tʃhɔ^{53} dzɛ^{31}luə^{53} ie^{31} kɔ^{35}

酒 坛 一 满

一坛酒

tʃhɔ^{53} kə^{53}mbɛ^{53} ie^{31} kɔ^{35}

酒 壶 一 满

一壶酒

（五）量词“个”

ndʐɛ̃^{31}mu^{53}是白马语中使用频率最高的量词，相当于现代汉语的“个”。也可以表示“滴”“栋”“剂”“列”“台”“盏”“张”“位”等。例如：

tɕhi^{31}ndʑa^{35}　ndʐɛ̃^{31}mu^{53}　ie^{31}

水　滴　一

一滴水

ŋgɔ^{241}uɛ^{53}　ndʐɛ̃^{31}mu^{53}　tʃo^{53}ie^{53}

房子　栋　一

一栋房子

liɛ^{31}ŋga^{53}　ndʐɛ̃^{31}mu^{53}　ʐɐ^{35}

瓜　个　四

四个瓜

ȵɐ^{35}　ndʐɛ̃^{31}mu^{53}　ȵi^{31}

人　个　两

两个人

（六）性状量词

性状量词是指具有同类性质、状态或特征事物的量词。

1. ŋgo^{241}表示条状物的量词，相当于现代汉语“条”“根”“支”“柱”等。例如：

mɛ^{31}ʐe^{35}　ŋgo^{241}　ie^{31}

伤疤　道　一

一道疤

dʑɔ^{35}　ŋgo^{241}　ie^{53}

秤　杆　一

一杆秤

ʑyə^{31}khɛ^{53}　ŋgo^{241}　ȵi^{35}

棍子　根　两

两根棍子

tʃhuɐ^{53}　ŋgo^{241}　ȵi^{35}

河　条　两

两条河

2. guə^{31}le^{53}表示块状的量词，相当于现代汉语的“块”“包”“团”等，它的形式是“名词+量词+数词”，这类量词如果数词为“一”时往往会省略。例如：

ma^{31}thã^{35}　guə^{31}le^{53}　ȵi^{35}

糖　包　两

两包糖

ʃɛ^{35}　guə^{31}le^{53}

肉　块

一块肉

tɕã^{31}ȵi^{53}　guə^{31}le^{53}

泥　团

一团泥

tɕɔ^{35}　guə^{31}le^{53}

墙　堵

一堵墙

（七）动量词

动量词是计算动作行为的量词，白马语的动量词较少，往往会省略数词，主要是修饰动词，做状语，位置一般在动词之前，常用的动量词有ɕi^{31}，相当于现代汉语的“一下”，动量词的构成是“动词+量词”。例如：

te^{53}　ɕi^{31}

看　一下

看一下

tsɐ^{53}　ɕi^{31}

数　一下

数一下

ma^{35}　ɕi^{31}

抹　一下

抹一下

suɐ^{53}　ɕi^{31}

通　一下

通一下

uə^{53}相当于现代汉语的“场”“回”“趟”“次”“遍”等，它的构成一般是“量词+动词”，当数词是一时，可以省略数词。例如：

uə^{53}	te^{53}	so^{53}		uə^{53}	tso^{35}tsɛ^{53}	
遍	看	三		次	玩	
看三遍				玩一次		
ndzo̜^{53}	uə^{53}	ŋɛ^{35}		ndʑyɐ^{31}	uə^{53}	n̥i^{53}
打	顿	五		洗	水	两
打五顿				洗两水		

（八）量词的重叠

量词可以重叠。例如：

tʃɛ^{31}vu^{53} vɛ^{35}kə^{31} nɛ^{31}zʅ^{53} nɛ^{31}zʅ^{53} khuɐ^{53} tɕhe^{31} ʃʅ^{31}.

家具 都 件：CL 件：CL 搬 走：PFV TAM

家具都一件件地搬走了。

khe^{241}n̥i^{53} ɛ^{31}kue^{53} ɛ^{31}kue^{53} iɛ^{31}tʃɛ^{53} ŋɛ^{53} khuɐ^{31} nɔ^{31}.

3sg 次：CL 次：CL 东西 多 拿 有

她次次都拿很多东西。

tɕhe^{241}rɛ^{53} tʃo^{31}ie^{53} tʃo^{31}ie^{31} rɛ^{31} nɔ^{31}rɔ^{53} so^{53}.

2pl 一个 一个 ADV 里面 去：IMP

你们一个一个地进去。

量词重叠后可以做宾语。例如：

khe^{241}n̥i^{53} tʃo^{31}ie^{53} tʃo^{31}ie^{31} rɛ^{31} tɛ^{53} ʃʅ^{31}gɛ^{35}.

3sg 一个 一个 ADV 看 喜欢

她喜欢个个看。

量词重叠后还可做谓语。例如：

nɔ^{35} khə^{53} ŋɐ^{31}pɛ^{53} nduə^{31}zʅ^{53} nduə^{31}zʅ^{53}.

天 上：LOC 白云 一朵 一朵

天上白云朵朵。

从以上可知，白马语的数词与量词结合时，词序一般是量词在前，数词在后。

白马语的量词一般不直接和指示代词相结合，而是数量词组与指示代词相结合，结合成指示和数量词组做名词的限制词。其词序举例如下：

n̥ɐ^{35}	tɕhe^{53}n̥i^{35}	ie^{31}	mər^{53}.		sɔ^{35}	ra^{35}ie^{31}	n̥i^{35}	ndɐ^{53}.
人	户	一	DEM		饭	锅	两	DEM
那一户人					这两锅饭			

有的指示代词还可以移到名词前面。例如：

ndɐ^{53} do^{35} ŋgo^{241} ie^{53}.

DEM 数 棵 一

这一棵树

mər^{53} rɛ^{35} dʑɛ^{35}uɛ^{53} ie^{31}.

DEM 羊 群 一

那一群羊

四　代词

白马语的代词可分为人称代词、反身代词、指示代词、不定代词、疑问代词等。

（一）人称代词

白马语的人称代词分单数、双数和复数。其中第一人称双数和复数有包括式和排除式的区别。

表 5–1　人称代词

单复数＼人称		第一人称	第二人称	第三人称
单数		ŋa^{53}	tɕhe^{53}	khe^{241}ȵi^{53}
双数	排除式	ŋe^{241}ŋgɛ^{53}	tɕhe^{31}ŋgɛ^{53}	kha^{31}ŋgɛ^{53}
	包括式	ze^{241}ŋgɛ^{53}	tɕhe^{31}ŋgɛ^{53}	kha^{31}ŋgɛ^{53}
复数	排除式	ŋɛ^{241}rɛ^{53}	tɕhe^{31}rɛ^{53}	kha^{31}ra^{53}
	包括式	zɛ^{241}rɛ^{53}	tɕhe^{31}rɛ^{53}	kha^{31}ra^{53}

1. 在调查中没有发现代词有类似主格、宾格那样的格标记，领属格也只有当领属对象出现时才有标记，领属对象不出现时没有格标记。例如：

tɕhe^{31}rɛ^{53} khe^{241}ȵi^{53} ɕi^{53}ɕi^{53} ma^{31} sɔ^{53}.

2pl 3sg 小 NEG 对待

你们别小看他。

tʃẽ^{35}fu^{53} kha^{31}ra^{53} iɛ^{53} ndʐuɐ^{53} ta^{53} ɕi^{31} ʃʅ^{31}.

政府 3pl DAT 粮食 发 给 TAM

政府发给他们粮食。

ŋe^{31}ŋgɛ^{53} dɛ^{35}zɛ^{53} ge^{35}vu^{53} re^{35}.

1dl 搭档 老 COP

我俩是老搭档。

kha^{31}ŋgɛ^{53} dʐɛ^{35}ȵi^{53}ʃe^{53} re^{35}.

3dl 冤家 COP

他俩是冤家。

2. 白马语的第一人称单数ŋa^{53}在句子中做限制时，其元音由a变为ə，可以不出现限制助词，但根据目前的调查看，ŋa^{53}和ŋə^{53}也不是严格区别，有时候ŋa^{53}和ŋə^{53}可以互换。例如：

ŋa^{53} ia^{53}ŋə^{53} ȵa^{53} re^{31}.

1sg 手工钱 一点 TAM

我的手工钱很少。

ŋə^{53} ȵo^{35} lɛ^{31}?

1sg 笔 呢

我的笔呢？

khe^{241}ȵi^{53} ŋə^{53} ndʐə̥^{31}dɔ^{35} re^{31}.

3sg 1sg 连襟 COP

他是我的连襟。

3. 白马语的包括式和排除式虽有区分，但在实际口语中已经不是十分严格了；通常是排除式可以代替包括式，包括式不能代替排除式。例如：

ze^{241}ŋgɛ^{53} ɦa^{241}ndʒʅ^{53} ndʒʅ^{53}mbɛ^{35}mbɛ^{53}ndzu^{31} tshe^{53} ʃa^{31}!

2dl 一起 翻绳 翻 PRT

我俩一起翻翻绳吧！

ŋɛ^{241}rɛ^{53} ndʑe^{35} iɔ^{31}, tɕhe^{53} ɦo ʃə^{35} thɔ^{53}.

EXCL 走：IPFV PROS 2sg REP 一会儿 坐

我们走了，你再坐一会儿。

zɛ^{241}rɛ^{53} ndʒuə^{35} ndʑi^{31} ʃa^{53}.

INCL PERMS 走：IPFV TAM

咱们一起走吧。

4. 句法功能

白马语的代词可以做主语、宾语和定语。例如：

（1）做主语。例如：

khe^{241}ȵi^{53} lɛ^{31}sɛ^{53} tɕhe^{35} ʃʅ^{31}.

3sg 拉萨 去：PFV TAM

他去拉萨了。

tɕhe^{53} khe^{241}ȵi^{53} ŋɐ^{35}sa^{53}ma^{31}ndʒe^{35}.

2sg 3sg 别欺负

你别欺负他。

tɕhe^{53} khe^{241}ȵi^{53} ie^{31} ʑi^{35} pɐ^{31}lɐ^{31} ɕi^{31} ʃʅ^{31} pa^{31}!

2sg 3sg 一 书 本：CLF 送 TAM PRT

你送他一本书吧！

（2）做宾语。例如：

khe^{241}ȵi^{53} ŋa^{53} ŋɐ^{35}sa^{53}ndʒe^{35}.

3sg 1sg 欺负

他欺负我。

ŋa^{53} khe^{241}ȵi^{53} dzue^{35} uɛ^{31}.

1sg 3sg 告诉 VOLI

我告诉他了。

（3）做定语。例如：

ŋə^{53} ia^{53}ie^{53} ɕe^{31} ȵi^{31} ndʐa^{35} xɔ̃^{53}.

1sg 手工 做 COMP 好 很

我的手工做得很好。

khe^{241}ȵi^{53} iɛ^{53}pu^{53} dzʅ^{53}pɛ^{53} re^{31}.

3sg 身子 壮实 TAM

他的身子很壮实。

khe^{241}ȵi^{53} ŋɛ^{241}rɛ^{53} ŋgɐ^{53}pe^{53} re^{31}.

3sg EXCL 首领 COP

他是我们的领导。

（二）反身代词

白马语的反身代词ra^{53}ŋgu^{53}，可以单独使用，也可以和人称代词结合使用。与单数或复数人称使用时，直接在人称后面加ra^{53}ŋgu^{53}。例如：

我自己 ŋa^{53} + ra^{53}ŋgu^{53}

你自己 tɕhe^{53} + ra^{53}ŋgu^{53}

他自己 khe^{241}ȵi^{53} + ra^{53}ŋgu^{53}

她自己 khe^{241}ȵi^{53} + ra^{53}ŋgu^{53}

我们自己 ŋɛ^{241}rɛ^{53} + ra^{53}ŋgu^{53}

你们自己 tɕhe^{31}rɛ^{53} + ra^{53}ŋgu^{53}

他们自己 kha^{31}ra^{53} + ra^{53}ŋgu^{53}

她们自己 kha^{31}ra^{53} + ra^{53}ŋgu^{53}

与双数人称代词结合时，要在人称后面加ŋgɛ^{53}，再加ra^{53}ŋgu^{53}。例如：

我俩自己　ŋe^{31}ŋgɛ^{53}　+　ra^{53}ŋgu^{53}

你俩自己　tɕhe^{31}ŋgɛ^{53}　+　ra^{53}ŋgu^{53}

他俩自己　kha^{31}ŋgɛ^{53}　+　ra^{53}ŋgu^{53}

khe^{241}ȵi^{53}　ra^{53}ŋgu^{53}　kue^{35}　nɛ^{31}rʅ^{53}　ȵyə^{35}　ʃʅ^{31}.

3sg　REFL　衣服　件：CL　买　TAM

他给自己买了一件衣服。

lɔ^{53}tʂã^{53}　ɕɔ^{53}li^{53}　ŋa^{35}ȵi^{31}　ra^{53}ŋgu^{53}　kue^{35}　nɛ^{31}rʅ^{53}　ȵyə^{35}.

老张　小李　打发　REFL　衣服　件：CL　买

老张让小李给自己买一件衣服。

tɕhe^{53}　ra^{53}ŋgu^{53}　khe^{241}ȵi^{53}　dzue^{35}.

2sg　REFL　3sg　说：IPFV

你自己跟他说吧。

（三）指示代词

白马语的指示代词有单数和复数之分，通常有ndɐ^{53}“这”、mər^{53}“那”、tɐ^{53}“那”（远指）、ndo^{31}ko^{53}“这些”、mu^{31}ko^{53}“那些”（指有生命的）、to^{31}ko^{53}“那些”（指无生命的）。

1. 单数指示代词表示所有的人或物。例如：

（1）ndɐ^{53}　这（近指）

ȵɐ^{35}　ndɐ^{53}　这个人

人　DEM

ʐi^{35}　ndɐ^{53}　这本书

书　DEM

tʃɐ^{53}tsʅ^{53}　ndɐ^{53}　这张桌子

桌子　DEM

tɕhi^{53}　ndɐ^{53}　这条狗

狗　DEM

mər^{53}那（近指）

ȵɐ^{35}　mər^{53}　那个人

人　DEM

ʐi^{35}　mər^{53}　那本书

书　DEM

tʃɐ^{53}tsʅ^{53}　mər^{53}　那张桌子

桌子　DEM

tɕhi^{53}　mər^{53}　那条狗

狗　DEM

（2）tɐ^{53}那（远指）　例如：

khe^{241}ȵi^{53}　ȵɐ^{35}　tɐ^{53}　gɛ^{35}　ŋɛ^{35}se^{35}na^{53}　re^{31}.

3sg　人　DEM　个：CL　笑面虎　COP

他那个人是个笑面虎。

tɕhi^{53}　tɐ^{53}　ɦɛ̃^{35}ɦɛ̃^{35}　re^{31}.

狗　DEM　利害　COP

那条狗真厉害。

2. 复数指示代词ndo^{31}ko^{53}用于有生命或无生命的所有人和物，相当于现代汉语的“这些”；“那些”有两种表达方式，mu^{31}ko^{53}用于有生命的，to^{31}ko^{53}用于无生命。例如：

（1）ndo^{31}ko^{53} 这些（有生命的）

ȵɐ^{35} ndo^{31}ko^{53}

人 这些

这些人

tɛ^{53} ndo^{31}ko^{35}

马 这些

这些马

mu^{31}ko^{53} 那些（有生命的）

ȵɐ^{35} mu^{31}ko^{53}

人 那些

那些人

tɛ^{53} mu^{31}ko^{53}

马 那些

那些马

（2）ndo^{31}ko^{53} 这些（无生命的）

tsɛ^{53} ŋgɔ^{241} ndo^{31}ko^{53}

草 房子 这些

这些草房

tʃɐ^{53}tsɿ^{53} ndo^{31}ko^{53}

桌子 这些

这些课桌

to^{31}ko^{53} 那些（无生命的）

tsɛ^{53} ŋgɔ^{241} to^{31}ko^{53}

草 房子 那些

那些草房

tʃɐ^{53}tsɿ^{53} to^{31}ko^{53}

桌子 那些

那些课桌

（3）白马语中的“这边”用nɛ^{35}表示，没有近指和远指的区别。例如：

ŋɛ^{241}rɛ^{53} nɛ^{35} ndɔ^{31}pɛ^{53} ndɔ^{35}ndʒo^{35} ie^{31} pɛ^{53} nɔ^{35}.

EXCL 这里 老爷 传 一 习俗 有

我们这里有传老爷的习俗。

nɛ^{35} ndɛ^{35}y^{53} vɛ^{35}kə^{31} khe^{241}ȵi^{53} tʃhɛ^{53}nɔ^{35}.

这里 附近 全部 3sg 知道

这方圆的人都知道他。

nɛ^{31}nɛ^{53}“这里”也是单纯的近指代词。例如：

nɛ^{31}nɛ^{53} ndzɐ^{35} ndzɛ^{31}mu^{53} re^{31}.

这里 湖 很美 COP

这里的天池风景很美。

nɛ^{31}nɛ^{53} nɛ^{31}tʃɔ^{53} ŋgɛ^{53} ȵi^{53}ndo^{35} ʃɿ^{31}.

这里 古董 很多 VIS TAM

在这里发现了古董。

（4）“那里”有近指和远指的区别，即mu^{31}tsɛ^{53}“那里”（近指），phu^{31}rɛ^{53}“那里”（远指）。例如：

mu^{31}tsɛ^{53} se^{31} ŋə^{35} sɛ^{31}tʂɛ^{53} re^{31}.

那儿 就是 1sg 家乡 COP

那儿就是我的家乡。

phu^{31}rɛ^{53} se^{31} khe^{241}ȵi^{53} sɛ^{31}tʂɛ^{53} re^{31}.

那儿 就是 3sg 家乡 COP

那儿就是他的家乡。

3. 句法功能

指示代词在句子中可以做主语、定语和状语，也可以单独使用。

（1）做主语。例如：

ndɐ^{53} ŋə^{53} dio^{35} re^{31}, mər^{53} tɕhe^{53} ndzu^{31}tɕi^{35} re^{31}.

DEM 1sg 手镯 COP DEM 2sg 戒指 COP

这是我的手镯，那个是你的戒指。

ndo^{31}ko^{53} ze^{241}ŋgɛ^{53} kue^{35} re^{31}, to^{31}ko^{53} khe^{241}ȵi^{53} kue^{35} re^{31}.

这些 1dl 衣服 COP 那些 3sg 衣服 COP

这些是我俩的衣服，那些是他的衣服。

ndɐ^{53} a^{31}i^{53} nɛ^{31}tʃɔ^{53} re^{35}.

DEM 奶奶 遗物 COP

这是奶奶的遗物。

（2）做定语。例如：

pɐ^{53} sa^{31}xe^{53} tʃhɛ^{31}rʅ^{53} ndɐ^{31} ndʒe^{53}gɛ^{35}, tʃhɛ^{31}rʅ^{53} mər^{53} ndʒe^{53}mu^{31}gɛ^{35},

儿子 鞋 双：CL DEM 喜欢 双 DEM 不喜欢

phɛ^{31}nɔ^{53} tʃhɛ^{31}rʅ^{53} mər^{53} ndʒe^{53}mu^{31}gɛ^{35}.

也 双 DEM 不喜欢

儿子喜欢这双鞋，不喜欢那双，也不喜欢那双。

ȵɛ̃^{31}ȵi^{53} ndɐ^{53} ŋgɐ^{53}dɛ^{35}pɛ^{53} tã^{53}mu^{53} re^{31}.

小孩 DEM 脑子 灵活 COP

这个小孩脑子灵活。

（3）做状语。例如：

lo^{35} sɛ^{53} ka^{31}ɕyə^{53} re^{35}?

风 地方 哪边 COP

风向在哪边？

（四）不定代词

白马语的不定代词可以分为事物、人称、时间及混合式等。

1. 表示事物的不定代词有tʃhɐ^{53}“什么”，ȵa^{31}“一点”“一些”等。例如：

tɕhe^{53} tʃhɐ^{53} ɕe^{53} rɛ^{31} se^{53} zə̧^{35}rɛ^{35}zə̧^{35} nɔ^{31}ȵi^{53}re^{35}.

2sg 什么 做 TOP 就是 末尾 TAM

你干什么事情总是末尾的。

tɕhe^{53} tʃhɐ^{53} ȵa^{31} ndʒɛ^{35} ʃa^{53} sɔ^{53} uɛ^{31}? ŋa^{53} tʃhɐ^{53} iɛ^{31} ndʒɛ^{31}

2sg 什么 一点 吃：IPFV TAM 想 VOLI 1sg 什么 也 吃：IPFV

se^{53} mu^{31} nɔ^{35}.

心 NEG 有

你想吃点什么？我什么也不想吃。

kue^{35} dʑyə^{31}ɕyə^{53} ɦa^{35} ro^{35} ȵa^{53} nɔ^{35} ma^{31} tsu^{53} ʃʅ^{31}.

衣服 反面 CONT 花 一些 有 NEG 绣：IPFV TAM

衣服的反面还有一些花没绣。

2. 表示人的不定代词是ȵi^{53}rɛ^{31}“别人”“人家”、ȵɐ^{35}to^{31}ko^{53}“那些人”。例如：

ȵi^{53}rɛ^{31} iɛ^{31}tʃɛ^{53} tʃha^{31}vu^{53} tɕhe^{35} rɛ^{31} se^{31} tʃhɐ^{53} ɕe^{53} ȵi^{31} phe^{35}

人家 东西 烂 VIS TOP 就是 什么 做 COMP 赔

gɐ^{35} ʃʅ^{31}.

要 TAM

弄坏了人家的东西是要赔偿的。

i^{31}ndʑi^{53} nɛ^{31}zʅ^{53} ndɐ^{53} ŋa^{53} iɛ^{31} tʃhɛ^{53}mu^{31}nɔ^{35}, tɕhe^{53} ȵi^{53}rɛ^{31} ndzɐ̧^{53}

事 件：CL DEM 1sg 也 不知道 2sg 别人 问：IPFV

so^{35}!

去：IMP

这件事我也不知道，你去问别人吧！

3. 表示时间的不定代词是na^{31}ndzue^{53}“什么时候”“几时”。例如：

ȵɐ^{35} mu^{31}ko^{53} na^{31}ndzue^{53} vu^{35} re^{35}?

人 那些 几时 来 TAM

那些人几时来？

tɕhe^{53} na^{31}ndzue^{53} ndʑe^{53} iɔ^{31}?

2sg 什么时候 走：IPFV PROS

你什么时候走？

4. 混合式不定代词

在白马语中有些不定代词既指人，也指物。这类不定代词我们称之为混合式。主要有两种：i^{31}ʑi^{53}“逐一”，vɛ^{35}kə^{31}“全部”。

（1）名词+i^{31}ʑi^{53}表示“人人”“事事”“家家”等。例如：

i^{31}ndʑi^{53}　ndɐ^{53}　ȵɐ^{35}　i^{31}ʑi^{53}　to^{31}　tʃhɛ^{53}nɔ^{35}.

事情　DEM　人　DISTR　都　知道

人人都知道这件事。

ie^{53}　tʃhɛ^{35}　ndɐ^{53}　ra^{35}　i^{31}ʑi^{53}　ndʐuɐ^{53}　nɔ^{35}.

年　几　DEM　家　DISTR　粮食　有

这几年家家都有存粮。

dɛ^{31}　rɔ^{53}　i^{31}ndʑi^{53}　i^{31}ʑi^{35}　vɛ^{35}kə^{31}　ɕe^{53}　ȵi^{53}　nɔ^{35}，ȵɐ^{35}　i^{31}ʑi^{35}　vɛ^{31}kə^{31}

村子　里：LOC　事　DISTR　都　做　人　有　人　DISTR　都

ʃʅ^{31}gɛ^{35}　xɔ̃^{53}.

高兴　很

村子里事事都有人做，人人都很高兴。

（2）不定代词vɛ^{35}kə^{31}表示全部和都的意思。例如：

dɛ^{35}rɔ^{53}ȵɐ^{35}vɛ^{35}kə^{31}　全体村民　　ȵɐ^{35}vɛ^{35}kə^{31}　所有的人

tɕhe^{31}rɛ^{53}vɛ^{35}kə^{31}　你们全部　　ʑi^{35}vɛ^{35}kə^{31}　全部的书

tʃɐ^{53}tsʅ^{53}　vɛ^{35}kə^{31}　a^{31}ie^{53}　re^{31}.

桌子　都　坏　TOP

桌子都是坏的。

ŋɛ^{241}rɛ^{53}　vɛ^{35}kə^{31}　khe^{241}ȵi^{53}　ie^{53}　tʃha^{31}ndo^{35}　ndʑi^{241}　dɛ^{31}.

EXCL　都　3sg　BEN　结婚　忙　DUR

我们都在忙他的婚事。

ŋa^{53}　kha^{241}　ŋgə^{35}　ȵɐ^{35}　vɛ^{35}kə^{31}　tʃhɛ^{53}nɔ^{35}.

1sg　3sg　家　人　都　知道

他们全家人我都熟悉。

（五）疑问代词

1. 特殊疑问代词tʃhɐ^{53}，表示“谁”“什么”“哪个”“怎样”等。例如：

khe^{241}ȵi^{53}　tɕhe^{53}　tʃhɐ^{53}　ȵɐ^{35}　ie^{31}　re^{31}?

3sg　2sg　什么　人　一　COP

他是你什么人？

ndzɛ^{53}rɛ^{53}　tʃhɐ^{53}　ndʒɛ^{35}　re^{31}?

午饭　什么　吃：IPFV　TAM

午饭吃什么？

khe^{241}ȵi^{53} suɐ^{53} re^{35}?

3sg 谁 COP

他是谁？

kha^{31}ra^{53} ȵi^{31}ŋgɛ^{35} suɐ^{53} pa^{31} suɐ^{53} ŋɐ^{35}mu^{31}zȩ^{35} ʃʅ^{31}.

3pl DL 谁 RECP 谁 不认识 TAM

他们俩谁也不认识谁。

2. 代替数量的疑问代词tʃhʅ^{31}zɔ^{35}表示“多少”。例如：

tɕhe^{53} ŋgə^{31} no^{35} tʃhʅ^{31}zɔ^{35} nɔ^{31}?

2sg 家 牛 多少 有

你家有多少头牛？

ndɛ^{31} rɔ^{53} ȵɐ^{35} tʃhʅ^{31}zɔ^{35} nɔ^{31}?

村子 里：LOC 人 多少 有

村里有多少人？

tɐ^{31}ʐʅ^{53} tɕhe^{53} nɛ^{31}sə^{53} tʃhʅ^{31}zɔ^{53} io^{35} ʃʅ^{31}?

今年 2sg 年龄 多少 有 TAM

你今年多大年纪？

3. 处所疑问代词ka^{35}tsɛ^{53}“哪里”。例如：

ŋə^{53} iɛ^{31}mbo^{53} ka^{35}tsɛ^{53} nɔ^{35}?

1sg 皮包 哪里 在

我的皮包子放在哪里了？

ndɐ^{53} ka^{31}tsɛ^{53} khɛ^{31}ke^{53} re^{35}?

DEM 哪里 方言 COP

这是哪儿的方言？

有时ka^{35}tsɛ^{53}中的tsɛ^{53}可以省略。例如：

tɕhe^{53} ʑɔ^{35}tshɛ^{35} ka^{35} tɕhe^{35} uɛ^{31}?

2sg 刚才 哪里 去：PFV VOLI

你刚才去哪里了？

sɛ^{35} rɔ^{53} kɔ^{31}zȩ^{35} ka^{35} ue^{31} mɛ^{53} re^{31}?

地 里：LOC 脚印 哪里 来 NMLZ TAM

地里的脚印是哪里来的？

4. 时间疑问代词

时间疑问代词na^{31}ndzue^{53}“什么时候”“几时”，也可以用ka^{31}+khɛ^{53}表示“什么时候”。例如：

khe^{241}n̥i^{53} na^{31}ndzue^{53} ɕi^{53}vu^{35} re^{31}?

3sg 什么时候 回来 TAM

他什么时候回来？

ndʐue^{53}mbu^{53} na^{31}ndzue^{53} tse^{53} re^{35}?

客人 什么时候 到 TAM

客人什么时候到？

tʃɔ^{53} kɛ^{53}ku^{31}lõ^{31}uã^{35} ka^{31} khɛ^{53} tse^{53} ʃʅ^{31}?

现在 时辰 哪里 上：LOC 到 TAM

现在是什么时辰了？

5. 方式或程度疑问代词

白马语的方式疑问代词有两个：tʃhɐ^{53}“什么”，tʃhu^{35}“怎么”“为什么”。例如：

tɕhe^{53} tʃhu^{35} ndzɛ^{35}lo^{53} ɦa^{241} dʐue^{35}mu^{31}dʐʅ^{53} ʃʅ^{31}?

2sg 怎么 深更半夜 CONT 不睡觉 TAM

你怎么深更半夜还不睡觉呢？

ndɔ^{35}tɛ̃^{31}nɔ^{31} nɛ^{31}zu^{53} tʃhu^{241}ru^{53} re^{35}?

这几天 病情 怎么样 TAM

这几天病情怎么样？

五 动词

白马语的动词有体、式、态、趋向等语法范畴，主要用后缀、屈折变化以及助词表示它们的语法意义。

（一）动词的体

白马语谓语动词有6种体标记形式，分别是将行体（PROS）、进行体（PROG）、已行体（PEF）、完成体（PFV）、习惯体（HAB）和经验体（EXP）。

1. 将行体

白马语动词的将行体是在谓语动词之后添加体标记，白马语的将行体分两种，一种是在动词后面加me^{35}表示，另一种是在动词后面加汉语借词iɔ^{35}表示。在用me^{35}表达的句子中动词不发生屈折变化。me^{35}因为具有表示惯常行为或必然性的客观现象意义，对动词类别自主与否没有限制。例如：

khe^{241}n̥i^{53} ke^{53}ʐe^{35} me^{31} uə^{35} ma^{31} re^{35}.

3sg 忘掉 PROS 行 NEG TAM

忘掉她不可能。

tɕhe^{53} tɔ^{31}rɔ^{53} ɦɛ^{31}rɛ^{53}ndʑi^{241} ma^{31} me^{35}.

2sg 说话 转弯 NEG PROS

你说话不要转弯子。

lo^{35} ndʑa^{35}ku^{53} tʃhue^{35} rɛ^{31} ndʑa^{35} me^{31} ʃʅ^{31}gɛ^{35} re^{35}.

风 冷 吹 TOP 感冒 PROS 爱 TAM

吹冷风容易感冒。

用iɔ^{35}表示将行体的句子，一般用于自主动词。动词会随人称的变化发生内部屈折变化。以“煮”为例：第一人称和第二人称动词形式是ndzue^{35}“煮”；第三人称动词形式tsue^{35}是“煮”，且句中的标记可以省略。例如：

ŋa^{53} ʃɛ^{35}tɕe^{53} ndzue^{35} iɔ^{31}.

1sg 肉 煮：1sg:IPFV PROS

我要煮肉。

tɕhe^{53} ʃɛ^{35}tɕe^{53} ndzue^{35} iɔ^{31} ua^{31}？

2sg 肉 煮：2sg:IPFV PROS QUES

你要煮肉吗？

khe^{241}ȵi^{53} ʃɛ^{35}tɕe^{53} tsue^{35} re^{35}.

3sg 肉 煮：3sg:IPFV PROS

他要煮肉。

2. 进行体

表示动作正在持续发生。将行体标记区分人称，第一人称和第二人称用ʃʅ^{31}ndu^{35}，第三人称用ʃʅ^{53}nɔ^{31}。在进行体中，白马语动词随人称的变化发生内部屈折变化。以“点”为例：第一人称和第二人称动词形式为ndʑa^{31}“点”，第三人动词形式为tɕa^{31}“点”。例如：

ŋa^{53} ȵɛ^{31}kɔ^{53} ndʑa^{31} ʃʅ^{31}ndu^{35} uɛ^{31}.

1sg 灯 点：1sg:IPFV DUR VOLI

我正在点灯。

ŋa^{53} ȵɛ^{31}kɔ^{53} ndʑa^{31} ʃʅ^{31}ndu^{35} uɛ^{31}.

1sg 灯 点：1sg:IPFV DUR VOLI

我正在点灯。

khe^{241}ȵi^{53} ȵɛ^{31}kɔ^{53} tɕa^{31} ʃʅ^{53}nɔ^{31}.

3sg 灯 点：3sg:IPFV DUR

他正在点灯。

3. 已行体

已行体描述说话时间之前动作或事件已经发生，状态已经变化，且相对说话时间已经发生久远。已行体的表示方法是在动词后面添加已行体标记mɔ⁵³ʃʅ³¹，不区分人称。在已行体中，动词不随人称的变化发生内部屈折变化。例如：

ŋa⁵³ ȵɛ³¹kɔ⁵³ tɕa³¹ mɔ⁵³ʃʅ³¹.

1sg 灯 点：1sg:PRF PRF

我点灯了。

tɕhe⁵³ ȵɛ³¹kɔ⁵³ tɕa³¹ mɔ⁵³ʃʅ³¹ ua³¹？

2sg 灯 点：2sg:PRF PRF QUES

你点灯了吗？

khe²⁴¹ȵi⁵³ ȵɛ³¹kɔ⁵³ tɕa³¹ mɔ³⁵ʃʅ³¹.

3sg 灯 点：3sg:PRF PRF

他点灯了。

4. 完成体

描述说话的时间动作或事件不仅已经进行，而且已经完成。完成体的表示方法是在动词后面添加完成体标记liu³⁵，不区分人称。在完成体中，动词不随人称的变化发生内部屈折变化。例如：

ŋa⁵³ ȵɛ³¹kɔ⁵³ tɕa³¹ liu³⁵ uɛ³¹.

1sg 灯 点：1sg:PFV PFV VOLI

我点完灯了。

tɕhe⁵³ ȵɛ³¹kɔ⁵³ tɕa³¹ liu³⁵ uɛ³¹ ua³¹?

2sg 灯 点：2sg:PFV PFV VOLI QUES

你点完灯了吗？

khe²⁴¹ȵi⁵³ ȵɛ³¹kɔ⁵³ tɕa³¹ liu³⁵ ʃʅ³¹.

3sg 灯 点：3sg:PFV PFV TAM

他点完灯了。

5. 习惯体

习惯体描述动作行为或事件经常出现或反复出现的现象，也叫惯常体。惯常体的表示方法是在动词后面添加体标记dɛ³⁵，不区分人称。在习惯体中，动词不随人称的变化发生内部屈折变化。例如：

ŋɛ³¹rɛ⁵³ vɛ³⁵kə³¹ khe²⁴¹ȵi⁵³ lɔ³¹uã³⁵ ndzɐ³⁵ dɛ³⁵.

EXCL 都 3sg 老王 叫：IPFV HAB

我们都叫他老王。

khe^{241}ȵi^{53} ie^{31} zʅ^{53}zʅ^{53} to^{31} ɕi^{53}vu^{35} dɛ^{35}.

3sg 年 DISTR 都 回家 HAB

他年年都回家。

khe^{241}ȵi^{53} na^{31}ndzue^{35} i^{31}ʑi^{53} pɛ^{31}tɕĩ^{31} tʃhu^{31}tshɛ^{31} ɕe^{53} ndʑe^{53} dɛ^{35}.

3sg 时间 DISTR 北京 出差 AUX 去：IPFV HAB

他经常去北京出差。

6. 经验体

经验体描述动作行为或事件曾经出现或从来没有出现的现象。经验体的表示方法是在动词后面添加经验体标记io^{35}uɛ^{31}，不区分人称。在经验体中，有些动词随人称的变化发生内部屈折变化，有些动词不随人称的变化发生内部屈折变化，没有严格的变化规律。例如：

ŋa^{53} i^{31}ndʑi^{53} ndɐ^{53} ŋo^{31}ndʑyə^{53} na^{35}ȵi^{53} ma^{31} io^{35}uɛ^{31}.

1sg 事 DEM 前面 听见 NEG EXP

这件事我前面没有听说过。

ŋa^{53} tɕhe^{53} ȵi^{53}ndo^{31} io^{35}uɛ^{31}.

1sg 2sg VIS EXP

我见过你。

ŋa^{53} ŋue^{35} dzɐ^{35} io^{35}uɛ^{31}.

1sg 早 说：PFV EXP

我早说过了。

tsuə^{35} ɕɛ^{35} ndʒɛ^{35} io^{35}uɛ^{31} ua^{31}?

大麦 面 吃：PFV EXP QUES

大麦面吃过吗?

tshɛ^{31}gɔ^{35} ge^{31}tsɛ^{53} ndʑe^{53} ma^{31} io^{35}uɛ^{31}.

夏天 外面 去：IPFV NEG EXP

一夏天没有出去过。

ŋa^{53} ŋue^{35}iɔ^{31} se^{53} khe^{241}ȵi^{53} ȵi^{53}ndo^{35} ma^{31} io^{35}uɛ^{31}.

1sg 从来 就 3sg VIS NEG EXP

我从来都没有见过他。

从以上例子中可以看到，白马语的动词变化与人称和体都有一定关系。从人称变化的角度来看，主语为第一人称时，动词在完成体和非完成体之间通过内部屈折构成词形变化；从体范畴的角度来看，动词的完成体和非完成体之间只在主语为第一人称时通过变化形成对立，在其他人称为主语的句子中，动词不因体的变化发生变化。可见，白马语动词的人称变化和体范畴密切关联，有相互交叉的关系。（莫超、班旭东，2014）动词的变化方式有：声母发生变化、韵母发生变化、声母和韵母同时发生变化、零形态。我们调查了词表中所有的动词，希望得出动词屈折变化的规律，但始终得不出哪些动词变化，什么样的动词不变。同样声母的动词，有的变，有的不变；同样韵母的动词，也有的变，有的不变。我们推测，这是历史的遗留。同样完成体和非完成体也有第一、第二人称的区别，也可能是历史上人称一致关系的遗留。（孙宏开、刘光坤、齐卡佳，2007）此外，体标记在白马语里使用已经不是十分严格了，用体标记可以肯定是“体”的语法意义，但不用体标记的地方，根据上下文的意思，有时也含有类似的语法意义。

（二）动词的式

1. 动词的命令式

动词的命令式有四种表达形式：动词原形、声母发生变化、韵母发生屈折变化、声母和韵母都发生变化，如下表所示：

表5-2 动词命令式

汉义	动词	命令式	变化方式
背	khuɐ^{53}	khuɐ^{53}	不变化
酿（酒）	ndzue^{35}	tsue^{53}	声母变化
跑	ndẓue^{35}	tʃue^{35}	声母变化
割	ndẓa^{53}	tṣa^{53}	声母变化
挖洋芋	kɐ^{53}	kue^{53}	韵母变化
看	tɛ^{53}	te^{53}	韵母变化
洗（衣服）	dʑy^{53}	tɕy^{53}	韵母变化
啃（骨头）	ndʒɛ^{35}	ndʒɔ^{35}	韵母变化
走	ndʑe^{53}	so^{53}	声、韵变化

例如：

tɕhe^{53}　ge^{31}tsɛ^{53}　so^{35}!

2sg　外面　去：IMP

你出去！

khe^{31}ȵi^{53}　dze^{35}　lio^{35}　tʃhu^{31}!

3sg　说：IMP　完　CAUS

让他说完！

2. 动词的祈使式

ʃa53是表示祈使的动词后缀，具有商量的口气，用于第一、二人称的单数和复数。tʃhu31是表示祈使的动词后缀，用于第三人称。例如：

tɕhe53 so35 ȵi53 lɔ53tʂã53 ie31 gue35 y31 ɕi35!

2sg 去：IMP SVC 老张 DAT 开水 倒 给

你去给老张倒杯水喝！

tɕhe53 te31 ɕi31 ʃa53!

2sg 看：IMP 一下：VCL CAUS

你看一下吧！

zɛ241rɛ53 na31ra53 tso35tsɛ53 ndʑe31 ʃa53!

INCL 森林 玩 去：IPFV CAUS

咱们去野外玩吧！

se31no53 ʃɐ53ʐe35 tʃhu31!

牲口 休息 CAUS

让牲口歇一下吧！

3. 动词的疑问式

动词的疑问式是在动词的前面加附加成分a53表示。这些表示疑问的前缀要和动词的元音发生和谐变化。例如：

汉义	动词	疑问式	语法意义
走	ndʑe53	e53ndʑe53	走吗？
砍	tso53	ɔ53tso53	砍吗？
背	khuɐ53	ə53khuɐ53	背吗？
打	ndʐo53	ə53ndʐo53	打吗？
挖	kɐ53	ə53kɐ53	挖吗？
烤	khã35	a53khã35	烤吗？

以上动词的前缀，是根据动词的不同的元音来决定的，但它又和动词的元音不完全相同，往往要比词根的元音低一些。

（三）动词的趋向

白马语的动词有趋向范畴，一般在动词前面加前缀，分别表示动作行为朝着特定的方向进行。

1. ie53表示动作行为由下游方向向上游方向进行。例如：

表 5–3

汉义	动词	加趋向前缀	语法意义
背	khuɐ^{53}	ie^{53}khuɐ^{53}	向上背
来	ʃuɐ^{53}	ie^{53}ʃuɐ^{53}	向上来
找	tshɿ^{53}	ie^{53}tshɿ^{53}	向上找
跳	ndʒo^{35}	ie^{53}ndʒo^{35}	向上跳
去	ndʑe^{53}	ie^{53}ndʑe^{53}	向上去

2. the^{35} 表示动作行为由上游方向向下游方向进行。例如：

表 5–4

汉义	动词	加趋向前缀	语法意义
背	khuɐ^{53}	the^{35}khuɐ^{53}	向下背
来	ʃuɐ^{53}	the^{35}ʃuɐ^{53}	向下来
找	tshɿ^{53}	the^{35}tshɿ^{53}	向下找
跳	ndʒo^{35}	the^{35}ndʒo^{35}	向下跳
去	ndʑe^{53}	the^{35}ndʑe^{53}	向下去

3. khɛ^{53} 表示动作行为由山势或空间下方向上方进行。例如：

表 5–5

汉义	动词	加趋向前缀	语法意义
背	khuɐ^{53}	khɛ^{53}khuɐ^{53}	向上背
来	ʃuɐ^{53}	khɛ^{53}ʃuɐ^{53}	向上来
找	tshɿ^{53}	khɛ^{53}tshɿ^{53}	向上找
跳	ndʒo^{35}	khɛ^{53}ndʒo^{35}	向上跳
去	ndʑe^{53}	khɛ^{53}ndʑe^{53}	向上去

4. ʃɔ^{31}dʑi^{241} 表示动作行为由山势或空间上方向下方进行，它和 khɛ^{53} 在山势和空间上形成了相对立的语义范畴。例如：

表 5–6

汉义	动词	加趋向前缀	语法意义
背	$khu\text{ɐ}^{53}$	$\text{ʃɔ}^{31}\text{dʑi}^{241}\text{khuɐ}^{53}$	向下背
来	ʃuɐ^{53}	$\text{ʃɔ}^{31}\text{dʑi}^{241}\text{ʃuɐ}^{53}$	向下来
找	tshɿ^{53}	$\text{ʃɔ}^{31}\text{dʑi}^{241}\text{tshɿ}^{53}$	向下找
跳	ndʒo^{35}	$\text{ʃɔ}^{31}\text{dʑi}^{241}\text{ndʒo}^{35}$	向下跳
去	ndʑe^{53}	$\text{ʃɔ}^{31}\text{dʑi}^{241}\text{ndʑe}^{53}$	向下去

5. nɔ^{35} 表示动作行为由空间的外面向里面进行。例如：

表 5–7

汉义	动词	加趋向前缀	语法意义
背	khuɐ^{53}	$\text{nɔ}^{35}\text{khuɐ}^{53}$	向里背
来	ʃuɐ^{53}	$\text{nɔ}^{35}\text{ʃuɐ}^{53}$	向里来
找	tshɿ^{53}	$\text{nɔ}^{35}\text{tshɿ}^{53}$	向里找
跳	ndʒo^{35}	$\text{nɔ}^{35}\text{ndʒo}^{35}$	向里跳
去	ndʑe^{53}	$\text{nɔ}^{35}\text{ndʑe}^{53}$	向里去

6. $\text{ge}^{31}\text{tsɛ}^{53}$ 表示动作行为由空间的里面向外面进行。例如：

表 5–8

汉义	动词	加趋向前缀	语法意义
背	khuɐ^{53}	$\text{ge}^{31}\text{tsɛ}^{53}\text{khuɐ}^{53}$	向外背
来	ʃuɐ^{53}	$\text{ge}^{31}\text{tsɛ}^{53}\text{ʃuɐ}^{53}$	向外来
找	tshɿ^{53}	$\text{ge}^{31}\text{tsɛ}^{53}\text{tshɿ}^{53}$	向外找
跳	ndʒo^{35}	$\text{ge}^{31}\text{tsɛ}^{53}\text{ndʒo}^{35}$	向外跳
去	ndʑe^{53}	$\text{ge}^{31}\text{tsɛ}^{53}\text{ndʑe}^{53}$	向外去

7. ɕi^{53} 表示动作行为由别处返回原处。例如：

表 5–9

汉义	动词	加趋向前缀	语法意义
背	khuɐ^{53}	ɕi^{53}khuɐ^{53}	往回背
来	ʃuɐ^{53}	ɕi^{53}ʃuɐ^{53}	往回来
找	tshɿ^{53}	ɕi^{53}tshɿ^{53}	往回找
跳	ndʒo^{35}	ɕi^{53}ndʒo^{35}	往回跳
去	ndʑe^{53}	ɕi^{53}ndʑe^{53}	往回去

8. tɕi^{53}表示动作行为由平地的四周向中心方向进行。例如：

表 5–10

汉义	动词	加趋向前缀	语法意义
背	khuɐ^{53}	tɕi^{53}khuɐ^{53}	向中间背
来	ʃuɐ^{53}	tɕi^{53}ʃuɐ^{53}	向中间来
找	tshɿ^{53}	tɕi^{53}tshɿ^{53}	向中间找
跳	ndʒo^{35}	tɕi^{53}ndʒo^{35}	向中间跳
走	ndʑe^{53}	tɕi^{53}ndʑe^{53}	向中间走

9. tshuɐ^{53}表示动作行为向自己的方向进行。例如：

表 5–11

汉义	动词	加趋向前缀	语法意义
背	khuɐ^{53}	tshuɐ^{53}khuɐ^{53}	向自己的方向背
来	ʃuɐ^{53}	tshuɐ^{53}ʃuɐ^{53}	向自己的方向来
找	tshɿ^{53}	tshuɐ^{53}tshɿ^{53}	向自己的方向找
跳	ndʒo^{35}	tshuɐ^{53}ndʒo^{35}	向自己的方向跳
走	ndʑe^{53}	tshuɐ^{53}ndʑe^{53}	向自己的方向走

10. phɛ^{53}表示动作行为向远离自己的方向进行。有些动词，如“来”不能在前面加phɛ^{53}前缀。例如：

表5-12

汉义	动词	加趋向前缀	语法意义
背	khuɐ^{53}	phɛ^{53}khuɐ^{53}	往远离自己的方向背
来	ʃuɐ^{53}		
找	tshʅ^{53}	phɛ^{53}tshʅ^{53}	往远离自己的方向找
跳	ndʒo^{35}	phɛ^{53}ndʒo^{35}	往远离自己的方向跳
走	ndʑe^{53}	phɛ^{53}ndʑe^{53}	往远离自己的方向走

以上10个趋向标记绝大多数都可以加在同一个动词前面，分别表示动作行为朝不同的方向进行。当然，“来”由于词义的限制不能在前面加phɛ^{53}，也有些动词由于词义的限制只能加其中一个或几个。另外，tshuɐ^{53}和phɛ^{53}表示这边和那边，形成了相对立的语义范畴，它可以和同一动词连用。例如：

tshuɐ^{53} tɛ^{53} phɛ^{53} tɛ^{53} 左顾右盼　　tshuɐ^{53} ndʑe^{53} phɛ^{53} ndʑe^{53} 过来过去

这边 看 那边 看　　这边 走 那边 走

tshuɐ^{53} ndʑyə^{53} phɛ^{53} ndʑyə^{53} 左倾右倒

这边 倒 那边 倒

11. ra^{31}用在动词后面，表示有了结果或达到目的。相当于现代汉语的“上”或“起来”。例如：

khɛ^{31}le^{53} to^{35} ra^{31}.

干粮 包 ADV

把干粮包起来。

ȵi^{31}tsʅ^{53} ndo^{31}ko^{53} po^{53} ra^{31}.

砖 这些 摞 ADV

把这些砖摞起来。

tɕhe^{53} tɕɛ^{53} ga^{35} ra^{31}.

2sg 头发 扎 ADV

把你的头发扎上。

（四）几个特殊的动词

1.判断动词

白马语的判断动词是re^{31}“是”。例如：

tʃa^{31}ndo^{35} ndɐ^{53} i^{31}ndʑi^{53} la^{31}ta^{53} ie^{31} re^{35}.

结婚 DEM 事情 大 一 COP

结婚是一件大事。

khe^{241}ȵi^{53} ȵɐ^{35} ia^{53}dɐ^{35} ie^{31} re^{35}.

3sg 人 手巧 一 COP

她是个手巧的人。

ndɐ^{53} ŋa^{53} ia^{53} guə^{35} mɛ^{53} i^{31}ndʑi^{53} re^{35}.

DEM 1sg 手 经 NMLZ 事情 COP

这是我经手的事情。

2. 存在动词

白马语表示存在的概念时常用nɔ^{35}"有"，原义是"在……里"，其否定形式是mu^{31}nɔ^{35}。例如：

ŋɛ^{241}rɛ^{53} tsa^{31}nɛ^{35} ʃa^{35}na^{35} ŋgɛ^{53} nɔ^{35}.

EXCL 这里 青崖盘羊 很多 有

我们这里有很多青崖盘羊。

rɐ^{35} khə^{53} ʃe^{35}do^{35} ŋgɛ^{53} nɔ^{35}.

山 上：LOC 树木 很多 有

山上有很多树木。

khe^{241}ȵi^{53} gɐ^{35}zɿ^{53} khɛ^{31} tɕi^{35} ie^{31} nɔ^{35}.

3sg 背 上：LOC 痣 一 有

他的背上有一颗痣。

（五）动词的名物化

1. ie^{53}和sɛ^{53}

动词的名物化有多种表达，在白马语中常见的名物化助词有ie^{53}和sɛ^{53}两个。ie^{53}直接加在动词后变成名词。例如：

ndʒɛ^{31} 吃	ndʒɛ^{31}ie^{53} 吃的	ndo^{241} 喝	ndo^{31}ie^{53} 喝的
tɕy^{31} 穿	tɕy^{31}ie^{53} 穿的	tso^{35}tsɛ^{53} 玩	tso^{35}tsɛ^{53}ie^{31} 玩的
ndʒo^{53} 跳	ndʒo^{53}ie^{53} 跳的	ȵe^{31} 睡	ȵe^{31}ie^{53} 睡的

sɛ^{53}加在动词后面表示从事该动作的物品或工具。例如：

ndo^{241} 喝	ndo^{31}sɛ^{53} 喝水的	ndʒɛ^{35} 吃	ndʒɛ^{31}sɛ^{53} 吃饭的
khuɐ^{53} 背	khuɐ^{53}sɛ^{53} 背的	kɔ^{53} 晒	kɔ^{53}sɛ^{53} 晒的
ndza^{35} 筛	ndza^{35}sɛ^{53} 筛的	dɛ^{35} 锉	dɛ^{35}sɛ^{53} 锉的

ie^{53}只能加在动词后面表示名物化，而sɛ^{53}除了加在动词后面外，还可以加在宾动词组后面表示名物化。例如：

ʃɛ^{35}gə^{53}　ndzue^{31}　sɛ^{53}　煮肉的　　zi^{35}　ndzə^{31}　sɛ^{53}　写字的

肉　　煮　　NMLZ　　　字　写　NMLZ

tʃhɔ^{31}gue^{35}　tɕi^{31}　sɛ^{53}　烧水的

开水　　烧　NMLZ

这类名物化的宾动词组，在句子中可以名词性词组的身份充当主语、宾语，还可以做定语修饰另外的名词。例如：

sɔ^{35}　ndo^{241}　sɛ^{31}　mbɐ^{31}rʅ^{53}　tʃa^{53}　mɔ^{31}ʃʅ^{31}.

饭　吃　NMLZ　碗　　碎　CSM

吃饭的碗碎了。

sɛ^{53}除了上面的语法意义以外，还表示处所或地方。例如：

khuɐ^{53}sɛ^{31}　背处　　ʃɐ^{31}sɛ^{53}　休息处　　mɔ̃^{53}mɔ̃^{53}sɛ^{31}　底层

sɛ^{53}还可以加在宾动词组后面，构成名物化的结构。例如：

zi^{35}tɛ^{31}sɛ^{53}　学校　　ia^{31}zo^{53}sɛ^{53}　扶手

2. ȵi^{31}

ȵɐ^{35}本来指人，在这里相当于现代汉语的“……者”，也属于动词名词化，后来虚化成一个构词结构，语音也变成ȵi^{31}。例如：

tɛ^{53}ȵi^{31}　看者　　na^{35}ȵi^{31}　听者　　dzɐ^{31}ȵi^{53}　说者　　pɛ^{31}tɕi^{53}ȵɐ^{35}　证人

ȵi^{31}加在宾动词组后面，构成名词，表示具备什么技能的人。例如：

ndʒɛ^{31}　ndo^{241}　çe^{53}　ȵi^{53}　　ŋgɐ^{31}　tɕhi^{53}　ȵi^{31}

吃　喝　做　人　　头　剃　人

厨师　　剃头匠

dɐ^{35}　ndzo^{31}　ȵi^{53}　　sa^{31}xe^{53}　çe^{31}　ȵi^{53}

石头　打　人　　鞋　做　人

石匠　　鞋匠

tie^{53}　le^{31}　ȵi^{53}　　sɔ^{31}tʃo^{53}　dza^{35}　ȵi^{53}

毡　干　人　　锅　补　人

毡匠　　补锅匠

3. mɛ^{53}

mɛ^{53}加在动词后面，构成动名词。例如：

dzɛ^{31}　rɔ^{53}　ue^{35}　mɛ^{53}.

汉族　村子里　来　NMLZ

村子里来的汉族人。

mɛ^{31}pɛ^{53} se^{53} ndu^{35} ɕe^{31} ue^{31} mɛ^{53} re^{31}.

风俗 就 这样 AUX 来 NMLZ TAM

风俗就是这样来的。

tʃhã^{31}ndo^{35} ɕe^{31} dɛ^{31} mɛ^{53} ȵo^{35}pu^{31} ndɐ^{53} se^{31} ndʑo^{35} ʃʅ^{35}.

结婚 AUX DUR NMLZ 亲戚 DEM 就 成 TAM

这门婚事就成了。

（六）动词的语法功能

动词在句子中可以做谓语、定语、补语、主语和宾语，做主语时需要加se^{53}或话题助词rɛ^{31}。

1. 做主语。例如：

ȵɐ^{35} dzo̜^{53} se^{53} ma^{31} ndʑo^{35} ʃʅ^{31}.

人 打 就是 NEG 成 TAM

打人是不对。

ɦɔ^{35}nda^{35} rɛ^{31} ia^{31}tʃɛ^{53} gɐ^{35} ʃʅ^{31}.

绱鞋 TOP 技术 要 TAM

绱鞋嘛是要有技术的。

2. 做谓语。例如：

a^{53}pɛ^{53} ɕɛ^{53} se^{53} dɛ^{35}.

爸爸 鸡 杀 DUR

爸爸在杀鸡。

khe^{241}ȵi^{53} dɛ^{35}ʃu^{53} pɔ^{53}pi^{53} mɔ^{31}ʃʅ^{31}.

3sg 身份 暴露 CSM

他的身份暴露了。

ŋa^{53} tɕhi^{53} ie^{31} po^{35} mɔ^{31}ʃʅ^{31}.

1sg 狗 一 丢失 CSM

我丢失了一条狗。

3. 做宾语。例如：

tɕhe^{53} tʃhɔ^{53} kho^{35} ʐe̜^{35}dɛ^{35} ua^{31}?

2sg 酒 烤 会 QUES

你会烤酒吗？

phɛ^{53}pho^{35} ȵi^{31}ŋgɛ^{53} dɐ^{35}kɔ^{53}dʐe̜^{31} ʃʅ^{31}gɛ^{35} re^{35}.

父子 DL 顶杠 喜欢 TAM

父子俩喜欢抬杠。

ŋa^{53} tʃhɔ^{53} ndo^{241} ɕe^{53} ʃʅ^{31}gɛ^{35} re^{35}.

1sg 酒 喝 AUX 喜欢 TAM

我喜欢喝酒。

4. 做定语。例如：

khe^{241}ȵi^{53} pɐ^{53} ɕe^{53} ue^{35} mɛ^{53} mɛ^{35}pɛ^{53} re^{35}.

3sg 儿子 做 来 NMLI 女婿 COP

他是倒插门女婿。

tʃha^{53}pɛ^{53}tsa^{35}nde^{53} ȵi^{53} ɦo^{35} ɕo^{35}.

讨债 人 REP NVOLI

讨债的人又来了。

ŋɛ^{241}rɛ^{53} tɔ^{53}ɕi^{53}dzɐ^{35} ȵi^{53} re^{35}.

EXCL 讲理 人 COP

我们是讲理的人。

5. 做补语。例如：

tʃɐ^{53}tsʅ^{53} tʃɐ^{53} ȵi^{31} tɐ^{53} mɔ^{31}ʃʅ^{31}.

桌子 压 COMP 散架 CSM

桌子压得散架了。

ia^{53}uɛ^{53} ndzʅ^{35} ȵi^{31} ke^{35} mɔ^{31}ʃʅ^{31}.

手 冻 COMP 裂口 CSM

手冻得裂口了。

ŋa^{53} ge^{31}tsɛ^{53} bu^{35}ndʑi^{35} ʑe^{35}ndʑe^{53} re^{35}.

1sg 外面 透气 出去：IPFV TAM

我出去透透气。

六　形容词

形容词是表示事物性质和状态的词。白马语的形容词具有生动的形式，可以在句子中充当谓语，这和动词比较接近。此外形容词还可以做定语、宾语和状语等。

（一）形容词的复杂形式

1. 形容词可以重叠，表示性质或状貌程度的加深。例如：

ʃo^{53} 薄	ʃo^{53}ʃo^{53} 很薄	tʂhe^{53} 细	tʂhe^{53}tʂhe^{53} 很细
mɔ^{53} 多	mɔ^{53}mɔ^{53} 众多	mɔ̃^{53} 矮	mɔ̃^{53}mɔ̃^{53} 很矮

ʐɔ^{31} 轻 ʐɔ^{31}ʐɔ^{35} 轻轻地 tʃho^{31} 小 tʃho^{31}tʃho^{53} 很小

dʐɛ^{31} 密 dʐɛ^{31}dʐɛ^{53}dʐɛ^{31} 密密麻麻

lɛ^{31} 软 lɛ^{31}lɛ^{35}lɛ^{31} 软绵绵

ʐɔ^{35} 轻 ʐɔ^{31}ʐɔ^{35}ʐɔ^{31} 飘飘忽忽

2. 有的形容词重叠后在词根后面加re^{53}构成三音节词，强调其程度。例如：

dɛ^{35} 稳 dɛ^{35}dɛ^{35}re^{53} 安全的 iɛ^{53} 傻 iɛ^{53}iɛ^{53}re^{31} 傻呵呵的

gɛ^{35} 高兴 gɛ^{35}gɛ^{35}re^{31} 乐滋滋的 mbə^{35} 醉 mbə^{35}mbə^{35}re^{31} 醉醺醺的

ndʐi^{241} 急 ndʐi^{241}ndʐi^{241}re^{31} 急匆匆的 miɛ̃^{31} 蔫 miɛ̃^{31}miɛ̃^{31}re^{31} 蔫巴巴的

ndʐa^{35} 好 ndʐa^{35}ndʐa^{35}re^{31} 好端端的 ʃɛ 气 ʃɛ^{35}ʃɛ^{53}re^{31} 气昂昂的

3. 直接在形容词后面加程度副词，一种用gue^{241}“很”，另一种用汉语借词xɔ̃^{53}“很”，构成三音节词，强调其程度。例如：

kɛ^{53}mu^{53} 明亮 kɛ^{53}mu^{53}xɔ̃^{53} 很亮 khɛ^{31}ndɐ^{53} 苦 khɛ^{31}ndɐ^{53}xɔ̃^{53} 很苦

tsɛ^{53}kɛ^{53} 尖 tsɛ^{53}kɛ^{53}xɔ̃^{53} 很尖 ndʐa^{35} 好 ndʐa^{35}xɔ̃^{53} 很好

kha^{31}ʃa^{53} 辣 kha^{31}ʃa^{53}xɔ̃^{53} 很辣 ɕi^{53}ɕi^{53} 小 ɕi^{53}ɕi^{53}gue^{241} 渺小

ʃɐ^{53}gɛ^{35} 高兴 ʃɐ^{53}gɛ^{35}gue^{241} 狂喜 tha^{31}re^{53} 远 tha^{31}re^{53}gue^{241} 遥远

4. 有的形容词后加xuər^{31}xuər^{31}，表示一种状态。例如：

ndɛ^{53} 颤 ndɛ^{53}xuər^{31}xuər^{31} 颤巍巍 tsuə^{35} 涩 tsuə^{35}xuər^{31}xuər^{31} 苦涩涩

kha^{31}ʃa^{53} 辣 kha^{31}ʃa^{53}xuər^{31}xuər^{31} 辣乎乎 ndʐɛ^{53} 黏 ndʐɛ^{53}xuər^{31}xuər^{31} 黏糊糊

tsɛ^{53}kɛ^{53} 尖 tsɛ^{53}kɛ^{53}xuər^{31}xuər^{31} 尖溜溜 dʐɔ^{35}ŋe^{35} 臭 dʐɔ^{35}ŋe^{35}xuər^{31}xuər^{31} 臭乎乎

ȵɔ^{35}ʃɿ^{31} 可怜 ȵɔ^{35}ʃɿ^{31}xuər^{31}xuər^{31} 可怜巴巴

5. 形容词有“ABB”式。例如：

tshɛ^{31}ɕy^{53}ɕy^{53} 热乎乎 tʃhɿ^{31}ka^{53}ka^{53} 直挺挺 mɛ^{35}gə^{35}gə^{35} 红通通

tsɐ^{53}rɿ^{53}rɿ^{53} 淋漓 na^{53}tɕy^{31}tɕy^{31} 黑不溜秋

6. 形容词有“AABB”式。例如：

kɔ̃^{31}kɔ̃^{53}ka^{31}ka^{53} 结结巴巴 gɛ^{31}gɛ^{35}ɕi^{31}ɕi^{53} 快快乐乐

iɛ^{53}iɛ^{53}ʃɿ^{31}ʃɿ^{31} 呆头呆脑 ndʐi^{31}ndʐi^{241}mɔ^{53}mɔ^{53} 慌慌张张

ȵɐ^{35}ȵɐ^{35}to^{31}to^{31} 疯疯癫癫 ndɛ^{35}ndɛ^{35}mə^{31}mə^{31} 零零碎碎

7. 形容词有“ABAB”。例如：

dɛ^{35}mu^{53}dɛ^{35}mu^{53} 稳稳当当 tʃhua^{31}rɿ^{53}tʃhua^{31}rɿ^{53} 脆生生

pu^{31}dʐa^{53}pu^{31}dʐa^{53} 扑闪扑闪

8. 形容词有“ABCC”式。例如：

khuɐ^{31}to^{53}khuã^{31}khuã^{31} 空空荡荡 la^{31}ta^{53}ɕi^{53}ɕi^{53} 大大小小

tshɛ^{31}uɛ^{53}sɛ^{31}sɛ^{53} 烦人　　ko^{53}ʐɛ^{53}mɛ^{31}mɛ^{35} 便宜

nɛ^{53}sɐ^{53}tʃho^{31}tʃho^{35} 年轻

9. 形容词有“AABC”式。例如：

ɕe^{35}ɕe^{53}lu^{31}vu^{53} 别别扭扭　　po^{31}po^{35}ua^{31}kue^{31} 坑坑洼洼

10. 形容词有“ABCB”式。例如：

a^{31}ndɛ^{35}pɛ^{31}ndɛ^{35} 磕磕撞撞　　a^{53}tʃuɐ^{53}pɛ^{53}tʃuɐ^{53} 扭摆

tshɛ^{31}dʐa^{53}mɛ^{31}dʐa^{53} 炎热　　tʃha^{31}rʅ^{53}na^{31}rʅ^{53} 烂稀稀

a^{31}ndɛ^{35}pɛ^{31}ndɛ^{35} 跌跌撞撞

11. 形容词有“ABAC”式。例如：

guɐ^{31}rʅ^{53}guɐ^{31}dʑɛ^{35} 弯弯曲曲　　kɛ^{53}lɛ^{53}kɛ^{31}iɔ^{35} 开朗

a^{31}ŋə^{53}a^{31}du^{35} 勉勉强强

（二）形容词的“级”

部分表示颜色的形容词可以在后面加一个音节，表示性质或程度的不同，这就是形容词所谓的“级”语法意义。白马语里形容词的级分比较级和最高级两种，分别在形容词后面加一个音节表示。形容词一般都有词尾，当需要加表示级的语法意义的后缀时，形容词的原词尾要脱落。

形容词	比较级	最高级
tshɛ^{31} 热	tshɛ^{31}ɕy^{53} 比较热	tshɛ^{53}o^{31} 最热
sɐ^{53}pu^{53} 黄	sɐ^{53}ɕy^{31} 比较黄	sɐ^{53}o^{31} 最黄
ŋɐ^{241}mbu^{53} 绿	ŋɐ^{35}ɕy^{53} 比较绿	ŋɐ^{35}tʃu^{31} 最绿
mɐ^{31}rʅ^{53} 红	mɛ^{31}ɕy^{53} 比较红	mɛ^{31}tsʅ^{53} 最红
kɐ^{53}rʅ^{53} 白	kɛ^{53}ɕy^{31} 比较白	kɛ^{53}tsʅ^{31} 最白
ȵo^{35} 黑	ȵo^{35}ɕy^{31} 比较黑	na^{31}ȵo^{35} 最黑

以上这种形容词级的表示方式在口语中使用得不太普遍，也许是一种残存的现象。因为与白马语有亲缘关系的藏语里形容词也有类似的语法范畴。

（三）形容词的语法功能

1. 形容词做主语。例如：

ɕi^{53}ɕi^{53}　tɐ^{31}　ŋə^{53}　re^{35},　la^{31}ta^{53}　tɐ^{31}　tɕhe^{53}　re^{35}.

小　GEN　1sg　COP　大　GEN　2sg　COP

小的是我的，大的是你的。

mɔ̃^{53}mɔ̃^{53}　tɐ^{31}　tʃa^{53}ɕi^{53}　re^{35},　ndɐ^{31}mu^{53}　tɐ^{31}　kha^{53}tɕa^{31}　re^{35}.

矮　GEN　扎西　COP　高　GEN　卡佳　COP

矮的是扎西，高的是卡佳。

2. 形容词做修饰语。

形容词修饰名词放在名词之后，动词之前。例如：

khe^{241}ȵi^{53} kue^{35} vu^{31}tʂha^{35} nɛ^{53}zʅ^{53} tɕy^{35} khuɐ^{31} nɔ^{35}.

3sg 衣服 浅绿 件：CL 穿 上：DIR TAM

她穿了一件浅绿色的衣服。

tɕhe^{53} se^{35}du^{35} mər^{53} mɔ^{53}tʃhe^{53} mɔ^{31} ʃʅ^{31}.

2sg 担心 DEM 多余 太 TAM

你的担心完全是多余的。

tɐ^{31}zʅ^{53} ndʐuɐ^{53} ndʑi^{53}ȵi^{35} khɛ^{31} mɔ^{53} ʃʅ^{31}.

今年 粮食 去年 COMPR 多 TAM

今年的粮食产量比去年的多。

3. 形容词做谓语。例如：

khe^{241}ȵi^{53} tɕɛ^{53}re^{31} dʑa^{35} xɔ̃^{53}.

3sg 头发 长 很

她的头发很长。

ȵɛ̃^{31}ȵi^{53} ndɐ^{53} tã^{53}mu^{53} xɔ̃^{53}.

小孩 DEM 机灵 很.

这个小孩儿很机灵。

有一部分形容词做谓语表示性质、状貌在发展变化中，在形容词后面加ndʑo^{35}表示，意义相当于汉语的“成”。例如：

khe^{241}ȵi^{53} khɛ̃^{31}ŋuə^{53} mɐ^{31}rʅ^{53} ndʑo^{35} tɕhe^{35}.

3sg 脸 红 变成 VIS

他的脸红起来了。

zɛ^{241}rɛ^{53} dɛ^{35}uɛ^{53} tʃɔ^{53} ndzɐ^{31}pɛ^{53} ndʑo^{35} tɕhe^{35}.

INCL 村子 现在 富裕 变成 VIS

咱们村子现在富裕起来了。

khe^{241}ȵi^{53} ne^{53} ndʐa^{35} ndʑo^{35} tɕhe^{31}.

3sg 病 好 变成 VIS

他的病好起来了。

4. 形容词做补语。例如

形容词做补语时要在形容词前面加助词ȵi^{31}。例如：

mbɐ^{31}ɾʅ^{53} rɛ^{31} sɔ^{35} dʒa^{35} ȵi^{31} kɔ^{35} re^{35}.

碗 里：LOC 饭 压 COMP 满 TAM

碗里的饭装得满满的。

yə^{31}rɛ^{53} ɕɛ^{53} ȵi^{31} ʃo^{53}ʃo^{53} tʃhe^{53} mɔ^{31}ʃʅ.

庄稼 长 COMP 稀 太 CSM

庄稼长得太稀了。

khe^{241}ȵi^{53} ɕɛ^{53} ȵi^{31} gɔ^{31}zɔ^{53} re^{35}.

3sg 长 COMP 漂亮 TAM

她长得真漂亮。

5. 形容词做宾语。例如：

ŋa^{53} vu^{31}tʂha^{35} tʃe^{53}mu^{31}gɛ^{35}ʃʅ^{31}.

1sg 紫色 不喜欢

我不喜欢紫色的。

七 副词

与其他语言一样，白马语的副词只能做状语。下面分类举例说明。

（一）程度副词

主要用来表示谓语性质、状态的程度，常见的有 xɔ̃^{53} “很”、gue^{241} “最”“特别”、tʃhe^{53}nɔ^{31} “稍稍”、ʑɔ^{31}ʑɔ^{35} “稍稍”等。这类副词使用频率比较高，一般放在所修饰的形容词后面。例如：

tɕhi^{31}mbɛ^{53} ndɐ^{53} zɔ^{53}vu^{53} xɔ̃^{53}.

小伙子 DEM 能干 很

这小伙子很能干。

khe^{241}ȵi^{53} tɕɛ^{53}re^{31} dʑa^{35} xɔ̃^{53}.

3sg 头发 长 很

她的头发很长。

khe^{241}ȵi^{53} ʃɐ^{53}gɛ^{35} gue^{241} re^{31}.

3sg 高兴 特别 TAM

他特别高兴。

（二）范围副词

白马语的范围副词有 se^{53} “只有”、ɦa^{241}ndʒʅ^{53} “一起”“一共”、tʃo^{53} “单独”“净”“光”、vɛ^{35}kə^{31} “都是”“全是”、le^{31}gue^{35} “另外”、tʃhɐ^{53}ɕe^{53}ȵi^{31} “至少”、ka^{35}i^{31}ʑi^{53} “随处”等。例如：

ŋa^{53} se^{53} ʑi^{35} pɐ^{53}lɐ^{53} re^{35}.

1sg 只 书 本：CL TAM

我只有一本书。

ŋɛ^{241}ra^{35} ȵi^{35} ɦa^{241}ndʒʅ^{53} ȵɐ^{35} tʃɛ^{53}mbɛ^{53} re^{35}.

我们家 两 一共 人 十个 TAM

我们两家一共十个人。

ȵɛ̃^{31}ȵi^{53} ɦa^{241}ndʒʅ^{53} tɕhi^{53} khuɐ^{31}.

孩子 一起 带 DIR

连同孩子一起带走。

khe^{241}ȵi^{53} tʃo^{53} tɕhe^{35} ʃʅ^{31}.

3sg 单独 去：PFV TAM

他单独去了。

ŋgə^{35} ȵɐ^{35} tʃo^{53} re^{35}.

屋里 人 净 COP

屋里净是人。

sɔ^{35} mu^{31} ndo^{241} ȵi^{31}, ŋe^{35} tʃo^{53} ndʒɛ^{35} dɛ^{35}.

饭 DEM 吃 COMP 菜 光 吃：IPFV HAB

不吃主食，光吃菜。

tɕhe^{31}rɛ^{53} vɛ^{35}kə^{31} ȵɐ^{35} re^{31}.

2pl 都 人 TAM

你们都是自己人。

ŋa^{53} tɕhe^{53} ie^{53} i^{31}ndʑi^{53} le^{31}gue^{35} ie^{31} dzɐ^{35} ʃa^{53}.

1sg 2sg COM 事情 另外 一 说：IPFV PRT

我要跟你说另外一件事情。

tɕɐ^{53} do^{35} tʃhɐ^{53}ɕe^{53}ȵi^{31} ȵɐ^{35} ŋɛ^{35} gɐ^{35} re^{35}.

麦子 打 至少 人 五 要 TAM

打麦子至少要五个人。

ro^{31}na^{53} ka^{35}i^{31}ʑi^{53} ȵi^{53}ndo^{31} dɛ^{35}.

苍蝇 随处 VIS DUR

苍蝇随处可见。

（三）时间副词

时间副词在句子中主要用来表示动作行为的时间、速度、频率等。在白马语中，常用的时间副词有ʑɔ^{35}tshɛ^{35}“刚才”、tʃɔ^{53}se^{53}“马上”、tʃɔ^{53}se^{53}“现在”、uə^{31}tɕi^{53}“正当”、ndʑi^{53}phɛ^{31}tʃe^{53}“以后”、ŋue^{35}“先”、ʃə^{35}ʃə^{35}“有时”等。例如：

tɕhe^{53} ʑɔ^{35}tshɛ^{35} ka^{31} tɕhe^{35} uɛ^{31}?

2sg 刚才 哪里 去：PFV VOLI

你刚才去哪里了？

ŋɛ^{241}rɛ^{53} tʃɔ^{53}se^{53} ndʑe^{53} re^{35}.

EXCL 马上 走：IPFV TAM

我们马上就走。

tʃɔ^{53}se^{53} gue^{35} duə^{35} ɕe^{53} uə^{31}tɕi^{53} re^{35}.

现在 秋 收 AUX 正当 TAM

现在正当秋收时节。

ŋa^{53} tɕhe^{53} khɛ^{31} ŋue^{35} tse^{53} ʃʅ^{31}.

1sg 2sg COMPR 先 到 TAM

我比你先到了。

a^{53}pɛ^{53} ʃə^{35}ʃə^{35} ie^{31}pɛ^{53} ɕe^{53} n̡i^{31} i^{53}nɔ^{35}.

爸爸 有时 咳嗽 AUX COMP 厉害

爸爸有时咳嗽得厉害。

（四）情状副词

通过重叠音节的方式构成的副词可用于表示情状（程度、方式或状态），如ndʐʅ^{31}ndʑɛ^{35}rɛ^{31}“慢慢地”、kha^{31}ra^{53}rɛ^{31}“悄悄地”、ndʑɛ^{31}ndʑɛ^{35}rɛ“渐渐地”、kha^{31}kha^{31}rɛ^{31}“哈哈”、xua^{31}xua^{31}rɛ^{31}“哗哗地”、ka^{31}ka^{31}“哇哇地”等。这类重叠副词的构成，往往是模仿自然界各种事物发出的声音。在口语中尤其是讲故事的时候经常使用，使得语言形象、生动。例如：

tɕhe^{53} ndʐʅ^{31}ndʑɛ^{35} rɛ^{31} so^{35}.

2sg 慢慢 ADV 走：IMP

你慢慢走。

ndʑue^{53}mbu^{53} rɛ^{31} vɛ^{35}kə^{31} kha^{31}ra^{53} rɛ^{31} i^{31}ndʑi^{53} ndɐ^{53} dzɐ^{35} dɛ^{35}.

客人 pl 都 悄悄 ADV 事情 DEM 说：IPFV DUR

客人们都在悄悄地议论这件事。

nɔ^{35}dʑɛ^{35} ndʐʅ^{35}ndʑɛ^{35} rɛ^{31} ndʑə^{53}mbu^{53} ɕe^{53}te^{31} ɕo^{35}.

天气 渐渐 ADV 暖和 AUX NVOLI

天气渐渐地暖和了。

（五）情态副词

情态副词在句子中主要用来表示动作行为的语气和感情，如动作行为是坚决的，还是犹豫不决的；是肯定的，还是模棱两可的；等等。例如：a^{31}pa^{31}“恐怕”、tʃhɐ^{53}ɕe^{31}ȵi^{31}“一定”等。例如：

ŋa^{53} tʃhɐ^{53}ɕe^{53}ȵi^{31} i^{31}ndʑi^{53} ndɐ^{53} ndzʅa^{35} ɕe^{53} ndʒuə^{31} iɔ^{31}.

1sg 一定 事情 DEN 好 做 PERMS PROS

我一定要做好这件事情。

khe^{241}ȵi^{53} te^{31}re^{53} a^{31}pa^{31} ɕi^{53}vu^{35} re^{35}.

3sg 今天 也许 回来 TAM

他也许今天回来了。

（六）否定副词

白马语里有两个否定副词，在句子里主要表示禁止和否定。在实际使用时有三种语法意义。分别举例说明如下：

1. 否定副词mu^{31}“不”加在动词前表示否定。例如：

ŋa^{53} tʃhɔ^{53} mu^{31} ndo^{241}.

1sg 酒 NEG 喝

我不喝酒。

ŋə^{53} gɐ^{35} phu^{31}ɕyə^{53} ȵɐ^{35} mu^{31} nɔ^{35}.

1sg 门 那边 人 NEG 有

我家对门没有人。

khe^{241}ȵi^{53} ŋgə^{31}ŋga^{35}dzʅ^{35} ȵi^{53} mu^{31} nɔ^{35}.

3sg 继承 人 NEG 有

他没有人继承他的财产。

2. 否定副词ma^{31}“别”“不要”加在动词前表示禁止。大多用在命令、劝阻等语气的句子里。例如：

tɕhe^{53} ma^{31} ŋuɐ^{53} lɔ^{31}.

2sg PROH 哭 PRT

你不要哭了。

tɕhe^{53} i^{31}ndʑi^{53} ma^{31} suə^{53}.

2sg 事情 PROH 挑拨

你别挑拨是非了。

tɕhe^{53}　khe^{241}ȵi^{53}　ma^{31}　tʃɐ^{53}.

2sg　3sg　PROH　袒护

你不要袒护他。

否定副词的声调不稳定，经常随后面被否定的对象的声调而变化。这里统一按低升调处理。

八　助词

助词是表示句中语言单位之间语法关系或语法意义的词，白马语的助词种类较多，可以加在动词或词组后面，体现动词的体、式、态等语法范畴。

根据助词与邻近词语的语义关系，可以将其分为领属助词、施动和受动助词、对象助词、工具助词、方所助词、补足语助词、比较助词、从由助词、性状助词、时间助词等类别。

（一）领属助词

白马语的领属助词tɐ^{53}常常用于名词或代词后面，构成领属关系的结构，相当于现代汉语的“的”。例如：

ʑi^{35}　ndɐ^{53}　pe^{31}gə^{35}　tɐ^{31}　re^{31}.

书　DEM　老师　GEN　COP

这本书是老师的。

ŋɐ^{31}le^{53}　ȵi^{35}　ndɐ^{53}　ŋə^{53}　tɐ^{31}　re^{35}.

雨伞　两　DEM　1sg　GEN　COP

这两把雨伞是我的。

ȵi^{53}rɛ^{31}　tɐ^{31}　to^{53}zʅ^{53}　ma^{31}　tʂhuə^{53}.

别人　GEN　钱　PROH　抢夺

别抢夺别人的钱财。

人称代词后面的领属助词一般都会省略。例如：

khe^{241}ȵi^{53}　a^{31}tʃɛ^{53}　tʃha^{31}ndo^{35}　ɕe^{53}　mɔ^{31}ʃʅ^{31}.

3sg　哥哥　结婚　AUX　CSM

他的哥哥成家了。

ŋə^{31}　a^{31}ȵi^{53}　iɔ^{31}ndzʅ^{53}　mɔ^{53}dʑi^{241}　nɔ^{35}.

1sg　爷爷　重孙　不少　有

我爷爷的重孙不少。

tʃa^{53}ɕi^{53}　a^{53}mɛ^{53}　dʑɛ^{35}ndzʅ^{53}　re^{31}.

扎西　妈妈　聪明　COP

扎西的妈妈很聪明。

（二）施动和受动助词

在白马语中，ra^{31}表示施动，相当于现代汉语的“把”或“被”。例如：

ŋa^{53} khe^{241}ȵi^{53} ra^{31} dzo̡^{53} ʃʅ^{31}.

1sg 3sg PASS 打：PFV PFV

我被她打了。

khe^{241}ȵi^{53} ra^{31} pɐ^{53}zɛ^{53}po^{31} ge^{31}tsɛ^{53} te^{35} mɔ^{31}.

3sg DISP 男人 外面 驱逐 PFV

她把男人赶出去了。

ro^{35} ʃa^{35} ndzo̡^{53} ȵi^{53} ra^{31} dzo̡^{53} se^{31} mɔ^{31}ʃʅ^{31}.

兔子 野兽 打：IPFV 人 PASS 打：PFV 死 CSM

兔子被猎人打死了。

另外还有一个nɛ^{31}表示受动或使动的，相当于现代汉语的“让”。例如：

tɕhe^{53} ne^{53} nɔ^{35}, kue^{35} nɛ^{31}zʅ^{53} ndɐ^{53} ŋa^{53} nɛ^{31} ndʑyɐ^{35} ʃa^{31}.

2sg 病 有 衣服 件：CL DEM 1sg CAUS 洗：IPFV PRT

你有病，这件衣服让我来洗吧。

（三）对象助词

白马语有两个表示动作行为对象的助词ie^{31}和tsa^{31}，相当于现代汉语的“给”和“向”。例如：

khe^{241}ȵi^{53} ŋa^{53} ie^{31} to^{31}zʅ^{53} dʑɛ^{31}ue^{53} ɕi^{35} ʃʅ^{31}.

3sg 1sg DAT 钱 一百 借 TAM

他给我一百块钱。

tɕhi^{53} tʃo^{31} tɐ^{31} ŋə^{53} tsa^{31} phə̃^{35} ʃʅ^{53} ɕo^{35}.

狗 条 DEM 1sg ALL 扑 TAM NVOLI

那条狗向我扑来。

khe^{241}ȵi^{53} mɛ^{35}mbɛ^{53} tsa^{31} ne^{53}ndzʅ^{53} ndʑɐ^{53} dɛ^{35}.

3sg 医生 ALL 病情 问：IPFV DUR

他向医生询问病情。

（四）工具助词

白马语工具助词rɛ^{31}的使用比较广泛，常常用在表示工具的名词后面，相当于现代汉语的“用……”。例如：

khe^{241}ȵi^{53} tɕi^{31}zo̡^{53} rɛ^{31} le^{31}ɕo^{53} zʅuə^{35} dɛ^{31}.

3sg 刀子 INST 苹果 削：IPFV DUR

他用刀子削苹果。

ŋa^{53} sɔ^{31}tʂo^{53} rɛ^{31} sɔ^{35} tɕi^{53} dɛ^{31}.

1sg 锅 INST 饭 做 DUR

我用锅做饭。

tɕhe^{53} ʃuə^{31}ʃuə^{53} rɛ^{31} po^{35} ra^{31}.

2sg 纸 INST 包 ADV

你用纸包着。

（五）方所助词

方所助词与方位名词的区别在于前者不能单独充当句法成分，只能出现在名词后面，表示动作发生在该处。白马语的方所助词有nɔ^{35}、rɛ^{35}或rɔ^{53}，表示在某物里面，khɛ^{31}表示在上面。

1. nɔ^{35}

本义是里面，做助词表示“在……里面”，一般指人的身体部位。例如：心里、手里、嘴里等。其他无生命东西表示里面用rɛ^{35}或rɔ^{53}。这些助词在句子中会发生变调，nɔ^{35}在35调后面会变成31调。例如：

ŋa^{53} se^{35} nɔ^{31} tsɛ^{53}o^{53}tso^{31}o^{31} gue^{241} re^{35}.

1sg 心 里：LOC 心烦意乱 很 TAM

我心里很烦。

ȵɛ̃^{31}ȵi^{53} khɛ^{31} nɔ^{31} mɛ^{31}rʅ^{53} dʑi^{241} ue^{241} ʃʅ^{31}.

孩子 嘴 里：LOC 疮 生 来 PFV

孩子嘴里生疮了。

khe^{241}ȵi^{53} ia^{53} nɔ^{31} pɔ^{31}kuə^{53} ie^{31} khuɐ^{53} nɔ^{35}.

3sg 手 里：LOC 包裹 一 拿 有

他的手里拿着一个包裹。

其他无生命的东西用rɛ^{35}或rɔ^{53}表示“在……里面”。rɛ^{35}在句中调值会发生变化，由35调变成31调，rɔ^{53}的调值不变。例如：

tʃhɛ^{31}rʅ^{53} rɛ^{31} ndʐɐ^{53} kɔ^{35} tsɔ^{53} ra^{31} nɔ^{35}.

麻袋 里：LOC 粮食 满 装 ADV 有

麻袋里装满了粮食。

do^{31}na^{53} rɛ^{31} tə^{31}ŋga^{53} nɔ^{35}.

老林 里：LOC 熊猫 有

老林里有熊猫。

dɛ^{35} rɔ^{53} ȵɐ^{35}ŋgɔ^{35} ŋgɛ^{53} nɔ^{35}.

寨子 里：LOC 人家 很多 有

寨子　里有很多户人家。

khe^{241}ȵi^{53}　ŋgɛ^{31}rɔ^{53}　rɔ^{53}　ɦɛ^{31}rɛ^{53}　ndʑi^{241}　uə^{53}　re^{35}.

3sg　县城　里：LOC　圆圈　转　回　TAM

他在城里空转了一回。

2. khɛ^{31}

本义是上面，虚化为助词，表示“在……上面”。例如：

do^{35}　khɛ^{31}　no^{35}　ta^{35}　ra^{31}　nɔ^{35}.

树　上：LOC　牛　拴　ADV　在

树上拴着牛。

khe^{241}ȵi^{53}　rɐ^{35}　khɛ^{31}　do^{35}　ndzu^{53}　dɛ^{35}.

3sg　山　上：LOC　树　种：IPFV　DUR

他在山上种树。

tɕhe^{53}　se^{35}　nɔ^{31}　a^{31}ie^{53}　tɕhɛ^{35}　rɛ^{31}　ŋə^{53}　khɛ^{31}　bu^{35}pi^{35}.

2sg　心　里：LOC　不好　舒服　TOP　1sg　上：LOC　泄愤

你心里不舒服，在我身上泄愤。

（六）补足语助词

白马语中有一个相当于汉语的“得”助词ȵi^{31}，我们称它为补足语助词。例如：

khɛ^{31}le^{53}　khã^{35}　ȵi^{31}　sɐ^{53}tʂhʅ^{31}re^{31}　re^{35}.

馒头　烤　COMP　焦黄　TAM

馒头烤得焦黄。

khe^{241}ȵi^{53}　guə^{35}　ȵi^{31}　se^{35}nɔ^{53}vu^{35}　ma^{31}　re^{35}.

3sg　过　COMP　顺心　NEG　TAM

她的日子过得不顺心。

te^{31}re^{53}　tso^{35}tsɛ^{53}　ȵi^{31}　ʃɐ^{53}gɛ^{35}　re^{35}.

今天　玩　COMP　欢畅　TAM

今天玩得欢畅。

te^{31}re^{53}　ʃa^{53}　ȵi^{31}　ʃuə^{53}　gɐ^{35}　dɛ^{35}.

今天　热　COMP　命　要　DUR

今天热得要命。

（七）比较助词

白马语比较助词有khɛ^{31}和tshe^{53}两个。khɛ^{31}原本的意思是“在……之上”，现虚化为助词，表示在什么之上或在什么之下；tshe^{53}只是表示比较，没有比较结果，相当于现代汉语的“比较”或“比赛”。例如：

a^{31}tʃɛ^{53}　pi^{53}zɛ^{53}　khɛ^{31}　ŋgɛ^{53}　ndɐ^{35}　re^{35}.

哥哥　弟弟　COMPR　多　高　TAM

哥哥比弟弟高多了。

ŋə^{53}　kue^{35}　tɕhe^{53}　tɐ^{31}　khɛ^{31}　re^{35}.

1sg　衣服　2sg　GEN　COMPR　TAM

我的衣服比你的长。

ze^{241}ŋgɛ^{53}　tshe^{53}　z̧e^{35}ʃa^{53},　suɐ^{53}　ȵa^{53}　ndʑɛ^{35}pu^{53}　re^{35}.

咱俩　COMPR　TAM　谁　一点　快　TAM

咱俩比一下，看谁跑得快。

（八）从由助词

在白马语中，从由助词iɔ^{31}相当于现代汉语的“从……到……”。例如：

ta^{31}ka^{53}　ŋgɛ^{35}rɔ^{53}　iɔ^{35}　zɛ^{31}gue^{35}　kõ^{31}li^{53}　nɔ^{35}.

文县　铁楼　ABL　四十　公里：CL　有

从文县到铁楼四十公里。

rɐ^{35}　khɛ^{31}　iɔ^{31}　rɐ^{35}　dɛ^{35}khɛ^{31}　ʃə^{31}uɛ^{53}　ndz̧e^{35}so^{53}　mu^{31}phɛ^{35}　nɔ^{35}.

山　上：LOC　ABL　山　下：LOC　里　三十　APPR　有

从山上到山下有三十多里地。

（九）性状助词

性状助词相当于汉语的“地”，加在形容词或动词及短语后面，构成副词或副词性短语，充当状语的语法成分。常用的有两个：rɛ^{31}常用在形容词后面，ȵi^{31}常添加在动词后面表示性状。例如：

khe^{241}ȵi^{53}　kha^{241}ra^{53}　rɛ^{31}　dz̧ue^{35}　mɔ^{31}ʃʅ^{31}.

3sg　偷偷　ADV　跑　CSM

他偷偷地跑了。

khe^{241}ȵi^{53}　a^{31}ndɛ^{35}pɛ^{31}ndɛ^{35}　rɛ^{31}　ɕi^{53}　tɕhe^{35}　ʃʅ^{31}.

3sg　跌跌撞撞　ADV　回　去：PFV　TAM

他跌跌撞撞地回家。

ma^{31}　ʃue^{53}　ȵi^{31}　thõ^{31}ta^{53}ndʑi^{241}.

NEG　休息　ADV　运动

不停地运动。

khe^{241}ȵi^{53}　ʃɛ^{53}ndzʅ^{35}　ȵi^{31}　dzɔ̧^{53}rʅ^{53}　tsa^{35}.

3sg　生气　ADV　胸　捶

他生气地捶胸。

（十）时间助词

时间助词ra^{53}kho^{31}相当于汉语的"时候"，加在动词或形容词后面，构成副词性短语，充当状语的成分。例如：

ŋa^{53}　lɔ^{53}tʂã^{53}　tʃɛ^{53}　y^{31}　ra^{53}kho^{31}，　gə^{31}　tsɛ^{53}　kuə^{31}dʑy^{35}　tɕa^{35}　dɛ^{31}.

1sg　老张　茶　倒　时候　门　外　雷　响　DUR

我给老张倒茶的时候，门外响起了打雷的声音。

phɛ^{31}o^{53}　ndɔ^{35}　rɐ^{35}　khɛ^{31}　ʃe^{35}　tso^{53}　ra^{53}kho^{31}，　pha^{31}gue^{35}　la^{31}ta^{53}　gue^{241}

叔叔　昨天　山　上：LOC　柴　砍　时候　野猪　大　特别

ȵi^{53}ndo^{35}　ʃʅ^{31}.

VIS　TAM

叔叔昨天上山砍柴的时候，看见了一只大大的野猪。

na^{31}ra^{53}　ʑi^{35}　rɔ^{53}　ndu^{31}　ra^{53}kho^{31}，　khe^{241}ȵi^{53}　se^{53}　tɕhe^{31}　ʃe^{35}　duɐ^{35}.

坡里　活　闲　住　时候　3sg　就　去：PFV　柴　背

地里没有农活的时候，他就去背柴。

九　叹词

叹词在句子中不充当任何的句法成分，它是独立于句子之外的一类词语。一般放在句子开头，表示惊讶、惋惜、不满等。有时也会放在句子的中间或末尾。叹词的发音往往比较随意，语调比较特殊，一般情况是上升调。

（一）表示惊喜、惊叹。例如：

ɛ^{31}mɛ^{35}!　ŋa^{53}　tɕa^{53}　se^{31}　uə^{35}　ie^{31}　re^{31}!

哎哟　1sg　吓　死　回：CL　一　TAM

哎哟！吓我一大跳！

ɛ^{31}dze^{35}!　tɕhe^{53}　na^{31}ndzue^{53}　ɕi^{53}ue^{35}　uɛ^{31}?

哎呀　2sg　什么时候　回来　VOLI

哎呀！你什么时候回来的？

（二）表示不满、可惜、伤感。例如：

ɛ^{31}!　ŋa^{53}　ȵyə^{35}tʃhɛ^{35}　ndɐ^{53}　le^{35}a^{31}ie^{53}.

哎　1sg　几天　DEM　倒霉

哎！我这几天倒霉透了。

ɦɔ^{35}!　ŋa^{53}　tʃhɛ^{53}nɔ^{35}.

唉　1sg　知道

唉！我知道了。

（三）表示疑问。例如：

ɔ^{35}, khe^{241}ȵi^{53} re^{35} ua^{31}?

哦 3sg COP QUES

哦，是他吗？

ɦa^{35}? tɕhe^{53} tʃhɐ^{53} dzɐ^{35} dɛ^{35}?

啊 2sg 什么 说：IPFV DUR

啊？你说什么？

（四）表示领悟、招呼、应答。例如：

ɦɛ^{241}! tɕhe^{53} dɛ^{35}mu^{53} re^{35}!

喂 2sg 安康 TAM

喂！你好！

ɔ^{31}! ŋa^{53} tʃhɛ^{53}nɔ^{35}.

喔 1sg 知道

喔！我知道了。

十　拟声词

拟声词是一种模拟声音的构词法。例如：狗叫声 uã^{31}uã^{31} “汪汪”，牛叫声 mər^{31} “哞哞”，鞭炮声 pa^{31}dza̤^{53}dza̤^{53} “噼噼啪啪”，哭泣声 tʃhu^{31}tɕhi^{31}tʃhu^{31}tɕhi^{31} “抽泣抽泣”，水流声 tʃhuã^{31}tʃhuã^{31} “哗啦啦”，铃铛声 dã^{31}dã^{31} “铛铛”，敲门声 dɔ̃^{31}dɔ̃^{31} “咚咚”，喝水声 ku^{31}tu^{31}ku^{31}tu^{31} “咕噜咕噜”。拟声词一般在句子中做状语。例如：

khe^{241}ȵi^{53} ku^{31}tu^{31}ku^{31}tu^{31} rɛ^{31} tɕhi^{31}ndʑa^{35} ndo^{241}.

3sg 咕噜咕噜 ADV 水 喝

他咕噜咕噜地喝水。

khɛ^{31}le^{53} ndʒɛ^{35} tɕhe^{35} rɛ^{31} kə^{31}pər^{31} re^{35}.

馍馍 吃：IPFV 起 ADV 嘎巴儿嘎巴儿 TAM

馍馍吃起来嘎巴儿嘎巴儿的。

ȵa^{31}zɿ^{53} ka^{31}ka^{31} rɛ^{31} phɛ^{31}re^{53} ɕe^{53} dɛ^{35}.

鸭子 嘎嘎 ADV 叫着 AUX DUR

鸭子嘎嘎地叫。

十一　语气词

白马语的语气词比较丰富，一般都在句末，可以表达疑问、征询、商议、肯定、请求、惊叹、强调等。

（一）mɔ^{31}、ʃɿ^{31}、re^{35}、nɔ^{35}

表示肯定的语气。例如：

tɕhe^{53} khɛ^{31}le^{53} dʐa^{53}zɿ^{53} ʃɿ^{35} ȵi^{31} ndʒɔ^{35} mɔ^{31}.

2sg 馍馍 渣子 捡 ADV 吃：IMP PRT

你把馍馍渣子捡起来吃了。

ȵɛ̃^{31}ȵi^{53} ɦo^{35} tʃhe^{53}khua^{35} nɔ^{35}.

孩子 REP 积食 PRT

孩子又积食了。

kue^{35} ȵa^{53} tʃho^{31}pu^{53} re^{35}.

衣服 一点 潮 PRT

衣服有点儿潮。

（二）ʃa^{53}ɔ^{31}、ɔ^{31}、ʃa^{53}、lɔ^{31}

表示商量、建议的语气。例如：

zɛ^{241}rɛ^{53} ndʐuə^{241}tʃɿ^{53} ndʐue^{35} ʃa^{53}ɔ^{31}!

INCL 一起 逃 PRT

咱们一起逃吧！

ze^{241}ŋgɛ^{53} ruə^{53}zɛ^{53}ɕe^{53} ȵi^{53} ɕi^{53} ndʑe^{31} ʃa^{53}!

1dl 做伴 ADV 回 去：IPFV PRT

我俩做伴回家吧！

tɕhe^{31}ŋgɛ^{53} ma^{31} dʐɔ̃^{35} lɔ^{31}.

2dl NEG 争 PRT

你们俩别争。

（三）mɔ^{31}ɔ^{31}

mɔ^{31}ɔ^{31}表示请求的语气。例如

tɕhe^{53} ŋa^{5} phi^{53}tɔ^{31} mɔ^{31}ɔ^{31}!

2sg 1sg 饶恕 PRT

请你饶恕我吧！

（四）ma^{31}

ma^{31}表示揣测的语气。例如：

nɛ^{35} iɛ^{31}tʃɛ^{53} kɐ^{53}mbu^{53}re^{35} ma^{31}?

这里 东西 贵 QUES

这里的东西很贵吧？

tɕhe^{53} a^{53}pɛ^{53} dɔ̃^{35} nɔ^{35} ma^{31}?

2sg 爸爸 高 有 QUES

你有你爸爸高吗？

（五）ua^{31}、ma^{31}

在白马语中表疑问的语气词有ua^{31}“吗”和汉语借词ma^{31}“吗”两个，可以问时间、原因、地点、方式等。例如：

lɐ^{35} ŋgə^{35} nɔ^{35} ua^{31}?

管家 家 在 QUES

管家在吗？

tɕhe^{35} nɔ^{35} khə^{53} ndʑe^{53} iɔ^{31} ua^{31}?

2sg 天 上：LOC 去：IPFV 要 QUES

你要上天吗？

ua^{31}多用于表示征询语气的。例如：

mər^{53} kha^{31}ŋgɛ^{53} ʃɛ^{31}mbe^{53} re^{31} ua^{31}?

DEM 3dl 帽子 COP QUES

那是她俩的帽子吗？

lɔ^{53}tʂã^{53} tɕhe^{35} mɔ^{35}ʃʅ^{31} ua^{31}?

老张 走：PFV CSM QUES

老张走了吗？

在口语中，白马语往往借用汉语的ma^{31}“吗”来表达疑问。例如：

lɔ^{53}uã^{53} tɕhyɛ̃^{35} ndʐo^{35} dɛ^{35} ma^{31}?

老王 太极拳 打：IPFV DUR QUES

老王打太极拳吗？

tɕhe^{53} le^{31}ɕo^{53} ndʒɛ^{35} gɛ^{35}dɛ^{35} ma^{31}?

2sg 苹果 吃：IPFV 喜欢 QUES

你喜欢吃苹果吗？

在疑问句中，如果有疑问代词，那么疑问语气词ua^{31}“吗”一般要省略。例如：

sɛ^{53}rɛ^{35} suɐ^{53} i^{31}yɛ̃^{35} li^{31} lɔ^{53}tʂã^{53} tɛ^{53} tɕhe^{31} ʃʅ^{31}?

上午 谁 医院 里：LOC 老张 看 去：PFV PFV

上午谁去医院看了老张？

khe^{241}ȵi^{53} ka^{53}tsɛ^{53} ȵi^{53}rɛ^{53} khɛ^{31} ʃɛ^{53}tɛ^{53}mɛ^{53} nɔ^{35}?

3sg 什么地方 别人 COMPR 强 有

她什么地方比别人强？

十二 连词

白马语中的连词不多，主要有连接词组、连接小句子和句子的。而大多数都出现在复句中，有个别的连词可以连接词或词组。用于复句的连词见复句部分。

白马语中用于词组内的连词主要有rɛ^{35}，用以连接名词、数词、代词和同类性质的词组，相当于现代汉语的“和”。例如：

sɛ^{35} rɛ^{31} ɕɔ^{35} ɦa^{31}ndʒʅ^{53} ʃʅ^{31}ʃɛ^{53} ɕe^{53} ra^{35}.

土 CONJ 沙子 一起 掺和 AUX ADV

把土和沙子掺和在一起。

rɛ^{31}gue^{35} lɛ^{31} rɛ^{31} ndzɛ^{53}ia^{31} dɛ^{53}.

崖羊 羊 CONJ 一样 HAB

崖羊和羊长得很像。

第二节

短 语

短语是由两个或两个以上有实际意义的词，按照一定的习惯搭配，借助连词或副词等组成的区别于词语和句子的语言单位。白马语的短语可分为并列短语、偏正短语、主谓短语、述宾短语、述补短语、连谓短语等。

一　并列短语

并列短语是由两个或两个以上的单位并列构成的结构。并列单位之间要求添加形式上的标记：名词与名词并列时，用连词rɛ^{31}“和”；动词与动词并列时，用连词lɛ^{31}“和”。连词有时可以省略。例如：

sɔ^{35}	rɛ^{31}	khɛ^{31}le^{53}	ndʐ̩uə^{241}tʃʅ^{53}	ndʒɔ^{35}	mɔ^{31}.
饭	CONJ	馍馍	一并	吃：PFV	PFV

饭和馍馍一并吃了。

dʑɛ^{35}tɔ^{53}	pe^{53}tɔ^{53}	ndʐ̩ɛ^{53}ia^{53}	re^{35}.
汉语	白马语	一样	TAM

汉语和白马语同样重要。

pe^{31}gə^{31}	rɛ^{31}	tso^{31}ma^{53}	rɛ^{31}	ʑa^{35}rɛ^{31}	tso^{35}tsɛ^{31}	dɛ^{31}.
老师	CONJ	学生	PL	操场	玩	DUR

老师和学生们在操场上玩。

khe^{241}ȵ̩i^{53}	ŋɛ^{241}rɛ^{53}	ȵ̩ɐ^{35}thuə^{53}	ndʐ̩ɛ^{53}ia^{53}	re^{35}.
3sg	EXCL	辈分	一样	COP

他和我们是平辈。

并列短语也可以用ɦo^{35}“又”或ɦa^{241}“还”，ɕuɛ̃^{35}…ɕuɛ̃^{35}…“一边……一边……”表示，如：

khe^{241}ȵ̥i^{53}　ɦo^{35}　dzɐ^{35}　ɦo^{35}　gɛ^{35}.

3sg　又　说　又　笑

他又说又笑。

ŋgɔ^{241}ʃu^{53}　la^{31}ta^{53}　ɦa^{241}　ʃə^{53}mbu^{53}.

桃子　大　又　甜

桃子又大又甜。

khe^{241}ȵ̥i^{53}　ɕuɛ̃^{35}　ndze̡^{35}　ɕuɛ̃^{35}　ndʒo^{35}.

3sg　边　唱歌　边　跳舞

他边唱边跳。

二　偏正短语

偏正结构短语可分为体词性偏正结构与谓词性偏正结构，主要取决于短语结构的中心语是体词性还是谓词性的，同时还要看短语结构的整体句法结构。

（一）体词性偏正结构

体词性偏正结构以体词性中心语为核心，修饰语或者是形容词，或者是名词、代词、指示词、数量词等其他词类。按照修饰位置可分为四种。例如：

1. 前置修饰语

中心语和修饰语都由名词充当的结构，作为修饰语的名词一般放在中心语前面，形成“修饰语+中心语”的结构。例如：

ʃə^{31}mba^{53}　tə^{53}zɿ^{53}　皮桶

皮子　桶子

ʃə^{31}mba^{53}　kue^{35}　皮衣

皮子　衣服

sɛ^{53}　du^{35}　金镯子

金子　手镯

sɛ^{53}　ra^{31}o^{53}　金盆

金子　盆子

ŋe^{35}　mbɐ^{31}rɿ^{53}　银碗

银　碗

tʃa^{53}　no^{35}　铁牛

铁　牛

2. 后置修饰语

（1）中心语+指示代词。例如：

i^{31}ndʑi^{53}　ndɐ^{53}　这件事

ȵ̥ɛ^{31}ȵ̥i^{53}　ndɐ^{53}　这孩子

ȵ̥ɐ^{35}　mər^{53}　那人

do^{35}　to^{31}ko^{53}　那些树

ʑi^{35}　ndo^{31}ko^{53}　这些书

ȵ̥ɐ^{35}　mu^{31}ko^{53}　那些人

（2）中心语+形容词。例如：

do^{35}　guɐ^{31}rʅ^{53}　弯树 树　弯	do^{35}　thã^{31}mu^{53}　圆木 木头　圆
ke^{53}　ʑɔ^{31}ʑɔ^{35}　轻声 声音　轻	tɕɔ^{35}　ndɐ^{35}pu^{53}　厚墙 墙　厚
rɐ^{35}　la^{31}ta^{53}　大山 山　大	tʃhuɐ^{53}　ɕi^{53}ɕi^{53}　小河 河　小

（3）中心语+数量词。例如：

ɕi^{31}ʐo^{53}　pa^{31}tʃa^{53}　ȵi^{35}　两把刀 刀子　把　两	ʑi^{35}　pɐ^{31}lɐ^{53}　so^{53}　三本书 书　本　三
ro^{35}　tshɔ^{31}uə^{53}　ie^{31}　一窝蜂 蜂　窝　一	sɔ^{35}　mbɐ^{31}rʅ^{53}　so^{53}　三碗饭 饭　碗　三
lɛ^{53}ʐu^{53}　ŋgo^{241}　so^{53}　三根蜡烛 蜡烛　根　三	ia^{31}ɕi^{53}　ŋgo^{241}　ʑɐ^{35}　四条毛巾 毛巾　条　四
ȵɐ^{35}　vɛ^{35}kə^{31}　所有人 人　全部	to^{53}zʅ^{53}　ȵa^{53}　一点钱 钱　一点

（4）中心语+数量词+指示代词。例如：

sɔ^{35}　mbɐ^{31}rʅ^{53}　so^{53}　ndɐ^{31}　这三碗饭

饭　碗　三　DEM

mɔ^{31}pi^{53}　ŋgo^{241}　ȵi^{35}　ndɐ^{31}　这一支毛笔

毛笔　支　两　DEM

ȵɐ^{35}　ra^{35}　ȵi^{35}　tɐ^{53}　那两家人

人　家　两　DEM

ʑi^{35}　pɐ^{53}lɐ^{53}　so^{53}　ndɐ^{53}　这三本书

书　本　三　DEM

tɕhi^{53}　ŋgo^{35}　ȵi^{53}　tɐ^{53}　那两条狗

狗　条　两　DEM

3. 带标记的偏正结构

白马语也有带属格标记的修饰语结构，这时候修饰语都是前置的，构成“修饰语+标记+中心语”结构。当领属对象出现时要使用标记，领属对象不出现时标记一般会省略。例如：

ŋa^{53}　a^{31}pa^{53}　我的爸爸 1sg　爸爸	khe^{241}ȵi^{53}　mɛ^{31}mɛ^{35}　他的妈妈 3sg　妈妈

kha^{31}ra^{53} ȵɛ̃^{31}ȵi^{53} 他们的孩子

3pl 孩子

ŋɛ^{241}rɛ^{53} tɐ^{31} pe^{31}gə^{53} 我们的老师

EXCL GEN 老师

ʑi^{35} ndɐ^{53} pe^{31}gə^{35} tɐ^{31} re^{31}.

书 DEM 老师 GEN COP

这本书是老师的。

ŋɐ^{31}le^{53} ȵi^{35} ndɐ^{53} ŋə^{53} tɐ^{31} re^{35}.

雨伞 两 DEM 1sg GEN COP

这两把雨伞是我的。

4. 修饰语的语序

无论是前置还是后置修饰语，当名词、形容词、指示代词、数量词同时出现时，一般的语序是名词前置，指示词后置更靠近中心语，形容词紧跟着指示词，数量词放在形容词之后。例如：

no^{35} ndɐ^{53} ȵo^{35} ndʐɛ̃^{31}mu^{53} dʐu^{35} 这六头黑牛

牛 这 黑 头 六

tɛ^{31} mər^{53} mə^{53} dʐu^{53} so^{53} 那三匹红马

马 那 红 匹 三

mə^{31}rɛ^{53} ndɐ^{53} kɐ^{53}rɿ^{53} duə^{31}zɿ^{53} ȵi^{35} 这两朵白花

花 这 白色 朵 两

tʃɐ^{53}tsɿ^{53} ndo^{31}ko^{53} ʃe^{35} ɕe^{53} ra^{31} mɛ^{31} re^{35}.

课桌 这些 木 做 ADV NMLZ COP

这些课桌都是木制的。

a^{31}mɛ^{53} ŋa^{53} ie^{31} kue^{35} sɛ^{53}pɛ^{53} nɛ^{31}zɿ^{53} ndʐu^{35} ɕi^{35} ʃɿ^{31}.

妈妈 1sg BEN 衣服 新 一件 缝：PFV 给 TAM

妈妈为我缝了一件新衣服。

（二）谓词性偏正结构

谓词性偏正结构的中心语主要是动词或形容词，修饰语一般是副词或形容词。

1. 动词的修饰语

修饰动词的名词、副词或者形容词一般都出现在动词的前面。例如：

（1）名词+中心语

ge^{31}tsɛ^{53} so^{53} 外面去

外面 去

te^{31}re^{53} ɕi^{53}vu^{35} 今天回来

今天 回来

zɛ^{241}　ɕi^{53}　mɛ^{31}　ɕi^{53}　东挪西借
上　借　下　借

zɛ^{241}　ʑi^{53}　mɛ^{31}　ʑi^{53}　东躲西藏
上　藏　下　藏

（2）副词+中心语。例如：

ndʐʅ^{31}ndʒɛ^{35}　dʐə^{35}　慢慢想
慢慢　想

nʐa^{35}ndʐa^{35}　ndʒɛ^{31}　好好吃
好好　吃

tshʅ^{53}ŋə^{35}　ɕe^{53}　故意捉弄
故意　捉弄

tʃhɐ^{35}ɕe^{53}ȵi^{31}　vu^{35}　横竖来
横竖　来

dɛ^{31}mbɛ^{53}　dzue^{35}　如实说
如实　说

tɕɔ^{35}　ndʑe^{35}　干脆去
干脆　去

fu^{35}　dzɐ^{35}　乱说
乱　说

tɛ^{53}　ie^{53}　ndʐa^{35}　好看
看　NMLZ　好

tso^{35}tsɛ^{53}　ie^{53}　ndʐa^{35}　好玩
玩　NMLZ　好

（3）疑问词+中心语

tʃhu^{35}　ɕe^{31}　怎么办
怎么　做

na^{31}ndzue^{53}　ndʑe^{53}　什么时候走
什么时候　走

2. 形容词的修饰语。例如：

修饰形容词的词语一般都是表示程度的副词，可以前置也可以后置。但放在前面和后面意思不太一样，后置的程度词比前置的程度词表示的程度要加深。例如：

nɔ^{35}　ȵa^{53}tʃʅ^{31}　ʃa^{53}　dɛ^{35}.
天　稍微　热　HAB
天稍微有点热。

kue^{35}　ȵa^{53}　tʃho^{31}pu^{53}　re^{35}.
衣服　有点　潮　TAM
衣服有点儿潮。

nɔ^{35}　kɔ̃^{35}　ndʑa^{31}pu^{53}　ndʑo^{35}　ʃʅ^{31}.
天　更　冷　成　TAM
天更冷了。

ʃa^{53}　xɔ̃^{53}　很热
热　很

thio^{53}　tʃhe^{53}mɔ^{31}　太短
短　太

ndʐa^{35}　xɔ̃^{53}　很好
好　很

ʃɛ^{53}　tʃhe^{53}mɔ^{31}　太硬
硬　太

tɕhi^{31}ndʑa^{35}　mɔ̃^{53}mɔ̃^{53}　xɔ̃^{53}　水很浅

水　浅　很

形容词的重叠可以看作是形容词修饰形容词，表示程度的加深。例如：

ndʑa^{31}　ndʑa^{31}　sɿ^{31}　sɿ^{31}　冷飕飕　　　dʑɛ^{31}　dʑɛ^{53}　dʑɛ^{31}　密密麻麻

lɛ^{31}　lɛ^{35}　lɛ^{31}　软绵绵　　　ʑɔ^{35}　ʑɔ^{31}　ʑɔ^{35}　飘飘忽忽

ʃo^{53}　ʃo^{53}　很薄　　　tʂhe^{53}　tʂhe^{53}　很细

三　主谓短语

主谓短语的基本关系是陈述与被陈述的关系，主语是陈述的对象，一般由名词、代词、数量结构或者其他体词性成分充当，充当谓语的一般是动词和形容词。这种类型的短语在一定语境下带上语气，可以看成是一个单句。下面列条叙述。

ia^{53}　bɐ^{35}dɐ^{35}　手笨

手　笨

kɔ^{53}uɛ^{53}　ma^{35}　脚麻

脚　麻

iɛ^{31}tʃɛ^{53}　kɐ^{53}mbu^{53}re^{35}　东西贵

东西　贵

iɛ^{53}pu^{53}　dzʅ^{53}pɛ^{53}　re^{31}　身子壮实

身子　壮实　TAM

lɔ^{53}tʂã^{53}　tɕhe^{35}　mɔ^{35}ʃɿ^{31}.

老张　走：PFV　CSM

老张走了。

ɲɛ̃^{31}ɲi^{53}　rɛ^{31}　ŋuɐ^{53}　lɔ^{31}.

孩子　TOP　哭　PFV

孩子哭了。

khe^{241}ɲi^{53}　ɲɐ^{35}　ndʑa^{35}　re^{31}.

3sg　人　好　COP

他是好人。

ɲɐ^{35}　i^{31}ʑi^{35}　vɛ^{35}kə^{31}　ʃɐ^{53}gɛ^{35}　xɔ̃^{53}.

人　DISTR　都　高兴　很

人人都很高兴。

nɔ^{35}dʑɛ^{35}　ndzʅ^{31}ndʑɛ^{35}　rɛ^{31}　ndʑa^{31}pu^{53}　ndʑo^{35}　tɕhe^{35}.

天气　渐渐　ADV　凉　成　VIS

天气渐渐凉了起来。

khe^{241}ɲi^{53}　ŋa^{53}　ie^{31}　to^{31}zɿ^{53}　dʑɛ^{31}ue^{53}　ɕi^{35}　ʃɿ^{31}.

3sg　1sg　DAT　钱　一百　借　TAM

他给我一百块钱。

lɔ^{53}li^{53}　ŋa^{53}　ʐi^{35}　pɐ^{31}lɐ^{53}　ndɐ^{53}　ɕi^{35}　ʃɿ^{31}.

老李　1sg　书　本：CL　DEM　送　TAM

老李送了我这本书。

四　述宾短语

白马语是SOV型语言，宾语在述语的前面。述宾结构的述语一般表示动作或行为，而宾语表示与动作或行为相关的事物。分为单宾语结构和双宾语结构。

（一）单宾语结构

述宾结构的类型和性质通常取决于动词的类型，不同的动词会和一定性质的宾语相关联。

1. 宾语是动作的受事论元

充当受事宾语的是名词、代词或名词性短语。通常情况下，受事宾语不加格助词。不过如果需要强调受事时，需要在受事宾语后面添加受事标记，施事宾语后面一般都不加格助词。例如：

khe^{241}ȵi^{53}　khɛ^{31}pu^{53}　dzuə^{35}　dɛ^{35}.

3sg　苗　扶正　DUR

他正在扶苗。

khe^{241}ȵi^{53}　ȵɛ^{35}mbi^{31}sɛ^{53}　ʃɿ^{35}　tɕhe^{35}　ʃɿ^{31}.

3sg　柴火　拾　去：PFV　TAM

他拾柴火去了。

dɛ^{35}rɔ^{53}　ȵɐ^{35}　iɔ^{35}　ɕe^{53}　dɛ^{35}.

村里　人　路　修　DUR

村民在修路。

ŋa^{53}　te^{31}re^{53}　iɛ^{31}tʃɛ^{53}　ma^{31}　khuɐ^{53}　uɛ^{31}.

1sg　今天　东西　NEG　带　VOLI

我今天没带东西。

2. 宾语是心理行为动词的对象论元

一般不带格标记，有时为了强调在心理活动动词后面添加助词tsa^{31}“对”。例如：

ŋa^{53}　na^{31}ndzue^{53}i^{31}ʐi^{53}　khe^{241}ȵi^{53}　dʐə^{35}　dɛ^{35}.

1sg　时时刻刻　3sg　想念　HAB

我时时刻刻想念着她。

ȵɛ̃^{31}ȵi^{53} rɛ^{31} ȵɐ^{35}mbɛ^{53} ʃɐ^{31}tɕa^{53} re^{35}.

小孩 PL 疯子 最怕 TAM

小孩子们最怕疯子了。

tɕhe^{53} ȵɛ̃^{31}ȵi^{53} tsa^{31} tʃɛ^{31}pɛ^{53} ɕe^{53} gɐ^{35} ʃɿ^{31}.

2sg 孩子 DAT 关心 AUX 要 TAM

你要多关心孩子。

3. 宾语表示处所论元

表示趋向或位置的动词一般可以带处所宾语，处所宾语后面总是带处所格标记 nɔ^{35}"在"，但有时也可以省略。例如：

ŋɛ^{241} ŋgɔ^{241}uɛ^{53} dɛ^{35} khɛ^{31} ndzɿ^{53} nɔ^{35}.

1sg 家 村 上：LOC 住 在

我家住在村边。

ŋə^{53} iɛ^{31}mbo^{53} ka^{35}tsɛ^{53} nɔ^{35}?

1sg 皮包 哪儿 在

我的皮包在哪儿？

ŋa^{53} te^{31}re^{53} ŋgɐ̃^{31}nɔ^{53} ndʑe^{53} gɐ^{35} re^{35}.

1sg 今天 城里 去：IPFV 要 TAM

我今天要去城里。

4. 宾语表示数量。例如：

rɐ^{35} khɛ^{31} iɔ^{31} rɐ^{35} dɛ^{35}khɛ^{31} ʃə^{31}uɛ^{53} ndʑe^{35}so^{53} mu^{31}phɛ^{35} nɔ^{35}.

山 上：LOC ABL 山 下：LOC 里 三十 APPR 有

山上到山下有三十多里地。

ge^{31}ku^{53} pɐ^{53} rɛ^{31} po^{35} ŋɛ^{35} re^{35}.

老人 女儿 CONJ 儿子 五 TAM

老人的儿女有五个。

5. 宾语表示时间。例如：

khe^{241}ȵi^{53} tʃha^{31}lu^{53} io^{31}kɛ^{53} ɛ^{35} ʃa^{53} so^{53} dʑi^{35}.

3sg 博峪 河流 INTER 夜 三 住

他在博峪河住了三天。

tɕhe^{53} ʃə^{35} ʃɐ^{53} ʃa^{53}!

2sg 一会儿 歇 PRT

你歇一会儿吧！

6. 宾语表示领有或存在。例如：

khe^{241}ȵi^{53} khẽ^{31}ŋuə^{53} mɛ^{31}ʐe^{35} ŋgo^{241} ie^{31} nɔ^{35}.

3sg 脸上 疤 道 一 有

他脸上有一道疤。

dɛ^{35} rɔ^{53} ȵɐ^{35}ŋgə^{35} ŋgɛ^{53} nɔ^{35}.

寨子 里：LOC 人家 很多 有

寨子里有很多户人家。

na^{53}rɛ^{31} ʃʅ^{35} nɔ^{35}.

林里 金丝猴 有

林子里有金丝猴。

do^{35} khɛ^{31} tɛ^{53} ndʐẽ^{31}mu^{53} ȵi^{35} ta^{35} nɔ^{35}.

树 上：LOC 马 匹：CL 两 拴 有

树上拴着两匹马。

tɕhi^{31}ndʑa^{35} rɛ^{31} ȵɛ^{35} sue^{53} nɔ^{35}.

水 里：LOC 鱼 养 有

水里养着鱼。

a^{53}mɛ^{53} ŋgə^{35} nɔ^{35}.

妈妈 家 在

妈妈在家里。

（二）双宾语结构

根据动词的类型，双宾语可以分为直接宾语和间接宾语，语义为“给予、收取”的动词常带有一个受事成分和一个与事成分，即双宾语。例如：

tɕhe^{53} ŋa^{31} ie^{53} ŋa^{35}ʐo^{53} ɕe^{53}.

2sg 1sg 给 下手 做

你给我打下手。

khe^{241}ȵi^{53} ŋa^{31} ie^{31} to^{31}zʅ^{53} ndʐɔ^{35} ɕi^{31} ʃʅ^{31}.

3sg 1sg BEN 钱 千 给 PFV

他给了我一千块钱。

khe^{241}ȵi^{53} ŋə^{53} to^{31}zʅ^{53} ndʐɔ^{35} ndʐhuə^{53} khuɐ^{53} tɕhe^{31} ʃʅ^{31}.

3sg 1sg 钱 千 抢 DIR 去：PFV PFV

他抢了我一千块钱。

五　述补短语

述补短语中的补语是补充说明述语的句法成分，用来说明动作的结果或状态。按照补语的功能可分成表示结果述补结构和表示状态的述补结构。补语的句法位置一般在谓词的后面。

（一）表示结果的述补结构，述语在前，结果补语在后。例如：

tɔ^{31}rɔ^{53}　dzɐ^{35}　mɛ^{53}　ɕi^{53}kɛ^{53}　se^{31}　suə^{53}　ȵi^{31}　lu^{35}　ra^{35}　ʃʅ^{31}.

话　说：IPFV　NMLZ　当场　就：LNK　戳　COMP　漏　ADV　PFV

假话被当场戳穿了。

tɕhe^{53}　ndʒue^{35}　ȵi^{31}　ndʐə^{35}　ʃʅ^{31}　ua^{31}?

2sg　吃：PFV　COMP　饱　PFV　QUES

你吃饱了吗?

ŋa^{53}　tɕi^{31}　ndʐe^{35}　ʃo^{35}　lio^{35}　ʃʅ^{31}.

1sg　家　稻子　收　完　TAM

我家的稻子收完了。

ʃa^{35}　ndʐo^{53}　ȵi^{53}　ro^{35}　dʐo^{53}　se^{31}　mɔ^{31}ʃʅ^{31}.

野兽　打：IPFV　人　兔子　打：PFV　死　CSM

猎人打死了兔子。

sɛ^{35}ndʑi^{35}　ra^{31}　iɔ^{35}　sɛ^{31}pɛ^{53}　ɕe^{53}　ra^{31}　mɛ^{31}　y^{35}　ȵi^{31}　yə^{53}　mɔ^{31}ʃʅ^{31}.

地震　DISP　路　新　做　ADV　GEN　摇　COMP　垮：PFV　CSM

地震把新修的路震垮了。

ŋa^{53}　ra^{31}　khe^{241}ȵi^{53}　ȵɛ̃^{31}ȵi^{53}　zə^{35}　ȵi^{31}　gɛ^{35}　mɔ^{31}ʃʅ^{31}.

1sg　DISP　3sg　小孩　逗　COMP　笑：PFV　CSM

我把他的小孩逗笑了。

khe^{241}ȵi^{53}　se^{35}　nɔ^{53}　a^{31}ie^{53}　ŋuɐ^{35}　mɔ^{31}ʃʅ^{31}.

3sg　心　里：LOC　难受　哭　CSM

她伤心得哭了。

（二）表示状态的述补结构

白马语表状态的补语一般由形容词充当。出现在动词之后。例如：

ndʒɛ^{35}　ndʐə^{35}　吃饱　　　　tɕy^{35}　dʐue^{35}ɕi^{35}　穿暖

吃　饱　　　　穿　暖和

ndo^{241}　lio^{35}　喝光　　　　duɐ^{35}　tã^{53}mu^{53}　扫干净

喝　完　　　　扫　干净

mbɐ^{31}rʅ^{53} rɛ^{31} sɔ^{35} dʒa^{35} ȵi^{31} kɔ^{35} re^{35}.

碗 里：LOC 饭 压：IPFV COMP 满 TAM

碗里的饭盛得满满的。

kue^{35} khɛ^{53} dʑɛ^{53}rʅ^{53} tɕyɐ^{53} ȵi^{53} tsɔ^{53}xə^{31}re^{53}re^{31}.

衣服 上：LOC 污垢 洗：PFV COMP 干干净净

衣服上的污垢洗得干干净净。

sɔ^{35} tɕi^{53} ȵi^{31} tshue^{53} ʃʅ^{31}.

饭 做 COMP 熟 TAM

饭做熟了。

六 连谓短语

动词与动词或者动词与形容词连用构成的结构称之为连谓短语，白马语的连谓结构不是很发达，有些虚化的动词可以不需要标记直接连用，也可以带修饰语。例如：

tɕhe^{53} to^{53}zʅ^{53} ȵa^{31} khuɐ^{53} ȵi^{31} tʃhɔ^{53} kuɛ̃^{35} so^{35}.

2sg 钱 一点 拿 SVC 酒 灌 去：IMP

你拿点钱去灌酒。

tɕhe^{53} khe^{241}ȵi^{53} ŋa^{35} ȵi^{31} ɕe^{53} tɕhe^{35} mɛ^{53} re^{35} ua^{31}?

2sg 3sg 指使 SVC 做 去：PFV NMLZ COP QUES

是你指使他去干的吗？

khe^{241}ȵi^{53} rɐ^{35} khə^{31} ŋe^{35} tʃa^{53} tɕhe^{35}.

3sg 山 上：LOC 菜 摘 去：PFV

她去山上摘菜了。

khe^{241}ȵi^{53} ŋgɐ^{53} tɕhi^{35} tɕhe^{35} ʃʅ^{31}.

3sg 头 剃 去：PFV TAM

他去剃头了。

khe^{241}ȵi^{53} dzɐ^{35} dzɐ^{35} khɛ^{53} ndʒu^{35} mɔ^{31}ʃʅ^{31}.

3sg 说：IPFV 说：IPFV 口 失 CSM

他说着说着失言了。

第三节

句子

一　句子成分

白马语的句子包括主语、谓语、宾语、定语、状语五种成分。其中主语自始至终都在谓语之前，宾语在谓语动词之前。下面仅就部分成分之间的语序做简要的分析。

（一）宾语的位置

在口语中，宾语的位置一般在主语之后，谓语之前，但有时为了强调，宾语也可前置，放在主语前面。例如：

ndu^{35}　dʐə^{35}　ȵo^{31}ma^{53}tʃɛ^{31}vu^{53}　re^{35}.

这样（定语）　想（主语）　少数（宾语）　COP（谓语）

这样想的是少数。

tʃhɔ^{53}　ndɐ^{53}　ŋa^{53}　mu^{31}　ndo^{241}.

酒（宾语）　DEM（定语）　1sg（主语）　NEG（状语）　喝（谓语）

这酒我不喝。

ȵɐ^{35}　mər^{53}　ŋa^{53}　tʃhɛ^{53}nɔ^{35}.

人（宾语）　DEM（定语）　1sg（主语）　知道（谓语）

那个人我知道。

ȵɐ^{35}　ndɐ^{53}　ŋa^{53}　rɛ^{53}　ŋɐ^{35}mu^{31}ʐe^{35}　ʃʅ^{31}.

人（宾语）　DEM（定语）　1sg（主语）　TOP　不知道（谓语）　TAM

这个人我不认识。

（二）壮语的位置

状语的位置通常在谓语之前，但程度副词xə̃^{53}做状语时，可以放在形容词后面，判断词之前。例如：

ŋa^{53} mɛ^{35}ŋgɔ^{241} rɛ^{31} mɛ^{35} ȵyə^{35} dɛ^{35}.

1sg（主语） 药铺（状语） 里：LOC 药（宾语） 抓（谓语） DUR

我在药铺里抓药。

khe^{241}ȵi^{53} ndɔ^{35} ŋgɛ^{31}rɔ^{53} tɕhe^{35} ʃʅ^{31}.

3sg（主语） 昨天（状语） 城里（状语） 去：PFV（谓语） PFV

他昨天进城去了。

po^{35} gɔ^{31}zɔ^{53} ndʑa^{35} gue^{241} re^{31}!

姑娘（主语） 漂亮（谓语） 好（状语） 很（状语） COP（谓语）

好漂亮的一个姑娘！

rɐ^{35} ndɐ^{53} ndɐ^{35}mu^{53} gue^{241} re^{31}!

山（主语） DEM（定语） 高（谓语） 很（状语） COP（谓语）

这座山很高！

khe^{241}ȵi^{53} ȵi^{35}nɛ^{53} la^{31}ta^{53} xə̃^{53}.

3sg（定语） 名气（主语） 大（谓语） 很（状语）

他的名气很大。

（三）定语的种类和语序

1. 名词做定语在中心词的前面。例如：

ȵɛ̃^{31}ȵi^{53} kɔ^{31}uɛ^{53} 孩子的脚

孩子（定语） 脚（中心词）

ndʑi^{53}ȵi^{35} i^{31}ndʑi^{53} 旧年的事

旧年（定语） 事（中心词）

dɛ^{31}rɔ^{53} tɕhi^{31}mbɛ^{53} 村子里的年轻人

村子（定语） 小伙子（中心词）

pe^{31}gə^{53} ʑi^{35} 老师的书

老师（定语） 书（中心词）

a^{31}tʃɛ^{53} to^{53}zʅ^{53} 哥哥的钱

哥哥（定语） 钱（中心词）

2. 形容词做定语时在中心词的后面。例如：

ndzɐ^{35} tã^{53}mu^{53} 清澈的湖 ȵɐ^{35} ndʐa^{35} 好人

湖（中心词） 清澈（定语） 人（中心词） 好（定语）

mə³¹rɛ⁵³ mɐ³¹rʅ⁵³ 红花

花（中心词） 红（定语）

kue³⁵ kɐ⁵³rʅ⁵³ 白衣服

衣服（中心词） 白色（定语）

ʑi³⁵ ka³¹ndu³⁵ 厚书

书（中心词） 厚（定语）

pə³¹le⁵³ kɐ⁵³rʅ⁵³ 白驴

驴（中心词） 白色（定语）

kue³⁵ ȵo³⁵ 黑衣服

衣服（中心词） 黑色（定语）

tɕɛ⁵³ ȵo³⁵ 黑发

头发（中心词） 黑色（定语）

3. 人称代词和疑问代词做定语常常放在中心词前面，与名词相同。例如：

suɐ⁵³ ʑi³⁵ 谁的书

谁（定语） 书（中心词）

ŋa⁵³ iɛ⁵³mbo⁵³ 我的口袋

我（定语） 口袋（中心词）

ŋɛ²⁴¹rɛ⁵³ ŋgɐ³⁵tɕhi⁵³ 我们的领班

我们（定语） 领班（中心词）

kha³¹ra⁵³ ndʐuɐ⁵³ 他们的庄稼

他们（定语） 庄稼（中心词）

4. 指示代词做定语通常放在中心词的后面，如果有量词，则放在量词的后面。例如：

dzɛ³⁵ʐʅ⁵³ ndɐ⁵³ 这个月

月（中心词） 这（定语）

ȵɛ̃³¹ȵi⁵³ ndɐ⁵³ 这孩子

孩子（中心词） 这（定语）

ȵɐ³⁵ ndɐ⁵³ 这人

人（中心词） 这（定语）

ŋgɔ³¹uɛ⁵³ mər⁵³ 那房子

房子（中心词） 那（定语）

no³⁵ ndo³¹ko³⁵ 这些牛

牛（中心词） 这些（定语）

ʑi³⁵ pɐ³¹lɐ⁵³ ndɐ⁵³ 这本书

书（中心词） 本（定语） 这（定语）

有时，指示代词可以放在中心词前面，但往往是在中心词被数词或数量词修饰的情况下。例如：

ndɐ⁵³ ȵɐ³⁵ ie³¹ 这一个人

这（定语） 人（中心词） 一（定语）

mər⁵³ kue³⁵ ȵi³⁵ 那两件衣服

那（定语） 衣服（中心词） 二（定语）

ndɐ⁵³ ʑi³⁵ pɐ³¹lɐ⁵³ so⁵³ 这三本书

这（定语） 书（中心词） 本（状语） 三（定语）

5. 量词和数词结合成词组做名词的定语放在名词的后面。例如：

ro³⁵ tshɔ³¹uə⁵³ ie³¹ 一窝蜂

蜂（中心词） 窝：CL 一（定语）

rɛ³⁵ dʑɛ³⁵uɛ⁵³ ȵi⁵³ 两群羊

羊（中心词） 群：CL 两（定语）

ʃɛ³⁵ guə³¹le⁵³ so⁵³ 三块肉

肉（中心词） 块：CL 三（定语）

ʃuə^{31}ʃuə^{53}　ndu^{35}　ie^{31}　一叠纸

纸（中心词）　叠：CL　一（定语）

6. 数词可以不和量词结合直接修饰名词，做名词的定语时，放在名词的后面。例如：

ie^{53}　so^{53}　三岁

年（中心词）　三（定语）

pɐ^{53}rɛ^{31}po^{35}　ŋɛ^{35}　五个子女

子女（中心词）　五（定语）

no^{35}　ie^{31}　一头牛

牛（中心词）　一（定语）

ɕɛ^{53}　so^{53}　三只鸡

鸡（中心词）　五（定语）

tʃɐ^{53}tsɿ^{53}　dʑu^{35}　六张桌子

桌子（中心词）　六（定语）

ȵɐ^{35}　zɐ^{35}　四个人

人（中心词）　四（定语）

二　单句

（一）句类

根据白马语句子的语气和构成特点，白马语可分为陈述句、疑问句、祈使句和感叹句四种类型。

1. 陈述句

陈述句是一种具有逻辑命题的句子，可以判断真假值的句子。不同的陈述句有不同的结构特点，造成不同的句子类型。所以，陈述句还可以分为描写句、判断句、存现句、叙述句。例如：

（1）描写句

描写句是对充当主语的人或物的属性、性质所呈现的情景、状态进行描写。例如：

khe^{241}ȵi^{53}　ȵe^{53}　go^{35}　ŋgə^{35}　re^{35}.

3sg　人　诓　擅长　TAM

他最擅长诓人。

khe^{241}ȵi^{53}　dzɐ^{35}　dzɐ^{35}　ndʒuɐ^{35}　lu^{35}　mɔ^{31}　tɕhe^{35}.

3sg　说：IPFV　说：IPFV　嘴　漏　PFV　VIS

他说着说着就露馅了。

ʃa^{35}　ndɐ^{53}　dʑy^{35}tʃe^{31}　mɔ^{31}ʃɿ^{31}.

野兽　DEM　绝迹　CSM

这种动物已经绝迹了。

（2）判断句

白马语的判断句一般用判断词re^{31}“是”来表达。例如：

khe^{241}ȵi^{53}　ȵɐ^{35}　tɕɔ^{31}ʃə^{53}　ie^{31}　re^{31}.

3sg　人　爽快　一　COP

他是一个爽快人。

khe^{241}ȵi^{53} khɛ^{31}tsɿ^{53} re^{35}.

3sg 乞丐 COP

他是个乞丐。

te^{31}re^{53} ŋa^{53} sɐ^{53} ie^{53} kɛ^{31}mɛ^{53} re^{35}.

今天 1sg 出生 年 日子 COP

今天是我的生日。

khe^{241}ȵi^{53} pe^{53} re^{35}, xue^{31}xue^{35} ma^{31} re^{35}.

3sg 藏族 COP 回族 NEG COP

他是藏族，不是回族。

（3）存现句

存现句说明某处有某人或某物，实际上也包括事物的出现、消失或变更。例如：

tɕɔ^{35} khɛ^{31} ua^{31}ua^{53} ie^{31}zɿ^{53} ndʑɛ^{53} ra^{31} nɔ^{31}.

墙 上：LOC 画 一张 贴 ADV 在

墙上贴着一张画。

pɛ̃^{31}tɕi^{53} khɛ^{53} nɛ^{53}pɛ^{53}ȵi^{31} ie^{31} thɔ^{53} nɔ^{31}.

椅子 上：LOC 病人 一 坐 在

椅子上坐着一个病人。

ro^{31}na^{53} nɔ^{31} khə^{53} ŋgɛ^{53} mbɐ^{35} ʃɿ^{31} nɔ^{35}.

苍蝇 天 上：LOC 很多 飞 ADV 在

半空中飞着很多苍蝇。

（4）叙述句

叙述句是对动作或事物事件的过程进行叙述。例如：

ŋɛ^{31}rɛ^{35} dɛ^{31}rɔ^{53} ŋgɐ^{53}uɛ^{53} ŋo^{31}ndʑyə^{53} tshuə^{53} ɕo^{35}.

EXCL 村子 头人 前面 过来 NVOLI

前面走来的是我们的村长。

dɛ^{31}rɔ^{53} ɕi^{31}tʃə^{53} ȵi^{31} iɛ^{53}pu^{53} la^{31}ta^{53} ie^{53} ue^{35} ʃɿ^{31}.

村里 外地 人 身材 大 一 来 PFV

村里来了一个大个子外地人。

lɔ^{53}tʂã^{31} tci^{31} ʃə^{35}nɛ^{31}ŋgə^{31} no^{35} ndʑɛ^{31}mbu^{53} so^{53} ʃə^{53} mə^{31}ʃɿ^{31}.

老张 家 一下子 牛 头：CL 三 死 CSM

老张家一下子死了三头牛。

2. 疑问句

白马语的疑问句有多种表达方式：句中用疑问代词的、动词用疑问式的、句末用疑问语气词的、有用选择问和是非问的，等等。例如：

（1）特指疑问句

特指疑问句在句法结构中总是包含一个疑问词，这个疑问词是疑问的焦点，回答必须按照焦点作答。白马语的特指疑问句一般句末要添加语气词nɔ³⁵“有”或re³¹“是”。例如：

tɕhe⁵³　ŋgə³⁵　ȵɐ³⁵　tʃhʅ³¹zɔ⁵³　nɔ³⁵?

2sg　家　人　多少　有

你家有几口人？

kha³¹ra⁵³　ka³¹tsɛ⁵³　iɔ³¹　ue³⁵　mɛ⁵³　re³¹?

3pl　哪儿　ABL　来　NMLZ　COP

他们从哪儿来的？

ndzue³⁵mbu⁵³　na³¹ndzue⁵³　tse⁵³　re³⁵?

客人　什么时候　到　COP

客人什么时候到？

（2）是非疑问句

是非疑问句要求听话人对提出问题做出肯定或否定的回答。句末可以添加语气词，也可以不添加，比较随意。例如：

tɕhe⁵³　phɛ³¹gə³⁵　ŋgə³⁵　nɔ³⁵?

2sg　老爷子　家　在

你家老爷子在家吗？

tɕhe³¹　rɛ⁵³　ŋgẽ³¹nɔ⁵³　ndʑe³¹　iɔ³¹?

2sg　pl　城里　去：IPFV　FUT

你们要去城里吗？

tɕhe⁵³　khɛ³¹tsʅ⁵³　tʃo⁵³ie⁵³　mər⁵³　ȵi³¹ndo³⁵　uɛ³¹　ma³¹?

2sg　乞丐　一个　DEM　VIS　VOLI　QUES

你看见那个乞丐了吗？

suə³⁵　ɕɛ³⁵　ndʒɛ³⁵　iu³⁵uɛ³¹　ua³¹?

大麦　面　吃：IPFV　EXP　QUES

大麦面吃过吗？

khe²⁴¹ȵi⁵³　tse⁵³　ʃʅ⁵³　ua³¹?

3sg　到　TAM　QUES

他到了吗？

（3）选择疑问句

选择疑问句提出并列的两项或多项问题，要求听话人从中选出一项，选择疑问句的疑问点不确定，主语、谓语、宾语都可以做疑问点。一般在所选择的两项中间加语气词ɦa^{35}sɿ^{35}。例如：

tɕhe^{53} ndʑe^{53} ɦa^{241}sɿ^{53} mu^{31} ndʑe^{53}?

2sg 去：IPFV INTROG NEG 去：IPFV

你去还是不去？

khe^{241}ȵi^{53} ia^{53} ɦã^{31}mɛ^{53}mɛ̃^{35} re^{35} ɦa^{241}sɿ^{53} ʃa^{53}mɛ^{53}mɛ̃^{35} re^{35}?

3sg 手 烫伤 COP INTROG 烧伤 COP

他的手是烫伤还是烧伤？

tɕhe^{53} ndʒɛ^{3} ɦa^{31}sɿ^{35} mu^{31} ndʒɛ^{35}?

2sg 吃：IPFV INTROG NEG 吃：IPFV

你吃还是不吃？

（4）正反问句

正反问句用谓语构成肯定与否定形式的提问，希望听话人从肯定和否定中选择一项作答。例如：

tɐ^{31}zɿ^{53} tɕe^{53}uɛ^{53} ndʐa^{35} re^{53} ma^{31} re^{31}?

今年 收成 好 COP NEG COP

今年收成好不好？

tɕhe^{53} ndʑe^{53} mu^{53} ndʑe^{53}?

2sg 去：IPFV NEG 去：IPFV

你去不去？

3. 祈使句

祈使句是要求听话者做事或不做事的句子。白马语的祈使句有些带语气词，有些不带。例如：

（1）命令句

命令式要求听话人必须服从内容指令，结构一般比较简单，一般不添加语气词。例如：

tɕhe^{53} so^{35} ȵi^{53} lɔ^{53}tʂã^{53} ie^{31} tʃhɔ^{31}gue^{35} y^{31} ɕi^{35}.

2sg 去：IMP SCV 老张 DAT 开水 倒 VCL

你去给老张倒杯水喝。

ze^{31}me^{53} dzɿ^{53}dzɛ^{53}ndʑi^{241}.

马上 行动

马上行动。

tɕhe^{53} to^{53}zɿ^{53} suə^{53} ra^{31}.
2sg 钱 存 ADV
你把钱存起来。

tɕhe^{53} khe^{241}ȵi^{53} ɕi^{53} zo^{35} ku^{31}tɕɛ^{53}.
2sg 3sg 回来 捉 PRT
你把他捉回来。

（2）禁止或劝阻句

禁止或劝阻句明确表示听话人不得做某件事，或劝告听话人不能做或不准做某事，白马语的禁止或劝阻句一般在动词前面加ma^{31}“别”表示。例如：

tɕhe^{31}rɛ^{53} ge^{31}tsɛ^{53} ma^{31} ndʑe^{53} nɔ^{31}.
2pl 外面 PROH 去：IPFV TAM
你们别出去了。

tɕhe^{53} ŋa^{53} pi^{31} le^{53} ma^{31} ɕe^{53}.
2sg 1sg 逼 ADV PROH 做
你别逼我。

tɔ^{53} a^{31}ie^{53} ma^{31} dzɐ^{35}.
话 不好 PROH 说：IPFV
别说坏话。

fu^{35} ma^{31} ndʐ̩ue^{35}.
乱 PROH 跑：IPFV
别乱跑。

（3）请求或商议句

请求或商议句表达的是请求他人做某事，一般要添加语气词，白马语常用ʃa^{53}“吧”表示。例如：

khe^{241}ȵi^{53} ŋue^{35} ndo^{241} tʃhu^{31}.
3sg 先 喝 3sg:CAUS
让他先喝。

ŋa^{53} ndʑe^{53} ndʒuɐ^{35} ʃɿ^{31}!
1sg 去：IPFV 1sg:CAUS 吧
让我去吧！

zɛ^{241}rɛ^{53} tɕo^{31}tsɿ^{53} ʃo^{35} ndʑe^{31} ʃa^{53}!
INCL 玉米 收 去：IPFV PRT

咱们收玉米去吧！

zɛ^{241}rɛ^{53} ka^{31}ta^{53}tshe^{31} ndʑe^{31} ʃa^{53}!

INCL 打靶 去：IPFV PRT

咱们去打靶吧！

zɛ^{241}rɛ^{53} ze^{241}me^{53} ndʑe^{31} ʃa^{53}!

INCL 赶紧 走：IPFV PRT

咱们赶紧走吧！

tie^{31}zɿ^{53} tʃo^{53}ie^{53} ndɐ^{53} tʃa^{53} mɔ^{31}ʃɿ^{31} ge^{31}tsɛ^{53} ʃue^{35} mɔ^{31}!

盘子 一个 DEM 破 CSM 外面 扔 PRT

这个盘子破了，扔了它吧！

4. 感叹句

感叹句表达说话人强烈的情感，如喜悦、惊讶、悲伤、惋惜等。白马语的感叹句还可以添加一些叹词。例如：

ɛ^{31}dze^{35}！ tɕhe^{53} na^{31}ndzue^{35} ɕi^{53}ue^{35} uɛ^{31}?

哎呀 2sg 什么时候 回来 VOLI

哎呀！你什么时候回来的？

dze^{35}! nɛ^{53}ȵi^{31}ɔ^{31} ɛ^{31}!

哎呀 好疼 PRT

哎呀！好疼啊！

do^{35} ndɐ^{31} ndə^{31}mu^{53}!

树 DEM 高

这棵树多高啊！

ᴘo^{35} gɔ^{31}zɔ^{53} ndʑa^{35} gue^{241}re^{31}!

姑娘 漂亮 好 很

好漂亮的一个姑娘！

kha^{31}tɕa^{53} ie^{53} ȵɐ^{31}ʃuɐ^{53} io^{35} ʃɿ^{31} ɔ^{31}!

已经 年 二十 有 TAM PRT

都二十年了啊！

（二）句式

根据句法结构中的某些共同特征，可将单句归纳成一定的句式，白马语常见的句式有双宾句、兼语句、连动句、处置句、被动句等。

1. 双宾句

双宾句是指动词带两个宾语的句子，一般来说，前一个宾语指人，后一个宾语指人、物或事情。例如：

lɔ^{53}tʂã^{53} lɔ^{53}li^{53} ie^{31} to^{31}zʅ^{53} ndʐɔ^{35} ɕi^{31} ʃʅ^{31}.

老张 老李 BEN 钱 千 给 PFV

老张给了老李一千块钱。

khe^{241}n̥i^{53} ŋə^{53} to^{31}zʅ^{53} ndʐɔ^{35} ndʐ̥huə^{53} khuɐ^{53} tɕhe^{31} ʃʅ^{31}.

3sg 1sg 钱 千 抢 DIR 去：PFV PFV

他抢了我一千块钱。

khe^{241}n̥i^{53} ra^{31}ŋgu^{53} tʃa^{31}no^{53} sɛ^{31}bɛ^{53} n̥yə^{35} ʃʅ^{31}.

3sg REFL 车 新 买 PFV

他给自己买了一辆新车。

khe^{241}n̥i^{53} ŋa^{53} ʑi^{35} pɐ^{31}lɐ^{53} ndɐ^{53} ɕi^{35} ʃʅ^{31}.

3sg 1sg 书 本：CL DEM 送 PFV

他送了我这本书。

lɔ^{53}tʂã^{53} nɛ^{31} lɔ^{53}li^{53} to^{31}zʅ^{53} ndʑe^{31}uɛ^{53} ɕi^{53} ʃʅ^{31}.

老张 TOP 老李 钱 借 给 PFV

老张借了老李一百块钱。

ŋa^{53} khe^{241}n̥i^{53} tsa^{31} to^{31}zʅ^{53} ndʑe^{31}uɛ^{53} ɕi^{53} uɛ^{31}.

1sg 3sg ALL 钱 一百 借 VOLI

我借了他一百块钱。

ŋɛ^{31}rɛ^{5} vɛ^{35}kə^{31} khe^{241}n̥i^{53} lɔ^{31}uã^{35} ndzɐ^{35} dɛ^{35}.

1pl 都 3sg 老王 叫：IPFV HAB

我们都叫他老王。

2. 兼语句

兼语句多是指由兼语短语充当谓语或直接成句的句子，有使令的意思，所以句中前一个谓语多由使令动词充当。常见的使令动词有："使""让""叫"等。兼语句中兼语的谓语（第二动词）是前边动作所要达到的目的或产生的结果，即兼语前后两个动词在语意上有一定联系。例如：

lɔ^{53}tʂã^{53} khe^{241}n̥i^{53} pɐ^{53} sɔ^{35} ndo^{241} mu^{31} ndʒuə^{35} ʃʅ^{31}.

老张 3sg 儿子 饭 吃 NEG PERMS TAM

老张不让他儿子吃饭。

i^{31}ndʑi^{53} tʃo^{31}ie^{53} ndɐ^{53} ŋa^{53} ȵa^{35} rɛ^{53} mu^{31} gɛ^{35}ʃʅ^{31}.

事情 一件 DEM 1sg 一点 TOP NEG 高兴

这件事让我很不高兴。

khe^{241}ȵi^{53} ndʑe^{53} re^{31} khe^{241}ȵi^{53} ndʑe^{53} ie^{53} ndɐ^{53} re^{35}.

3sg 去：IPFV TAM 3sg 去：IPFV PERMS DEM TAM

他要去，就随他去吧。

mbɐ^{31}rʅ^{53} tʃo^{31}ie^{53} ndɐ^{53} tɕhe^{53} zɛ^{35} re^{31} ʃa^{53}!

碗 一只 DEM 2sg 借 TAM PRT

这只碗借给你用吧！

3. 连动句

连动句中的两个动词短语，互不做成分，而是共同做谓语，但在语义上有目的和方式、原因和结果、先和后的关系，连动句短语的位置顺序不能相互颠倒，中间也没有语音停顿。它们可以分别连着主语单说。例如：

khe^{241}ȵi^{53} tsʅ^{35}ɕĩ^{35}tʃhə^{31} io^{35} khuɐ^{31} ȵi^{31} rɐ^{31} khɛ^{53} tɕhe^{31}.

3sg 自行车 骑 DIR SVC 山 上：LOC 去：PFV

她骑着自行车上山了。

tɕhe^{53} tʃhɔ^{53} rɛ^{31} sɔ^{35} ndʑy^{35} mɔ^{35} rɛ^{31} so^{31}!

2sg 酒 CONJ 饭 吃：PFV PFV ADV 走：IMP

你喝了酒吃了饭再走吧！

kha^{31}ra^{53} mbe^{53} ȵi^{31} tʂhʅ^{31}gə^{53} tɛ^{53} ndʑe^{31} ʃʅ^{31}!

3sg 叫：IPFV ADV 池哥 看 去：IPFV TAM

叫他一起去看池哥昼！

4. 处置句

白马语的处置句相当于汉语的“把”字句，用以表达对受事施加某种影响并造成某种后果。例如：

suɐ^{53} ra^{31} tʃhɔ^{53} tɛ^{53}mbu^{53} kɔ^{35} mər^{31} ndʑy^{35} mɔ^{31}ʃʅ^{31}?

谁 DISP 酒 瓶 满 DEM 喝：PFV CSM

谁把那瓶酒给喝完了？

tɕhe^{53} tʃɐ^{53}tsʅ^{31} tsha^{35} ɕi^{31}.

2sg 桌子 擦 VCL

你把桌子擦一下。

khe^{241}ȵi^{53} ra^{53} iɔ^{31}ie^{53} ʃə^{31}mba^{53} ŋguə^{53} mɔ^{31}ʃʅ^{31}.

3sg DISP 土豆 皮 剥 CSM

他把土豆皮剥了.

kha^{31}ra^{53} ŋgɔ^{31}uɛ^{53} i^{31}ʑi^{53} ȵɛ^{31}kɔ^{53} ɛ̃^{35} ra^{31} nɔ^{31}.

3pl 房间 DIST 灯 装 ADV 在

他们给每个房间都装上了电灯。

lɔ^{53}tʂã^{53} ra^{31} dɛ^{31}rɔ^{53}ŋgɐ^{53}uɛ^{53} ʃɛ^{53}dzʅ^{35} ȵi^{31} ȵɐ^{35} mɔ^{31}ʃʅ^{31}.

老张 DISP 村主任 气 COMP 疯 CSM

老张把村主任气疯了。

5. 被动句

白马语的被动句是在被动者后面加ra^{31}表示。例如：

ɕɛ^{53} ɕi^{31}ʐɔ^{53} ʃʅ^{31}mu^{53}tsɔ^{53} ra^{31} the^{35} khuɐ^{31} tɕhe^{31} ʃʅ^{31}.

鸡 DIM 黄鼠狼 PASS 叼 DIR 走：PFV PFV

小鸡被黄鼠狼给叼走了。

ŋa^{53} dɛ^{31} rɔ^{53} ŋgɐ^{53}uɛ^{53} ra^{53} dzɛ^{31}dzʅ^{53} ɲe^{35} dɛ^{35}.

1sg 村主任 里：LOC 头人 PASS 批评 挨 DUR

我被村主任批评了。

lɔ^{53}tʂã^{53} tsɛ^{53} ʃɛ^{31}mbe^{53} lo^{35} ra^{31} tʃhue^{35} khuɐ^{31} tɕhe^{31} ʃʅ^{31}.

老张 草 帽 风 PASS 吹 DIR 走：PFV PFV

老张的草帽被风吹走了。

6. 否定句

白马语通过在动词或助动词前加否定副词mu^{31}“不”或ma^{31}“不”来构成否定句。例如：

ɲɛ^{241}rɛ^{53} ŋgə^{35} tiɛ̃^{35}sʅ^{35} mu^{31}nɔ^{35}.

EXCL 家 电视 没有

我们家没有电视。

lɔ^{53}tʂã^{53} rɔ^{53}dʑi^{35}rɛ^{31} tiɛ̃^{35}sʅ^{35} mu^{31} tɛ^{53} ʃʅ^{31}.

老张 平时 电视 NEG 看 TAM

老张平时不看电视。

khe^{241}ȵi^{53} tʃhɔ^{53} ma^{31} ndʑy^{35} ʃʅ^{31}.

3sg 酒 NEG 喝：PFV TAM

他没喝酒。

tɕhe^{53} tʃhɔ^{53} ma^{31} ndo^{241}.

2sg 酒 PROH 喝

你别喝酒。

tɕhe^{53} tʃhɔ^{53} ndo^{241} mu^{31} gɐ^{35}.

2sg 酒 喝 NEG 要

你不要喝酒。

tɕhe^{31}rɛ^{31} ŋgɛ^{31}mbu^{53} ndʒɛ^{35} mu^{31} ndʒɛ^{35}?

2pl 杏子 吃：IPFV NEG 吃：IPFV

你们吃杏不?

7. 比较句

白马语的比较句可以分为差比和等比两类。

（1）差比

肯定的差比句要使用助词“khɛ^{31}”，意思是“在……之上”，在句中位于比较基准和比较参项之间，类似于汉语的“比”。例如：

tɕhe^{53} ŋa^{53} khɛ^{53} ndɐ^{31} re^{53}.

2sg 1sg COMPR 高 COP

你比我高。

khe^{241}ȵi^{53} ɦa^{35} tɕhe^{53} khɛ^{53} ndɐ^{31} re^{53}.

3sg REP 2sg COMPR 高 COP

他比你还要高。

否定的则使用词汇表达式uə^{35}ma^{31}“不如”。例如：

ŋa^{53} ndʑɛ^{31}ndzɿ^{53}re^{31} khe^{241}ȵi^{53} uə^{35}ma^{31} re^{35}.

1sg 聪明 3sg 不如 TAM

我不如他聪明。

（2）等比

等比使用“ȵɔ^{35}dɔ̃^{35}或ndʒɛ^{31}ia^{35}+形容词+nɔ^{31}或re^{31}”的格式。例如：

lɔ^{53}uã^{53} rɛ^{31} lɔ^{53}tʂã^{53} ȵɔ^{35}dɔ̃^{35} ndɐ^{35} nɔ^{31}.

老王 CONJ 老张 一样 高 有

老王跟老张一样高。

ŋa^{53} iɔ^{35} ndʑe^{53} ŋa^{53} a^{31}pɛ^{53} ndʒɛ^{31}ia^{35} ndʑe^{53}pu^{53} re^{31}.

1sg 路 走：IPFV 1sg 爸爸 一样 快 COP

我走路跟我爸爸一样快。

否定的情况是在nɔ^{31}/ re^{31}前加上mu^{31}“不”或ma^{31}“不”。例如：

ŋə^{53} tɕɛ^{53} tɕhe^{53} tɕɛ^{53} pa^{35} mu^{31}nɔ^{35}.

1sg 头发 2sg 头发 长 没有

我的头发没你的长。

ŋa^{53} iɔ^{35} ndʑe^{53} re^{31} ndʑe^{53}pu^{53} ŋa^{53} a^{31}pɛ^{53} ia^{35}ȵi^{35}ma^{31} re^{31}.

1sg 路 走：IPFV TAM 快 1sg 爸爸 不如 TAM

我走路没有我爸爸快。

三 复句

白马语的复句分联合复句和偏正复句两类。

（一）联合复句

联合复句一般不用连词连接前后分句，根据前后各分句之间的关系，大致有以下四类：

1. 并列复句

并列复句由两个或两个以上的分句构成，分句之间是平等联合关系，没有主次之分。白马语主要是利用语义关联，有时也使用关联词语，如，ɕuɛ̃^{35} “一边”。例如：

khe^{241}ȵi^{53} ɕuɛ̃^{35} ndʐe^{35}, ɕuɛ̃^{35} ndʒo^{35}.

3sg 一边 唱歌 一边 跳舞

他一边唱歌，一边跳舞。

ndɐ^{53} ŋə^{53} du^{35} re^{35}, mər^{53} tɕhe^{53} du^{35} re^{35}.

DEM 1sg 手镯 COP DEM 2sg 手镯 COP

这是我的手镯，那是你的手镯。

2. 承接复句

多个动作或事件按照顺序逐个叙述，先后关系一般不宜更换，表示这样关系的分句构成承接复句，也叫连贯复句或顺承复句，白马语主要是利用语义关联，没有关联词语。例如：

lɔ^{53}tʂã^{31} sɔ^{35} ndʑy^{35} mɔ^{35} ȵi^{53} sɛ^{31} nɔ^{53} ʑi^{35} ɕe^{31} tɕhe^{31}, khe^{241}ȵi^{53}

老张 饭 吃：PFV PFV PRT 地 里：LOC 活 干 去：PFV 3sg

pɐ^{53} gɐ^{35} ge^{31}tsɛ^{53} tʃɛ^{53} ra^{31} nɔ^{31}, tsɿ^{53}khɛ^{31} ŋue^{35} se^{31} nɔ^{53} tɕhe^{35} rɛ^{31}

儿子 门 外面 锁 ADV 在 只能 先 地 里：LOC 去：PFV TOP

khe^{241}ȵi^{53} a^{53}pa^{53} tshɿ^{53} ȵi^{53} te^{31}ȵi^{53} iɔ^{31}.

3sg 爸爸 找 ADV 钥匙 PROS

老张吃完饭去地里干活了，他儿子被锁在门外面，只能先去地里找爸爸拿钥匙。

3. 递进复句

递进复句的各分句之间的语义在数量、程度、时间、范围等方面呈现加深或推进关系，因此也叫进层复句。一般来说各分句之间的顺序较为固定。有时也用关联词表示，如，tɕɔ^{35}se^{31} “那就”。例如：

khe^{241}n̥i^{53} dzɐ^{35} ŋgə^{35} re^{31}, ɕe^{31} ŋgə^{35} iɛ^{53} re^{35}.

3sg 说：PFV 会 TAM 做 会 也 TAM

他不单会说，而且也很会做。

tɕi^{35}zɛ̃^{31} tɕhe^{53} kha^{31}tɕa^{35} ŋgɛ^{31}rɔ^{53} tse^{53} ʃʅ^{53}, tɕɔ^{35}se^{31} sɔ^{31}ŋgɔ^{35} rɛ^{31}

既然 2sg 已经 县城 到 TAM 那就：LNK 饭馆 里：LOC

ndʒɛ^{31} ie^{53} ndz̥a^{35} sɛ^{31}uə^{53} ndʒɔ^{35}.

吃：IPFV 一 好 顿 吃：IMP

既然你已经到了县城，那就在馆子里面吃顿好吃的。

4. 选择复句

选择复句是说话人提供两种或两种以上的其情况供听话人选择。白马语用ɦa^{31}sʅ^{53}“还是”或mə^{53}nɔ^{53}“要么”来表示。例如：

tʃa^{53}ɕi^{53} lio^{35} ndʒuə^{31} re^{35}, ɦa^{31}sʅ^{53} kha^{53}tɕa lio^{35} ndʒuə^{31} re^{35}?

扎西 留下 PERMS TAM 还是 卡佳 留下 PERMS TAM

是扎西留下，还是卡佳留下？

mə^{53}nɔ^{53} tɕhe^{53} so^{35}, mə^{53}nɔ^{53} ɕɔ^{31}wã^{35} so^{35}.

要么 2sg 去：IMP 要么 小王 去：IMP

要么你去，要么小王去。

（二）偏正复句

偏正复句一般都有连词连接，根据前后分句之间的关系，大致可以分为以下四类：

1. 因果复句

因果复句的分句之间存在原因与结果的关系。白马语用tɕɔ^{35}se^{31}“所以”连词表示，有时也可以省略，连词的使用比较随意。例如：

ŋa^{53} tɕhyə^{31}ʃʅ^{31} tʃhe^{53} n̥i^{31} xɔ̃^{53}, n̥a^{53} rɛ^{31} ndʑe^{31} se^{35} mu^{31}nɔ^{35}.

1sg 实在 累 COMP 很 一点 TOP 去：IPFV 心 没有

因为我实在太累了，所以一点都不想去。

khe^{241}n̥i^{53} ue^{35}tɕi^{53}pa^{53} gɐ^{35} nɔ^{53} tsɛ^{53} rɛ^{31}, tɕɔ^{35}se^{31} ʑi^{35} tɛ^{53} n̥i^{53}

3sg 当年 家 里：LOC 穷 COMP 所以：LNK 书 看 COMP

ma^{31} ndʑo^{35} ʃʅ^{31}.

NEG 成功 PFV

他当年因为家里穷，所以读不起书。

2. 转折复句

转折复句表示正句跟偏句的意思相反或相对，一般用ɦo^{35}“又”“但是”或nɛ^{31}“不但”

表示。例如：

ŋa^{53} ndʑe^{53} mu^{31} gɛ^{35}ʃʅ^{31}, ɦo^{35} khɛ^{53}ŋuə^{31}ndʑyə^{53} dzɐ^{35} n̥i^{31}

1sg 去：IPFV NEG 高兴 但是：LNK 当面 说：IPFV COMP

mu^{31} ndʑo^{35} ʃʅ^{31}.

NEG 行 PFV

虽然我也不想去，但又不便当面说。

khe^{241}n̥i^{53} nɛ^{31} tʂhə̃^{35}du^{53} to^{53} vu^{35} ma^{31} io^{35}, ɦa^{35} ŋgɛ^{31}rɔ^{53} to^{53}

3sg 不但：LNK 成都 都 来 NEG 有 连：LNK 县城 都

ndʑe^{53} ma^{31} io^{35} ʃʅ^{31}.

去：IPFV NEG 有 TAM

他不但没来过成都，而且连县城也没到过。

3. 假设复句

假设复句的偏句提出假设或条件，正句表示假设或条件的结果，白马语的正句用se^{53}“就”表示结果。例如：

nɔ^{35}dʑɛ^{35} ndʐa^{35} rɛ^{31} zɛ^{241}rɛ^{53}, se^{53} tɕo^{31}tsʅ^{53} ʃo^{35} ndʑe^{31} ʃa^{53}!

天气 好 TOP INCL 就：LNK 玉米 收 去：IPFV TAM

如果天气好的话，咱们就收玉米去吧！

lɔ^{53}tʂã^{31} nɔ^{35} tɛ̃^{31}sʅ^{35} ŋgɛ^{31}rɔ^{53} ndʑe^{31} tɔ^{35}rɔ^{31}, tɕhe^{53} se^{31} khe^{241}n̥i^{53} tɕhe^{53}

老张 明天 假如 县城 去：IPFV 的话 2sg 就 3sg 2sg

ie^{53} iɔ^{35}i^{53} dʑɔ^{35} ŋɛ^{35} tɕa^{35} tʃhu^{31}.

BEN 土豆 斤：CL 五 称 CAUS

假如老张明天去县城，你就让他帮你买5斤土豆。

4. 目的复句

目的复句表示正句跟偏句的目的关系。正句一般用se^{53}“就”表示目的。例如：

zɛ^{241}rɛ^{53} tʃɔ^{53} me^{35} mɔ^{31}mɔ^{53} suə^{53}ndʒuə^{31}, se^{53} ie^{5}sɛ^{53}rɛ^{31} ndʐuɐ^{53} mɔ^{53}vu^{53} do^{35}

INCL 现在 肥 多多 积攒 就 明年 粮食 多 打

ie^{53} ɕe^{53} dɛ^{35}.

NMLZ 做 TAM

咱们现在多多地积肥，为的是明年多打粮食。

第六章 语料

第一节

语法例句

001 老师和学生们在操场上玩。

pe^{31}gə^{31} lɛ^{31} tso^{31}ma^{53} rɛ^{31} ʑa^{35}rɛ^{31} tso^{35}tsɛ^{31} dɛ^{31}.

老师 CONJ 学生 PL 操场 玩 DUR

002 老母猪下了5头小猪崽。

pha^{53} iɛ^{53}mu^{53} ge^{31}vu^{53} pha^{53} pho^{31}ro^{53} ndʑɛ̃^{31}mu^{53} ŋɛ^{35} tɕhi^{53} ra^{31} nɔ^{35}.

猪 FEM 老 猪 DIM 头：CL 五 下 ADV 有

003 我爸爸教他们的孩子说汉语。

ŋə^{53} a^{31}pɛ^{53} kha^{241}ra^{53} ȵɛ̃^{31}ȵi^{53} ie^{31} dʑɛ^{31}ke^{53} tso^{53} dɛ^{35}.

1sg 爸爸 3pl 孩子 BEN 汉语 教 DUR

004 村子里事事都有人做，人人都很高兴。

dɛ^{31} rɔ^{53} i^{31}ndʑi^{53} i^{31}ʑi^{35} vɛ^{35}kə^{31} ɕe^{53} ȵi^{53} nɔ^{35}, ȵɐ^{35} i^{31}ʑi^{35} vɛ^{35}kə^{31}

村子 里：LOC 事 DISTR 都 做 人 有 人 DISTR 都

ʃɐ^{53}gɛ^{35} xə̃^{53}.

高兴 很

005 咱们今天上山去吧！

zɛ^{241}rɛ^{53} te^{31}re^{53} rɐ^{35} khɛ^{31} ndʑe^{31} ʃa^{53}!

INCL 今天 山 上：LOC 去：IPFV PRT

006 你家有几口人？

tɕhe^{53} ŋgə^{35} ȵɐ^{35} tʃhʅ^{31}zɔ^{53} nɔ^{35}?

2sg 家 人 几 有

007 你自己的事情自己做。

tɕhe^{53} ra^{31}ŋgu^{53} i^{31}ndʑi^{53} ra^{31}ŋgu^{53} ɕe^{53}.

2sg REFL 事情 REFL 做

008 这是我的手镯，那是你的手镯。

ndɐ^{53} ŋə^{53} du^{35} re^{35}, mər^{53} tɕhe^{53} du^{35} re^{35}.

DEM 1sg 手镯 COP DEM 2sg 手镯 COP

009 这些问题他们说自己去解决。

i^{31}ndʑi^{53} ndo^{31}ko^{53} kha^{241}ra^{53} kho^{31} ra^{31}ŋgu^{53} tha^{53}tʃe^{31} iɔ^{31}nɛ^{31}.

事情 这些 3pl NAR REFL 解决 TAM

010 他是谁？

khe^{241}ȵi^{53} suɐ^{53} re^{35}?

3sg 谁 COP

011 你想吃点什么？我什么也不想吃！

tɕhe^{53} tʃhɐ^{53} ȵa^{31} ndʒɛ^{35} ʃa^{53} sɔ^{53} uɛ^{31}? ŋa^{53} tʃhɐ^{53} iɛ^{31} ndʒɛ^{35}

2sg 什么 一些 吃：IPFV TAM 以为 VOLI 1sg 什么 也 吃：IPFV

se^{35} mu^{31} nɔ^{35}!

心 NEG 有

012 他们从哪儿来的？

kha^{241}ra^{53} ka^{31}tsɛ^{53} iɔ^{31} ue^{35} mɛ^{53} re^{35}?

3pl 哪儿 ABL 来 NMLZ COP

013 你想怎么样？

tɕhe^{53} tʃhu^{35} ɕe^{53} ʃa^{31} sɔ^{53} uɛ^{31}?

2sg 什么 做 TAM 想 VOLI

014 你家有多少头牛？

tɕhe^{53} ŋgə^{35} no^{35} ndʑɛ̃^{31}mu^{53} tʃhʅ^{31}zɔ^{53} nɔ^{35}?

2sg 家 牛 头：CL 多少 有

015 客人什么时候到？

ndʐue^{53}mbu^{53} na^{31}ndzue^{53} tse^{53} re^{35}?

客人 什么时候 到 TAM

016 今天的会就开到这里。

te^{31}re^{53} tɔ^{53} dɛ^{35} tɛ^{31}mɛ^{31} se^{53} nɛ^{35} tse^{53} tʃhu^{31}.

今天 话 DUR NMLZ 就 这里 到 CAUS

017　**粮食运来后就分给大家了。**

ndʐuɐ^{53}　nɛ^{35}　khue^{53}　ue^{35}　ȵi^{31}　se^{53}　dɛ^{35}uɛ^{53}　ie^{31}　gue^{35}　ɕi^{31}　ʃʅ^{31}.

粮食　这里　运　来　PRT　就　全村　DAT　分　VCL　TAM

018　**人家的事情咱们别多管。**

ȵi^{53}rɛ^{31}　i^{31}ndʑi^{53}　tɐ^{31}　zɛ^{241}rɛ^{53}　mɔ^{31}vu^{53}　ma^{31}　kuɛ̃^{35}.

人家　事情　ASSOC　INCL　多　PROH　管

019　**这件事我也不清楚，你去问别人吧！**

i^{31}ndʑi^{53}　nɛ^{31}zʅ^{53}　ndɐ^{53}　ŋa^{53}　iɛ^{31}　tʃhɛ^{53}　mu^{31}nɔ^{35},　tɕhe^{53}　ȵi^{53}rɛ^{31}　ndʐɐ^{53}

事情　件：CL　DEM　1sg　也　知道　没有　2sg　别人　问：IPFV

so^{35}!

去：IMP

020　今天是2015年10月1日。

te^{31}re^{53}　ie^{53}　ndʐɔ^{35}　ȵi^{35}　rɛ^{31}　tʃa^{53}ŋɛ^{53}　tʃɛ^{53}mbɛ^{53}　dza^{35}　tse^{31}tʃʅ^{53}.

今天　年　千　两　CONJ　十五　十　月　初一

021　**那个老太太94岁了，是我年龄的两倍左右。**

dʑo^{35}gə^{35}　mər^{53}　nɛ^{31}sɐ^{53}　guɐ^{241}tʃuɐ^{53}　rɛ^{31}　ie^{53}　zɐ^{35}　ŋgo^{35}　ʃʅ^{31},　ŋə^{53}

老太太　DEM　年龄　90　CONJ　岁　4　过　TAM　1sg

nɛ^{31}sɐ^{53}　ȵi^{35}　mu^{31}phɛ^{35}　re^{35}.

年龄　两　APPR　COP

022　**山下那群羊有108只。**

rɐ^{35}　ʃɔ^{31}dʑi^{241}　rɛ^{31}　ie^{53}　dʑɛ^{31}uɛ^{53}　mər^{53}　ndʐɛ̃^{31}mu^{53}　dʑɛ^{31}ue^{53}　rɛ^{31}　tsɛ^{31}dʑɛ^{35}　re^{35}.

山　下：LOC　羊　一　群：CL　DEM　只：CL　100　CONJ 8　TAM

023　**我排第一，你排第二，他排老末。**

ŋa^{53}　tʃʅ^{53}na^{31}　kə^{31}nde^{53},　tɕhe^{53}　ȵi^{35}na^{31}　kə^{31}te^{53},　khe^{241}ȵi^{53}　zə^{35}rɛ^{31}zə^{35}　te^{53}.

1sg　第一　排　2sg　第二　排　3sg　末尾　排

024　**我今天买了一只鸡、两条鱼、三斤肉。**

ŋa^{53}　te^{31}re^{53}　ɕɛ^{53}　tʃo^{53}ie^{53}　ȵɛ^{53}　ȵi^{35}　ʃɛ^{35}　dʑɔ^{35}　so^{53}　ȵyə^{35}　uɛ^{31}.

1sg　今天　鸡　一只　鱼　二　肉　斤：CL　三　买：PFV　VOLI

025　**这本书我看过三遍了。**

ʑi^{35}　pɐ^{31}lɐ^{53}　ndɐ^{53}　ŋa^{53}　ɛ^{31}kue^{53}　so^{53}　te^{35}　uɛ^{31}.

书　本：CL　DEM　1sg　回：CL　三　看：PFV　VOLI

026　**你数数看，这圈里有几头猪？**

tɕhe^{53} tsɐ^{53} te^{53}te^{31}, tshɔ^{53}ȵi^{31} nɔ^{53} pha^{53} tʃhʅ^{31}zɔ^{53} nɔ^{35}?

2sg 数 看看 圈 里：LOC 猪 多少 有

027 这两把雨伞是我的。

ŋɐ^{31}le^{53} ȵi^{35} ndɐ^{53} ŋə^{53} tɐ^{31} re^{35}.

雨伞 两 DEM 1sg GEN COP

028 他年年都回家。

khe^{241}ȵi^{53} ie^{31} zʅ^{53}zʅ^{53} to^{31} ɕi^{53}vu^{35} dɛ^{35}.

3sg 年 DISTR 都 回家 HAB

029 他要去街上买肉。

khe^{241}ȵi^{53} ke^{31}ʃɔ^{53} ʃɛ^{35}tɕe^{53} ȵyɐ^{35} ndʑe^{53} re^{35}.

3sg 街上 肉 买 去：IPFV TAM

030 我正在山上砍柴。

ŋa^{53} rɐ^{35} khɛ^{31} ʃe^{35} tso^{53} ʃʅ^{53}ndu^{31} uɛ^{31}.

1sg 山 上：LOC 柴 砍：IPFV 1sg-DUR VOLI

031 昨天我背粮食去了。

ndɔ^{35} ŋa^{53} ndʐuɐ^{53} khuɐ^{53} tɕhe^{35} uɛ^{31}.

昨天 1sg 粮食 背 去：PFV VOLI

032 你们俩一定要好好地学习。

tɕhe^{31}ŋgɛ^{53} tʃhɐ^{53}ɕe^{53}ȵi^{31} ndʐa^{35} ɕe^{31} ɕyə^{35}ɕi^{31} ɕe^{31}.

2dl 一定 好 做 学习 做

033 他们看电影去了。

kha^{241}ra^{53} tiɛ̃^{35}ĩ^{53} tɛ^{53} tɕhe^{35} ʃʅ^{31}.

3pl 电影 看：IPFV 去：PFV TAM

034 他在山上看见过野牛。

khe^{241}ȵi^{53} rɐ^{35} khɛ^{31} na^{31}ra^{53}no^{35} ȵi^{53}ndo^{35} iu^{31}ʃʅ^{31}.

3sg 山 上：LOC 野牛 VIS PFV

035 你们今后一定要互相学习，互相帮助，互敬互爱！

tɕhe^{241}rɛ^{53} zə^{35}tse^{53}rɛ^{31} tʃhɐ^{53} ɕe^{53} ȵi^{31} tʃo^{35}pa^{53}tʃo^{35} ɕyə^{31}ɕi^{31}, tʃo^{35}pa^{53}tʃo^{35}

2pl 今后 什么 做 COMP RECP 学习 RECP

pã^{31} re^{53}, tʃo^{35}pa^{53}tʃo^{35} tsʅ^{31}tʃə^{53} ʃɛ^{53}nɛ^{31}!

帮助 TAM RECP 尊敬 疼爱

036 请你帮他把衣服收起来。

tɕhe^{53} khe^{241}ȵi^{53} pã^{31}re^{53} ɕe^{53} ȵi^{31} kue^{35} iɔ^{35} mɔ^{31}.

2sg 3sg 帮着 做 COMP 衣服 取 PFV

037 地震把新修的路震垮了。

sɛ^{35}ndʑi^{35} ra^{31} iɔ^{35} sɛ^{31}pɛ^{53} ɕe^{53} ra^{31} mɛ^{31} y^{35} ȵi^{31} yə^{53} mɔ^{31}ʃʅ^{31}.

地震 DISP 路 新 做 ADV GEN 摇 COMP 垮：PFV CSM

038 你们俩把鸡杀了。

tɕhe^{241}ŋgɛ^{53} ɕɛ^{53} se^{53} mɔ^{31}.

2dl 鸡 杀 PFV

039 你看见那个乞丐了吗？

tɕhe^{53} khɛ^{31}tsʅ^{53} tʃo^{53}ie^{53} tɐ^{53} ȵi^{53}ndo^{35} uɛ^{31} ma^{31}?

2sg 乞丐 一个 DEM VIS VOLI QUES

040 他笑了。我把他的小孩逗笑了。

khe^{241}ȵi^{53} gɛ^{35} mɔ^{31}ʃʅ^{31}. ŋa^{53} ra^{31} khe^{241}ȵi^{53} ȵɛ̃^{31}ȵi^{53} zə̧^{35} ȵi^{31}

3sg 笑 CSM 1sg DISP 3sg 小孩 逗 COMP

gɛ^{35} mɔ^{31}ʃʅ^{31}.

笑：PFV CSM

041 那个猎人进来以后又出去了，随后拿回来一只野鸡。

ʃa^{35} ndʐo^{31} ȵi^{53} tɐ^{53} se^{53}rɛ^{35} ue^{35} ȵi^{31} ɦo^{35} ge^{31}tsɛ^{53} tɕhe^{35},

野兽 打：IPFV 人 DEM 里面 来 PRT REP 外面 去：PFV

zə̧^{35} se^{53} dzɛ^{31}zɛ^{53} tʃo^{53}ie^{53} ɕi^{53} khuɐ^{53} ɕo^{35}.

后来 就：LNK 野鸡 一只 回 拿 NVOLI

042 我亲眼看见那只花狗跳上跳下，可好玩了。

ŋa^{53} ra^{53}ŋgu^{53} te^{35} dʑi^{241} ȵi^{31} tɕhi^{53} tɕhɛ^{241}le^{31} tɐ^{53} zɛ^{31} ndʒo^{35}

1sg REFL 看：PFV ADV SVC 狗 花 DEM 上 跳

mɛ^{31} ndʒo^{35} ɕe^{53} dɛ^{35}, tso^{35}tsɛ^{53} ie^{53} ndʐa^{35} re^{35}.

下 跳 AUX DUR 玩 GEN 好 TAM

043 朝上背四十里，朝下背五十里。

ie^{53}kə^{31}tɕi^{31} ʃə^{31}uɛ^{53} zɐ^{35}tʃuɐ^{53} khuɐ^{53}, the^{35}kə^{31}tɕi^{31} ʃə^{31}uɛ^{53} ŋɛ^{35}tʃuɐ^{53} khuɐ^{53}.

朝上 里：LC 四十 背 朝下 里：LC 五十 背

044 这个东西拿来拿去太费事了，你就别拿了。

iɛ^{31}tʃɛ^{53} ndɐ^{53} tshuɐ^{31} khuɐ^{53} phɛ^{31} khuɐ^{53} rɛ^{31} tshɛ^{31}uɛ^{53}sɛ^{53} tʃhe^{53}

东西 DEM 这边 拿 那边 拿 TOP 麻烦 太

mɔ^{31}ʃɿ^{31}, tɕhe^{53} se^{53} ma^{31} khuɐ^{53} lɔ^{31}.
CSM 2sg 就 PROH 拿 PRT

045 那个穿破衣裳的家伙一会儿过来、一会儿过去的，到底在做什么？
kue^{35} za^{31}vu^{53} tɕy^{31} n̥i^{53} dʑy^{31}pɛ^{53} mər^{53}, ʃə^{35} tshuɐ^{53} vu^{35} ʃə^{35} phɛ^{53}
衣服 破 穿：PFV 人 种 DEM 一会儿 这边 来 一会儿 那边
ndʑe^{31} n̥i^{31}, ɔ^{31}te^{31} tʃhɐ^{53} ɕe^{53} dɛ^{35}?
去：IPFV TAM 到底 什么 做 DUR

046 他是藏族，不是回族。
khe^{241}n̥i^{53} pe^{53} re^{35}, xue^{31}xue^{35} ma^{31} re^{35}.
3sg 藏族 COP 回族 NEG COP

047 他们家有三个孩子，一个在学校，一个在家里，还有一个已经工作了。
kha^{241}ra^{53} ŋgə^{35} n̥ɛ̃^{31}n̥i^{53} so^{53} nɔ^{35}, tʃo^{53}ie^{53} ɕyə^{31}ɕɔ^{35} nɔ^{35}, tʃo^{53}ie^{53} ŋgə^{35}
3pl 家 孩子 三 有 一个 学校 在 一个 家
nɔ^{35}, ɦa^{241} tʃo^{53}ie^{53} khə^{31}tɕa^{53} ʑi^{35} nɔ^{35}.
在 REP 一个 已经 活 有

048 我们很愿意听爷爷讲故事。
ŋɛ^{241}rɛ^{53} a^{31}n̥i^{53} nɛ^{31}ro^{53} ʃe^{53} na^{35} n̥i^{31}gɛ^{35} re^{35}.
EXCL 爷爷 故事 讲 听 愿意 TAM

049 这只狗会咬人。
tɕhi^{53} ndɐ^{53} n̥ɐ^{35} sɐ^{53}nde^{31} ʐe^{35} dɛ^{35}.
狗 DEM 人 咬 会 HAB

050 她不敢一个人睡觉。
khe^{241}n̥i^{53} n̥ɐ^{35} tʃo^{53}ie^{53} n̥ɛ^{35}ro^{53} mu^{31} thu^{53} ʃɿ^{31}.
3sg 人 一个 睡觉 NEG 敢 TAM

051 你能来吗？我能来。
tɕhe^{53} vu^{35} kɛ^{53}tɕo^{53} re^{35} ma^{31}? ŋa^{53} vu^{35} kɛ^{53}tɕo^{53} re^{35}.
2sg 来 能 TAM QUES 1sg 来 能 TAM

052 这些人我恨透了。
ŋa^{53} n̥ɐ^{35} ndo^{31}ko^{53} n̥y^{53} n̥i^{31} tʃɐ^{53} ndʑe^{53} dɛ^{35}.
1sg 人 这些 恨 COMP 恶 去：IPFV HAB

053 达娃家的稻子收完了，但格西家的稻子还没有收完。

da^{31}ua^{53} tɕi^{31} ndʑe^{35} ʃo^{35} lio^{35} ʃʅ^{31}, kə^{31}ɕi^{31} tɕi^{53} tɐ^{31} ɦo^{35} ɦa^{241} ʃo^{35}

达娃 家 稻子 收 完 PFV 格西 家 GEN 但 CONT 收

ma^{31} lio^{35} ʃʅ^{31}.

NRG 完 PFV

054 我找了一遍又一遍，终于找着了。

ŋa^{53} ɛ^{31}kue^{53} ɦo^{35} ɛ^{31}kue^{53} rɛ^{31} tshʅ^{53} ȵi^{31} ʑə^{35} tshʅ^{53} ȵi^{35} uɛ^{31}.

1sg 遍：CL REP 遍：CL ADV 找 ADV 后 找 PRT VOLI

055 你先休息休息，我试着跟她谈谈。

tɕhe^{53} tʃʅ^{31}ʃue^{53} ɕi^{31}, ŋa^{53} khɛ^{53}dʑɔ^{241} ȵi^{31} nɛ^{31} khe^{241}ȵi^{53}

2sg 休息 一下：VCL 1sg 试着 ADV 这里 3sg

ɦa^{241}ndʒʅ^{53} dzɐ^{35}ʑe^{35} ʃa^{53}.

一起 谈谈 TAM

056 他们边唱边跳，玩得可高兴了。

kha^{241}ra^{53} ndʑe^{35}ndʑe^{35} ndʒo^{35}ndʒo^{35}, tso^{35}tsɛ^{31} ȵi^{31} ʃʅ^{31}gɛ^{35} gue^{241} re^{35}.

3pl 唱唱 跳跳 玩 COMP 高兴 特别 TAM

057 吃的、穿的都不愁。

ndʒɛ^{35} ie^{53} tɕy^{31} ie^{53} vɛ^{35}kə^{31} se^{31}du^{35} mu^{31} ɕe^{53} ʃʅ^{31}.

吃 NMLZ 穿 NMLZ 都 愁 NEG 做 TAM

058 这些猪呢，肥的宰掉，瘦的放到山上去。

pha^{53} ndo^{31}ko^{53} nɛ^{31}, dʑa^{31}pɛ^{53} tɐ^{31} se^{53} mɔ^{31}, so^{31}pu^{53} tɐ^{31} rɐ^{35}

猪 这些 TOP 肥 ASSOC 杀 PFV 瘦 ASSOC 山

khə^{53} phi^{53}tɔ^{31} mɔ^{31}.

上：LOC 放：PFV PFV

059 他的脸红起来了。

khe^{241}ȵi^{53} khɛ̃^{31}ŋuə^{53} mɐ^{31}rʅ^{53} ndʑo^{35} tɕhe^{35}.

3sg 脸 红 成 VIS

060 碗里的饭装得满满的。

mbɐ^{31}rʅ^{53} rɛ^{31} sɔ^{35} dʒa^{35} ȵi^{31} kɔ^{35} re^{35}.

碗 里：LOC 饭 压：IPFV COMP 满 TAM

061 山边的雪是白的，山坡上的雪更白，而山顶的雪最白。

rɐ^{35}dɛ^{35}rɛ^{31} ŋga^{35} kɐ^{53}rʅ^{53} re^{35}, rɐ^{35}ŋguə^{53} ŋga^{35} iɛ^{53} kɐ^{53}rʅ^{53} xɔ̃^{53},

山边 雪 白 COP 山坡 雪 REP 白 很

rɐ^{35}ŋgɐ^{53}tsɿ^{53}　ŋga^{35}　ɦo^{35}　kɐ^{53}rɿ^{53}　gue^{241}　re^{35}.
山顶　雪　REP　白　特别　COP

062　这把刀好是好，就是太贵了点。
tɕi^{31}ʐo^{53}　pa^{31}tʃa^{53}　ndɐ^{53}　ndʐa^{35}　sɿ^{31}　ndʐa^{35}　re^{35},　se^{53}　ȵa^{31}
刀　把：CL　DEM　好　是　好　TAM　就是：LNK　一些
kɐ^{53}mbu^{53}　tɕhe^{35}　ʃɿ^{31}re^{35}.
贵　VIS　TAM

063　弄坏了人家的东西是一定要赔偿的。
ȵi^{53}iɛ^{31}　iɛ^{31}tʃɛ^{53}　tʃha^{31}vu^{53}　tɕhe^{35}　rɛ^{31}　se^{53}　tʃhɐ^{53}　ɕe^{53}　ȵi^{31}　phe^{35}
人家　东西　烂　VIS　TOP　就　什么　做　COPM　赔
gɐ^{35}　ʃɿ^{31}.
要　TAM

064　他经常去北京出差。
khe^{241}ȵi^{53}　na^{31}ndzue^{35}　i^{31}ʑi^{53}　pɛ^{31}tɕĩ^{31}　tʃhu^{31}tshɛ^{31}　ɕe^{53}　ndʑe^{53}　dɛ^{35}.
3sg　时间　DISTR　北京　出差　AUX　去：IPFV　HAB

065　昨天他答应了我的要求，说是明天再来玩。
khe^{241}ȵi^{53}　ndɔ^{35}　ŋə^{53}　iɔ^{31}tɕho^{35}　ŋgɐ^{53}ʐu^{53}　ɕe^{53}　mɔ^{31}ʃɿ^{31},　kho^{31}ȵi^{31}　nã^{35}
3sg　昨天　1sg　要求　点头　AUX　CSM　NAR　明天
ɦo^{35}　tso^{35}tsɛ^{31}　vu^{35}　iɔ^{35}　nɛ^{31}.
REP　玩　来　要　PRT

066　我一会儿就回来。
ŋa^{53}　ʃə^{35}ɕe^{31}　se^{31}　ɕi^{53}　ue^{35}　ʃɿ^{31}.
1sg　一会儿　就　回　来　TAM

067　村长可是个好人。
tshõ^{31}tʃã^{53}　ɦo^{35}　ȵɐ^{35}　ndʐa^{35}　ie^{31}　re^{35}.
村长　REP　人　好　一　TAM

068　这条鱼至少有五斤重。
ȵɛ　ŋgo^{241}　ie^{53}　ndɐ^{53}　tʃhɐ^{53}ɕe^{53}ȵi^{31}　dʑɔ^{35}　ŋɛ^{35}　nɔ^{35}.
鱼　条：CL　一　DEM　一定　斤：CL　五　有

069　这条河最多有五米宽。
tʃhuɐ^{53}　ŋgo^{241}　ie^{53}　ndɐ^{53}　tsue^{35}　mɔ^{53}vu^{53}　mi^{53}　ŋɛ^{35}　khuɛ̃^{35}　nɔ^{35}.
河　条：CL　一　DEM　最　多　米：CL　五　宽　有

070　他全家人我都熟悉。

ŋa53　kha241　ŋgə35　n̥ɐ35　vɛ35kə31　tʃhɛ53nɔ35.

1sg　3sg　家　人　都　知道

071　妈妈不会来了。妈妈还没回来。你别回去了。

a31mɛ53　vu35　ma31　re35.　a31mɛ53　ɦa241　ɕi53　ma31　ɕo35.　tɕhe53　ɕi53

妈妈　来　NEG　TAM　妈妈　CONT　回　NEG　NVOLI　2sg　回

ma31　ndʑe53　lɔ31.

PROH　去：IPFV　PRT

072　客人们都在悄悄地议论这件事。

ndʐue53mbu53　rɛ31　vɛ35kə31　kha31ra53　rɛ31　i31ndʑi53　ndɐ53　dzɐ35　dɛ35.

客人　PL　都　悄悄　ADV　事情　DEM　说：IPFV　DUR

073　你们究竟来了多少人？

tɕhe241rɛ53　tɕo35tɕĩ53　n̥ɐ35　tʃhɿ31zɔ35　ue35　uɛ31?

2pl　究竟　人　多少　来　VOLI

074　他不去也行，但你不去不行。

khe241n̥i53　ma31　tɕhe35　rɛ31　iɛ53　uə35　re35,　tɕhe53　ma31　tɕhe35　rɛ31

3sg　NEG　去：IPFV　TOP　也　行　TAM　2sg　NEG　去：IPFV　TOP

ɦo35　uə35　ma31　re35.

但　行　NEG　TAM

075　这是我的衣服，那是你的，床上摆着的是人家的。

ndɐ53　ŋə53　kue35　re35,　mər53　tɕhe53　tɐ31　re35,　n̥e31ro53　khɛ31

DEM　1sg　衣服　COP　DEM　2sg　GEN　COP　床　上：LOC

ʐa35　mɛ53　n̥i53rɛ31　tɐ31　re35.

放　NMLZ　人家　NMLZ　COP

076　猎人打死了兔子。/猎人把兔子打死了。/兔子被猎人打死了。

ʃa35　ndʐo53　n̥i53　ro35　dʐo53　se31　mɔ31ʃɿ31.

野兽　打：IPFV　人　兔子　打：PFV　死　CSM

ʃa35　ndʐo53　n̥i53　ra31　ro35　dʐo53　se31　mɔ31ʃɿ31.

野兽　打：IPFV　人　DISP　兔子　打：PFV　死　CSM

ro35　ʃa35　ndʐo53　n̥i53　ra31　dʐo53　se31　mɔ31ʃɿ31.

兔子　野兽　打：IPFV　人　PASS　打：PFV　死　CSM

077　他给了弟弟一支笔。

khe^{241}ȵi^{53} pi^{53}zɛ^{53} ie^{31} ȵo^{35} ŋgo^{241} ie^{53} ɕi^{35} ʃʅ^{31}.

3sg 弟弟 DAT 笔 支：CL 一 给 TAM

078 **妈妈为我缝了一件新衣服。**

a^{31}mɛ^{53} ŋa^{53} ie^{31} kue^{35} sɛ^{53}pɛ^{53} nɛ^{31}ʐʅ^{53} ndʐu^{35} ɕi^{35} ʃʅ^{31}.

妈妈 1sg BEN 衣服 新 一件 缝：PFV 给 TAM

079 **学生们用毛笔写字。我用这把刀切肉。**

tso^{31}ma^{53} rɛ^{31} mɔ^{35}pi^{31} rɛ^{31} ʑi^{35} ndʑɐ^{35} dɛ^{35}, ŋa^{53} tɕi^{31}ʑo^{53} pa^{31}tʃa^{53}

学生 PL 毛笔 INST 字 写：IPFV DUR 1sg 刀 把：CL

ndɐ^{53} rɛ^{31} ʃɛ^{35}tɕe^{53} tu^{53} dɛ^{35}.

DEM INST 肉 切：IPFV DUR

080 **人们用铁锅做饭。**

ȵɐ^{35} rɛ^{31} tʃa^{53} sɔ^{31}tʃo^{53} rɛ^{31} sɔ^{35} tɕi^{53} dɛ^{35}.

人 PL 铁 锅 INST 饭 做 DUR

081 **树上拴着两匹马。**

do^{35} khɐ^{31} tɛ^{53} ndʑɛ̃^{31}mu^{53} ȵi^{35} ta^{35} nɔ^{35}.

树 上：LOC 马 匹：CL 两 拴 有

082 **水里养着各色各样的鱼。**

tɕhi^{31}ndʑa^{35} rɛ^{31} ȵɛ^{35} tsho^{31}ro^{53} ia^{31}ndʐʅ^{53} tɐ^{31} to^{31} sue^{53} nɔ^{35}.

水 里：LOC 鱼 小 各色各样 的 都 养：IPFV 有

083 **桌子下躺着一只狗。**

tʃɐ^{53}tsʅ^{53} ʃɔ^{31}dʑi^{241} tɕhi^{53} ndʒɛ̃^{31}mu^{53} tʃo^{53}ie^{53} dʑɔ^{35} nɔ^{35}.

桌子 下：LOC 狗 只 一 躺 有

084 **山上到山下有三十多里地。**

rɐ^{35} khɛ^{31} iɔ^{31} rɐ^{35} dɛ^{35}khɛ^{31} ʃə^{31}uɐ^{53} ndʑɐ^{35}so^{53} mu^{31}phɛ^{35} nɔ^{35}.

山 上：LOC ABL 山 下：LOC 里 三十 APPR 有

085 **哥哥比弟弟高多了。**

a^{31}tʃɛ^{53} pi^{53}zɛ^{53} khɛ^{31} ŋgɛ^{53} ndɐ^{35} re^{35}.

哥哥 弟弟 COMPR 多 高 TAM

086 **小弟跟爷爷上山打猎去了。**

pi^{53}zɛ^{53} ɕi^{53}ɕi^{53} a^{31}ȵi^{53} ʑɛ^{35}te^{31} ȵi^{31} rɐ^{35} khɛ^{31} ʃa^{35} ndʑo^{53} tɕhe^{35}.

弟弟 DIM 爷爷 跟着 SVC 山 上：LOC 野兽 打：IPFV 去：PFV

087 **今天、明天和后天都有雨，爷爷和奶奶都不能出门了。**

te^{31}re^{53} nã^{35} lɛ^{31} nã^{31}ȵi^{53} vɛ^{35}kə^{31} tʃha^{35} nɔ^{35}, a^{31}ȵi^{53} lɛ^{31} a^{31}i^{53}
今天 明天 CONJ 后天 都 雨 有 爷爷 CONJ 奶奶
vɛ^{35}kə^{31} gɐ^{35} ge^{31}tsɛ^{53} ndʑe^{53} ie^{53} ma^{31} re^{35}.
都 门 外面 去：IPFV INFER NEG TAM

088 买苹果或香蕉都可以。
le^{31}ɕo^{53} lɛ^{31} ɕã^{31}tɕɔ^{31} ȵyə^{35} vɛ^{35}kə^{31} uə^{35} re^{35}.
苹果 CONJ 香蕉 买 都 行 TAM

089 哎呀！好疼！
ɛ^{31}dze^{35}! nɛ^{53}ȵi^{31} ɔ^{31}!
哎呀：INTER 好疼 PRT

090 昨天丢失的钱找到了吗？
ndɔ^{35} to^{53}zɿ^{53} po^{35}mɔ^{31} mɛ^{53} tshɿ^{53}ȵi^{35} uɛ^{31} ua^{31}?
昨天 钱 丢失 NMLZ 找到 VOLI QUES

091 他们早已经走了吧？
kha^{241}ra^{53} a^{31}pa^{53} ŋue^{35} se^{53} tɕhe^{35} mɔ^{31}ʃɿ^{31} pa^{31}?
3pl 已经 早 就 走：PFV CSM QUES

092 我走了以后，他们又说了些什么？
ŋa^{53} tɕhe^{53} mɔ^{31}ȵi^{31}, kha^{241}ra^{53} ɦio^{35} tʃhɐ^{53} ȵa^{31} dzue^{35} ʃɿ^{31}?
1sg 走：PFV TAM 3pl REP 什么 一点 说：PFV TAM

093 叔叔昨天在山上砍柴的时候，看见一只大大的野猪。
phɛ^{31}o^{53} ndɔ^{35} rɐ^{35} khɐ^{31} ʃe^{35} tso^{53} ra^{53}kho^{31}, pha^{31}gue^{35} la^{31}ta^{53} gue^{241}
叔叔 昨天 山 上：LOC 柴 砍 时候 野猪 大 特别
ȵi^{53}ndo^{35} ʃɿ^{31}.
VIS TAM

094 藏族住在上游，纳西族住在下游。
pe^{53}rɛ^{31} zɛ^{31}tʃe^{53} dʑi^{241} nɔ^{35}, na^{31}ɕi^{31} ȵi^{31} mɛ^{31}tʃe^{53} dʑi^{241} nɔ^{35}.
藏族 上游 住 在 纳西 人 下游 住 在

095 他不单会说，而且也很会做。
khe^{241}ȵi^{53} dzɐ^{35} ŋgə^{35} re^{35}, ɕe^{31} ŋgə^{35} iɛ^{53} re^{35}.
3sg 说：IPFV 会 TAM 做 会 也 TAM

096 是扎西留下，还是卡佳留下？
tʃa^{53}ɕi^{53} lio^{35} ndʒuə^{31} re^{35}, ɦa^{241}sɿ^{53} kha^{53}tɕa^{31} lio^{35} ndʒuə^{31} re^{35}?
扎西 留 PERMS TAM 还是 卡佳 留 PERMS TAM

097 虽然我也不想去，但又不便当面说。

ŋa^{53} ndʑe^{53} mu^{31} gɛ^{35}ʃʅ^{31} sʅ^{31}, ɦo^{35} khɛ^{53}ta^{31}ŋɐ^{35}zʅ^{53} dzɐ^{35} ni^{31}

1sg 去：IPFV NEG 高兴 虽然 但 当面 说：IPFV COMP

mu^{31} ndʑo^{35} ʃʅ^{31}.

NEG 成 TAM

098 因为我实在太累了，所以一点都不想去。

ŋa^{53} tɕhyə^{31}ʃʅ^{31} tʃhe^{53} n̥i^{31} xɔ̃^{53}, n̥a^{53}rɛ^{31} ndʑe^{31} se^{35} mu^{31} nɔ^{35}.

1sg 实在 累 COMP 很 一点 去：IPFV 心 NEG 有

099 如果天气好的话，我们就收玉米去。

nɔ^{35}dʑɛ^{35} ndʑa^{35} tɕhe^{35} rɛ^{31}, ŋɛ^{241}rɛ^{53} se^{53} tɕo^{31}tsʅ^{53} ʃo^{35} ndʑe^{31} ʃa^{53}.

天气 好 去：PFV TOP EXCL 就 玉米 收 去：IPFV PRT

100 我们现在多积肥，是为了明年多打粮食。

ŋɛ^{241}rɛ^{53} tʃɔ^{53} me^{35} mɔ^{31}mɔ^{53} suə^{53}ndʒuə^{31}, se^{53} ie^{53}sɛ^{53}rɛ^{31} ndʐuɐ^{53} mɔ^{53}vu^{53}

EXCL 现在 肥 多多 积攒 就 明年 粮食 多

do^{35} ie^{53} ɕe^{53} dɛ^{35}.

打 NMLZ AUX DUR

第二节

话语材料

一　歌谣

1. 白马河流域很宽广

ta^{31}ka^{35} io^{35}kɛ^{35} ɛ^{35} ɕe^{53} ȵi^{53} nɔ^{31}, a^{31}ɕo^{53} io^{35}kɛ^{35} ru^{53} ȵi^{53} nɔ^{31}.
白马 河流 INTER 开 ADV 有 名堡 流 遮挡 ADV 有

tʃha^{31}lu^{53} io^{31}kɛ^{53} ɛ^{35} ʃa^{53} so^{53} dʑi^{35}, nɔ^{53}tsɛ^{53} ka^{35}pi^{31} ma^{35} tsho^{53} tɕhe^{31}
博峪 河流 INTER 夜 三 住 困难 哪里 NEG 感觉 VIS

ɛ^{31} thɛ^{31}kə^{53} ma^{31} ɕe^{35} se^{35} xuã^{31} dɐ^{31}, thɛ^{31}kə^{53} tshə^{31} so^{53} khɐ^{53}ndʐe^{35}
INTER 歌 NEG 唱 心 慌 NMLZ 歌 声：CL 三 抽噎

dɐ^{31}, ndʑɛ^{31}ŋgɔ^{35} la^{31}ka^{53} ȵi^{53}rɛ^{31} po^{35} ndʑɛ^{31}ŋgɔ^{35} nɔ^{53}tsɛ^{53} a^{31}mɛ^{53} po^{35}.
NMLZ 世间 幸福 人家 女儿 世间 困难 妈妈 女儿

白马河流域很宽广，名堡沟很狭窄。在博峪河啊住了三天，困难到哪个程度了也不知道（没感觉），哎，不唱歌了心里急，唱了三声气哽噎，世间幸福的女儿是人家的，世间困难的是妈妈的女儿。

2. 乘凉歌

ke^{31}ʃɔ^{53} iɔ^{35} tɐ^{31} ndʐə^{35} iɔ^{35} re^{35} ɛ^{53}, ruə^{53}zɛ^{31} tɐ^{31}tʃʅ^{31} tsɛ^{31} sɛ^{35}
街上 路 DEM 平 路 COP INTER 伙伴 两个 玩 地方

ε31 re35, nɔ35 ndɐ53 thɔ53 rε31 mbo53 ma31 re35 ε35, ʃe31tʃo53 ȵε31 rε31
INTER COP 天 DEM 晴 TOP 下 NEG COP INTER 姑娘 睡 ADV
ndu31 ma31 ε31 re35, nɔ35 khə31 kε53mε53 kε53iu53iu53iu35. sε35 uə53
住 NEG INTER TAM 天 上：LOC 星星 明又亮 地 下：LOC
ʃe31tʃo31 tsɿ31iu35iu53 ε31 iu31, dʑε31ŋgɔ35 la31ka53 ȵi53rε31 po35, dʑε31ŋgɔ35 nɔ31tsε31
姑娘 水灵灵 INTER 水灵 世间 幸福 人家 女儿 世间 贫苦
a31mε53 ε31 po35.
妈妈 INTER 女儿

街道是平坦的大路，是伙伴们玩耍的地方；天晴了雨就不会下，姑娘睡了不会耍（姑娘睡去了不好耍）；天上的星星明又亮，地上的姑娘水灵灵；世间幸福的是人家的女儿，世间贫苦的是娘的女儿。

3．麻知麻米撒敛叨①

ma31dzɿ31 ma31mi241 sa35liε35ndɔ31 ma31dzɿ31 ma31mi241 sa35liε35ndɔ31 ma31dzɿ31 ma31mi241
麻知 麻米 撒敛叨 麻知 麻米 撒敛叨 麻知 麻米
sa35liε35ndɔ31 ma31dzɿ31 ma31mi241 sa35liε35ndɔ31, ɔ31 ma31dzɿ31 ma31mi241 sa35liε35ndɔ31
撒敛叨 麻知 麻米 撒敛叨 INTER 麻知 麻米 撒敛叨
ma31dzɿ31 ma31mi241 sa35liε35ndɔ31, tsε53 ie53 kε31mε53 te31re53 re31, ma31dzɿ31
麻知 麻米 撒敛叨 舞 NMLZ 日子 今天 COP 麻知
ma31mi241 sa35liε35ndɔ31. ɔ35 ma31dzɿ31 ma31mi241 sa35liε35ndɔ31, ndʒo35 ie53
麻米 撒敛叨 INTER 麻知 麻米 撒敛叨 跳 NMLZ
kε53mε53 ε53 te31re53 re31, ma31dzɿ31 ma31mi241 sa35liε35ndɔ31, ɔ35 ma31dzɿ31
日子 INTER 今天 COP 麻知 麻米 撒敛叨 INTER 麻知
ma31mi241 sa35liε35ndɔ31, ma31dzɿ31 io35 sa35liε35ndɔ31 ɔ31 ɔ35 ma31dzɿ31
麻米 撒敛叨 麻知 INTER 撒敛叨 INTER INTER 麻知
ma31mi241 ɔ35 sa35liε35ndɔ31.
麻米 INTER 撒敛叨

麻知麻米撒敛叨麻知麻米撒敛叨麻知麻米撒敛叨麻知麻米撒敛叨，麻知麻米撒敛叨麻

① 麻知麻米撒敛叨：白马人的七字真言。

知麻米撒敛叨，今天是舞的日子，麻知麻米撒敛叨麻知麻米撒敛叨嗷。嗷麻知麻米撒敛叨麻知麻米撒敛叨，今天是跳的日子，麻知麻米撒敛叨麻知麻米撒敛叨，嗷麻知麻米撒敛叨麻知麻米撒敛叨，麻知呦撒敛叨嗷，嗷麻，知麻米嗷撒敛叨。

4. 最尊敬的是客人

ɕɔ31ie31a35la35 ŋgɔ31re35 ɛ35ɛ35 ndʐue53mbu53 a31la53 re35 ɛ31, sɔ31ɔ35ɔ35
INTER 尊敬 INTER 客人 INTER TAM INTER INTER

tɕhe31 kə31ŋgɛ53 a31la53 ndɐ31mu53 tʃa31 ʃʅ53 ue35 y31da35 a31la53 ia31 nɔ53
2sg 山梁 INTER 高 翻：PFV PFV 来 主人 INTER 手 LOC

ɛ35ɛ31 tʃhɔ31ɕi53 a31la53 re53 ɛ31 sɔ31ɔ31ɔ35 tʃhɔ53 tʃhɔ53 a31la53 ʃə53mbu53
INTER 美酒 INTER TAM INTER INTER 酒 酒 INTER 香甜

sɔ35ɔ31ɔ35 ndʐue53mbu53 a31la53 ndo35 ɛ31.
INTER 客人 INTER 喝 INTER

最尊敬的是客人，客人翻山越岭来了，主人手里是香甜的美酒，香甜的美酒敬给客人喝。

（歌谣发音人：余林机）

二 故事

1. 石门瀑布

tɔ53vu31ŋgɔ35 ta31ka53 iu53gɛ35 rɛ31 nɔ35kɔ53 gue241 tɐ31re35. ta31ka53 ȵi31
古时候 白马 流域 里：LOC 天旱 很 TAM 白马人 人

yə31rɛ53 to53 ra31 mɛ31 kɔ53 se31 lio35 lɛ53khɛ31 nɔ35. dɛ35ue53 dʑɛ31ŋgɔ241 ɦa241ndʒʅ53
庄稼 种 ADV NMLZ 晒 死 完 快要 PRT 全村 大家 一起

ndzuə35 ra31 ȵi31 ʃʅ53pɛ53 ʃuə31ʃuə53 ʃa31 rɛ35 se31 khɛ31 ie53zɛ35tsɔ31 tʂhʅ31gə35
聚 ADV TAM 盘香 纸 烧 羊 杀 愿 许 池哥

ndʒo35. ȵɛ35 ia31rʅ53kue31ta35 lɛ31lu53 ȵɛ35so53 to31ko53 rɛ31 ĩ53xo31 dʑɔ31ɔ53 ɕe31.
跳 神 白马老爷 各路 神灵 那些 TOP 保佑 祈求 做

古时候，白马河流域很干旱。白马人种的庄稼快被晒死了。全村人聚集在一起焚香、烧纸、杀羊、跳池哥、许愿。祈求白马老爷及各路神灵们的保佑。

ta^{31}a^{53} ȵi^{31} se^{35}te^{53}yə^{31}te^{53} se^{35}, tɐ^{31} rɐ^{35}ȵɛ^{35} se^{35} dʐʅ^{53}dʐɛ^{53} ndʑi^{241} mə^{31}ʃʅ^{31}.
白马 人 实心实意 心 DEM 山神 心 摇动 ADV CSM

ȵi^{31}ndʒʅ^{53} tɕi^{31} gu^{31}kɛ^{53} na^{31}pu^{53} na^{53}tsʅ^{53}re^{53} re^{35}, rɐ^{35}ȵɛ^{35} sɛ^{53}mɛ^{53}tʃho^{31}mə^{53} dʐa^{31}ŋga^{35}
一天 到 晚上 黑 深黑 TAM 山神 石门沟 悬崖

khə^{31}pa^{53} ʐɔ^{35}vu^{53} dʑi^{241} ȵi^{31} tɕa^{35} ʃua^{35}. ʃə^{35}ie^{31} lo^{35} la^{31}ta^{53} tʃhue^{35} tɐ^{31} ue^{35}
上面 站 ADV SVC 剑 舞 一会儿 风 大 刮 SVC 来

ʃʅ^{31}, kuə^{31}dʑy^{35} ndʑuə^{31}tʃa^{53} vu^{31}rʅ^{53}ta^{31}rʅ^{53} rɛ^{31} tɕa^{35} tʃha^{35} la^{31}ta^{31} po^{53}
TAM 雷 闪电 纷纷 ADV 响 雨 大 下：PFV

tɐ^{31} ue^{35} ʃʅ^{31}. tʃha^{35} po^{53} mɔ^{35}ȵi^{31}, nɔ^{35} thə^{35} ʃʅ^{31} nɔ^{35} khə^{53} kɛ^{53}mɛ^{53}
SVC 来 TAM 雨 下 TAM 天 晴 TAM 天 上：LOC 星星

nɔ^{35} kɔ^{35} re^{35}. sɛ^{31}mɛ^{53}tʃho^{31}mə^{53} dʐa^{31}ŋga^{35} khɛ^{31} se^{53} dʐa^{53} khu^{31}rʅ^{53} ie^{53}
有 满 TAM 石门沟 悬崖 上：LOC LNK 悬崖 洞 一

pi^{53} ue^{35} ʃʅ^{31}, tɕhi^{31}ndʐa^{35} la^{31}ta^{53} ku^{53}zʅ^{53} ie^{31} se^{53} dʐa^{53} khu^{31}rʅ^{53} ȵi^{31}
流：PFV 来 TAM 水 大 股：CL 一 LNK 悬崖 洞 ASSOC

nɔ^{53}rɛ^{31} the^{35} pi^{35} ue^{35} ʃʅ^{31}. ndɐ^{53} se^{31} nɔ^{35}ʃʅ^{53}sɛ^{35}ʃʅ^{53}rɛ^{31} se^{53} dʐa^{31}tʃhuɐ^{53}
里面 向下：DIR 流：PFV 来 TAM DEM LNK 天然的 LNK 瀑布

ndʐo^{35} ʃʅ^{31} dʐa^{53}gɐ^{35} dʐa^{31}tʃhuɐ^{53} ie^{31}zʅ^{53}ie^{31}zʅ^{53} la^{31}yə^{53} tshe^{53}dʐɛ^{35} tɕi^{53}tɛ̃^{31}nɔ^{31}
成 TAM 石门 瀑布 每年 腊月 初八 那天

tɕhi^{31}ndʐa^{35} ndɐ^{53} se^{53} mu^{31} nɔ^{35} ʐə^{35} ie^{31}zʅ^{53} ȵi^{53}pɛ^{53} tʃɐ^{31}guɐ^{53} tɕi^{53}tɛ̃^{31}nɔ^{31}
水 DEM LNK NEG 有 以后 一年 二月 十九 那天

tɕhi^{31}ndʐa^{35} ɦo^{35} dʐa^{53}ŋga^{35} ndɐ^{31} khə^{31}pa^{53} the^{35} mbi^{35} ʃʅ^{31}, tʃɔ^{53}xuər^{31}
水 REP 悬崖 DEM 上面 向下：DIR 流：IPFV TAM 现在

ȵɐ^{35} rɛ^{31} ie^{31}zʅ^{53}ie^{31}zʅ^{53} se^{53} ȵi^{35}pɛ^{53} tʃɐ^{31}dʐa^{35} tɕi^{53}tɛ̃^{31}nɔ^{31} tʂhʅ^{31}gə^{35} ndʒo^{35} ȵɛ^{35}
人 PL 一年一年 LNK 二月 十八 那天 池哥 跳 神

tɕhi^{31}ndʐa^{35} tɕe^{35}, se^{53} ndɐ^{53}mɐ^{53}ndu^{31}ru^{53} pɛ^{53} ie^{31} ndʐo^{35} ʃʅ^{31}.
水 接 如此：LNK 这样 习俗 一 形成 TAM

白马人的真诚感动了山神。在一个漆黑的晚上，山神站在石门沟的悬崖上舞剑，一会儿，刮起了大风，雷电交加，下起了大雨；雨下了会儿天晴了，满天的星星；石门沟悬崖上就出现了一个泉眼，一股大水飞流直下，这就形成了天然瀑布——石门瀑布。每年腊月初八水就没了，第二年的二月十九这天水又从悬崖上飞流下来，现在，人们每年在二月十八那天跳池哥迎水神，就这样形成了一个风俗习惯。

（讲述人：余林机）

2. 池哥昼的来历

ta^{31}ka^{53}pe^{53} se^{53}rɛ^{31} dʑɛ^{31}vu^{53} ie^{31} pi^{53} ue^{35} ʃʅ^{31}, ȵi^{35} se^{31} a^{31}ȵi^{53}ŋga^{31}sa^{53}
白马人 里面 皇帝 一 出：PFV 来 TAM 名 就是 阿尼嘎萨

dzue^{35} ʃʅ^{31}. dʑɛ^{35} rɛ^{31} khe^{241}ȵi^{53} pe^{53} ŋgɐ^{53}uɛ^{53} dzɐ^{35} dɛ^{35}. a^{31}ȵ^{53}ŋga^{31}sa^{53}
说：PFV TAM 汉人 CONJ 3sg 白马人 领袖 说：IPFV DUR 阿尼嘎萨

pe^{53} rɛ^{31} vɛ^{35}kə^{31} kuɛ^{35} nɔ^{35}. ɕe^{53}pu^{53}ɕe^{53}zu^{53} vɛ^{35}kə^{31} ndʑɛ^{31}ia^{53} re^{35}, pe^{53}
白马人 PL 全部 管 PRT 做法 全部 一样 COP 白马人

rɛ^{31} dʑɛ^{35} ɦa^{241}ndʒʅ^{53} ȵo^{35}pu^{53} ɕe^{53} mu^{31} ndʒuə^{35} ʃʅ^{31}, se^{53} pe^{53} rɛ^{31}
CONJ 汉族 一起 亲戚 做 NEG PERMS TAM LNK 白马人 PL

tʃo^{35}pa^{31}tʃo^{35} ȵo^{35}pu^{53} ɕe^{53} ndʒuə^{53} dɛ^{35}, zɛ^{35} pɛ^{53} ndɐ^{31} se^{31} ndu^{35} ɕe^{31} luə^{35}
RECP 亲戚 做 PERMS DUR EXCL 风俗 DEM 就 这样 做 传

ue^{35} mɛ^{53} re^{35}.
来 NMLZ TAM

白马人里出了皇帝，名叫阿尼嘎萨，汉人称他为藩王。阿尼嘎萨统领着整个白马人，习俗信仰都一致，白马人和汉人不许联姻，只让白马人互相做亲戚，我们白马人的婚俗就是这样流传下来的。

a^{31}ȵi^{53}ŋga^{31}sa^{53} ɲue^{35} bie^{35}uɛ^{53} ie^{31} re^{35}, khe^{241}ȵi^{53} a^{31}mɛ^{53} khe^{241}ȵi^{53} phə^{35}
阿尼嘎萨 原先 青蛙 一 COP 3sg 母亲 3sg 肚子

rɛ^{31} ie^{31} tshɔ^{31}pɛ^{53} rɛ^{31} dza^{35} ȵi^{35} khuɐ^{53} ʃʅ^{31}, ȵi^{31}ndʒʅ^{53} tɕi^{53}tɛ̃^{31}nɔ^{31} khe^{241}ȵi^{53}
里：LOC 年 整整 CONJ 月 二 拿 TAM 一天 那一天 3sg

a^{31}mɛ^{53} se^{53} ʃɛ^{35}tʃhɛ^{31}zo̜^{53} ie^{31} sue^{53} ra^{31} ʃʅ^{31}, khe^{241}ȵi^{53} a^{31}pɛ^{53} se^{35} nɔ^{53}
母亲 就 肉皮袋子 一 生 ADV TAM 3sg 阿爸 心 里：LOC

mu^{31} gɛ^{35} ʃʅ^{31}. tɕi^{31}zo̜^{53} rɛ^{31} ʃɛ^{35}tʃhɛ^{31}zo̜^{53} khɛ^{31}rɛ^{53} la^{31}ta^{53} ie^{31} kɐ^{53}tʃʅ^{31} mɔ^{31}ȵi^{31},
NEG 高兴 TAM 刀子 INST 肉皮袋子 口子 大 一 割 TAM

tʃhɛ^{31}zo̜^{53} rɛ^{31} phu^{31}lə̃^{31} phu^{31}lə̃^{31} rɛ^{31} phu^{31}rʅ^{53}kɛ^{53}pu^{53} so^{53} ge^{31}tsɛ^{53} mbɐ^{35}
袋子 里：LOC 扑棱 扑棱 ADV 白鸽 三 外面 飞

ɕo^{35}, ʃɛ^{35}kə^{53} tha^{31}re^{53} mbɐ^{35} tɕhe^{35}. a^{31}pɛ^{53} ze^{31}me^{53} rɛ^{31} ʃɛ^{35}tʃhɛ^{31}zo̜^{53} khɛ^{31}rɛ^{53}
NVOLI 直接 远方 飞 VIS 阿爸 赶紧 ADV 肉皮袋子 口子

tɐ^{31} ȵyə^{53} dʑi^{35}, ʃɛ^{35}tʃhɛ^{31}zo̜^{53} rɛ^{31} tɔ^{31}rɔ^{53} dzue^{35} mɔ^{31} tɕhe^{35}:“ a^{31}pɛ^{53} ŋa^{53}
DEM 捏 ADV 肉皮袋子 里：LOC 话 说：PFV CSM VIS 阿爸 1sg

tɕhe^{53} pɐ^{53} re^{35}, tɕhe^{53} ŋa^{53} ge^{31}tsɛ^{53} phi^{53}tɔ^{31} ku^{31}tɕɛ^{31}, ŋa^{53} phə^{35} tuə^{53} ȵi^{31}
2sg 儿子 COP 2sg 1sg 外面 放来 PRT 1sg 肚子 饿 COMP
xɔ̃^{53}." a^{31}pɛ^{53} kho^{31}ȵi^{31}: " tɕhe^{53} ŋa^{53} go^{35} dɛ^{35}, tɕhe^{53} ɦo^{35} tha^{31}re^{53} mbɐ^{35} ʃa^{53} dẓə^{35}
很 阿爸 说：NAR 2sg 1sg 哄 DUR 2sg REP 远方 飞 FPRT 想
nɔ^{35}." ʃɛ^{31}tʃhɛ^{31}ẓo^{53} rɛ^{31} ɦo^{35} kho^{31}ȵi^{31}: " a^{31}pa^{53} ŋa^{53} mu^{31} mbɐ^{35}, ŋa^{53} tɕhe^{53}
TAM 肉皮袋子 里：LOC REP 说：NAR 阿爸 1sg NEG 飞 1sg 2sg
pɐ^{53} re^{35}, tɕhe^{53} ŋa^{53} ge^{31}tsɛ^{53} phi^{53}tɔ^{31} ku^{31}tɕɛ^{31}, ŋa^{53} ẓə^{35}tse^{31}rɛ^{31} ndẓa^{35} ɕe^{31},
儿子 COP 2sg 1sg 外面 放来 PRT 1sg 以后 好好 做
tɕhe^{53} khɛ^{53}sɐ^{31} iɔ^{31}." a^{31}pɛ^{53} tshuɐ^{31}dẓə^{35}phɛ^{31}dẓə^{35} tʃhɐ^{31} ndẓo^{35} re^{35}. ʃɛ^{35}tʃhɛ^{31}ẓo^{53}
2sg 养活 要 阿爸 左想右想 什么 成 TAM 肉皮袋子
tɐ^{31} ie^{53} tɕhi^{35} khuɐ^{31} ue^{35} ȵi^{31} se^{53} the^{35} y^{53}, ge^{31}tsɛ^{53} bie^{31}uɛ^{53} ie^{31}
DEM DISP 提 DIR 来 SVC 就 下面：DIR 倒 外面 青蛙 一
y^{53} khuɐ^{31} ɕo^{35}, ke^{31}tɕi^{53}ke^{31}me^{53} ȵi^{31}ŋgɛ^{53} ra^{31} bie^{31}uɛ^{53} ndɐ^{31} khɛ^{53}sue^{31} ra^{31}
倒 DIR NVOLI 夫妻 DL DISP 青蛙 DEM 养活 ADV
ʃʅ^{31}, tɛ^{53}ndu^{31} ȵi^{31} bie^{31}uɛ^{53} ndɐ^{31} tɔ^{35}te^{31} tʃhu^{31}ru^{53} ie^{31} ndẓe^{53} dɛ^{35}, bie^{31}uɛ^{53}
TAM 看 ADV 青蛙 DEM 到底 怎样 一 去：IPFV DUR 青蛙
ndɐ^{31} lɛ̃^{31}dzɐ^{35}ŋgə^{35}tɔ^{31}ŋgə^{35} thɛ^{31}kə^{53} ɕe^{31} ŋgə^{35}, ɕe^{31}ʃʅ^{53} ɕe^{31}ʃʅ^{53} ȵɐ^{35}rɛ^{31} vɛ^{35}kə^{31}
DEM 能说会道 唱歌 唱 会 做着 做着 人们 全部
tʃhɛ^{53}nɔ^{31} mɔ^{31}ʃʅ^{31}. ie^{53} bie^{31}uɛ^{53} ndɐ^{31} tʃe^{53}gɛ^{35} ȵi^{53} tʃo^{53} re^{35}.
知道 CSM 一 青蛙 DEM 喜欢 人 全 COP

阿尼嘎萨原来是只青蛙，他母亲怀他怀了整整一年零两个月，有一天，他母亲生下了一个肉皮袋子，他阿爸心里不高兴，用刀子割了个大大的口子，袋子里扑棱扑棱飞出了三只白鸽，直向远方飞去，阿爸赶紧捏住了肉皮袋子的口子，肉皮袋子里面开始说话了：“阿爸阿爸，我是您儿子，您把我放出来吧，我肚子好饿呀。”阿爸说：“你在哄我，你又想飞到远方去。”肉皮袋子里面又说：“阿爸阿爸，我不飞，我是您儿子，您把我放出来，我以后要好好地孝敬您。”阿爸想了又想不管会成什么，把肉皮袋子提起来就往下倒，倒出来了一只青蛙。夫妻俩把青蛙养了下来，看着这青蛙到底是一个怎么样的（东西），这青蛙呢，能说会道又会唱歌，慢慢地人们全知道了，也都喜欢这只青蛙。

dẓɛ^{31}vu^{53} rɛ^{31} dẓɛ^{31}vu^{53} ʃɔ^{31}dẓi^{35} ȵɐ^{35} to^{31}ko^{53} vɛ^{35}kə^{31} na^{35}tɕhy^{53} ʃʅ^{31}, dẓɛ^{31}vu^{53}
皇帝 CONJ 皇帝 下面 人 那些 全部 听到 PFV 皇帝
po^{35} zɐ^{35} nɔ^{35}, ɕi^{53}ɕi^{53} ndɐ^{31} se^{31} ɕɛ^{53} ȵi^{31} gɔ^{31}zɔ^{53} io^{53} dẓɛ^{31}ndẓʅ^{53}, dẓɛ^{31}vu^{53}
女儿 四 有 小 DEM 就 长 COMP 漂亮 又 聪明 皇帝

po^{35} ndɐ^{31} ɛ^{35}nɛ^{31} ȵi^{31} kɛ^{31}uɛ^{35} ndʐa^{35} re^{35}, tʃhɐ^{53} gɐ^{35} rɛ^{31} tʃhɐ^{53} ʐe^{35}, nɔ^{35}
女儿 DEM 疼爱 COMP 格外 好 COP 什么 要 TOP 什么 给 天

khə^{53} kɛ^{53}mɛ^{53} rɛ^{31} nduə^{35}ʐe^{31} ie^{53} dʐə^{35} nɔ^{35}, po^{35} ndɐ^{31} bie^{31}uɛ^{53} ȵi^{53}ndo^{35}
上：LOC 星星 TOP 摘 NMLZ 想 TAM 女儿 DEM 青蛙 VIS

ȵi^{31}, se^{35} nɔ^{53} mə^{31}rɛ^{53} khe^{53} mɔ^{31}ʃʅ^{31}, se^{53} bie^{31}uɛ^{53} nɔ^{35} ndʐɐ^{53} sɛ^{35} ndʐɐ^{53},
PRT 心 里：LOC 花 开 CSM LNK 青蛙 天 问 地 问

ndʐɐ^{53} mu^{31} lio^{35} ʃʅ^{31}, dzɐ^{35} mu^{31} lio^{35} ʃʅ^{31}, bie^{31}uɛ^{53} ndɐ^{31} ie^{31} tʃhɐ^{53} dʐʅ^{35}
问 NEG 完 TAM 说 NEG 完 TAM 青蛙 DEM 也 什么 问

tʃhɐ^{53} ʐuɐ^{35}, ȵi^{31}ŋgɛ^{53} ŋue^{35} ȵi^{53}ndo^{35} io^{31}mɛ^{31} ndʑɛ^{31}ia^{53} re^{35}. dʑɛ^{31}vu^{53} po^{35}
什么 答 DL 原来 VIS EXP 一样 COP 皇帝 女儿

bie^{31}uɛ^{53} ie^{31} kho^{31}ȵi^{31}:“ŋa^{53} tɕhe^{53} ɦa^{241}ndʒʅ^{53} ndu^{53} iɔ^{31}, tɕhe^{53} ie^{31} ke^{31}me^{53} ɕe^{31}
青蛙 DAT 说：NAR 1sg 2sg 一起 住 要 2sg DAT 媳妇 做

iɔ^{31}.” bie^{31}uɛ^{53} kho^{31}ȵi^{31}:“tɕhe^{53} ɕɛ^{53} ȵi^{31} ndu^{31}ru^{53} gɔ^{31}zɔ^{53} io^{35} ndʑɛ^{31}ndzʅ^{53},
要 青蛙 说：NAR 2sg 长 COMP 这么 漂亮 又 聪明

ɦa^{241} dʑɛ^{31}vu^{53} po^{35} re^{35}, ŋa^{53} ɕɛ^{53} ȵi^{31} ndu^{31}ru^{53} a^{31}ie^{31} re^{35}, i^{31}ndʑi^{53} ndɐ^{53}
CONT 皇帝 女儿 COP 1sg 长 COMP 这么 难看 COP 事情 DEM

tɕhe^{53} ma^{31} dzɐ^{35} lɔ^{31} dʑɛ^{31}vu^{53} ra^{31} na^{35}tɕhy^{31} rɛ^{31} ŋa^{53} se^{53} me^{31} re^{35}. ŋa^{53}
2sg NEG 说 TAM 皇帝 PASS 听见 ADV 1sg 杀 PROS TAM 1sg

ʃɐ^{53} mɔ^{31} rɛ^{31} tʃhɐ^{53} mu^{31} nɔ^{35}, tɕhe^{53} tɕɔ^{35} nɔ^{53}tsɛ^{53} a^{31}ie^{53} tɐ^{31} mbi^{35}
死 PFV ADV 什么 NEG 有 2sg 就 痛苦 不好 ASSOC 遭受

re^{35}.” dʑɛ^{31}vu^{53} po^{35} kho^{31}ȵi^{31}:“tʃhɐ^{31} ndʑo^{35} kɔ^{31} ndʑo^{35}, ŋa^{53} se^{53} tɕhe^{53}
TAM 皇帝 女儿 说：NAR 什么 成 就 成 1sg 就 2sg

ɦa^{241}ndʒʅ^{53} ndu^{53} iɔ^{31}, tɕhe^{53} ɦa^{241}ndʒʅ^{53} ma^{31} dʑi^{35} rɛ^{31}, ŋa^{53} ie^{53} mu^{31} xuə^{35}
一起 住 要 2sg 一起 NEG ADV TAM 1sg 也 NEG 活

lɔ^{31}, ŋa^{53} ɕi^{53} tɕhe^{35} rɛ^{31}, ŋa^{53} a^{31}pɛ^{53} a^{31}mɛ^{53} ie^{31} dzɐ^{35} iɔ^{31}.”
PRT 1sg 回 去：PFV TAM 1sg 阿爸 阿妈 DAT 说 要

皇帝和皇帝手下的那些人都听到了。皇帝有四个女儿，最小的那个长得既漂亮又聪明，皇帝格外疼爱这个女儿，要啥给啥，天上的星星都想摘给她。这女儿看见青蛙后，心里像开了花一样，就向青蛙问这问那，问个没完，说个没完，这青蛙也问啥答啥，两个原来好像见过一样。皇帝的女儿对青蛙说：“我要和你一起生活，要给你做媳妇。”青蛙说：“你长得如此漂亮又聪明，又是皇帝的女儿，我长得如此模样，这事情，你别说了，被皇帝听见要把我杀了。我死了没什么，然后你要受苦的。”皇帝的女儿说：“不管怎么样我就要和你一起生活，不和你一起的话我也不活了，我要跟阿爸阿妈说。”

dʑɛ31vu53 po35 ɕi53 tɕhe35 ȵi31 a31pɛ53 a31mɛ53 ie31 ndu35 ndu35 i31ndʑi53
皇帝 女儿 回 去：PFV SVC 阿爸 阿妈 DAT 这样 这样 事情

ie31 re35 dzue35 mɔ31ȵi31. dʑɛ31vu53 ke31tɕi53ke31me53 na35tɕhy31 ȵi31 ndʑi35 ȵi31
一 COP 说：PFV SCM 皇帝 夫妻 听见 SVC 急 COMP

se35 khɛ31 ȵɐ35 mbɐ53 dɛ35, ndɐ53 tʃɔ31 tʃhu35 ɕe31 re35? ndu53 tʃuə31 rɛ31,
心 上：LOC 火 燃：IPFV DUR DEM 现在 怎么 做 TAM 住 一起 TOP

ŋɐ241rɛ53 tʃhu35ɕe31 nɔ35 ʃɔ31dʑi35 ȵɐ35 ie31 dzɐ35 re35, ndu53 ma31 tʃuə53 rɛ31,
EXCL 怎么 天 下面 人 DAT 说 TAM 住 NEG CAUS TOP

po35 mu31 xuə35 lɔ31 dzɐ35 dɛ35, tshuɐ31dzə35phɛ31dzə35, ɦa241sɿ53 ŋgɐ53 zu53
女儿 NEG 活 CSM 说：IPFV DUR 左想右想 还是 头 点

ɕe31 mɔ31ʃɿ31, tʃha31ndo35 ɕe31 tɕi53tɛ̃31nɔ31, dʑɛ31vu53 ʑa35 po35 so53 tɐ31 ie31
AUX CSM 结婚 AUX 当天 皇帝 其他 女儿 三 DEM DAT

kho31ȵi31: “ tɕhe241 rɛ53 ȵe31ʃe35 so53 tɐ31 kha31ra35 rɛ31 ɕi53 khuɐ53 so35, iɔ31
说：NAR 2sg PL 姊妹 三 DEM 悄悄 ADV 送 DIR 去：IMP 路

tɕi53 dɛ35 i31ʑi53 guə35 rɛ31, ŋɐ35tshɛ31 rɛ31 se31 khɛ̃31ŋuə53 khɛ31 ʃo31a53
上：LOC 村寨 DISTR 过 TOP 害羞 ADV 就 脸 上：LOC 丝帕

vu35 khuɐ31 ȵɐ35 ɦa241ndʒɿ53 tɔ31rɔ53 ma31 dzɐ35.” se53 ndu35 ɕe31 ȵi31 bie31uɛ53
捂 DIR 人 一起 话 NEG 说 就 这样 做 ADV 青蛙

ie31 ɕi53 ʃɿ31. zə35 tse31ȵi31 dʑɛ31vu53 ke31tɕi53ke31me53 ȵi31ŋgɛ53 po35 dzə35
DAT 送 TAM 后来 直到 皇帝 夫妻 DL 女儿 想

ȵi31 xɔ̃53, se53 khɛ̃31ŋuə53 khɛ31 dzə31na53 dzɿ35 ȵi31 po35 tɛ53 tɕhe35
COMP 很 就：LNK 脸 上：LOC 锅墨 摸 ADV 女儿 看 去：PFV

ʃɿ31, dʑɛ31vu53 ke31tɕi53ke31me53 ȵi31ŋgɛ53 po35 ȵi53ndo35 te35 ȵi31 po35 la31ka53
TAM 皇帝 夫妻 DL 女儿 VIS 看：PFV VIS 女儿 幸福

gue241 re35. tɕɔ35 se35 ȵa31 dɛ35 ʃɿ31.
特别 TAM 就：LNK 心 一点 安稳 CSM

皇帝的女儿回去后，跟阿爸阿妈说了这件事，皇帝两口子听了后，心急如焚，这该怎么办呢？让在一起（同意婚事）的话，怎么昭告天下人，不让在一起的话，女儿说不活了，左想右想还是答应了。成亲那一天，皇帝跟其他三个女儿说：“你们三姊妹悄悄地地去送，路上经过每个村寨的话，害羞就用丝帕捂住脸。”就这样把新娘子送过去了。后来，皇帝两口子非常想念女儿，就脸上涂着锅墨去看女儿了。皇帝两口子看见女儿特别幸福，也就放心了。

tɕi^{53}tɛ̃^{31}nɔ^{31} ndzɛ^{35}rɛ^{31} dʑɛ^{31}vu^{53} po^{35} zɛ^{35}se^{31} ȵi^{31} bie^{31}uɛ^{53} ka^{53}mu^{31} nɔ^{35},
那一天 半夜 皇帝 女儿 醒来 SVC 青蛙 不见 PRT

ge^{31}tsɛ^{53} tʃhu^{35} thɛ^{31}kə^{53} ɕe^{31} dɛ^{35}. ʑɔ^{35}ue^{35} ȵi^{31} te^{35} ȵi^{31} ɔ^{31} ge^{31}tsɛ^{53} ȵɛ^{35}
外面 怎么 歌 唱 DUR 起来 SVC 看：PFV VIS 嗷 外面 火

la^{31}ta^{53} pi^{35} ra^{31} nɔ^{35}, tɕhi^{31}mbɛ^{53} iɛ^{53}pu^{53} la^{31}ta^{53} zɔ^{53}zɔ^{53}gu^{31}gu^{35} ie^{31}, ȵɛ^{35}
大 生 ADV 有 小伙 身材 大 精明能干 一 火

ndɛ^{31}y^{53} ndʒo^{35}ʃɿ^{53} rɛ^{31} ke^{53} ɕe^{31} dɛ^{35}. gɐ^{35} tsa^{31} ɦa^{241} bie^{31}uɛ^{53} ʃə^{31}mba^{53}
周围 跳着 ADV 唱 AUX DUR 门 跟前 CONT 青蛙 皮子

phə^{31}le^{53} ie^{31} liɐ^{53} ra^{31} nɔ^{35}. tɕɔ^{35}tshɛ^{31} tʃhɛ^{53}nɔ^{35} tʃhu^{31}ru^{53} i^{31}ndʑi^{53} ie^{31} re^{35},
堆 一 脱 ADV 有 才 知道 怎么 事情 一 TAM

khe^{241}ȵi^{53} ra^{53} mu^{31} tsho^{53} mu^{31} ra^{53} rɛ^{31}, bie^{31}uɛ^{53} ʃə^{31}mba^{53} tɐ^{31} ȵɛ^{31} se^{53}
3sg PASS NEG 觉察 NEG ADV TAM 青蛙 皮子 DEM 火 里

tʃu^{53} mɔ^{31}ʃɿ^{31}, bie^{31}uɛ^{53} tɕɔ^{35}se^{31} ȵɐ^{35} ndʑo^{35} mɔ^{31}ʃɿ^{31}. dʑɛ^{31}vu^{53} ȵi^{53}ndo^{35} ȵi^{31}
烧 CSM 青蛙 然后就：LNK 人 成 CSM 皇帝 VIS SVC

ie^{53} ʃɿ^{31}gɐ^{35} gue^{241} re^{35}, ɕi^{53} tɕhe^{35} ȵi^{31} se^{53} dʑɛ^{31}vu^{53} bie^{31}uɛ^{53} ie^{31} luə^{35}
也 高兴 特别 TAM 回 去：PFV SVC 就 皇帝 青蛙 DAT 传

ɕi^{35} ʃɿ^{31}.
给 TAM

有一天半夜三更，皇帝女儿醒来后听见外面在唱歌，起来看了看，外面有熊熊燃烧的篝火，还有一个身材高大精明能干的小伙。他在篝火旁跳着唱着，门口还脱着一堆青蛙皮。皇帝的女儿才知道是怎么回事，她悄悄地把青蛙皮扔进火堆里烧了，青蛙从此变成了人。皇帝知道后特别高兴，就把皇位传给了青蛙。

bie^{31}uɛ^{53} ndɐ^{31} dʑɛ^{31}vu^{53} tã^{35} mɔ^{31} ȵi^{31}, ȵɐ^{35} uə^{53}ʐə^{53} tɐ^{31} mu^{31} tɕa^{53},
青蛙 DEM 皇帝 当 PFV PRT 人 恶 ASSOC NEG 怕

ȵɐ^{35} rɿ^{35} tɐ^{31} ŋɐ^{31}sa^{53}mu^{31}ndʒe^{35}, nɔ^{35} ʃɔ^{31}dʑi^{35} dɛ^{35}mu^{53}, pe^{53} rɛ^{31} vɛ^{35}kə^{31}
人 软 ASSOC 不欺侮 天 下面 安逸 白马人 TOP 全部

ndzɐ^{53}pɛ^{53} la^{31}ka^{53}. ʐe^{35} dʑɛ^{31}vu^{53} ndɐ^{31} ʐe^{35} mɔ^{31} ȵi^{31}, vɛ^{35}kə^{53} khe^{241}ȵi^{53} ndʐa^{35}
富裕 幸福 后来 皇帝 DEM 死 PFV PRT 全部 3sg 好

dʐə^{35}, lɛ^{35} ndʑɛ^{31}ia^{53} tsɿ^{31}tʃə^{53} ɕe^{31}, ie^{31}ʐɿ^{53} ie^{31}ʐɿ^{53} ie^{31}sa^{53} tʃa^{53}ŋɛ^{53} tʂhɿ^{31}gə^{35}
想 仙 一样 热情 AUX 一年 一年 正月 十五 池哥昼

ndʒo^{35} ndʒo^{35} ȵi^{31} khe^{241}ȵi^{53} ndʒe^{35} ɕe^{31}, tʃɔ^{53} tʂhɿ^{31}gə^{35} ndʒo^{35} ndʒo^{35} dɛ^{35}
跳 跳 SVC 3sg 敬 AUX 现在 池哥昼 跳 跳 DUR

mɛ^{31} ʐɐ^{35} ndɐ^{31}, se^{53} bie^{31}uɛ^{53} tɕi^{31} pi^{53} ʐɐ^{35} tɐ^{31} re^{35}, ʃo^{31}a^{53} khɛ̃^{31}ɳuə^{53} vu^{35}

NMLZ 四 DEM 是 青蛙 家 弟兄 四 的 COP 丝帕 脸 捂

mɔ^{31} mɛ^{53} ʐɐ^{35} ndɐ^{31} se^{53} dʑɛ^{31}vu^{53} po^{35} ʐɐ^{35} tɐ^{31} re^{35}, khɛ̃^{31}ɳuə^{53} khɛ^{31}

TAM NMLZ 四 DEM 就 皇帝 女儿 四 DEM COP 脸 上:LOC

dʐə^{31}na^{53} dʐʅ^{35} ȵi^{53} ȵi^{35} tɐ^{31}, se^{53} dʑɛ^{31}vu^{53} tɕi^{31} ke^{31}tɕi^{53}ke^{31}me^{53} ȵi^{31}ŋgɛ^{53} re^{35}.

锅墨 摸 人 二 DEM 就是:LNK 皇帝 家 夫妻 DL COP

青蛙当了皇帝后不怕恶人，不欺负好人，天下太平，白马人都丰衣足食，幸福安康。后来这个青蛙皇帝死了，大家都很怀念他，像神仙一样供奉他，每年正月十五跳池哥昼来敬他。现在白马人的池哥昼有四个角色，就是青蛙家的四兄弟，丝帕捂住脸的这四个，就是皇帝的四个女儿，脸上涂着锅墨的两个，就是皇帝家两口子。

（讲述人：余林机）

3. 创世传说

tɔ^{53}vu^{53}gɔ^{35}, nɔ^{35} rɛ^{31} sɛ^{35} ɦa^{31}ndʒʅ^{53} ndʑɛ^{53} dʑi^{35} ʃʅ^{31}, ka^{35} i^{31}ʑi^{53} na^{31}pu^{53}

古时候 天 CONJ 地 一起 粘 ADV TAM 哪里 DISTR 漆黑

re^{31}, nɔ^{35} ʃɔ^{31}tɕi^{35} ȵɐ^{35} mu^{31} nɔ^{35}. ʃa^{35}re^{31} ɕɛ^{31}mo^{53}ɕi^{31}mo^{31} ie^{53} mu^{31} nɔ^{35}.

TAP 天 下面:LOC 人 NEG 有 动物 飞禽 也 NEG 有

tɕɔ^{35}se^{31} ȵi^{31}ndʒʅ^{53} tɕi^{53}tɛ̃^{31}nɔ^{31}, kuə^{31}dʑy^{35} tɕa^{35} dɐ^{31} ndʑɛ^{35}ia^{35} nɔ^{35} rɛ^{31}

然后就:LNK 一天 那天 雷 声音 ASSOC 一样 天 CONJ

sɛ^{35} dʐʅ^{53}dʑɛ^{35} dʑi^{35} mɔ^{31}ʃʅ^{31}. tɕɔ^{35}se^{31} nɔ^{35} rɛ^{35} sɛ^{35} pɛ^{53} re^{31} ȵɐ^{35} so^{53}

地 震动 ADV CSM 然后就:LNK 天 CONJ 地 中间 COP 人 三

ge^{31}tsɛ^{53} ue^{35} ʃʅ^{31}. ȵɐ^{35} so^{53} ndɐ^{31} se^{31} tʃhu^{35} ɕe^{31} ȵi^{31} nɔ^{35} rɛ^{35} sɛ^{35}

外面 来 TAM 人 三 DEM 就 怎样 做 COMP 天 CONJ 地

ŋɛ^{35}ndʑe^{31} re^{31}. i^{31}ndʑi^{35} ndɐ^{53} ʃɛ^{31}nɔ^{53} ɕe^{31} ʃʅ^{31} tʃo^{53}ie^{53} ndɐ^{31} ȵi^{35} se^{31}

打开 TAM 事情 DEM 商量 AUX TAM 一个 DEM 人 就是

nɔ^{31}nɑ^{53}ndʑe^{31}u^{53} re^{31}. za^{35} tʃo^{53}ie^{53} ndɐ^{31} se^{31} sɛ^{31}nɑ^{53}ndʑe^{31}u^{53} re^{31}, ȵi^{31}ŋgɛ^{53}

劳呐捏伍 COP 另外 一个 DEM 就是 塞呐捏伍 COP PL

ɦa^{31}ndʒʅ^{53} ɕe^{31}tʃɔ̃^{31} re^{35}. nɔ^{31}na^{53}ndʑe^{31}u^{53} kho^{53}: “ ŋa^{53} nɛ^{31} nɔ^{35} ndɐ^{31} nɛ^{31}ŋgə^{35}

一起做 争论 TAM 劳呐捏伍 说:NAR 1sg 来 天 DEM 上面

thẽ^{35} ndu^{31} ʃa^{53}!” sɛ^{31}nɑ^{53}ndʑe^{31}u^{53} kho^{53}: “ nɐ^{31} sɛ^{31} uə^{53} sɛ^{35} ndɐ^{31} dʑɔ^{35}me^{31}

撑住 这样 FPRT 塞呐捏伍 说:NAR 这 地 下:LOC 地 DEM 展开

ʃa^{53}!" tɕɔ^{35}se^{31} nɔ^{35}na^{53}ndʑe^{31}u^{53} nɔ^{35} dɐ^{31} nɛ^{31}ŋgə^{35} tʃhã^{35} khuɐ^{31} tɕhe^{31} ʃʅ^{31}.
FPRT 然后: LNK 劳呐捏伍 天 GEN 上面 撑 DIR 去: PFV TAM

sɛ^{35}na^{35}ndʑe^{31}u^{53} sɛ^{35} dɐ^{31} ie^{53} tʃhã^{35} mɔ^{31}ʃʅ^{31}.
塞呐捏伍 地 GEN 也 撑 CSM

古时候，天和地连在一起，到处都是漆黑一片，天下没有人，也没有飞禽走兽。有一天，天摇地动，雷声轰鸣，之后，天地间出来了三个人，这三个人就是劳呐捏伍、塞呐捏伍和尅撒捏伍。劳呐捏伍和塞呐捏伍在商量事情，两人在争论着。劳呐捏伍说："我来撑住上面的这个天！"塞呐捏伍说："我来展开下面的这个地吧！"

ȵɐ^{35} ȵi^{35} ndɐ^{31} ʃɛ^{31}tshɛ^{35} dẓ^{35} mɔ^{31} ȵi^{53} nɔ^{35} rɛ^{31} sɛ^{35} gɐ^{35} mɔ^{31}ʃʅ^{31}.
人 两 DEM 力气 使劲 PFV PRT 天 CONJ 地 分 CSM

nɔ^{31}na^{53}ndʑe^{31}u^{53} nɛ^{31}ŋgə^{53} nɔ^{35} tʃhã^{35} ȵi^{31} tʃho^{53} mɔ^{31}ʃʅ^{31}, sɛ^{31}nɑ^{53}ndʑe^{31}u^{53} sɛ^{31}
劳呐捏伍 上面 天 撑 COMP 小 CSM 塞呐捏伍 地

uə^{53} sɛ^{35} tʃhẽ^{35} ȵi^{31} tʃhɛ^{53} mɔ^{31}ʃʅ^{31}, nɔ^{35} ndɐ^{31} sɛ^{35} ko^{53} ra^{31} mu^{31} ndʑo^{53}.
下: LOC 地 撑 COMP 大 CSM 天 DEM 地 盖 ADV NEG 成

tɕɔ^{35}sɛ^{31} sɛ^{31}na^{53}ndʑe^{31}u^{53} ɦo^{35} ɦa^{31}ndʒʅ^{53} ɕe^{31} go^{35} ʃʅ^{31}, go^{35} ȵi^{31} sɛ^{31} no^{31}pa^{53}
然后: LNK 塞呐捏伍 REP 一起 AUX 缩 TAM 缩 COMP 地 牛皮

ndʑɛ^{31}ia^{35}, tshuə^{31} dzuə^{35} phɛ^{31} dzuə^{35} re^{31} ɕi^{53}ɕi^{53} mɐ^{31} ndʑo^{53} ʃʅ^{31}. dzuə^{31}ʃʅ^{53}
一样 这边 推 那边 推 TAM DIM NEG 成 TAM 推着

dzuə^{31}ʃʅ^{53} ndɐ^{31} ie^{53} ndɐ^{35} ʃʅ^{31} mɛ^{31} ie^{53} mɛ^{35} ʃʅ^{31}, ȵɐ^{35} ȵi^{35} ndɐ^{31}
推着 高 ASSOC 高 TAM 低 ASSOC 低 TAM 人 两 DEM

tshɛ^{35} dẓ^{35} lio^{35} ʃʅ^{31}. nɔ^{31}na^{53}ndʑe^{31}u^{53} ze^{31}me^{53} khe^{31}sɑ^{53}ndʑe^{31}u^{53} pe^{35}: "
劲 使 完 PFV 劳呐捏伍 赶紧 尅撒捏伍 请: PFV

khe^{31}sɑ^{53}ndʑe^{31}u^{53} ze^{31}me^{53} ʃuə^{53}, ŋe^{31}ŋgɛ^{53} tshɛ^{35} dẓ^{35} lio^{35} ȵi^{31}. nɔ^{35} rɛ^{35} sɛ^{35}
尅撒捏伍 赶紧 来: IMP 1dl 力气 使 完 PRT 天 CONJ 地

khɛ^{53} ɕe^{31} mɔ^{35} uɛ^{35}, se^{53} ndɐ^{35}rɛ^{53}tɕhi^{53} mu^{31} tʃhuə^{53} ʃʅ^{31}, ia^{53}uɛ^{53} kɔ^{53}uɛ^{53}
分 AUX PFV VOLI 就是 高度 NEG 够 TAM 手 脚

vɛ^{35}kə^{35} ʃɛ^{53} dẓ^{35} nɔ^{31}, ia^{53}uɛ^{53} kɔ^{53}uɛ^{53} phi^{53} ʃʅ^{31}mɔ^{31}rɛ^{31} nɔ^{35} rɛ^{31} sɛ^{35}
都 力气 使 TAM 手 脚 放: PFV TAM 天 CONJ 地

ɦo^{35} dʑɛ^{53}ndu^{31} re^{53}, tɕa^{53} dɛ^{31}. tɕhe^{53} ze^{31}me^{35} ʃuə^{53} nɔ^{35} rɛ^{35} sɛ^{35} pɛ^{31}rɛ^{31},
REP 粘住 TAM 害怕 DUR 2sg 赶紧 来: IMP 天 CONJ 地 中间

ʐɔ^{35}u^{31} dʑi^{31}." khe^{31}sa^{53}ndʑe^{31}u^{53} na^{35}tɕhy^{31} ȵi^{31} iɔ^{35} ue^{31} ȵi^{31}. ia^{53}uɛ^{53} nɔ^{35} ie^{53}
站 ADV 尅撒捏伍 听见 PRT 路 来 PRT 手 天 DAT

dzuə^{31} dʑi^{31} kɔ^{53}uɛ^{35} sɛ^{35} the^{35} tʃa^{53}tʃa^{53} ɕe^{31}, nɔ^{31}na^{53}dʑɛ^{31}vu^{53} khə^{31}pa^{53} kɔ^{53}uɛ^{53}
推 ADV 脚 地 DIR 踏 AUX 劳呐捏伍 上面 脚

ia^{53}uɛ^{53} vɛ^{35}kə^{35} ʃɛ^{53} dʐɔ^{35} nɔ^{35}, sɛ^{31}na^{53}dʑɛ^{31}vu^{53}nɔ^{31}, ʃɔ^{31}dʑi^{35} kɔ^{53}uɛ^{53} ia^{53}uɛ^{53}
手 都 力气 使 PRT 塞呐捏伍 下面 脚 手

ie^{53} rɔ^{53} dʑi^{35} mu^{31} nɔ^{35}, nɔ^{35} rɛ^{31} sɛ^{35} ndɐ^{31}mu^{53}mẽ^{53}mẽ^{53} gɐ^{35} ɕe^{35} dɛ^{35}
也 闲 ADV NEG 有 天 CONJ 地 高高低低 分 AUX DUR

mɛ^{31} ndɐ^{31}, tɕɔ^{35}se^{31} khe^{31}sa^{53}dʑɛ^{31}vu^{53} tʃo^{53} re^{31}. khə^{31}pa^{53} ȵɐ^{35} rɛ^{31} ʃɔ^{31}dʑi^{35}
NMLZ DEM 然后：LNK 尅撒捏伍 一 COP 上边 人 CONJ 下边

ȵɐ^{35} kɔ^{53}uɛ^{53} ia^{53}uɛ^{53} mɐ^{31} kho^{53} ʃʅ^{31}, pɛ^{31}tɕi^{35} khe^{31}sa^{53}dʑɛ^{31}vu^{53} ie tʃhə^{53} ɕe^{53}
人 脚 手 NEG 让 TAM 中间 尅撒捏伍 也 什么 做

ȵi^{31}ʃɛ^{53} dɔ^{31} kɛ^{53} mu^{31} ndʑo^{53} ʃʅ^{31}.
力气 出 NMLZ NEG 成 TAM

劳呐捏伍把上面的天撑开了，塞呐捏伍把地撑开了。两个人使出了很大的劲把天和地分开了，劳呐捏伍把上面的天撑得太小了，塞呐捏伍把地下的地撑得太大了，天盖不住地，塞呐捏伍又把地往一起缩了一下，把地缩得像牛皮一样，推过来推过去变不小了，推着推着就高的高低的低了。这两个人的劲使完了，劳呐捏伍赶紧叫尅撒捏伍说："尅撒捏伍赶紧来，我俩的力气使完了，天和地分开了，就是高度不够，我们俩的手和脚的力气都使上了，手和脚放开又害怕天和地连在了一起，你赶紧来站在天和地的中间。"尅撒捏伍听见后，手举着天脚踩着地，劳呐捏伍在上面手脚的力气都使完了，塞呐捏伍在下面手脚也没有闲着，如何将天和地分开，那就只有尅撒捏伍一个人了。

khe^{31}sa^{53}dʑɛ^{31}vu^{53} khe^{241}ȵi^{53} tʃo^{53} tɕɔ^{35} nɔ^{35} ndɐ^{31} ie^{53} kə^{31}tɕi^{31} dzuə^{35}, khɛ^{31}lɔ^{53}
尅撒捏伍 3sg 一 就 天 DEM DAT 向上 推 尺

ie^{53} dzuə^{35} khuɐ^{31} tɕhe^{31}, khe^{241}ȵi^{53} iɛ^{53}pu^{53} ie^{53} kə^{31}tɕi^{31} ie^{53} khɛ^{31}ɔ^{53} ɕɛ^{31},
一 推 DIR 去：PFV 3sg 身体 也 向上 一 尺 长

khɛ^{53} tʃɛ^{31}mbɛ^{53} ie^{53} dzuə^{35} khuɐ^{31} tɕhe^{31} khe^{241}ȵi^{53} iɛ^{53}pu^{53} ie^{53} tʃɛ^{53}mbɛ^{53}
尺 十 也 推 拿 去：PFV 3sg 身体 也 十

ɕɛ^{31}, ndu^{35} ɕe^{35} ȵyɛ^{53} dʑi^{35} rɛ^{31} ʃa^{53} dʑi^{35} dzuə^{35}, ɦa^{31}ȵi^{31} nɔ^{35} ie^{53} ndɐ^{31}mu^{53}
长 这样 做 天 七 CONJ 夜 七 推 LNK 天 也 高

gue^{241} dɐ^{31} ndʑo^{35} ʃʅ^{31}, sɛ^{35} ie^{53} ɦɛ^{35}tɕe^{31}re^{31} ndʑo^{35} ʃʅ^{31} khe^{31}sa^{53}dʑɛ^{31}vu^{53}
很 ASSOC 成 CSM 地 也 圆 成 CSM 尅撒捏伍

ma^{31} ndʒue^{35} ma^{31} ndʑy^{35} ȵi^{31} ȵyɛ^{35} dʑi^{35} rɛ^{31} ʃa^{53} dʑi^{35} tuə^{53} ȵi^{53} tʃhe^{53}
NEG 吃：PFV NEG 喝：PFV PRT 天 七 CONJ 夜 七 饿 COMP 累

ȵi^{53} liə^{35} mɔ^{31}ʃʅ^{31}. tɕɔ^{35}se^{53} iɛ^{53}pu^{53} ndʐɛ^{31}ndʐɛ^{35} rɛ^{31} yə^{53} mɔ^{31}ʃʅ^{31}. iɔ^{35}u^{31}kɛ^{35}
COMP 垮 CSM 然后：LNK 身体 慢慢 ADV 倒 CSM 爬
mu^{31} ndʑo^{53} ʃʅ^{31}.
NEG 成 CSM

上边的人和下边的人挪不出手脚来，不能给中间的尅撒捏伍帮助，尅撒捏伍一个人把天向上推着，他把天向上推一尺他的身体也长一尺，向上推十尺他的身体也长十尺。这样举了七天七夜，于是天就很高的了，地也成圆的了，尅撒捏伍七天七夜没吃没喝，既饿又累，然后就慢慢地倒下爬不起来了。

khe^{31}sa^{53}dʑɛ^{31}vu^{53} ndu^{31}rʅ^{53} ɕe^{31} ʃɐ^{53} mɔ^{31}ʃʅ^{53}. iɛ^{53}pu^{53} rɐ^{35} rɛ^{31} sɛ^{35} ndʑo^{35}
尅撒捏伍 这样 做 死 CSM 身体 山 CONJ 地 成
mɔ^{31}ʃʅ^{31}. rʅ^{31}pɛ^{53} dɐ^{35} ndʑo^{31} ʃʅ^{31}, tɕha^{31}tsɛ^{53} tʃhuɐ^{53} ndʑo^{35} ʃʅ^{31}, pɐ^{53}tsɛ^{53} ʃe^{35}
CSM 骨头 石头 成 TAM 血 河 成 TAM 汗毛 树
do^{35} ndʑo^{35} ʃʅ^{31}. nɔ^{31}na^{53}dʑɛ^{31}vu^{53} nɔ^{31} khə^{53} ie^{53} ʃɛ^{53} dɔ^{35} se^{53} mɔ^{31}ʃʅ^{31},
木 成 TAM 劳呐捏伍 天 上：LOC 也 力气 使 死 CSM
nɔ^{35} rɛ^{31} sɛ^{35} ɦa^{31}dʒʅ^{53} tha^{53}re^{35} mɔ^{31}ʃʅ^{31}, nɔ^{31}na^{53}dʑɛ^{31}vu^{53} ȵi^{31}ndʐʅ^{53} tɐ^{31} tʃʅ^{53}
天 CONJ 地 一起 遥远 CSM 劳呐捏伍 眼睛 对 一
ndɐ^{31} ȵyɛ^{35} rɛ^{35} dza^{35} ndʑo^{35} ʃʅ^{31}, rʅ^{31}pɛ^{53} ndɐ^{31} kɛ^{53}mɛ^{53} ndʑo^{35} ʃʅ^{31}, pɐ^{53}tsɛ^{53}
太阳 CONJ 月亮 成 TAM 骨头 DEM 星星 成 TAM DEM 汗毛
to^{31}ko^{53} ŋɐ^{31}pɛ^{53} ndʑo^{35} ʃʅ^{31}. tɕha^{31}tsɛ^{53} to^{31}ko^{53} tʃha^{35} rɛ^{35} ŋga^{35} ndʑo^{35} ʃʅ^{31},
那些 云 成 TAM 血液 那些 雨 CONJ 雪 成 TAM
sɛ^{31}na^{53}dʑɛ^{31}vu^{53} ie^{53} ʃɛ^{53} dɔ^{35} se^{53} mɔ^{31}ʃʅ^{31}, rʅ^{31}pɛ^{53} tʃhə^{53} i^{31}ʑi^{53} sɛ^{35} se^{53}rɛ^{31}
塞呐捏伍 也 力气 使 死 CSM 骨头 什么 DISTR 地 里面
dɐ^{35} ndʑo^{35} ʃʅ^{31}, tɕha^{31}tsɛ^{53} to^{31}ko^{53} rɛ^{31} sɛ^{31} uə^{53} tʃhuɐ^{31} ndʑo^{35} ʃʅ^{31}, sɐ^{35}
石头 成 TAM 血液 那些 TOP 地 下：LOC 水 成 TAM 牙齿
rɛ^{31} ȵi^{31}ndʐʅ^{53} sɛ^{53} uə^{53} sɛ^{53} rɛ^{53} ŋe^{35} ndʑo^{35} ʃʅ^{31}.
CONJ 眼睛 地 下：LOC 金 CONJ 银 成 TAM

尅撒捏伍就这样死了，他死后身体变成了山和地，骨头变成了石头，血变成了河流，汗毛变成了树木。劳呐捏伍在天上把力气也用完了，天和地相距很远了，劳呐捏伍的一对眼睛变成了太阳和月亮，骨头变成了星星，汗毛变成了那些云，血液变成了雨和雪。塞呐捏伍的力气也用完了，骨头变成了地上的石头，那些血液变成了地下的水，牙齿和眼睛变成了地下的金子和银子。

nɔ^{35} rɛ^{31} sɛ^{35} gue^{35} mɔ^{35} ȵi^{31}. ʐə^{35} gɛ^{53}io^{35}ȵi^{53} nɔ^{31}na^{53}dʑɛ^{31}vu^{53} nɔ^{31}
天 CONJ 地 分 PFV PRT 后来 很长时间 劳呐捏伍 天

khə^{53} lɛ^{35} ndʑo^{35} ʃʅ^{31}, sɛ^{31}na^{53}dʑɛ^{31}vu^{53} sɛ^{31} uə^{53} lɛ^{35} ndʑo^{35} ʃʅ^{31},
上：LOC 神 成 TAM 塞呐捏伍 地 下：LOC 神 成 TAM
khe^{31}sa^{53}dʑɛ^{31}vu^{53} pɛ^{31}tɕi^{35} lɛ^{35} ndʑo^{35} ʃʅ^{31}. nɔ^{35} ʃɔ^{31}dʑi^{35} ȵɐ^{35} mu^{31} nɔ^{35}.
尅撒捏伍 中间 神 成 TAM 天 下面：LOC 人 NEG 有

天和地分开了，在很长时间以后，劳呐捏伍变成了天上的神，塞呐捏伍变成了地下的神，尅撒捏伍变成了中间的神。

tɕɔ^{35}se^{53} nɔ^{31} khə^{53} ȵɐ^{35} the^{35} phi^{53}tɔ^{31} ʃʅ^{31}, ȵɐ^{35} the^{35}
然后：LNK 天 上：LOC 人 下面：DIR 放 TAM 人 下面：DIR
phi^{53}tɔ^{31} mɛ^{31} se^{31} iɛ^{53}pu^{53} khɛ^{53} so^{53} ndɐ^{35} re^{31}, sɛ^{31} uə^{53} ue^{35} ȵi^{31}
放 NMLZ 就 身体 尺 三 高 TAM 地 下：LOC 来 PRT
tʃhə^{53} ɕe^{53} kɛ^{53} mu^{31} ndʑo^{35}. ra^{53}ŋgu^{53} ndʒɛ^{31} ie^{53} tshʅ^{53} mu^{31} ȵi^{35}. ʃa^{35}
什么 做 NMLZ NEG 成 REFL 吃：IPFV NMLZ 找 NEG PRT 野兽
khɛ^{31} uə^{53} mu^{31} tʃhu^{53}, ʃa^{35} ȵa^{35} la^{31}ta^{35} ndɐ^{31} ra^{31} kha^{31}ra^{53} ndʒue^{35} mɔ^{31}ʃʅ^{31}.
上：LOC 行 NEG 怎样 野兽 一点 大 DEM DISP 3pl 吃：PFV CSM
ɕe^{53}ʃʅ^{53}rɛ^{31} khɛ^{53} so^{53} ȵɐ^{35} ndɐ^{31} iɛ^{53} lio^{35} ʃʅ^{31}. nɔ^{31} khə^{53} nɔ^{31}na^{53}dʑɛ^{31}vu^{53}
这样 尺 三 人 DEM 也 完 TAM 天 上：LOC 劳呐捏伍
ɦo^{35} khɛ^{53} dʑɛ^{35} ȵɐ^{35} the^{31} phi^{53}tɔ^{31} khuɐ^{53} ue^{35}, khɛ^{53} dʑɛ^{35} ȵɐ^{35} ndɐ^{31}
REP 尺 八 人 下面：DIR 放 DIR 来 尺 八 人 DEM
ndʒɛ^{35} ȵi^{31} zɔ^{53}u^{53} ʑi^{35} ɕe^{31} ndʑe^{31}ȵi^{53}, ie^{31}zʅ^{53} ndʐuɐ^{53} ɕe^{31} ra^{31} mɛ^{53}
吃：IPFV COMP 太多 活 干 懒惰 一年 粮食 做 ADV NMLZ
ndʒɛ^{31} dʑi^{53} mu^{31} tʃhuə^{35}, tuə^{53} ȵi^{53} ndɐ^{31}rʅ^{53}ndɛ^{53}rɛ^{31} ɦa^{31}sʅ^{35} mu^{31} uə^{35} ʃʅ^{31}.
吃：IPFV ADV NEG 够 饿 COMP 东倒西歪 CONT NEG 行 TAM

天底下没有人，天神就往下放人。放下来的人身材只有三尺高，来到地上什么也干不了，自己都找不到吃的，对野兽也没有办法。大一点的野兽就把他们吃了，就这样三尺的人也没有了。天上的劳呐捏伍又往下放了八尺的人，这八尺的人吃得很多又很懒惰，一年种的粮食不够吃，饿得东倒西歪，还是不行。

zə^{35}rɛ^{35}zə^{35} tɕɔ^{35} the^{35} ŋgə^{35}tɕi^{31} khɛ^{35} ŋɛ^{35} ȵɐ^{35} phi^{53}tɔ^{53} khuɐ^{53} ue^{35}. khɛ^{53} ŋɛ^{35}
后来 就 DIR 家里 尺 五 人 放 DIR 来 尺 五
ȵɐ^{35} ndɐ^{31}ŋgɐ^{53} dɐ^{31}pɐ^{53} tã^{53}mu^{53}, yɛ^{31}rɛ^{53} ɕe^{31} zɔ^{53}u^{53} ʃa^{35} ndʑo^{31} ȵi^{31} ndʒɛ^{31}
人 DEM头 脑子 灵活 庄稼 做 好 野兽 打 COMP 吃：PFV
ie^{53} ndʒɛ^{35} mu^{31} lio^{35} ʃʅ^{31}, ndo^{31} ie^{53} ndo^{241} mu^{31} lio^{35} ʃʅ^{31}. tɕhi^{53} ie^{53}
NMLZ 吃：IPFV NEG 完 TAM 喝 NMLZ 喝 NEG 完 TAM 狗 也

sɐ^{53} dʑi^{35} ʃʅ^{31}, pha^{53} iɛ^{53} se^{53} dʑi^{35} ʃʅ^{31}. tɕɐ^{53} ɕe^{53} ka^{31}ko^{53} ʃa^{53} ȵi^{53} za̤^{35}
养 ADV TAM 猪 也 养 ADV TAM 小麦 面 馍馍 烧 SVC 屁股

tsha^{35} ɕe^{35}, te^{31}mbu^{53} ndzɛ^{35}ia^{35} ɕe^{31} ra^{31} rɛ^{31} ŋgə^{35} tɕi^{35}, ndʒɛ^{31} ie^{53} ndo^{31}
擦 AUX 棍子 一样 做 ADV ADV 门 垫 吃 NMLZ 喝

ie^{53} tɕo^{35}tɔ^{31}, ȵa^{53} to^{31} se^{35} mu^{31} nɛ^{53} ʃʅ^{31}. ndu^{35} ɕe^{31} ɕe^{31}ʃʅ^{53} rɛ^{31} nɔ^{31}
NMLZ 浪费 一点 都 心 NEG 疼 TAM 这样 做 做着 ADV 天

khə^{53} tʃhɛ^{53}nɔ^{31} mɔ^{31}ʃʅ^{31}. nɛ^{31}ŋgə^{35} lɛ^{35} the^{35} ue^{31} ȵi^{31} nɔ^{35} ʃʅ^{31}dʑi^{35} yɛ^{31}rɛ^{53}
上：LOC 知道 CSM 上面 神 DIR 来 PRT 天 下：下面 庄稼

ndo^{31}ko^{53} rɛ^{31} iɛ^{53} ʃo^{35} khuɐ^{31} ndʑe^{31}. tɕɐ^{53} ndɐ^{31} ŋue^{35}ndʑyə^{35} ȵi^{31}ndɛ^{53} iɛ^{31}pu^{53}
这些 TOP 也 收 DIR 去：IPFV 小麦 DEM 原先 麦穗 身子

kɔ^{35}, ly^{35} ȵi^{31} ŋgə^{53}tsʅ^{53} ȵa^{53} za̤^{35} ʃʅ^{31}, tʃə^{53}zʅ^{53} ly^{35} ȵi^{31} ŋgə^{53}tsʅ^{53} ȵa^{53}
满 捋 COMP 头 一点 留 TAM 糜子 捋 COMP 头 一点

za̤^{35} ʃʅ^{31}. tɛ^{53}ʃʅ^{53} tɛ^{53}ʃʅ^{31} ly^{35} lio^{35} ʃʅ^{31}, ly^{35} ȵi^{31} tɕi^{31}me^{53} tsa^{53} tse^{31} ȵi^{31},
留 TAM 看着 看着 捋 完 TAM 捋 ALL 高粱 跟前 到 PRT

tɕhi^{53} tɕɔ^{35} pẽ^{53}pẽ^{53}dzu^{53} tɕi^{31} ȵi^{31}, nɔ^{31} khə^{53} lɛ^{35} iɛ^{53} dzue^{35} ʃʅ^{31},
狗 就 跪 下 PRT 天 上：LOC 神 DAT 说：PFV TAM

kho^{53} iɛ^{53} ndʒɛ^{31} tɕe^{53} ȵa^{53} za̤^{35}. nɔ^{31} khə^{53} lɛ^{35} tɕi^{31}me^{53} ly^{35} ȵi^{31}
说：NAR 也 吃 份 一点 留 天 上：LOC 神 高粱 捋 COMP

ŋgə^{53}tsʅ^{53} tse^{53} uɛ^{31} ndʑe^{53} tɕhi^{53} khɛ^{31} te^{35} ȵi^{31} ȵɔ^{35}ʃʅ^{31}sɔ^{53}ɕi^{31} mɔ^{31}ʃʅ^{31},
头 到 VOLI 遇见 狗 上：LOC 看 ADV 乞哀告怜 CSM

ia^{53}uɛ^{53} iɔ^{31} ra^{31}kho^{53} ia^{53}uɛ^{53} kə^{53}tʃʅ^{53} mɔ^{31}ʃʅ^{31}, tɕha^{53} pi^{31} ue^{35} ʃʅ^{31}, tɕha^{53}
手 取 时候 手 割破 CSM 血 流：PFV 来 CSM 血

ndɐ^{31} tɕɔ^{35}se^{31} ɦo^{35} tʂo^{35} khɛ^{31} tsha^{35} ʃʅ^{31}, tɕi^{31}me^{53} tsɛ^{53} khɛ^{53} mɐ^{31}rʅ^{53}
DEM 然后：LNK REP 荞 上：LOC 擦 TAM 高粱 草 上：LOC 红色

tɐ^{31} rɛ^{53} tʂo^{53} tsɛ^{53} mɐ^{31}rʅ^{53} tɐ^{31} se^{31} nɔ^{31} khə^{53} lɛ^{35} ia^{53}uɛ^{53} khɛ^{31}
ASSOC TOP 荞麦 草 红色 ASSOC 就是 天 上：LOC 神 手 上：LOC

tɕha^{53} re^{31}. iɔ^{31}ie^{53} sɛ^{31} uɔ^{53} dʑi^{35} ȵi^{35} ly^{31} kɛ^{53} ma^{31} ndʑo^{53} ʃʅ^{31}.
血 COP 洋芋 地 下：LOC 种 ADV 捋 NMLZ NEG 成 TAM

后来又往下面放了五尺的人，五尺的人头脑灵活，庄稼种得好，打的野兽也吃不完，吃的喝的都用不完。他们养狗养猪，用小麦面烧的馍馍擦屁股，把面做成棍子型垫门，浪费吃的和喝的，一点都不知道珍惜粮食。他们的这种做法被天神知道了，天神下来要把庄稼都收上去。小麦的麦穗原来是满的，被天神捋得只剩下一点了，糜子捋得只剩一点了，眼看着捋到了高粱跟前，狗跪下来求天神，希望能给它留一点吃的。天神看着狗很可怜，于是松开了手，松手的时候手被割破了，血染在荞秆上，红色的荞草和高粱秆就是天神的血染红的。洋芋在地下面没有被捋到。

zə̤^{35} ɕe^{31}ʃʅ^{35} rɛ^{31} ndʒɛ^{31} ie^{53} mu^{31} tʃhuə^{35} ndo^{31} ie^{35} mu^{31} tʃhuə^{35}.
后来 做着 ADV 吃：IPFV NMLZ NEG 够 喝 NMLZ NEG 够

nə^{35} ʃɔ^{31}dʑi^{53} ȵɐ^{35} mɔ^{53}vu^{53} ndʑo^{35} ʃʅ^{53}, tuə^{53} ȵi^{53} nə^{35} ŋɐ^{31}mbu^{53} mbe^{35},
天 下面：LOC 人 多 成 TAM 饿 COMP 天 老爷 叫：IPFV

nə^{31} khə^{53} lɛ^{35} se^{35} ɦo^{35} nẽ^{31}rʅ^{53} ndʑo^{35} ʃʅ^{31}. sɛ^{31} uə^{53} ȵɐ^{35} ȵɔ^{35}ʃʅ^{31}sɔ^{53}
天 上：LOC 神 就 REP 软 成 TAM 地 下：LOC 人 可怜

mɔ^{31}ʃʅ^{31}. nə^{31} khə^{53} lɛ^{35} tɕɔ^{53}se^{53} ɦo^{35} no^{35} the^{35}ŋa^{35} ʃʅ^{31}, ŋa^{35} ȵi^{31}
CSM 天 上：LOC 神 然后：LNK REP 牛 打发 TAM 打发 ALL

sɛ^{31} uə^{53} dzue^{35} so^{31}, ȵi^{31}ndʒʅ^{53} sɔ^{35} sɛ^{31}uə^{53} ndo^{241} ŋgɐ^{53} so^{53} ʃə^{31} no^{35}
地 下：LOC 说 去：IMP 一天 饭 一顿 吃 头 三 梳 牛

the^{35} ue^{35} ȵi^{31} ke^{53}ze̤^{35} mɔ^{31}ʃʅ^{31}. sɛ^{31} uə^{53} ȵɐ^{35} ie^{31} sɔ^{35} sɛ^{31} uə^{53}
下面：DIR 来 ALL 忘记 CSM 地 下：LOC 人 DAT 饭 地 下：LOC

ȵɐ^{35} iɛ^{31} sɔ^{35} sɛ^{31}uə^{53} so^{53} ndo^{241} ŋgɐ^{53} ɛ^{31}kue^{53} ʃə^{31} dzue^{35} ʃʅ^{31}. no^{35}
人 DAT 饭 顿：CL 三 吃 头 回：CL 梳 说：PFV TAM 牛

tɕɔ^{35} nə^{31} khə^{53} tɕhe^{35} ȵi^{31} kho^{53} ndu^{31}rʅ^{53} ndu^{31}rʅ^{53} dzue^{35} uɛ^{31}.
就：LNK 天 上：LOC 去：PFV PRT 说：NAR 这样 这样 说：PFV VOLI

nə^{31} khə^{53} lɛ^{35} ʃɛ^{53}dzʅ^{35} mɔ^{31}ʃʅ^{31}, no^{35} ndʒuɐ^{31} tɕi^{53} ie^{53} dɐ^{31}tɐ^{53} ɕi^{31} ʃʅ^{31}.
天 上：LOC 神 生气 CSM 牛 嘴 上：LOC DAT 踢 VCL TAM

khə^{31}pa^{53} sɐ^{35} the^{35} dɐ^{31}tɐ^{53} dʑa^{35} mɔ^{31}ʃʅ^{31}. no^{35} ie^{53} dzue^{35}: “ ȵi^{31} tɕhe^{53}
上面 牙 下面：DIR 踢 掉 CSM 牛 DAT 说：PFV SVC 2sg

dzue^{35} ȵi^{53} ma^{31} ndʑo^{35} rɛ^{31}, tɕhe^{53} tɕɔ^{35}se^{53} the^{35}kə^{31} ȵɐ^{35} khɛ^{31}sɐ^{31}
说：PFV NMLZ NEG 成 TAM 2sg 就：LNK 下面 人 养活

so^{31}.” no^{35} kho^{31}: “ ȵi^{31} ŋa^{53} ȵɐ^{35} khɛ^{31}sɐ^{31} uə^{35}re^{35}, se^{53} sɛ^{31} uə^{53}
去：IMP 牛 说：NAR SVC 1sg 人 养活 可以 就：LNK 地 下：LOC

ro^{53}na^{53} tʃa^{53}ɕi^{53} mɔ^{53}u^{53} re^{31}, ŋa^{53} sɐ^{53}nde^{31} ȵi^{53}, xẽ^{53} ʑi^{35} ɕe^{31} tʃhe^{53} de^{31}ue^{35}rɛ^{31}
苍蝇 蚊子 太多 TAM 1sg 叮咬 COMP 很 活 干 累 CSM

dzṳe^{35}dzʅ^{31} dɛ^{31}.” nə^{31} khə^{53} lɛ^{35} kho^{31}: “ tɕhe^{53} ŋuɐ^{35} ie^{53} ʃa^{31} ro^{31}na^{53}
眯盹儿 DUR 天 上：LOC 神 说：NAR 2sg 尾巴 DAT PRT 苍蝇

tʃa^{53}ɕi^{53} khuɐ^{31} sɛ^{53} ɕe^{31}! dzṳe^{35}dzʅ^{31} dɛ^{35} rɛ^{31} ȵɐ^{35} zə̤^{31}tu^{53} tɕhe^{53} ie^{53}
蚊子 赶 NMLZ 做 打盹 DUR TAM 人 后面 2sg DAT

thɛ^{31}khə^{53} ɕe^{31} re^{31}." ndu^{35} ɕe^{31} tɕɔ^{35}se^{31} nɔ^{35} ʃɔ^{31}dʑi^{35} ȵɐ^{35} khɛ^{31}sɐ^{31} ue^{35} ʃʅ^{31}.
歌 唱 TAM 这样 做 然后：LNK 天 下面 人 养活 来 TAM

这样做了以后吃的不够喝的也不够，天下的人变多了，饿得喊老天爷。天上的神又心软了，觉得地下的人可怜，天上的神又把牛打发下去，打发牛到地下去说，一天吃一顿饭，梳三次头。牛下来给忘记了，跟地上的人说一天吃三顿饭，梳一次头。牛上天就说他是这样说的，天神生气地在牛的嘴上踢了一脚，上门牙被踢掉了。对牛说："你说得不对，你就下去养活人吧！"牛说："我去养活可以，就是地上的苍蝇和蚊子太多，我干活累了打盹的时候它会叮咬我。"天上的神说："给你尾巴驱赶蚊子和苍蝇吧！打盹的时候有人给你在后面唱歌。"牛就是这样才下来养活人的。

nɔ^{35} ʃɔ^{31}dʑi^{53} ȵɐ^{35} ȵi^{31}ndʒʅ^{53} sɔ^{35} sɛ^{31}uə^{53} so^{53} ndo ŋgɐ^{53} ʃə^{31} uə^{53} ie^{31}
天 下面 人 一天 饭 顿：CL 三 吃 头 梳 回：CL 一
ɕe^{53}ndɐ^{31}mɛ^{35}ndɐ^{31} se^{53} nɔ^{35} rɛ^{35} sɛ^{35} khɛ^{53} ɕe^{31} mɔ^{31}ȵi^{31}. nɔ^{31} khə^{53} lɐ^{35}
如此这样 LNK 天 CONJ 地 分 做 CSM 天 上：LOC 神
dzue^{35} ra^{31} mɛ^{31} re^{31}. no^{35} khə^{31}pa^{53} sɐ^{35} mu^{31} nɔ^{35} mu^{31}dɐ^{31} se^{53}, nɔ^{31}
说：PFV ADV NMLZ TAM 牛 上面 牙 NEG 有 原因 TAM 天
khə^{53} lɛ^{35} ra^{31} the^{35} dɐ^{31} dʑa^{35} mɔ^{31} mɛ^{31} re^{31}. nɔ^{35} ʃɔ^{35}dʑi^{35} ȵɐ^{35}
上：LOC 神 PASS 下面：DIR 踢 掉 PFV NMLZ TAM 天 下面 人
khɛ^{53}sɐ^{31} ndʒɛ^{35} dɛ^{31}mɛ^{53} yɛ^{31}rɛ^{53} ndo^{31}ko^{53} tɕhi^{53} tʃẽ^{35} ra^{31} mɛ^{53} re^{31}.
养活 吃：IPFV NMLZ 庄稼 这些 狗 争 ADV NMLZ TAM
ko^{53}dʑe^{35}pe^{53} ndo^{31}ko^{53} rɛ^{31} tɕi^{53}thuə^{53}rɛ^{31} tɕhi^{53} ʃɛ^{35} mu^{31} ndʒɛ^{35}, ȵɐ^{35} i^{31}ʑi^{53}
白马人 这些 TOP 自那以后 狗 肉 NEG 吃：IPFV 人 DISTR
tɕhi^{53} ʃʅ^{53}gɛ^{35} rɛ^{31}.
狗 喜欢 ADV

天下人就是这样一天吃三顿饭梳一次头。于是天和地就分开了，牛没有上面的牙齿的原因就是被天上的神踢掉的。养活天下人的庄稼都是狗争来的。这些白马人自那以后就不吃狗肉了，人人都喜欢狗。

ko^{53}dʑe^{35}pe^{53} a^{31}ȵi^{53} iɔ^{31}ȵi^{53} ndo^{31}ko^{53} rɛ^{31} nɔ^{35} rɛ^{31} sɛ^{35} ndʑɛ^{53} dʑi^{31}
白马人 爷爷 祖爷 这些 TOP 天 CONJ 地 粘 ADV
mɛ^{53}. nɔ^{35} rɛ^{31} sɛ^{35} gɐ^{35} ndʑe^{31} mɛ^{53} i^{31}ndʑi^{35} ndɐ^{31} lɐ^{35} se^{31}rɛ^{31} dzue^{35}
NMLZ 天 CONJ 地 分 去：IPFV NMLZ 事情 DEM 嘞 里面 说：PFV
ra^{31}. nɔ^{35} sɛ^{35} ndɐ^{31} ndʑɛ^{53} dʑi^{31} nɔ^{31} pɛ^{31}mu^{53} ŋgu^{35} nɔ^{31}. nɔ^{35} rɛ^{31} nɔ^{35}
ADV 天 地 DEM 粘 ADV PRT 雾 罩 PRT 天 TOP 天

ŋgə^{35} ɕe^{31} ȵi^{53} nɔ^{31}, sɛ^{35} rɛ^{31} sɛ^{35} ŋgə^{35} ɕe^{31} ȵi^{53} nɔ^{31}, nɔ^{35} ŋgə^{35} ɕe^{35} ȵi^{53}
门 做 人 有 地 TOP 地 门 做 人 有 天 门 做 人

tʃhə^{53} tʃʅ^{31} ɕe^{35}? sɛ^{35} ŋgə^{35} ɕe^{35} ȵi^{53} tʃhə^{53} tʃʅ^{31} ɕe^{31}? nɔ^{35} ŋgə^{35} ɕe^{53} ȵi^{53}
什么 一 做 地 门 做 人 什么 一 做 天 门 做 人

ge^{35} tʃʅ^{31} ɕe^{35}. sɛ^{35} ŋgə^{35} ɕe^{35} ȵi^{35} ge^{35} tʃʅ^{31} ɕe^{35}. a^{31}ȵi^{53} khe^{31}sa^{53}dʑɛ^{31}vu^{53}
老人 一 做 地 门 做 人 老人 一 做 阿尼 尅撒捏伍

nɔ^{35} sɛ^{35} khɛ^{53} ɕe^{31}. pe^{53} lɛ^{31}zu̥^{53} ndɐ^{31} a^{31}ȵi^{53} iɔ^{31}ȵi^{53} ia^{31} nɔ^{53} dzɐ^{35}
天 地 分 AUX 白马人 故事 DEM 爷爷 祖爷 手 里 说：IPFV

ʃʅ^{35}rɛ^{31}, phɛ^{31}o^{53}ge^{31}ru^{53} tsa^{53} tse^{31} ɦo^{35} dzɐ^{35} ʃʅ^{53}rɛ^{31} tʃɔ^{53}xua^{31} ȵɐ^{35} tsa^{31} tse^{31}.
TAM 父辈大人 跟前 到 REP 说：IPFV TAM 现在 人 跟前 到

这些白马人的祖先在天和地还连在一起、天和地没有分开的时候就在《嘞》里面说这些事情。天和地粘在一起像被雾罩住了，天呢，有开天门的人，地呢，有开地门的人，开天门的是什么人？开地门的是什么人？开天门的是一个老人，开地门的是一个老人。阿尼尅撒捏伍把天和地分开了，白马人的这些故事，从祖先一直说到父辈，一直说到现在。

（讲述人：余林机）

4. 红海子

tɔ^{53}vu^{53} ŋue^{35}gɔ^{35}, ŋgə^{31}ndʐə̥^{35}rɛ^{31} dɛ^{35} ndɐ^{31} ra^{53} dʑɛ^{31}dʒuɐ^{53} mɐ^{31}phɛ^{31} re^{31}.
古时候 以前 强曲 村子 DEM AUR 八十 以上 TAM

ta^{31}ka^{53} io^{53}kɛ^{35} se^{31}rɛ^{31} ȵi^{31}nɛ^{53} nɔ^{31} mɛ^{53} dɛ^{35} re^{31} dɛ^{35} tshɔ^{31}phɛ^{53} ie^{53}
白马 峪河 里面 有名 有 NMLZ 村子 COP 村子 整个 也

pe^{53} tʃo^{35} re^{31}. no^{35} rɛ^{31} rɛ^{35} ie^{53} te^{35} ȵi^{31} mɔ^{53}u^{53} re^{31}. dɛ^{35}rɔ^{53}
白马人 尽 COP 牛 CONJ 羊 也 看：PFV COMP 多 TAM 寨子里

tɕo^{31}tʃe^{53}ra^{31} ie^{53} pɐ^{53} ȵɛ̃^{31}ȵi^{53} re^{31}, ȵi^{35} tɐ^{35} se^{31} nɔ^{31}me^{53}a^{53}me^{53}kɛ^{31}me^{53}
穷人家 一 儿子 小孩 TAM 名字 DEM 就是 呶没啊没盖没

dzɐ^{35} ʃʅ^{31}. khe^{241}ȵi^{53} ɕi^{53}ɕi^{53} gɔ^{35} se^{31} phɛ^{53} rɛ^{35} mɛ^{35} ʑɐ^{35} mɔ^{31}ʃʅ^{31},
说：PFV TAM 3sg 小 时候 就 父亲 CONJ 母亲 死 CSM

ȵi^{31}u^{53}ȵe^{31}ʃe^{53} ie^{53} mu^{31} nɔ^{35} ȵo^{35}pu^{35} tsa^{35} dɐ^{31} ie^{53} mu^{31} nɔ^{35}, nɔ^{31}tsɛ^{53}
姐妹 也 NEG 有 亲戚 跟前 ASSOC 也 NEG 有 困难

ȵɔ^{35}ʃʅ^{31} re^{31}. tɕhi^{31}mbɛ^{53} ȵɛ̃^{31}ȵi^{53} ndɐ^{31} se^{35} dʐɔ̥^{31}dʐy̥^{35} re^{31}, se^{31}tsɛ^{53} ndʐḁ^{35} re^{35},
可怜 TAM 小伙 小孩 DEM 心 忠厚 TAM 心地 好 TAM

kɔ^{31} iɔ^{35} ia^{31} iɔ^{35}. dɛ^{31}rɔ^{53} ȵɐ^{35} tʃho^{35} ȵɛ̃^{31}ȵi^{53} rɛ^{31} vɛ^{35}kə^{31} khe^{241}ȵi^{53} ʃʅ^{53}gɛ^{35}
脚 勤 手 快 村里 人 DIM 小孩 PL 都 3sg 高兴
dɛ^{31}. khe^{241}ȵi^{53} ie^{31} ndʒɛ^{31} ie^{53} re^{35} ndo^{31} ie^{53} re^{35}. ie^{53} tʃɛ^{53}mbɛ^{53}
HAB 3sg DAT 吃：IPFV NMLZ TAM 喝 NMLZ TAM 年 十
mɐ^{31} tshe^{35} io^{35}ȵi^{31}, tɕɔ^{35}se^{31} dɛ^{31}uɛ^{53} ie^{31} no^{35} rɛ^{53} rɛ^{31} ie^{53} ndzə^{31}
NEG 到 以后 然后：LNK 全村 DAT 牛 CONJ 羊 也 放
ȵi^{53} ɕe^{31}.
ADV AUX

古时候，强曲村有八十多人，白马峪河里有名的村子全是白马人，喂养了很多牛和羊。寨子里有一个穷苦人家的孩子，名字就叫呶没啊没盖没。他小的时候父母就去世了，没有姊妹也没有亲戚。这个年轻小伙子孤苦伶仃，忠厚老实，心地善良、脚勤手快，村子里的大人、小孩都喜欢他，给他吃的喝的。十几年后，他就给全村人放牛和羊。

ŋgə^{31}ndʐə^{35} rɛ^{31}kə^{31} ŋgɐ^{35} ȵa^{35}tha^{35}li^{31} sɛ^{31}tʃɛ^{53} khɛ^{31} ndzɐ^{35} dʐə^{31}mbu^{53}
强曲 里：LOC 山峰 崖塔里 地方 上：LOC 池子 个：CL
so^{53} nɔ^{31}, tʃa^{31}i^{53} kɔ^{53}uɛ^{53} ndʐɛ^{31}ia^{35} re^{31}. ndzɐ^{35} so^{53} ndɐ^{53} se^{31} ndʐu^{31} pe^{53}
三 有 三脚 脚 一样 TAM 湖 三 DEM 就 龙 王
po^{35} so^{31} re^{31}. ndzɐ^{35} kə^{53}rʅ^{53} ie^{31} nɔ^{31}, ndɐ^{53} se^{31} po^{35} tʃhɛ^{53} re^{31}, ndzɐ^{35}
女儿 三 TAM 湖 白色 一 有 DEM 就是 女儿 大 TAM 湖
mɐ^{31}rʅ^{53} ie^{31} re^{31} ndɐ^{35} mɐ^{31}rʅ^{53} ndɐ^{31} se^{31} po^{35} ndʐe^{53} re^{31}, ndɐ^{35} ȵo^{35}
红色 一 TAM DEM 红色 DEM 就是 女儿 第二 TAM DEM 黑色
ie^{53} nɔ^{31} ndɐ^{35} ȵo^{35} ndɐ^{31} se^{31} po^{35} tʃho^{53} re^{31}, po^{35} so^{53} ndɐ^{31} ndzɛ^{31}mu^{53}
一 有 DEM 黑色 DEM 就是 女儿 DIM TAM 女儿 三 DEM 美丽
gɔ^{31}zɔ^{53} re^{31}, se^{35} ndʐa^{35} gue^{241}dɐ^{31}re^{31}. phɛ^{53} ra^{35} kha^{241}ra^{53} nɛ^{31} rɐ^{31} khə^{53}
漂亮 TAM 心 好 非常 父亲 CAUS 3pl 这里 山 上：LOC
tɕi^{53}kɛ^{53} dʑi^{53} nɔ^{31} ʃuɐ^{53} ndzɐ^{35} so^{31} ndʑo^{35} ʃʅ^{31}. se^{53} ta^{31}ka^{53} dɛ^{31}ŋgue^{35}
平地 住 有 来 湖 三 成 TAM 就：LNK 白马人 村子
tʃhɛ^{31}zɔ^{53} se^{31}no^{53} tɕhi^{31}ndʐa^{35} ndo^{241} tʃu^{31} sɛ^{53} re^{31}, nɔ^{31}me^{35}a^{31}me^{35}kɛ^{53}me^{53}
几个 畜生 水 喝 CAUS 地方 TAM 呶没啊没盖没
ȵi^{31}ndʒʅ^{53} ȵi^{31}ndʒʅ^{53} rɛ^{31} ʃe^{35} duɐ^{31} se^{31}no^{53} ndzɐ^{35}, dɛ^{31}rɔ^{53} rɐ^{35} iɔ^{35} ȵi^{53} ndzɐ^{35}
一天 一天 ADV 柴 背 畜生 放 村子里 山 路 ALL 湖
tsa^{31} tse^{31} rɛ^{31}, iɐ^{53}pu^{53} khɛ^{31} ŋe^{31}na^{53} tsɐ^{53} mɔ^{31}ʃʅ^{31}, khe^{241}ȵi^{53} ndzɐ^{35} khɛ^{31}ndʐʅ^{53}
跟前 到 TAM 身体 上：LOC 汗 流 CSM 3sg 湖 旁边

iɔ^{35} guɐ^{35} dɛ^{31}. ŋɛ^{31}uɛ^{53} dza^{35} rɛ^{31} ʃe^{35}do^{35} ʃə^{31}ŋgə^{53} ŋɐ^{31}mbu^{53} ndʑo^{35} ʃɿ^{31},
路 过 DUR 五 月 TOP 树木 叶子 绿 成 TAM

ŋɐ^{31}tsɛ^{53} ɕi^{53}ɕi^{53} mə^{31}rɛ^{53} khe^{53} mɔ^{31}ʃɿ^{31}, rɐ^{31} khə^{53} ka^{35} i^{31}ʑi^{53} ɦɐ^{35}ʃe^{31} mɐ^{31}rɐ^{53}
草 DIM 花 开 CSM 山 上：LOC 哪里 DISTR 杜鹃 花

mɛ^{35}uã^{31}re^{53} ɕɛ^{31} khe^{53} nɔ^{31} tɛ^{53} ie^{53} ndʐa^{35} gue^{31}dɐ^{31}re^{31}. tsɛ^{53} khɛ^{31} sɿ^{53}uɛ^{53}
红 长 开 PRT 看 NMLZ 好 非常 草 上：LOC 露水

ka^{31}tɕi^{53} ta^{35}khuɐ^{31} nɔ^{31}, nɔ^{35} ŋɐ^{31}mbu^{53} re^{31} ŋɐ^{31}pɛ^{53} kɐ^{53}rɿ^{53}, tɛ^{53}sɛ^{31} rɛ^{31}
珠子 串 有 天 蓝 COP 云 白色 看起来 ADV

tɕhã^{31}tʃu^{53} nɔ^{31} khə^{53} lɛ^{35} ndu^{31} sɛ^{31}tʃɛ^{53} ndʑɛ^{53}ia^{53} re^{31}. ŋɛ^{31}uɛ^{53} dza^{35} rɛ^{31}
好像 天 上：LOC 神 居住 地方 一样 TAM 五 月 TOP

nyɛ^{35} dɐ^{31} kha^{31}tɕa^{35} ʃa^{53} dɛ^{31}, ndzɐ^{35} tsa^{53} tse^{53} ȵi^{31} khe^{241}ȵi^{53} ŋe^{31}tʃu^{53} kue^{35}
天 TOP 已经 热 DUR 湖 跟前 到 PRT 3sg 汗 衣服

dɐ^{31} phi^{53} the^{35} ȵi^{31} do^{35} ku^{53}ku^{31}tsɿ^{31} khɛ^{31} kua^{35}ra^{31}, tɕɔ^{35} do^{35}
ASSOC 脱 下：LOC SVC 树 树枝 上：LOC 挂 ADV 就 树

ʃɔ^{31}dʑi^{35} thɔ^{53} dʑi^{35} ȵi^{31} liã^{35}, ʃɐ^{53} ȵi^{53} liã^{35} ȵi^{53} tʃhuə^{31} rɛ^{31}. ɦo^{35} no^{35}
下面 坐 ADV SVC 乘凉 歇气 SVC 乘凉 COMP 够 TAM REP 牛

rɛ^{31} rɛ^{31} ie^{53} tɛ^{53} ndʑe^{31}, ʃe^{53} sə^{31} ra^{53} ie^{31} duɐ^{35} dʐu^{31}, ndɐ^{53} se^{53}
CONJ 羊 PASS 看 去：IPFV 柴 捆 ADV 一 背 拉：IPFV DEM 就是

khe^{241}ȵi^{53} ȵi^{31}ndʒɿ^{35} dʑi^{31} ʑi^{31} kɔ^{53} re^{31}. rɛ^{31} ie^{53} rɛ^{31} no^{35} ndzɐ^{35} dɛ^{31}
3sg 一天 忙 活 满 TAM 羊 PASS CONJ 牛 放 DUR

mɛ^{53} ʑi^{35} ndɐ^{31}, ȵi^{31}ndʒɿ^{53} ma^{31} tɕhe^{31} rɛ^{31} to^{53} mu^{31}uə^{35} ʃɿ^{31}, nɔ^{35} mbo^{53}
NMLZ 活 DEM 一天 NEG 去：PFV ADV 都 不行 TAM 天 下

nɔ^{35} thɔ^{53} to^{31} tɕhe^{35} re^{31}. ndu^{31} ɕe^{53} ndʑe^{31} ʃɿ^{53}rɛ^{31}, ndzɐ^{35} ndɛ^{31}y^{53} rɐ^{35}
天 晴 都 去：PFV TAM 这样 做 走：IPFV TAM 湖 周围 山

la^{31}ta^{53} ɕi^{53}ɕi^{53} iɔ^{35} la^{31}ta^{53} ɕi^{53}ɕi^{53} do^{35} la^{31}ta^{53} ɕi^{53}ɕi^{53} khe^{241}ȵi^{53} to^{53} tʃhɛ^{53}nɔ^{31}.
大 DIM 路 大 DIM 树 大 DIM 3sg 都 知道

ȵyə^{35}ku^{53} no^{35} ȵi^{31} ndzɐ^{35} ie^{31} ɕe^{31}, ɕi^{53}vu^{31} ʑã^{53}xuãr^{31} ʃe^{35} sə^{31} ra^{53} dʐu^{35},
白天 牛 TOP 放 也 AUX 回来 时候 柴 捆 ADV 拉：IPFV

ȵi^{31}ndʒɿ^{53} ȵi^{31}ndʒɿ^{53} ie^{31}ʐɿ^{53} ie^{31}ʐɿ^{53} rɛ^{31}. tʃhɛ^{53} to^{31} tʃhɛ^{53} mu^{31}nɔ^{35} ie^{53} tʃɐ^{31}dʑɛ^{35}
一天 一天 一年 一年 ADV 知道 都 知道 没有 年 十八

io^{35}ʃɿ^{31}. tɕhi^{31}mbɛ^{53} ȵɛ̃^{31}ȵi^{53} ndɐ^{31} ɕe^{53} ȵi^{53} ta^{53}ndʒɛ̃^{35} ndʑo^{35} ʃɿ^{31}. tɕhi^{31}mbɛ^{53}
TAM 小伙子 小孩 DEM 长 COMP 壮实 成 TAM 小伙子

tʃhə^{31}re^{35}mɐ^{31}re^{35} ndʑo^{35} ʃʅ^{31}.
英俊帅气 成 TAM

强曲山峰的崖塔里有三个池子，像三个脚一样，这三个湖是龙王的三个女儿。有一个白色的湖是大女儿，红色的湖是二女儿，黑色的湖是最小的女儿，这三个女儿美丽又漂亮，心地善良。父亲让她们来到这山头的平地上，三个女儿变成了三个湖，供白马人和畜生喝水。呶没啊没盖没就住在村子里，他每天去背柴放牲口。每次从村子里到湖边时都大汗淋漓，他经常从湖边走过。五月的山上树木叶子变绿了，小草开花了，山上开满了杜鹃花，草上的露水像珍珠一样，蓝天上的白云，看起来好像神仙居住的地方。五月间的太阳已经热了，他到湖边脱下有汗的衣服挂在树上，坐在树下面乘凉，凉够了，又去看牛和羊，然后背一捆柴，这就是他一天的活儿。放牛和放羊的这些活儿，他一天不去都不行，不管是天晴还是下雨都得去。他经常来这里，所以对湖周围大小的山、路、树都很清楚。白天放一天牛，回来的时候拉一捆柴，就这样一天一天一年一年。不知不觉已到了十八岁，他长大了，成了一位英俊帅气的小伙子。

ȵi^{31}ndʒʅ^{53} dʑi^{53} nə^{31} te^{35} ȵi^{53} gu^{35}ru^{31}ze^{53} tse^{53} ʃʅ^{31}, no^{35} rɛ^{31} rɛ^{31} ie^{53}
一天 住 在 看 ADV 黄昏 到 TAM 牛 CONJ 羊 也
te^{53} khuɐ^{31} ȵi^{31} ʃe^{35} sə^{31} ra^{53} tʂu^{35} khuɐ^{31} ȵi^{31}, na^{31}ra^{53} thɛ^{31}kə^{53} ɕe^{31}ʃʅ^{35}
赶 DIR SVC 柴 捆 ADV 拉：PFV DIR PRT 山坡 歌 唱着
rɛ^{31} ɕi^{53} vu^{35} ʃʅ^{31}, gu^{31}kɛ^{53} no^{31} tshɔ^{53} khə^{31}pa^{53} tsɛ^{53} se^{53}rɛ^{31} ȵɛ^{35}. ndzɛ^{35}rɛ^{31}
ADV 回 来 TAM 晚上 牛 圈 上面 草 里面 睡 半夜
ȵyə^{35} ie^{53}, ȵyə^{35}ȵi^{31} tɕɛ^{53} kɐ^{53}rʅ^{53} po^{35}po^{31} ge^{31}ku^{53} ie^{31} khe^{241}ȵi^{53} ie^{31} kho^{31},
梦 一 做梦 头发 白色 女儿 老 一 3sg DAT 说：NAR
nã^{35} tɕhe^{53} ndzɐ^{35} khɛ^{31}ndʐʅ^{53} gu^{35} dʑi^{35}, "ŋa^{53} se^{53} kuɛ̃^{31}ĩ^{31}phu^{31}sa^{53} re^{31}."
明天 去：IPFV 湖 旁边 等 ADV 1sg 就是 观音菩萨 COP
ndʐuə^{31}tʃa^{53} kuə^{31}dʑy^{35} tɕa^{35} ȵi^{53}, khe^{241}ȵi^{53} ȵyə^{35}ȵi^{53} ȵi^{53} zɛ^{35}se^{31} ʃʅ^{31}, khe^{241}ȵi^{53}
闪电 雷 响 PRT 3sg 做梦 SVC 醒 TAM 3sg
zɛ^{35}se^{31} ȵi^{31}ŋgɔ^{31} kuə^{31}dʑy^{35} tɕa^{31} ke^{35} ma^{31} re^{35}. khɛ^{31}ndʐʅ^{53}ra^{35} ie^{53} ɕɛ^{53} ke^{53}
醒 TAM 雷 响 声音 NEG COP 旁边人家 一 鸡 咯
tɕa^{31} dɛ^{35} mɛ^{31} ke^{53} re^{35}, tɕɔ^{35} tʃhɛ^{53}nə^{31} se^{31} ȵyə^{35} ie^{31} re^{35}.
叫 DUR NMLZ 咯 TAM 才 知道 就是 梦 一 COP

有一天眼看到了黄昏时候，他赶上牛和羊，拉上柴，唱着山歌从山坡上回来了，晚上睡在牛圈里的草里。睡到半夜，他做了一个梦，梦见一位白发苍苍的老奶奶，让他明天去湖边等，她说："我就是观音菩萨"。电闪雷鸣，他从梦中惊醒，醒来后感觉不是雷声，旁边一家人的鸡咯咯地叫了，才知道是一个梦。

tɕi^{53}ɕi^{31}ȵi^{53}, khe^{241}ȵi^{53} sɔ^{35} ndʑy^{35} mɔ^{35} uɛ^{31}. ɦo^{35} rɛ^{31} rɛ^{31} no^{35} te^{53}
第二天 3sg 饭 吃 PFV VOLI REP 羊 CONJ 牛 赶

khuə^{31} ȵi^{31} ndzɐ^{35} tsa^{31} tɕhe^{35} ʃʅ^{31}, iɛ^{53}pu^{53} khɛ^{31} kue^{35} kɐ^{53}rʅ^{53} the^{35}
DIR SVC 湖 跟前 去：PFV TAM 身体 上：LOC 衣服 白色 下：LOC

phi^{53} khuɐ^{31} ȵi^{31} do^{35} khɛ^{31} ta^{35} ra^{31} ʃʅ^{31}. ȵɐ^{35} tɕɔ^{35} ndzɐ^{35} khɛ^{31}ndʐʅ^{53}
脱：PFV DIR SVC 树 上：LOC 挂 ADV TAM 人 就 湖 旁边

dɐ^{31} mbo^{53} khɛ^{31} thɔ^{53} dʑi^{35}, ȵi^{31}ndʐʅ^{53} ndzɐ^{35} khɛ^{31} tɛ^{53} rʅ^{31}tʃʅ^{53} ɕe^{31}.
石头 大 上：LOC 坐 ADV 眼睛 湖 上：LOC 看 一直 做

tɛ^{53}rɛ^{53} tɛ^{31}rɛ^{53} ndzɐ^{35} pɛ^{31}tɕi^{35} ʃə^{53}ndʑɛ^{53} dzɛ^{31}mu^{53} ie^{31} ɡe^{31}tsɛ^{53} mbɐ^{35} ɕo^{35},
看着 看着 湖 中间 锦鸡 漂亮 一 外面 飞 NVOLI

ʃɛ^{53}kə^{35} na^{31} se^{35} mbɐ^{35} tɕhe^{31}. khe^{241}ȵi^{53} zɛ^{35}tshɔ^{31}kɛ^{53} ʑɔ^{35}vu^{31} ȵi^{31}, ʃə^{53}ndʑɛ^{53}
直接 林 里 飞 VIS 3sg 迅速 站 ADV 锦鸡

mbɐ^{31} sɛ^{53} dyə^{53}ɕyə^{53}phɛ^{53} tɕyɐ^{53} tɕhe^{35}, na^{31} se^{53} tse^{53}ȵi^{53} tshuɐ^{31}tɛ^{53}phɛ^{31}tɛ^{53}
飞 地方 那边 跑 去：PFV 林 中 直至 左看右看

tshuɐ^{31}tshʅ^{53}phɛ^{31}tshʅ^{53} ʃə^{53}ndʑɛ^{53} ndɐ^{31} tshʅ^{53} ma^{31} ȵi^{35}ʃʅ^{31}, ȵyɛ^{35}ɕi^{35} tshʅ^{53} ȵi^{53}
左找右找 锦鸡 DEM 找 NEG VIS 大半天 找 SVC

ɦa^{35} sʅ^{35} tshʅ^{53} ma^{31} ȵi^{35}ʃʅ^{31}. tɕɔ^{35}se^{35} ia^{53}uɛ^{53} khuɐ^{31}do^{53} ndzɐ^{35} tsa^{31} ue^{35}
REP 是 找 NEG VIS 然后：LNK 手 空的 湖 跟前 来

ʃʅ^{31}. khə^{31}tɕa^{53} ɕi^{53} ndʑe^{31} na^{31}ndzue^{53} tse^{53} ʃʅ^{31}, ȵyɛ^{35} ie^{53} thɔ^{53} ndʑe^{31}
TAM 已经 回 去：IPFV 时候 到 TAM 太阳 也 落 去：IPFV

lɛ^{53}khɛ^{53} nɔ^{31}. kue^{35} iɔ^{35} tɕhe^{31} ȵi^{53} kue^{35} khɛ^{53} dʑɛ^{53}rʅ^{53} tɕyɐ^{53} ȵi^{53}
很快 PRT 衣服 取 去：PFV SVC 衣服 上：LOC 污垢 洗：PFV COMP

tsɔ^{53}xə^{31}re^{53}re^{31}, khe^{241}ȵi^{53} se^{31} nɔ^{53} dʑə^{35} ȵi^{31} khɛ^{53} kha^{31} ma^{31} tɕa^{53} ʃʅ^{31}.
干干净净 3sg 心 上：LOC 想 SVC 口 上：LOC NEG 响 TAM

rɐ^{31} khə^{53} ndzɐ^{35} tsa^{31} suɐ^{53} ŋa^{53} ie^{53} kue^{35} tɕyɐ^{31}? ŋa^{53} tɕhi^{31}mbɛ^{53} ndʑo^{35}
山 上：LOC 湖 跟前 谁 1sg DISP 衣服 洗：PFV 1sg 小伙 成

ȵi^{31} ȵi^{53}rɛ^{53} ŋa^{35} ie^{31} kue^{35} ndʑyɐ^{35} ma^{31} io^{35}ʃʅ^{31}. ɕi^{35}vu^{31} sɛ^{31} iɔ^{35} tɕi^{35}
PRT 别人 1sg DIS 衣服 洗：IPFV NEG TAM 回来 地方 路 上：LOC

ndʐʅ^{31}ndʑɛ^{35} rɛ^{31} iɔ^{35} tʃhə^{31} ndʑe^{53} ndɐ^{31} i^{31}ndʑi^{35} ndɐ^{31} sɛ^{53}mbɛ^{53} ɕe^{31}, ndu^{35}
慢慢 ADV 路 什么 走：IPFV DEM 事情 DEM 想想 AUX 这样

ɕe^{31} ȵyɛ^{35} ȵi^{35} ɡuə^{35} mɔ^{31}ȵi^{31}. ȵi^{31}ndʒʅ^{53}ȵi^{31}ndʒʅ^{53} khe^{241}ȵi^{53} ie^{53} kue^{35} ndʑyɐ^{35}
做 天 二 过 TAM 每天 3sg DAT 衣服 洗：IPFV

dɛ, se^{53} n̥ɐ^{35} n̥i^{53} mu^{31} ndo^{35}ʃʅ^{31}. n̥yɛ^{35} so^{53} khɛ^{31} kha^{31}tɕa^{53} ŋɛ^{31}uɛ^{35}

DUR LNK 人 TOP NEG VIS 天 三 上：LOC 已经 五月

tshe^{53}uɛ^{35} re^{31} ue^{35}thuə^{31} re^{31}, no^{35} rɛ^{31} rɛ^{31} ie^{53} ndzɐ^{35} n̥i^{53}, ʃʅ^{53}pɛ^{53} ʃuə^{31}ʃuə^{53}

初五 COP 端午 PRT 牛 CONJ 羊 也 放 PRT 香 纸

khuɐ^{31} ɕɛ^{31}gɔ^{35} ndzue^{35} khuɐ^{31} tʃhɔ^{53} rɛ^{31} ʃɛ^{35} khuɐ^{31} na^{31}ra^{53} n̥ɛ^{35} to^{31}ko^{53} rɛ^{31}

拿 鸡蛋 煮 拿 酒 CONJ 肉 拿 坡里 山神 那些 PL

ie^{31} sɛ^{31}ta^{35} to^{31}ko^{53} rɛ^{31} ie^{31} rɐ^{31}ta^{35} to^{31}ko^{53} rɛ^{31} ie^{31} ndʒə^{35} ɕe^{31} khɛ^{31}ie^{53}ɕe^{31}.

DAT 地神 那些 PL DAT 山王 那些 PLD AT 敬 AUX 还愿

第二天，他吃完饭，又把牛和羊赶到湖边，把白色的衣服脱下来挂在了树上，坐在湖边的大石头上，眼睛死死地盯着湖面。看着看着，湖中间突然飞出来一只锦鸡，直接飞到林子里去。他迅速地站起来，向锦鸡飞的方向跑去，到处寻找锦鸡，最终还是没有找到。找了大半天还是没有找到锦鸡，然后就空着手来到湖边，这时已经到了该回家的时候了，太阳也快要落下去。他去取衣服时发现衣服被洗得干干净净的，他心里想：谁给我洗的衣服？我长这么大了没人给我洗过衣服。回来的路上他边走边想这件事情。这样过了两天，每天都有人给他洗衣服，但看不见人。第三天就是五月初五端午节，他去放牛和羊，拿着香、纸、鸡蛋，煮上酒和肉，拿到山上敬那些山神、地神和山王。

ue^{35}thuə^{31} tɕi^{53}tɛ̃^{31}nɔ^{31}, tɕhi^{31}mbɛ^{53} n̥ɛ̃^{31}n̥i^{53} ndɐ^{31} sɛ^{53}rɛ^{35} iɔ^{35}u^{31}n̥i^{31}, ʃʅ^{53}pɛ^{53}

端午 那天 小伙子 小孩 DEM 早晨 起来 香

ʃuɐ^{31}ʃuɐ^{53} rɛ^{31} ndʒɛ^{31} ie^{53} ndo^{241} ie^{53} khuɐ^{31} n̥i^{31}, no^{35} rɛ^{53} rɛ^{31} ie^{53}

纸 CONJ 吃 NMLZ 喝 NMLZ 拿 PRT 牛 CONJ 羊 也

te^{53} khuɐ^{31} n̥i^{31} kə^{31}ŋgə^{35} tɕhe^{35} ʃʅ^{31}. se^{31} nɔ^{53} gɛ^{35}gɛ^{35}re^{31} rɛ^{31} tsɛ^{31}ʃɔ^{53}

赶 DIR PRT 山上 去：PFV TAM 心 里：LOC 高高兴兴 ADV 精神

ndza̤^{35} gue^{241}dɐ^{31}re^{31}. ʃɛ^{53}kə^{35} ndzɐ^{35} tsa^{35} te^{53} khuɐ^{35} tɕhe^{35} ʃʅ^{31} rɛ^{31} ie^{53}

好 非常 直接 湖 ALL 赶 DIR 去：PFV TAM 羊 也

na^{31} se^{53} phi^{53}tɔ^{31} mɔ^{31} n̥i^{31}. ndzɐ^{35} tsa^{31} gɔ^{31}pɛ^{53} khɛ^{31} n̥ɐ^{53} ie^{31}

林 里：LOC 放：PFV PFV PRT 湖 跟前 山梁 上：LOC 火 也

bi^{35} ra^{31}, ɕɛ^{31}gɔ^{35} tsue^{31} ra^{31} tʃhɔ^{53} ʃue^{31} ra^{31}. khɛ^{31}le^{53} khã^{35} ra^{31}.

吹：IPFV ADV 鸡蛋 煮：IPFV ADV 酒 热 ADV 馍馍 烤 ADV

tɕɔ^{35} ʃʅ^{53}pɛ^{53} ʃuɐ^{31}ʃuɐ^{53} gue^{35} ra^{31}, zɛ^{31}rɛ^{35} n̥ɛ^{35} ndo^{31}ko^{53} rɛ^{31} ndʒə^{35} ɕe^{31},

LNK 香 纸 点 ADV INCL 山神 这些 PL 敬 AUX

sɛ^{31}ta^{35} ndo^{31}ko^{53} rɛ^{53} ndʒə^{35} ndɐ^{53} ɕe^{31} tʃhɔ^{53} rɛ^{31} khɛ^{31}le^{53} ɕɛ^{31}gɔ^{35} ndʒə^{35}

土地神 这些 TOP 敬 DEN AUX 酒 INST 馍馍 鸡蛋 敬

ɕe^{31} mɔ^{35} n̥i^{31}. tɕɔ^{31} ndʐɛ^{31}ndʐɛ^{35} rɛ^{31} ra^{53}ŋgu^{53} phə^{35} ndʒue^{35} n̥i^{31}
AUX PFV PRT 就：LMK 慢慢 ADV REFL 肚子 吃：PFV COMP

ndʐɔ^{35} ʃʅ^{31}, tʃhɔ^{53} ndʑy^{35} n̥i^{53} n̥a^{53} phə^{53} ʃʅ^{31}, kue^{35} tɔ^{3} phi^{53} ra^{31} n̥i^{53}
饱 TAM 酒 喝：IPFV ADV 一点 醉 TAM 衣服 到 脱：PFV ADV SVC

dʐue^{35}dʐʅ^{53} mɔ^{31}ʃʅ^{31}. n̥ɐ^{31} ŋgɐ^{53} n̥i^{31}ndo^{35} n̥i^{31} po^{35}po^{35} gɔ^{31}zɔ^{53} ie^{31} khe^{241}n̥i^{53}
睡 CSM 人 头 VIS SVC 女子 漂亮 一 3sg

ie^{53} ndzɐ^{35} se^{31}rɛ^{35} kue^{35} ndʑyɐ^{35} dɛ^{31}. ɦo^{35} ʃə^{35} io^{35} n̥i^{31} khe^{241}n̥i^{53} zɛ^{35}se^{31}
DISP 湖 里面 衣服 洗：IPFV DUR REP 一会儿 过 SVC 3sg 醒

ʃʅ^{31}, n̥i^{31}ndzʅ^{53} tɕhi^{53}mɔ^{31} n̥i^{31} ndzɐ^{35} se^{31}rɛ^{31} de^{35} ɕi^{31} n̥i^{31} po^{35} n̥ɛ̃^{31}n̥i^{53}
CSM 眼睛 睁开 PRT 湖 里面 看：PFV VCL PRT 女儿 小孩

gɔ^{31}zɔ^{53} ndɐ^{31}, khe^{241}n̥i^{53} kue^{35} tɕyɐ^{35} ʃʅ^{31}. khe^{241}n̥i^{53} se^{31} nɔ^{53} ɦo^{35} tɕa^{53}
漂亮 DEM 3sg 衣服 洗：PFV TAM 3sg 心 里：LOC REP 惊

ɦo^{35} ʃɐ^{53}gɛ^{35}, tɕɔ^{35} se^{31} kɔ^{53}uɛ^{53} ndʐɛ^{35}ndʐɛ^{35} rɛ^{31} tsa^{35} tɕhe^{35} ʃʅ^{31},
REP 高兴 然后 就：LNK 脚 慢慢 ADV 跟前 去：PFV TAM

ndʑyə^{31}ɕyə^{53} tɕhe^{35} n̥i^{31} po^{35} n̥ɛ̃^{31}n̥i^{53} kue^{35} ʃɔ^{31} khɛ^{53} tʃhə^{53} dʑi^{31} n̥i^{53},
背面 去：PFV SVC 女儿 小孩 衣服 边 上：LOC 扯 ADV PRT

po^{35} n̥ɛ̃^{31}n̥i^{53} ie^{53} tɕa^{53} se^{31} ŋuɐ^{53}ie^{53} ɕe^{31} ʃʅ^{31}. ɦɛ^{31}rɛ^{53} ndʑi^{35} mɔ^{31} n̥i^{31} te^{35}
女孩 小孩 一 吓 心 跳 AUX TAM 转身 ADV PFV SVC 看

ɕi^{31} n̥i^{31}, no^{35} ndzɐ^{31} n̥i^{53} tɕhi^{31}mbɛ^{53} ndɐ^{31} re^{31}. nɔ^{31}me^{53}a^{31}me^{53}kɛ^{53}me^{53}
VCL PRT 牛 放 ADV 小伙 DEM COP 呶没啊没盖没

tɛ^{53}kə^{53}ɕe^{31} po^{35} n̥ɛ̃^{31}n̥i^{53} ia^{53}uɛ^{31} khɛ^{31} tʂua^{35} dʑi^{31} n̥i^{53}, kho^{53}: " ɕi^{53}ɕi^{53} gɔ^{35}
快速 女儿 孩子 手 上：LOC 抓 ADV PRT 说：NAR DIM 时候

phɛ^{53} rɛ^{31} mɛ^{3} iɐ^{35} mɔ^{31}ʃʅ^{31}, dɛ^{31}uɛ^{53} ndʑɛ^{31}ŋgɔ^{35} n̥i^{31} sɔ^{35} ndʑy^{35} n̥i^{31}
父亲 CONJ 母亲 死 CSM 全村 人世间 人 饭 吃：PFV COMP

la^{31}ta^{53} ndʐo^{31} mɛ^{53} re^{31}. ŋgɐ^{35} iɛ^{53}pu^{53} tɕy^{31} ie^{53} thuə^{53} ie^{53}, ŋa^{53} ie^{53}
大 变成 NMLZ COP 头 身体 穿 NMLZ 戴 NMLZ 我 DAT

dʑyɐ^{31} n̥i^{53} mu^{31}nɔ^{35}, n̥ye^{35} tʃhʅ^{31}zɔ^{35} ndɐ^{31} kue^{35} ndʑyɐ^{31} n̥i^{53} se^{53} tɕhe^{53} ɕe^{31}
洗 人 没有 天 儿 DEM 衣服 洗 人 就是 2sg 做

ndʑi^{35} ʃʅ^{31}, ze^{31}ŋgɛ^{53} ɦa^{31}ndʒʅ^{53} ndu^{31} ʃa^{53}, nɛ^{35} tʃɔ^{31}mɛ^{53} ie^{53} ŋgo^{53} n̥i^{31}, no^{35}
ADV TAM 咱俩 一起 住 FPRT 这里 草房 一 盖 PRT 牛

ndzɐ^{35} dʐɔ^{53}rɛ^{31} ʃa^{35} n̥a^{31} ndʐo^{31} na^{31}ra^{53} ŋe^{35} n̥a^{31} tshʅ^{31}, ndu^{35}ru^{35} ɕe^{31} rɛ^{31}
放 一边 猎物 一些 打 山上 菜 一些 找 这样 做 TOP

phə^{35} ndʒə^{35} rɛ^{31} se^{53} re^{35}.” po^{35}po^{35} ndɐ^{31} na^{35} ndʑi^{31} ȵi^{31} se^{35} lɛ^{31}rʅ^{53}
肚子 吃：PFV ADV 就 TAM 女孩 DEM 听 ADV SVC 心 软
ɕe^{53} mə^{31}ʃʅ^{31}. tɕə^{35}se^{31} ŋgɐ^{53}zu̧^{53} ɕe^{53} mə^{31}, zə̧^{35} tɕə^{35} ɦa^{31}ndʒʅ^{35} dʑi^{35} mə^{31}ʃʅ^{31}.
AUX CSM 就：LNK 点头 AUX PTR 后来 就 一起 住 CSM

端午节那天，这个年轻小伙子早晨起来，拿上香、纸、吃的、喝的，把牛和羊赶到山上去，心里非常高兴，人看起来也很精神。他一直把羊赶到森林里去，在湖边的山梁上生起了火，煮上鸡蛋、热上酒、烤上馍馍，点上香和纸，敬山神。用酒、馍馍、鸡蛋敬这些土地神，敬完后，他就慢慢地开始吃，肚子吃饱了，也有点喝醉了，他就把衣服脱下睡着了，在梦中他隐约看见美丽漂亮的姑娘在湖里给他洗衣服。过了一会儿，他睁开眼睛往湖里一看，果然有一个漂亮女孩在给他洗衣服，他又惊又喜，然后就脚步轻轻地向她跑去，从背面扯住这个女孩的衣角，把女孩吓了一跳，她转身一看，原来是这个放牛的小伙子。呶没啊没盖没快速抓住了女孩的手，说："我小的时候父母去世早，是吃全村人的饭长大的，所有穿的、戴的，从来没人给我洗过，这几天你给我洗衣服，咱们结婚吧！我在这里盖一座草房子，一边放牛一边上山打猎物找野菜，能吃饱肚子就行。"女孩子听着心软了，就点头答应了。后来就在一起生活了。

po^{35} tɕi^{53} ȵi^{35} ndɐ^{31} ʃe^{31}tʃo^{53}thɐ^{31}rə^{53}ŋuɐ^{31}ka^{53} dzɐ^{35} ʃʅ^{31}, no^{35} ndzɐ^{35} ȵi^{53}
女孩 GEN 名字 DEM 谁伯特绕果嘎 说 TAM 牛 放 NMLZ
tɕhi^{31}mbɛ^{53} ndɐ^{31} se^{31} nə^{53} ʃə^{53}gɛ^{35} xã^{53}, ȵi^{31}ŋgɛ^{35} ndzu̧e^{31}ndzu̧e^{35}dɛ^{35}dɛ^{35} rɛ^{53}
小伙子 DEM 心 上：LOC 高兴 很 DL 和和睦睦 ADV
ɦa^{31}ndʒʅ^{53} ɕe^{31}. ie^{53} so^{53} dʑi^{35} ʃʅ^{31} tʃhɛ^{53} mu^{31} nə^{35} nə^{31} khə^{53} ndzu̧^{35} pe^{53}
一起 AUX 年 三 住 TAM 知道 NEG 有 天 上：LOC 龙 王
po^{35} tsho^{53} re^{31}. ie^{53} so^{53} khɛ^{31} tse^{53} ȵi^{31}, nə^{31} khə^{53} ndzu̧^{35} pe^{53} tsho^{53}
女儿 DIM COP 年 三 上：LOC 到 PRT 天 上：LOC 龙 王 知道
mə^{31} ȵi^{53}, ma^{35} the^{35} ŋa^{35}khue^{53} ȵi^{31} po^{35} tʃho^{53} ndɐ^{31} zo^{35} ue^{35} ʃʅ^{31}.
PFV PRT 兵 下面：DIR 派遣 SVC 女儿 DIM DEM 捉 来 TAM
ʃe^{31}tʃo^{31}thə^{31}rʅ^{53}ŋuɐ^{31}ka^{53} rɛ^{31} nə^{31}me^{35}a^{31}me^{35}kɛ^{53}me^{53} ȵi^{31}ŋgɛ^{53} se^{35} ndzu̧e^{35} mə^{31}ʃʅ^{31},
谁伯特绕果嘎 CONJ 呶没啊没盖没 DL 心 一块儿 CSM
tʃhu^{35} ɕe^{53} ȵi^{31} ie^{53} tse^{35} nə^{31} khə^{53} mɐ^{31} ndʑe^{53}. nə^{31} khə^{53} ma^{35}
怎样 做 COMP 也 到 天 上：LOC NEG 去：IPFV 天 上：LOC 兵
the^{35} ue^{35} mɛ^{31} tʃhɛ^{53}nə^{31} po^{35} ndɐ^{31} ie^{53} zo^{35} khuɐ^{53} ma^{31} tɕhe^{35} rɛ^{31},
下：DIR 来 NMLZ 知道 女孩 DEM 也 抓 DIR NEG 去：PFV ADV
kha^{31}ra^{53} tʃhɛ^{31}kɛ^{35} ɕe^{31} re^{31}. vɛ^{35}kə^{31} tʂu^{31}tʃʅ^{53} tɕe^{53} tɕhe^{35} ȵi^{31} po^{35} ndɐ^{31}
3pl 责罚 AUX TAM 全部 一块 上 去：PFV PRT 女孩 DEM

nda35 tɕhe35 ʃʅ31, po35 ndɐ31 tɕhi31mbɛ53 ia53uɛ31 khɛ31 dʑɔ35 dʑi31 ȵi31
绑 去：PFV TAM 女孩 DEM 小伙子 手 上：LOC 抓 ADV SVC

phi53 mɐ31tɔ53, tɕhi31mbɛ53 po35po31 mbi35 mu31nde53, "xuə35 rɛ31 ndʐuə31tʃʅ53
放：IPFV NEG 小伙子 女孩 放 NEG 活 TOP 一齐

xuə35 ndʒʅ35 rɛ31 ndʒuɐ31tʃʅ53 ndʒʅ35!" nɔ31 khə53 ma35 the35 ue31 mɛ31 tɕɔ35se53
活 死 TOP 一齐 死 天 上：LOC 兵 下 来 NMLZ 然后：LNK

tʃhə53 lɐ35 mu31 nɔ35 tɕɔ35 ɦo35 ʃɛ31ʃɛ31re31 rɛ31 tsa35 tɕhe35 ȵi31 ȵi31ŋgɛ53
什么 办法 NEG 有 就 REP 气势汹汹 ADV 跟前 去：PFV SVC DL

ia53uɛ53 ndu35 tɕhe31 ʃʅ31 ia53uɛ53 gɛ35dʑɛ31me31 ȵi31. po35 tʃho53 ndɐ31 tɕhi53
手 这样 去：PFV TAM 手 解开 PRT 女孩 小 DEM 领

khuɐ31 ndʑe53 ʃʅ31. nɔ31me53a31me35kɛ53me53 rɛ31 ʃe31tʃo53thə31rʅ53gu31ka53 ȵi31ŋgɛ53
DIR 去：IPFV TAM 呶没啊没盖没 CONJ 谁伯特绕果嘎 DL

ndʐue31tʃʅ53 ndzɐ35 khɛ31ndʐʅ53 dɐ35 khɛ31 phẽ35 khuɐ31 tɕhe31 ȵi53, ŋgɐ53 dɐ35
一齐 湖 旁边 石头 上：LOC 碰 DIR 去：PFV PRT 头 石头

khɛ31 do35 ra31 ȵi31 ȵi31ŋgɛ53 tsho35 do35 se53 mɔ31ʃʅ31. nɔ31me53a31me53kɛ53me53
上：LOC 碰 ADV COMP DL 惊动 碰 死 CSM 呶没啊没盖没

ȵi31ŋgɛ53 tɕha53 dɐ31 ndzɐ35 se31rɛ31 mbi35 khuɐ31 tɕhe31 ʃʅ31, ndzɐ31 ndɐ31
DL 血 ASSOC 湖 里面 流：IPFV DIR 去：PFV TAM 湖 DEM

mɐ31rʅ53 ndʑɔ35 ʃʅ31. nɔ35 khə53 the35 ue31 ma53 ndo31ko53 rɛ31 tɛ35 ȵi31 ȵɐ35
红色 成 TAM 天 上：LOC 下：DIR 来 兵 这些 TOP 看 VIS 人

ȵi35 ndɐ31 ʃə53 mɔ31ʃʅ31, tɕɔ35se35 ʐa35 ȵi31ʃe35 ȵi35 ndɐ53 tɕhi53 khuə31 ȵi31
两 DEM 死 CSM 然后就：LNK 另外 姐妹 两 DEM 带 DIR SVC

nɔ31 khə53 dzə35 tɕhe31 ʃʅ31.
天 上：LOC 说：PFV 去：PFV TAM

这个女孩子的名字就叫谁伯特绕果嘎。这个放牛的小伙子心里很高兴，俩人一起和和睦睦生活了三年，小伙子不知道她是天神的女儿。到了第三年，天神知道了，就派天兵天将下来捉拿这个小女儿。谁伯特绕果嘎和呶没啊没盖没和和美美难舍难分，女孩子无论如何也不到天上去。天兵知道抓不到女孩子他们会受到责罚的，他们就一块上去绑女孩子，女孩子抓住小伙子的手不放，小伙子抓住女孩的手也不放。他们俩说："活嘛一齐活，死嘛一齐死！"天兵又气势汹汹地走到他俩跟前准备分开他俩的手，想把这个女孩子带走。突然，呶没啊没盖没和谁伯特绕果嘎俩一起向湖边的石头撞去了，在石头上撞死了，他俩的血流到湖里去了，这个湖变成了红色的。天上下来的这些天兵看见这两个人死了，然后就带上其他两个姐妹上天复命去了。

zə̣^{35} ȵɐ^{35} tɕɔ^{35} dzə^{35}ȵi^{53} ie^{53} ndzɐ^{35} mɐ^{31}rʅ^{53} dzə^{35} ʃʅ^{31}, ndzɐ^{35} ndɐ^{31}

后来 人 就 说 名字 INST 湖 红色 说：PFV TAM 湖 DEM

mɐ^{31}rʅ^{53} ndʐo^{35} rɛ^{31}. tɕɔ^{35}se^{31} nɔ^{35}dʐɛ^{35} ndʐa^{35} re^{31} yə^{31}rɛ^{53} ʐa^{35} dɛ^{31}.

红 成 ADV 然后：LNK 天道 好 TAM 庄稼 丰收 HAB

ndɛ^{31}ŋgue^{35} ndʐɛ^{53}mbu^{53} tʃhɛ^{31}zɔ^{53} ndɐ^{53} tɕhe^{31} kə^{31}ŋgə^{35} se^{31}no^{53} tɛ^{53} tɕhe^{31}

村寨 个：CL 儿 DEM 去：PFV 山上 牲畜 看 去：PFV

re^{31}, tɕhe^{35} ȵi^{53} ndzɐ^{35} mɐ^{31}rʅ^{53} tsa^{35} tse^{53} rɛ^{31} ʃuɐ^{31}ʃuɐ^{53} ʃa^{53} dɛ^{31}. se^{31}no^{53}

TAM 走：PFV ALL 湖 红 跟前 到 ADV 纸 烧 HAB 牲畜

mɐ^{31} po^{35} ʃʅ^{31}, ne^{53} mu^{31} iɔ^{35} ʃʅ^{31}, ndɛ^{31}ŋgue^{35} so^{53} zə̣^{35} zɔ^{31} ndɐ^{31} ie^{53}

NEG 丢 TAM 病 NEG 生 TAM 村寨 三 四 APPR DEM 也

ndʐue^{31}ndʐue^{35}dɛ^{3}dɛ^{35} re^{31}dɛ^{31}mu^{53}la^{31}ka^{53} re^{31}.

和和睦睦 安康幸福 TAM

后来人们就把这个红色的湖叫红海子，此后就风调雨顺庄稼丰收。后来这几个村子的人到山顶上去看牲畜，走到红湖边去烧纸，牲畜不丢，不生病。这三四个村子里的人从此以后便和和睦睦、幸福平安地生活。

（讲述人：余林机）

5. 三角石头

ŋue^{35}kɔ^{35} tse^{35} phɛ^{31}kə^{53} a^{31}ʃʅ^{31}pɔ^{53}io^{31}ʃa^{35} se^{31}rɛ^{31}, se^{31} zɛ^{241}rɛ^{53} ta^{31}ka^{53}pe^{53}

很久以前 李子坝 对面 池沟 里面 就：LNK INCL 白马人

ndu^{31} sɛ^{31}tʃɛ^{53} re^{31}, sɛ^{31}tʃɛ^{53} tɐ^{31} khɛ^{53} pe^{53} rɛ^{31}, ɕi^{31}tʃə^{53} dɛ^{31}rɔ^{53} pe^{53}

住 地方 TAM 地方 DEM 上：LOC 白马人 PL 其他 村子 白马人

ɦa^{31}ndʒʅ^{53} ndʐe^{53} re^{53} ɕe^{31} dɛ^{31}, guɐ^{31}rɔ^{53} nɛ^{31}ŋgə^{35} ɕyə^{31} dɛ^{35} tʃho^{31}tʃho^{35}

一起 走：IPFV TAM AUX HAB 草河坝 上面 一边 村子 DIM

ie^{31} nɔ^{31}, dɛ^{31}ŋgue^{35} khɛ^{31}ndʐʅ^{53} dɐ^{31} la^{31}ta^{53} ie^{53} dʑi^{35} ʃʅ^{31}. ie^{31}zʅ^{53} tɕi^{31}nɔ^{31}

一 有 村庄 旁边 石头 大 一 住 TAM 一年 中间

a^{31}ʃʅ^{31}pɔ^{53}io^{53}ue^{53} se^{31}re^{31} ȵɐ^{31}ra^{35} ie^{53} nɔ^{35}iɔ^{31} ʃʅ^{31}. a^{31}ʃʅ^{31}pɔ^{53} ndɐ^{31} ku^{31}ru^{53} ȵi^{53}

池沟 里面 人家 一 娶媳妇 TAM 新娘子 DEM 核桃坪 人

po^{35} re^{31}, ʃɔ^{31}tʃe^{31} ŋɛ^{31} so^{53} tʃa^{53}ŋɛ^{53} ndɐ^{31}, ku^{31}ru^{53} iɔ^{31} tɕhe^{53} ue^{35} ȵi^{31},

女儿 COP 新客 五 三 十五 DEM 核桃坪 路 走：PFV 来 PRT

ndʐe^{35}ʃʅ^{31} ndʐe^{35}ʃʅ^{31} re^{31} guɐ^{31}rɔ^{53} khə^{53} ɕe^{31}ro^{53} sɛ^{31}tʃɛ^{53} li^{31} khɛ^{53} tse^{53}

走着 走着 ADV 草河坝 上：LOC 三角石 地方 DEM 上：LOC 到

ʃʅ^{31}. ʃɐ^{35}ɕe^{31}, nɔ^{31} khə^{53} ŋɐ^{31}pɛ^{53} iɔ^{35}ue^{31} ʃʅ^{31}, tʃha^{35} la^{31}ta^{53} mbo^{35} ue^{35}
TAM 一会儿 天 上：LOC 云 雾起 TAM 雨 大 下 来

ʃʅ^{31}. ʃɔ^{31}tʃe^{53} rɛ^{31} tʃha^{35} liã^{31} sɛ^{35} mu^{31} nɔ^{35}, tshuɐ^{31} tɛ^{53} phɛ^{31} tɛ^{53} iɔ^{35}ŋge^{31}
TAM 新客 PL 雨 躲 地方 NEG 有 过来 看 过去 看 路

tsa^{53} sɛ^{35} guɐ^{35} re^{31}, dɐ^{31} mbo^{53} la^{31}ta^{53} ȵi^{53} tsa^{35} tɕhe^{35} ʃʅ^{31}. dɐ^{31} mbo^{53}
跟前 地 平地 TAM 石头 大 大 ALL 跟前 去：PFV TAM 石头 大

la^{31}ta^{35} ȵi^{53} ʃɔ^{31}dʑi^{35} kɛ^{53}mbu^{53} re^{31}, ȵɐ^{35} dʒe^{31}zɿ^{53} mu^{31}phɛ^{35} ʑi^{35} re^{31}, ʃɔ^{31}tʃe^{53}
大 ALL 下面 干燥 PRT 人 十个 APPR 躲 TAM 新客

a^{31}ʃɔ^{31}pɔ^{53} rɛ^{31} ze^{31}me^{53} dɐ^{35} ʃɔ^{31}dʑi^{35} tʃha^{35} liã^{35} tɕhe^{31} ʃʅ^{31}. ʃɐ^{35} la^{31}ta^{53}
新娘子 TOP 连忙 石头 下面 雨 躲 去：PFV TAM 一会儿 大

io^{35} ȵi^{31}, tʃha^{35} ie^{53} mu^{31} nɔ^{35} nɔ^{31}, ʃɔ^{31}tʃe^{53} rɛ^{31} ɦo^{35} ge^{31}tsɛ^{53} ue^{31} ȵi^{31} ie^{53}
结束 PRT 雨 也 NEG 有 PRT 新客 PL REP 外面 来 SVC 也

tɕhe^{35} ʃʅ^{31}. ȵɐ^{35} rɛ^{31} vɛ^{35}kə^{53} ʃɐ^{53}gɛ^{35} iɔ^{35} tʃhə^{31} ndʑe^{53} dɐ^{31} kho^{31} ȵi^{31},
走：PFV PFV 人 PL 都 高兴 路 什么 走：IPFV NMLZ 说 ADV

dɐ^{35} ndɐ^{31} ndza̤^{35} re^{35} dɐ^{31} ndɐ^{35} mu^{31} mɛ^{53} tɔ^{31}rɔ^{31}, mbo^{35} ȵi^{31} uɐ^{35}tʃuɐ^{31}
石头 DEM 好 COP 石头 DEM NEG NMLZ 话 淋 COMP 吃亏

re^{31}. ʃɔ^{31}tʃe^{53} rɛ^{31} dzɐ^{31}dzɐ^{35}gɛ^{31}gɛ^{35} rɛ^{31} a^{31}ʃʅ^{31}pɔ^{53}io^{53}uɛ^{53} rɛ^{31} tɕhe^{35}
TAM 新客 PL 说说笑笑 ADV 池沟 里：LOC 走：PFV

ʃʅ^{31}. tɕi^{53}ɕi^{31}ȵi^{53}, dɐ^{35} mbo^{53} la^{31}ta^{53} tsa^{31} iɔ^{35} guɐ^{31} ȵi^{53} ȵi^{31}ndo^{31} ȵi^{53} dɐ^{31}
PFV 第二天 石头 大 大 跟前 路 过 人 看见 AUX 石头

mbo^{53} ndɐ^{31} guɐ^{31}le^{53} so^{53} ɕe^{31} khɛ^{53}ɕɛ^{53} mɔ^{31}ʃʅ^{31}. dzɐ^{31} ȵi^{53} re^{31} a^{31}ʃʅ^{31}pɔ^{53} dɐ^{35}
大 DEM 块 三 做 裂 CSM 说 人 COP 新娘子 石头

ʃɔ^{31}dʑi^{35} tɕhe^{35} ȵi^{31}, a^{31}ʃɔ^{31}pɔ^{53} dɐ^{35} ʃɔ^{31}dʑi^{53} tʃha^{35}liã^{35} tɕhe^{35} ȵi^{31} ȵɐ^{35}
下面 去：PFV PRT 新娘子 石头 下面 雨 躲 去：PFV PRT 人

ie^{53} ʃɐ^{53}gɛ^{35} re^{31}, tʃha^{35} ma^{31} mbɔ^{53} ʃʅ^{31}, dɐ^{35} ie^{53} ʃɐ^{31}gɛ^{35} ɕe^{53} mɔ^{35}ʃʅ^{31}, dɐ^{35}
也 高兴 TAM 雨 NEG 淋 TAM 石头 也 高兴 AUX CSM 石头

ie^{35} ʃɐ^{53}gɛ^{35} ȵi^{31} khɛ^{53}ɕɛ^{53} mɔ^{35}ʃʅ^{31}. a^{31}ʃʅ^{31}pɔ^{53} tɔ^{35} sɛ^{31}tʃɛ^{53} khɛ^{53} ɕi^{35} ȵi^{53}
也 高兴 COMP 裂 CSM 新娘子 到 地方 上：LOC 送 ALL

zə̣^{35} dɛ^{31}rɔ^{53} ndza̤^{35} re^{31}, a^{31}ʃʅ^{31}pɔ^{53} ndʑe^{31} sɛ^{53} dʑi^{35} ŋgə^{35} ie^{53} dɛ^{31}mu^{53}la^{31}ka^{53}
以后 寨子里 好 TAM 新娘子 去：IPFV 地方 住 家 也 幸福平安

re^{31}, dɛ^{35} tshɔ^{31}pɛ^{53} iɛ^{31} ȵɐ^{35} dzue^{31}dzue^{35}dɛ^{31}dɛ^{35} re^{31}. dɛ^{31}rɔ^{35} ba^{35}ne^{53} ndɐ^{31}
TAM 寨子 整个 也 人 和和睦睦 TAM 寨子里 大脖子病 DEM

ie^{53} ndzɛ^{31}ndzɛ^{35} rɛ^{31} mu^{31} nɔ^{35} nɔ^{31}. tɕi^{53}thuɐ^{53}rɛ^{35} ɕe^{31}ro^{53} dɐ^{35} kə^{53}zɿ^{53} so^{53}
也 慢慢 ADV NEG 有 PRT 从那以后 三角 石 角 三
ndɐ^{31}, ȵɐ^{35} rɛ^{31} khe^{241}ȵi^{53} tɕhi^{31}rɔ^{53} tsɿ^{53} ndʒuə^{31} tɛ^{31}, pɐ^{53} rɛ^{53} po^{35} dɛ^{31}zɛ^{53}
DEM 人 PL 3sg 神 当 PERMS 看 儿子 CONJ 女儿 对象
tshɿ^{53} mu^{31} dʑi^{35} ȵi^{31}, dɐ^{35} ndʑe^{31} ie^{31} pe^{31}rɿ^{53} ʃuɐ^{31}ʃuɐ^{53} ʃa^{53} dɛ^{31}.
找 NEG ADV 人 石头 去 DISP 香 纸 烧 HAB

很久以前，李子坝对面的池沟里，是咱们白马人居住的地方，那个地方的白马人和其他寨子的人相互来往。草河坝上面有个小村子，村庄的旁边有一个大石头。有一年池沟里的一户人家娶媳妇，新娘子是核桃坪的女子。这十五个新客从核桃坪出发，走着走着走到草河坝上面三角石这个地方的时候，不一会儿，天上起了大雾下起了大雨。新客没有地方躲雨，看过来看过去，发现路上有一块石头，就走到这个大石头跟前，大石头下面是干燥的，能躲十几个人，新客和新娘子连忙到石头下面去躲雨了。过了好一阵雨才停了，新客们出来又往上走，大家都很高兴，边走边说，这石头好，如果没有这石头的话就被淋湿了，新客们说说笑笑地向池沟走去。第二天，有人从大石头旁边路过看见，这个大石头裂成了三块。就是说新娘子到石头下面去了，新娘子到石头下面躲雨去了，人高兴因为没有淋着雨，石头也高兴得裂开了。新娘子嫁到那个地方以后寨子里也很好，新娘子嫁的那个家幸福平安。整个村子的人都和和睦睦，寨子里大脖子病也慢慢地没有了。从那以后这个石头就有三个角，人们把它当作神来看，有儿子和女儿找不到对象，就给石头点香烧纸。

（讲述人：余林机）

6. 懒婆娘

tɔ^{53}vu^{53} po^{35}po^{31} ndʑe^{31}ȵi^{53} ie^{31} nɔ^{35}, ndʑe^{31} ȵi^{53} ɦa^{241} ndʒɛ^{35} ʃɿ^{31}gɛ^{35}, ke^{31}tɕi^{53}ȵi^{31}
从前 女人 懒 一 有 懒 人 REP 吃 喜欢 男人
ȵi^{31}ndʒɿ^{53} ȵi^{31}ndʒɿ^{53} sɛ^{35}rɔ^{53} ʑi^{35} ɕe^{31}, khe^{241}ȵi^{53} ŋgə^{35} kha^{31}ra^{53} rɛ^{31} ndʒɛ^{35} ie^{53}
一天 一天 地里 活 干 3sg 家 偷偷 ADV 吃 NMLZ
ndʑa^{35} ɕe^{31} ȵi^{31} ndʒɛ^{35} ɛ^{31}kue^{53} ie^{31}. kha^{31} ŋgə^{35} pha^{53} iɛ^{31}mu^{53} pha^{53} pho^{31}ro^{53}
好 做 ADV 吃 回：CL 一 3sg 家 猪 FEM 猪 DIM
tʃu^{31}ȵi^{35} tɕhi^{53} ra^{31} ʃɿ^{31}. ke^{31}tɕi^{53}ȵi^{31} na^{31}ra^{53} tɕhe^{35} mɔ^{31} rɛ^{31}, khe^{241}ȵi^{53} se^{53}
十二 下 ADV TAM 男人 坡里 去：PFV PFV TOP 3sg 就
pha^{53} pho^{31}ro^{53} ie^{31} ȵyə^{53} se^{31} me^{31}, tɕã^{31}ȵi^{53} dzɿ^{35}ndʒuə^{31} ȵi^{31} thɛ^{31}kɛ^{53}
猪 DIM 一 捏 死 PROS 泥巴 涂上 ADV 火塘

rɛ31 ʃa53 ȵi31 ndʒɛ35 dɛ35. tshɔ31rɔ31 pha53 pho31ro53te35 dʑi35 ȵi31,
里：LOC 烧 ADV 吃 DUR 圈 里：LOC 猪 DIM 看：PFV ADV PRT
ȵi31ndʒʅ53 ȵi31ndʒʅ53 khɛ31 ȵo53 tɕhe35. ke31tɕi53ȵi31 dʑə35 ȵi31 ndɐ53 tʃhu31ru53
一天 一天 上：LOC 少 VIS 男人 想 ADV DEM 怎么
ie31 re35. ɕa31ŋgɐ53 ndʒɛ35 ma31 ue35 ʃʅ31, tɕha31la53 the31 khuɐ31 ndʑe31 ma31
一 TAM 狼 吃 NEG 来 TAM 鹰 叼 DIR 去：IPFV NEG
re35, pha53pho31ro53 tʃhu31 ȵo53 mɔ31? tɕhe35, khe241ȵi53 tʃhɐ53 ɕa31 ie31 re35,
TAM 猪 DIM 怎么 少 PFV VIS 3sg 什么 原因 一 COP
tʂha35 ʃa53 dʑə35ʃʅ31.
查 TAM 想着

从前有个懒婆娘，好吃懒做，丈夫每天在地里干活，她在家里偷偷地做好吃的吃。有一次，她家的母猪生了十二只猪娃子，只要丈夫到地里去了，她就捏死一只猪娃子，涂上泥巴，在火塘里烧着吃。看着圈里的猪娃子一天比一天少了，男人觉得很奇怪，狼没有来吃，鹰又叼不走，猪娃子为啥少了呢？他想调查一下是怎么回事。

ȵi31ndʒʅ53 tɐ31, ke31tɕi53ȵi31 na31ra53 ʑi35 ɕe31 ndʑe53 i31tɔ53, kha31ra53 rɛ31
一天 PRT 男人 坡里 活 做 去：IPFV 假装 悄悄 ADV
ŋge35ŋgɐ53tsʅ53 pa35 tɕhe35 ȵi31 te35, te35 ȵi31 po35po31 ndʑe31ȵi53 ndɐ31
房顶 爬 去：PFV SVC 看：PFV 看 ADV 婆娘 懒 DEM
ȵe35 ȵi31 ȵyə31ku31 tɕɔ35 ʑɔ35vu31 ɕo35, khe241ȵi53 pha31tshɔ53 rɛ31 tɕhe35
睡 ALL 晌午 才 起床 NVOLI 3sg 猪圈 里：LOC 去：PFV
ȵi31 pha53 pho31ro53 tʃo53ie53 tshɔ53 tɕy31ku53 rɛ31 te53 ra31, pa31tʃa53 zo35
ALL 猪 DIM 一只 圈 角落 里：LOC 撵 ADV 一把 逮
dʑi35, ʃɛ53dɔ35 ȵi31 ȵyə53 se31 mɔ31 tɕhe35. tɕã31ȵi53 dʐʅ35 ra31, thɛ31kɛ53
ADV 使劲 COMP 捏 死 PFV VIS 泥巴 涂 ADV 火塘
rɛ31 me35 ra31 tɕhe35, po35po31 ndʑe31ȵi53 ɕe31 mɛ31 ndo31ko53, ŋge31ŋgɐ53tsʅ53
里：LOC 埋 ADV VIS 婆娘 懒 做 NMLZ 这些 房顶
ke31tɕi53ȵi31 ra31 tɛ53 ia53ɕe31 nɔ35. po35po31 ndʑe31ȵi53 se35 nɔ53 dʑə35
男人 PASS 看：PFV 清楚 PRT 婆娘 懒 心 里：LOC 想
ȵi31 tʃɔ53 ndʑa35 ie31 ndʒɛ35 re35. ke31tɕi53ȵi31 mu31tsho53mu31ra53 khe241ȵi53
ADV 现在 好好 一 吃：IPFV TAM 男人 突然 3sg
ŋo31ndʑyə53 tse53 ʃʅ31, po35po31 ndʑe31ȵi53 khe31tɕa53 se35ŋgu31ʃu53ta31 mɔ31ʃʅ31. khe241ȵi53
前面 到 TAM 婆娘 懒 已经 惊慌失措 CSM 3sg

ɦa^{241} dzʅ^{31}dzʅ^{35}re^{31} i^{31}tɔ^{53} ke^{31}tɕi^{53}ȵi^{31} ndzɐ^{53}:“ tɕhe^{31} tʃhu^{31}ru^{53} tʃe^{53}tʃə̃^{31} ɕi^{53} ɕo^{35}?”
REP 镇静地 假装 男人 问 2sg 怎么 这会儿 回 NVOLI

po^{35}po^{31} ndzȩ^{31}ȵi^{53} ndɐ^{53} dzɐ^{35} ra^{53}, se^{35} nɔ^{53} tɕa^{53} ȵi^{31}nɔ^{35}, khe^{241}ȵi^{53} ra^{31}ŋgu^{53}
婆娘 懒 DEM 说 ADV 心 上：LOC 害怕 PRT 3sg REFL

i^{31}ndʑi^{53} ɕe^{31} mɛ^{53} dɛ^{35} ʑyɐ^{35}ie^{53} tɕa^{53}. ke^{31}tɕi^{53}ȵi^{31} ma^{31}tsho^{53} i^{31}tɔ^{53}, thɛ^{31}kɛ^{53}
事情 做 NMLZ DUR 底子 翻 男人 不知 假装 火塘

tsa^{31} tɕo^{35} dʑi^{35}, ia^{31} rɔ^{53} ʃe^{35} ʑyɛ^{31}kuɛ^{53} ie^{31} khuɐ^{31}, thɛ^{31}kɛ^{53} rɛ^{31}
旁边 蹲 ADV 手 里：LOC 柴 棍子 一 拿 火塘 里：LOC

xua^{35} i^{31}tɔ^{53}. kho^{31}ȵi^{31}: “ te^{31}re^{53} ŋa^{53} zɛ^{35}rɛ^{31} sɛ^{35}rɔ^{53} sɛ^{35}me^{35} uɛ^{31}, ŋue^{35} sɛ^{35}
比画 假装 说：NAR 今天 1sg INCL 地里 地耕 VOLI 原来 地

ʃʅ^{31}zʅ^{53} nɛ^{35} dʑi^{35} ʃʅ^{31}, ȵi^{53}rɛ^{31} ɦo^{35} kho^{31}ȵi^{31} nɛ^{35} nɔ^{35}.” ke^{31}tɕi^{53}ȵi^{31} ʃe^{35}
界限 这里 ADV TAM 人家 REP 说：NAR 这儿 在 男人 柴

ʑyɛ^{31}kuɛ^{53} rɛ^{31} thɛ^{31}kɛ^{53} rɛ^{31} xua^{35} se^{53} thɛ^{31}kɛ^{53} rɛ^{31} pha^{53} pho^{31}ro^{53}
棍子 INST 火塘 里：LOC 比画 就：LNK 火塘 里：LOC 猪 DIM

ge^{31}tsɛ^{53} pho^{35} khuɐ^{31} ɕo^{35} re^{35}. khe^{241}ȵi^{53} tshuɐ^{31} xua^{35} phɛ^{31} xua^{35}, thɛ^{31}kɛ^{53}
外面 刨 DLR NVOLI TAM 3sg 这边 比画 那边 比画 火塘

rɛ^{31} pha^{53} pho^{31}ro^{53} ge^{31}tsɛ^{53} pho^{35} khuɐ^{31} ɕo^{35}, pha^{53} pho^{31}ro^{53} khə^{31}tɕa^{53}
里：LOC 猪 DIM 外面 刨 DLR NVOLI 猪 DIM 已经

tshue^{35} ʃʅ^{31}. tɕɔ^{53}se^{31}, po^{35}po^{31} ndzȩ^{31}ȵi^{53} dɛ^{35} lu^{35} mɔ^{31}ʃʅ^{31}. ke^{31}tɕi^{53}ȵi^{53} khe^{241}ȵi^{53}
熟 PFV 然后：LNK 婆娘 懒 底子 露 CSM 男人 3sg

na^{31}pa^{53} tɕhe^{31}tʃa^{53} ie^{31} dʑa^{35} ɕi^{31} ʃʅ^{31}, pha^{53} pho^{31}ro^{53} khɛ^{31} tɕã^{31}ȵi^{53} kuə^{53}
耳旁 巴掌 一 打 VCL PRT 猪 DIM 上：LOC 泥巴 剥

mɔ^{31}, khuə^{31}pɛ^{53} ndʒɛ^{35} dɛ^{35}. po^{35}po^{31} ndzȩ^{31}ȵi^{53} na^{31}pa^{53} tɕhe^{31}tʃa^{53} ie^{31} ŋe^{35}
PFV 单独 吃：IPFV DUR 婆娘 懒 耳旁 巴掌 一 挨

ȵi^{31}, ɕuɛ̃^{35} ŋuɐ^{53} ɕuɛ̃^{35} ke^{31}tɕi^{53}ȵi^{53} ie^{31} pha^{53} pho^{31}ro^{53} ʃɛ^{35} ndʒɛ^{35} ie^{53}
PRT SIM 哭 SIM 男人 DAT 猪 DIM 肉 吃：IPFV NMLZ

lɐ^{35} tso^{53}. kho^{31}ȵi^{31}: “ guə^{31}do^{35} rɛ^{31} tshɛ^{53} nɔ^{35} dzʅ^{35} ra^{31} rɛ^{31} tɕɔ^{35}
方法 教 说：NAR 砸窝 上：LOC 盐 有 擦 ADV TOP 才

ʃə^{53}mbu^{53} re^{35}.”
香 TAM

一天，丈夫假装下地干活去了，悄悄地爬上房顶去看，只见懒婆娘睡到晌午才起床，她来到猪圈里，把一只猪娃子撵到墙角，一把逮住，使劲捏死，然后涂上了泥巴，埋进了火塘里。懒婆娘做的这一切，被房顶上的男人看得清清楚楚，懒婆娘心想这下可以美美地吃上一顿了。这时，她的丈夫突然走到她面前，懒婆娘吓得已经惊慌失措了，但还假装镇静地问男人：“你怎么这会儿回来了？”懒婆娘说这话的时候，心里非常地害怕，她怕自己做的事情败露。她的丈夫假装不知道这件事，蹲在火塘边，手里拿了一根柴棍子，假装在火塘里比画着，说：“今天，我在咱们家的地里耕地，本来界子（界限）在这儿，人家却说在那儿。”她的丈夫用柴棍子在火塘里比画着，其实就是想把火塘里的猪娃子刨出来。她的丈夫比画来比画去，终于把火塘里的猪娃子刨了出来，猪娃子已经熟了。这一下，懒婆娘露馅了，她的丈夫打了她一巴掌，把猪娃子上的泥巴剥掉，独自开始吃了。懒婆娘挨了一巴掌后，一边哭泣一边教男人吃猪娃子肉的方法，说：“砸窝（碓窝）里有盐，擦上吃才香呢。”

（讲述人：班旭东）

7. 白羽毛的传说

go^{53}dʑɛ^{35}pe^{53} pɐ^{53} rɛ^{53} po^{35} rɛ^{31} tɔ^{53}vu^{53}ŋɛ^{31} tʃu^{53}iɔ^{31} se^{31} ʃa^{31}ka^{53} khɛ^{31} ɕɛ^{53}pɐ^{53}

白马人 儿子 CONJ 女儿 PL 自古以来 时候 就 沙嘎 LOC 羽毛

phiɛ^{35} dɛ^{31}mɛ^{35} pɛ^{53} ie^{31} nɔ^{31}, se^{53} ɕɛ^{53}pɐ^{53} phiɛ^{35} dɛ^{31}mɛ^{31} pɛ^{53} ndɐ^{31} nɛ^{31}ro^{53}

插 NMLZ 习俗 一 有 LNK 羽毛 插 NMLZ 习俗 DEM 故事

tə̃^{53}pɛ^{53} ie^{31} nɔ^{31}.

段 一 有

自古以来白马人就有在沙嘎帽上插羽毛的习俗，这个插羽毛的习俗还有一个故事呢。

tɔ^{53}vu^{53}gɔ^{35} rɐ^{31} khə^{53} go^{53}dʑɛ^{35}pe^{53} ndu^{31}ȵi^{35} sɛ^{35} ȵɛ^{31} re^{35} tso^{53} ȵi^{53}

古时候 山 上：LOC 白马人 居住 地 火 TAM 砍 ALL

yə^{31}rɛ^{53} ɕe^{31}, nɔ^{53}tsɛ^{53} se^{53} dzə^{31} ie^{53} mu^{31} nɔ^{35}. kha^{31}ra^{53} na^{31}ra^{53} tɕhi^{31} uɛ^{53}

庄稼 种 困难 就 说 也 NEG 有 他们 坡里 狗 VOLI

ɕe^{31} re^{31}, rɿ^{35} rɛ^{35} ʃa^{35} ɦa^{31}ndʒɿ^{53} tshe^{31}re^{53} ɕe^{31}, ŋɛ^{31}gue^{35} khɛ^{31} ɕe^{31} ʑi^{35}

放 TAM 蛇 CONJ 野兽 一起 搏斗 AUX 荒地 上：LOC 做 活

ɕe^{31} rɛ^{31}. kuə^{31}dʑy^{35}tʃha^{35} tshɛ^{31}rɛ^{53} nɔ^{31}kɔ^{53} lo^{35}ndʐɛ^{35} mɐ^{31} tʃe^{53} ʃɿ^{53}. ɦa^{31} ɕi^{31}tʃə^{53}

做 ADV 雷雨 冰雹 旱灾 风灾 NEG 断 TAM REP 别处

ȵi^{31} ɦa^{35}ndʒɿ^{53} ɕe^{31} sɛ^{31}tʃɛ^{53} tʃə̃^{31}, dɐ^{35} rɛ^{31} tɛ^{31}rɿ^{53} ɕe^{31}, ndɐ^{53} to^{31} ma^{31} dzə^{35}.

人 一起 做 地方 争 石头 CONJ 斧子 做 DEM 都 NEG 说

ȵy^{53}ȵi^{31} se^{31} ȵɐ^{35} mu^{31} ndʐɛ^{35} dʑɛ^{31} ma^{35} to^{31}ko^{53} rɛ^{31}, nã^{31}ndzue^{35} i^{31}ʑi^{53}

可恨 就是 人 NEG 像 汉族 官兵 那些 TOP 时候 DISTR

rɐ^{31}ŋgɐ^{53} dɛ^{31}rɔ^{53} ndʑe^{53} n̥i^{31} se^{53} dɛ^{31} ndʐuə^{35} dɛ^{31} tɐ^{31} tʂu^{53} se^{31}no^{53}

山头 寨子里 去：IPFV PRT 杀 DUR 抢 DUR 马 拉：PFV 牲畜

nde^{53} khuɐ^{31} tɕhe^{31} ʃʅ^{31}. go^{53}dʑɛ^{35}pe^{53} ndɐ^{31} ʃɛ^{53}dzʅ^{35} n̥i^{31} n̥y^{53} sɛ^{53} nɔ^{31}

赶：IPFV DIR 走：PFV CSM 白马人 DEM 气 COMP 恨 地方 有

dɔ^{53}rɔ^{31} ɦa^{31} n̥y^{53} re^{31}, kha^{31}ra^{53} de^{53} n̥i^{31} ndʑe^{53} sɛ^{53} iɔ^{35} mu^{31} nɔ^{35}.

话 REP 恨 TAM 3pl 撵 COMP 走：IPFV 地方 路 NEG 有

古时候山上的白马人砍树、烧山、种庄稼，生活非常困难。他们有时在山上放狗打猎，要和毒蛇和野兽搏斗，还要和雷雨冰雹旱灾风灾抗衡，同时还和别处的人争地方，像石头和斧子互不相让。这都不算什么，最可恨的就是那些官兵，他们经常到寨子里来，烧杀抢掠，有时把马和畜生都会赶走，把白马人逼得走投无路，白马人对他们也恨之入骨。

ɛ^{31}kue^{53} ie^{31} dɐ^{31}, ndʑɛ^{31}ma^{35} dʑɛ^{31}uɐ^{53} kə^{31}ʃa^{53} ie^{53}, ʃɛ^{31}ʃɛ^{35} rɛ^{31} pe^{53}

回：CL 一 的 官兵 帮：CL 群：CL 一 气势汹汹 ADV 白马人

dɛ^{31}rɔ^{31} tse^{53} n̥i^{31}. nɛ^{35} gue^{35} nɐ^{35} se^{31} pe^{53} rɛ^{31} dɛ^{31}uɐ^{53} dʑɛ^{31}ŋgɔ^{35} ge^{31}ku^{53}

寨子里 到 PRT 火 放 人 杀 白马人 PL 村子 整个 老人

zue^{31}mbu^{53} nɔ^{35} n̥i^{31} ndʐue^{31}tʃɛ^{53} khuɐ^{31} n̥i^{31}, ɦa^{31}ndʒʅ^{53} ndzuə^{35} ra^{31}. khɛ̃^{31}ŋuə^{53}

嫩 有 SVC 武器 拿 PRT 一起 聚集 ADV 脸

nɔ^{35} ŋɐ^{31}mbu^{31} khɛ^{53} de^{35} n̥i^{31} nɛ^{31}nde^{53}: "dʒʅ^{31} re^{53} xuə^{31} re^{53} dɛ^{31}zo^{35}

天 青 上：LOC 看：PFV SVC 发誓 死 COP 活 COP 守住

dʑi^{35}rɛ^{31} re^{31}" se^{35} ɦa^{31}ndʒʅ^{53} tʃɛ^{53} ɕe^{31}, ʃɛ^{53} ɦa^{31}ndʒʅ^{53} dʐɔ^{35} ɕe^{31}, pɐ^{53} rɛ^{53}

ADV TAM 心 一起 聚 AUX 力 一起 出 AUX 儿子 CONJ

po^{31} mɐ^{31} nɔ^{35} n̥i^{31} dɐ^{31}go^{53}ʃʅ^{31}go^{53} dʑɛ^{31}ma^{35} tʃhɛ^{31}kɛ^{53}tʃɛ^{31}. ndɛ^{31} go^{53} ndo^{31} go^{53}

女儿 NEG 有 SVC 礌石 官兵 收拾 剑 拿 矛 拿

se^{31} re^{53} ɕe^{31} n̥i^{31}, ge^{31}ku^{53} po^{35}po^{53} rɛ^{31} khɛ^{31}ndʐʅ^{53} ko^{35}tʃa^{31} ʃɛ^{53} dɔ^{35} ke^{53}dʑɛ^{35}

杀 TAM AUX PRT 老人 妇女 TOP 一边 呐喊 力 出 喊声

tɐ^{31} rɐ^{35} ŋɛ^{31} dɐ^{31}. ndu^{35} ɕe^{31} n̥i^{31} pɐ^{53}zɛ^{53}po^{35} tɕhi^{31}mbɛ^{53} rɛ^{31} ndʐo^{31}ʃʅ^{53}

DEM 山 震 DUR 这样 做 ADV 男子汉 年轻 LP 打着

ndʐo^{31}ʃʅ^{53} zɔ^{53}vu^{53} ndʐo^{35} ʃʅ^{31}. dʑɛ^{31}ma^{35} rɐ^{31} khə^{53} the^{35} de^{53} mɔ^{31}ʃʅ^{31}.

打着 厉害 成 TAM 官兵 山 上：LOC 下面：DIR 撵：PFV CSM

pe^{53} ʃɛ^{53} mɔ^{31}ʃʅ^{31}.

白马人 胜利 CSM

有一次，一帮一帮的官兵，气势汹汹地来到白马山寨烧杀抢掠，整个白马人的村寨不论老少都拿起武器，一起聚集起来，向天发誓要守住寨子。他们同心协力，一起奋战，不论男女拿起礌石就砸向官兵，拿起弩箭和官兵抗战，老人和妇女在一边呐喊助威喊声震动山谷，这样年轻男子越战越勇敢，把官兵从山上赶下去了。白马人胜利了。

gu^{31}kɛ^{53} go^{53}dʑɛ^{35}pe^{31} ndɐ^{31} dɛ^{35} rɔ^{5353} ȵɛ^{35} la^{31}ta^{31} mbi^{35} ra^{31}, pɐ^{53} rɛ^{53}
傍晚 白马人 DEM 寨子 里：LOC 火 大 点 ADV 儿子 CONJ
po^{35} ge^{31}ku^{53} ʐue^{31}mbu^{53} ɦa^{31}ndʒʅ^{53} ȵɛ^{35} ndɛ^{31}y^{53} zo^{35} dʑi^{31} ȵi^{31} ndʒo^{35}, tʃhɔ^{53}
女儿 老人 嫩 一起 火 旁边 拉 ADV SVC 跳 酒
ndo^{241} thɛ^{31}kə^{53} ɕe^{31}. kha^{31}ra^{53} ʃa^{31}ŋa^{35} dʐe^{53} ȵi^{31} ndʒo^{35} tsɛ^{53}: ȵɛ^{31} ko^{53}ma^{31}
喝 歌 唱 3pl 沙嘎 对 SVC 跳 舞 火 NEG
mbi^{31} rɔ^{53} mbɛ^{53} ɕe^{31}, tɕhi^{31}mbɛ^{53} ma^{31} mbe^{35} rɔ^{31} vu^{53} ɕe^{31}, ʃe^{31}tʃo^{53} ma^{31}
吹：IPFV REP 燃 AUX 小伙 NEG 请：IPFV REP 来 AUX 姑娘 NEG
mbe^{35} rɔ^{31} vu^{53}, kɔ^{31} tʃo^{53} ŋgɐ^{31}liər^{53} dʑi^{31} re^{53} ɕe^{31}, ndu^{53}re^{31} ta^{31}ka^{53} ŋe^{35}
请：IPFV REP 来 脚 一 陀螺 ADV TAM AUX 居住 白马 城
ndɐ^{31} tʃhə^{53} ŋɛ^{35} re^{31}? ta^{31}ka^{53} ŋɛ^{35} ndɐ^{31} tʃa^{53} ŋɛ^{35} re^{31}. ndʒo^{35} ȵi^{53} tʃhe^{53}
DEM 什么 城 COP 白马 城 DEM 铁 城 COP 跳 COMP 累
mɔ^{31}ʃʅ^{31}, ndʐe^{35} ȵi^{53} ie^{53} tʃhe^{53} mɔ^{31}ʃʅ^{31}. dʑɛ^{35}nɔ^{31}ɕi^{53} tse^{53} ʃʅ^{31}, tshe^{31} re^{53}
CSM 唱 COMP 也 累 CSM 深更半夜 到 TAM 对抗 AUX
ndʐo^{31} re^{53}, ȵi^{31}ndʒʅ^{53} pe^{53} ndo^{31}ko^{53} rɛ^{31} tʃhe^{53} ȵi^{31} dʐue^{35}dʐʅ^{53} mɔ^{31}ʃʅ^{31}.
打 AUX 一天 白马人 这些 TOP 累 COMP 入睡 CSM

傍晚时白马人的寨子里燃起了熊熊大火，男女老少聚集在一起手拉手跳，喝酒唱歌，他们跳啊唱啊，他们唱着：篝火不吹自己燃，小伙不请自己来，姑娘不请自己来，脚啊像陀螺一样转起来。还要进行问答：白马城是什么城？白马城是铁的城。跳累了，唱累了，到了深更半夜，打了一天仗的白马人累得睡着了，

kha^{31}ra^{53} tʃhɛ^{53}mu^{31}nɔ^{35}, dʑɛ^{31}ma^{53} ɦə^{31}tʃa^{53} ɕe^{31} ɦo^{35} ue^{35} ʃʅ^{31}, ɦo^{35} go^{53}dʑɛ^{35}pe^{53}
3pl 不知道 官兵 返回 AUX REP 来 TAM REP 白马人
ndɐ^{35} ndʐo^{53} ue^{31} ʃʅ^{31}. ɛ^{31}kue^{53} ndɐ^{53} dʑɛ^{31}ma^{35} ŋgɛ^{53} duɐ^{35} khuɐ^{31} ʃʅ^{31}. dʑɛ^{35}nɔ^{31}ɕi^{53}
DEM 打 来 TAM 回：CL DEM 官兵 多 凑 拿 TAM 半夜
kha^{241}ra^{53} rɛ^{31} pe^{53} dɛ^{35}dɛ^{31}y^{31} dʑɛ^{31}ma^{35} ra^{3} kha^{53}ndʒu^{31} mɔ^{31}ʃʅ^{31}. go^{53}dʑɛ^{35}pe^{53}
悄悄 ADV 白马人 村寨旁 官兵 PASS 包围 CSM 白马人
dʐue^{35} ʃɐ^{53} ȵi^{53} ta^{53} mɔ^{31}ʃʅ^{31}, ȵa^{53} to^{31} tʃhɛ^{53}mu^{31}nɔ^{35} dʑɛ^{31}ma^{35} ɦo^{35} kha^{31}ra^{53}
睡 休息 COMP 深 CSM 一点 都 不知道 官兵 REP 悄悄
rɛ^{31} ue^{35} ʃʅ^{31}, go^{53}dʑɛ^{35}pe^{53} ndɐ^{31} dʒʅ^{31} iɔ^{241} xuo^{31} iɔ^{241} rɛ^{31} tse^{31} ra^{31}xu^{31}, ɕɛ^{31}
ADV 来 TAM 白马人 DEM 死 要 生 要 ADV 到 时候 鸡

dɔ^{35} khɛ^{53} ɕɛ^{53} kɐ^{53}rʅ^{53} ie^{31} re^{31} kə^{31}kəɹ^{53} kə^{31}kəɹ^{53} rɛ^{31} ke^{53} tɕa^{31} mɔ^{31}ʃʅ^{31}.

架 上：LOC 鸡 白色 一 COP 咯咯 咯地 ADV 声音 叫 CSM

ɕɛ^{53} ke^{53} tshə^{31} tʃʅ^{53} ndɐ^{31} dʐue^{35}dʐʅ^{31} nɔ^{31} mɛ^{53} mbe^{53} to^{31}ko^{53} rɛ^{31}

鸡 声音 声：CL 一 DEM 睡着 PRT NMLZ 叫：IPFV 那些 TOP

zɛ^{35}tsɔ^{31} mɔ^{31}ʃʅ^{31}, iɔ^{35}ue^{31} ɲi^{53}nde^{35} ɲi^{31} dʑɛ^{31}ma^{35} dɛ^{35} dɛ^{31}y^{53} kɔ^{35} ʃʅ^{31} na^{31}na^{53}re^{31}rɛ^{31},

惊醒 CSM 起来 看见 VIS 官兵 村子 周围 满 TAM 黑压压地

tɐ^{31} dɛ^{31}rɔ^{53} tɕhi^{53} ie^{53} vu^{31}rʅ^{53}dɐ^{53}rʅ^{53} rɛ^{31} ŋguə^{53} dɛ^{31}, ŋgɐ^{31} pe^{53} ze^{31}me^{53}

DEM 村里 狗 也 不停 ADV 叫 DUR 头 白马人 急忙

ɲɛ^{31}tɕhiã^{53} mbe^{31} ɲi^{31}ŋa^{35} ɲi^{31} ɲɛ^{31}tɕã^{35} dʑẽ^{53}mu^{53} so^{53} phe^{35} mɔ^{31}, ze^{31}me^{53}

火枪 叫：IPFV 打发 寻夫 火枪 枪：CL 三 放 PFV 急忙

ɲɐ^{35} duɐ^{31} ɲi^{31} zɛ^{31}ma^{35} ɦa^{31}ndʒʅ^{53} tshe^{53}re^{53} ɕe^{31}. go^{53}dʑɛ^{35}pe^{53} tɕhi^{31}mbɛ^{53} zɔ^{53}vu^{53}

人 凑 ADV 官兵 一起 对抗 AUX 白马人 小伙子 精干

tɐ^{31} ɲɛ^{31}tɕhã^{35} khuɐ^{31} ɲi^{35} tɕo^{35}khuɐ^{31} ɲi^{31}, tə^{53}mbu^{53} dʐu^{35} khuɐ^{31} ɲi^{31} dɐ^{31}go^{53}ʃʅ^{31}

DEM 火枪 拿 ADV 夹把刀 SVC 棍子 拉 拿 ADV 礌石

tshe^{53} ɲi^{31} ndɛ^{53} mbe^{31} ɲi^{53}, ɦa^{31}ndʒʅ^{53} dʑɛ^{31}ma^{35} tshe^{53} tɕhe^{31} ʃʅ^{31}. go^{53}dʑɛ^{35}pe^{53}

对抗 ADV 剑 放 ADV 一起 官兵 对抗 去：PFV TAM 白马人

rɛ^{31} dʑɛ^{31}ma^{35} ɦa^{31}ndʒʅ^{53} ɲyɛ^{35} so^{53} rɛ^{31} ʃa^{53} so^{53} tshe^{53} ɲi^{31}. go^{53}dʑɛ^{35}pe^{53}

CONJ 官兵 一起 天 三 CONJ 夜 三 对抗 PRT 白马人

ɲɐ^{35} ie^{53} ŋɛ^{53} ndʐo^{53} se^{53} mɔ^{31}ʃʅ^{31}, dʑɛ^{31}ma^{35} se^{53} ɲi^{31} tɕha^{53} tʃhuɐ^{31} re^{241}

人 也 很多 打 死 CSM 官兵 杀 COMP 血 河 AUX

ndʑɛ^{31}ia^{53} mbi^{35} dɛ^{31}, ɲɐ^{31} ŋgɐ^{53} tso^{53} ɲi^{31} liẽ^{31}kua^{53} ia^{31} ndʐʅ^{35} dɛ^{31} rɔ^{35}ɕa^{31}

一样 流 DUR 人 头 砍 COMP 瓜 一样 滚 DUR 剩下

me^{31}ŋɛ^{31} ma^{35} to^{31}ko^{53} rɛ^{31} phɛ^{53} rɛ^{31} mɛ^{35} mbe^{31} ʃʅ^{53} rɛ^{31} rɐ^{31} khə^{53}

多 NEG 那些 TOP 爸 CONJ 妈 叫：IPFV PRT ABL 山 上：LOC

the^{35} dʐue^{35} mɔ^{31}ʃʅ^{31}.

下面 跑 CSM

他们不知道，官兵又返回了，又来攻打白马人，这一次聚集了很多官兵，半夜官兵悄悄地来到白马人的村寨旁把白马人的村寨包围了。白马人睡得很沉，官兵悄悄地进攻，他们一点也不知道，到了白马人的生死关头，鸡架上的鸡咯咯地叫了。这一声鸡叫把那些睡着的白马人都惊醒了，起来发现村子周围全部是黑压压的官兵，这时村子里的狗也在不停地叫着。白马人的头人急忙去打发放炮的人放了三炮，召集人一起对抗官兵，白马人的精干小伙子拿起火枪、刀子、棍子、礌石一起和官兵对抗。就这样，白马人和官兵战了三天三夜。白马人也被官兵打死了不少，白马人把官兵杀得血流成河，官兵们哭爹喊娘地从山上跑下去。

go^{53}dʑɛ^{35}pe^{53} ndɐ^{31} ʃɛ^{53} tʃhɛ^{53} mɔ^{31}ʃʅ^{31}. go^{53}dʑɛ^{35}pe^{53} ndɐ^{31} se^{31} nɔ^{53} tʃhɛ^{53}nɔ^{31}
白马人 DEM 力 大 CSM 白马人 DEM 心 里:LOC 知道
tʃhõ^{31}tha^{35} ɕɛ^{31} to^{35} kɐ^{53}rʅ^{53} ke^{53} ndɐ^{31} go^{53}dʑɛ^{35}pe^{53} tsho^{53}dʐu^{31} ɕi^{31} ʃʅ^{31}.
幸亏 鸡 M 白色 声音 DEM 白马人 提醒 一下:VCL TAM
tɕi^{53}thuɐ^{53}rɛ^{35} ʐə^{35} tɕə^{35} go^{53}dʑɛ^{35}pe^{53} ndɐ^{31} ɕɛ^{53} kɐ^{53}rʅ^{53} tʃe^{53} ʃɐ^{53}gɛ^{35}, ʃa^{31}ga^{53}
那时 以后 就 白马人 DEM 鸡 白色 爱 喜欢 沙嘎
khɛ^{31} ɕɛ^{53}to^{35} kɐ^{53}rʅ^{53} ɕɛ^{53}pɐ^{53} phiɛ^{35} dɛ^{35} pe^{53} pɛ^{53} ndɐ^{31} tʃɔ^{53}xuə^{31} a^{31}sʅ^{35}
上：LOC 公鸡 白色 羽毛 插 HAB 白马人 风俗 DEM 现在 CONT
ndu^{31}rʅ^{53} re^{241}.
这样 TAM

白马人这次胜利了。白马人知道，幸亏有白公鸡的啼鸣，否则白马人就遭殃了。从那以后白马人就非常喜欢白公鸡，在沙嘎帽上插上白羽毛便成了他们的风俗，这个风俗一直延续到现在。

（讲述人：余林机）

8. 独角兽

ŋue^{35}ŋgɔ^{35} ȵɐ^{35} i^{31}ʑi^{53} ndʒɛ^{31} dʑi^{53} mɐ^{31} tʃhuɐ^{53} ʃʅ^{31}, se^{53} rɐ^{31} khə^{53} mɛ^{35}
以前 人 DISTR 吃 ADV NEG 够 TAM 就 山 上：LOC 药
ȵa^{31} tshʅ^{31} ra^{53}ŋgu^{53} mɛ^{35} ȵa^{53} nde^{31}, mɛ^{35} nde^{31} rɛ^{31} se^{53} iɔ^{35} rɐ^{31}
一些 找 REFL 药 一些 种：IPFV 药材 种：IPFV ADV LNK 要 山
khə^{53} dʐə^{31}mɛ^{53} dʐa^{31}. dzɐ^{35} ȵɐ^{35} dʐə^{31}mɛ^{53} rɛ^{31} tʃhə^{53} ɕe^{31} rɛ^{31} ndzu^{35}ku^{53}ləɹ^{53}
上:LOC 庵房 搭建 说 人 庵房 里:LOC 什么 做 ADV 独脚兽
ie^{53} ȵɐ^{35} rɛ^{31} nde^{31} ȵi^{31} tʃhə^{53} ɕe^{53} dɛ^{31}.
也 人 PL 模仿 ADV 什么 做 DUR

以前人们的粮食都不够吃，就到山上找一些药材。有时自己也种些药材，种药就要到山上搭建庵房，有人说在庵房里看见独角兽了，人干什么独角兽就跟着干什么。

ŋɛ^{31}zo^{53}io^{53}uɛ^{53} rɛ^{31} ȵɐ^{31}ra^{53} ie^{53}, kə^{31}ŋgɐ^{35} ie^{53} dʐə^{31}mɛ^{53} ie^{53} dʐa^{31} ra^{31}
草坡沟 里：LOC 人家 一 山顶 一 庵房 也 搭建 ADV
ʃʅ^{31}, mɛ^{35} ȵa^{31} to^{53} ra^{31}. ke^{31}me^{53} sɛ^{53}rɛ^{53} sɔ^{35} tɕi^{31} ɕɛ^{53} tɕy^{31} ra^{31}xuɹ^{31},
TAM 药材 一些 种：PFV ADV 媳妇 早上 饭 做 面 拌 时候

ȵi^{53}ndo^{31} ȵi^{31} ndzu^{35}ku^{53}ləɹ^{53} ia^{53}uɛ^{53} khɛ^{31} dzɔ̡^{31}mɛ^{53} dʑi^{35}ȵi^{31}, khe^{241}ȵi^{53} kɔ^{53}uɛ^{53}

VIS ADV 独脚兽 手 上：LOC 庵房 ADV 3sg 脚

ŋgɛ^{31}ʑi^{53} ndɐ^{31} the^{35} ɕɔ^{35} dʑi^{31}ȵi^{53}, ie^{53} ȵɐ^{35} ndzɛ̡^{31}ia^{53} ɕe^{31} ɕɛ^{35} tɕy^{31} dɛ^{241},

只 DEM 下面：DIR 吊 ADV 也 人 一样 做 面 拌 DUR

ke^{31}me^{53} tɕa^{53} ȵi^{31} bu^{31}mbi^{35} dʑi^{31} mu^{31} thu^{53} ʃɿ^{31}. ɕɛ^{53} tɕy^{53} lio^{35} ȵi^{31},

媳妇 吓 COMP 出气 ADV NEG 敢 TAM 面 拌 完 PFV

ndzu^{35}ku^{53}ləɹ^{53} ie^{53} ka^{53} mu^{31} nɔ^{35}, ke^{31}tɕi^{53}ȵi^{31} ɕi^{53} ue^{35} ȵi^{31}, khe^{241}ȵi^{53} ȵi^{53}ndo^{31}

独脚兽 也 哪里 NEG 有 丈夫 回 来 PRT 3sg VIS

mɛ^{31}dɐ^{31} ke^{31}tɕi^{53}ȵi^{31} dzue^{35} ɕi^{31} ȵi^{31}, ke^{31}tɕi^{53}ȵi^{31} ke^{31}me^{53} iɛ^{31} kho^{31}ȵi^{31}："ʐə^{35}

情况 丈夫 告诉 VCL PRT 丈夫 媳妇 DAT 说：NAR 以后

sɔ^{35} sɛ^{31}uə^{53} ɕɛ^{35} tɕy^{31} ra^{35}xuo^{31}, ŋa^{53} ȵɛ^{31}tɕhã^{35} khuə^{31} ȵi^{31} dzɔ̡^{31}mɛ^{53} se^{53}rɛ^{31}

饭 顿 面 拌 时候 1sg 枪 拿 ADV 庵房 里面

ʑi^{35} ndu^{31}ȵi^{31} khe^{241}ȵi^{53} tʃhɛ^{31}kɛ^{53} ndzu̡e^{31}tʃɛ^{31} ʃa^{31}."

藏 这样 3sg 收拾 武器 PRT

草坡沟有一户人家，在山顶上也搭建了一个庵房，种了一些药材。媳妇早上做饭拌面的时候，独脚兽在庵房上一只手拉着房梁，一只脚吊了下来，也和人一样拌面。媳妇吓得不敢出气，面拌完了，独脚兽就不见了。丈夫回来了，这个媳妇把她看到的一切告诉了丈夫，丈夫说："你下次做饭拌面的时候，我拿上枪藏在庵房里收拾它。"

tɕi^{53}ɕi^{31}ȵi^{53}, ke^{31}me^{53} dzɔ̡^{31}mɛ^{53} rɛ^{31} ɕɛ^{35} tɕy^{31} ra^{31}xuoɹ^{31}, ndzu^{35}ku^{53}ləɹ^{53} ɦo^{35}

第二天 媳妇 庵房 里：LOC 面 拌 时候 独脚兽 REP

dzɔ̡^{31}mɛ^{53} khɛ^{53} ndʑɔ^{35} dʑi^{31}ȵi^{31}, kɔ^{53}uɛ^{53} ŋgɛ^{31}ʑi^{53} ie^{53} dɐ^{31} the^{35} ɕɔ^{53}

庵房 上：LOC 抓 ADV 脚 只 一 ASSOC 下面：DIR 吊

dʑi^{31}ȵi^{31}, ke^{31}me^{53} ndɐ^{31} tʃhu^{35} ɕɛ^{53} tɕy^{31} rɛ^{31}. khe^{241}ȵi^{53} ie^{53} tʃhu^{35} ɕɛ^{53} tɕy^{31},

ADV 媳妇 DEM 怎么 面 拌 ADV 3sg 也 怎样 面 拌

ke^{31}tɕi^{53}ȵi^{31} dzɔ̡^{31}mɛ^{53} se^{53}rɛ^{31} tɕɔ^{31} ȵɛ^{31}tɕhã^{53} ȵɛ^{35} gue^{31} mɔ^{31}, ȵɛ^{31}tɕhã^{53} tɕa^{35}

丈夫 庵房 里面 就 火枪 火 点 PFV 火枪 响

mɔ^{31}, ndzu^{35}ku^{53}ləɹ^{53} phɛ^{31}re^{53} tshə^{31} tʃɿ^{53}, rɐ^{35} rɛ^{53} u^{53}uɛ^{53} ke^{35} mɔ^{31}ʃɿ^{31}, ʃə^{35}ie^{31}

PFV 独脚兽 叫唤 声：CL 一 山 CONJ 山涧 声音 CSM 一会儿

ke^{53}ŋgɛ^{53} tʃa^{53} ȵi^{31} ndzu̡e^{35} mɔ^{31}ʃɿ^{31}.

山梁 翻 ADV 跑 CSM

第二天，媳妇在庵房里拌面的时候，独脚兽又在庵房上手抓着房梁，一只脚吊着。这个媳妇怎样拌面它就怎样拌面，丈夫就在庵房里把火枪点燃，火枪响了，独脚兽吓得叫了一声，叫声在山谷回荡，一会儿翻过山梁跑了。

ŋue^{35}ŋgɔ^{31}phɛ^{31}go^{53} dɛ^{31}rɔ^{53} ie^{53} ʐɐ^{35}tʃuɐ^{53} mɐ^{31}phɛ^{241} io^{31} mɛ^{53} pɐ^{31}zɛ^{53}po^{31} ie^{31}
以前竹林坡 村子 岁 四十 超过 有 NMLZ 男子 一
re^{31}, ȵɐ^{35} dʑi^{53}ȵi^{35} ndɐ^{31} tʃho^{35}tha^{35} dzɐ^{35} ʃʅ^{31}. ȵɐ^{35} ndɐ^{53} tɕhi^{31}rɔ^{53} ndʐɐ^{53}
TAM 人 名字 DEM 稠塔 说：PFV TAM 人 DEM 神 鬼
mu^{31} tɕa^{53} ʃʅ^{31}, khe^{241}ȵi^{53} ie^{31}zʅ^{53} ie^{31}zʅ^{53} rɐ^{35} khɛ^{31} mɛ^{35} tshʅ^{31}, tha^{31}uɛ^{53}
NEG 怕 TAM 3sg 一年 一年 山 上：LOC 药 找 绳子
ndzɐ^{31} ʃa^{31}mɛ^{53}nda^{35}. dɛ^{35} i^{31}zi^{53} na^{31}ra^{53} ndʑe^{31} ȵi^{53}rɛ^{31} vɛ^{35}kə^{53} kə^{31}ŋgɐ^{35} na^{31}
放 榻子 村子 DISTR 山坡 去：IPFV ADV 都 岭上 林
se^{53} rʅ^{31}ȵɐ^{53} nɔ^{31} dzɐ^{35} dɛ^{31}, tʃho^{35}tha^{35} a^{31}sʅ^{53} liə^{35}ma^{31}khuə^{53}ȵi^{31}. kə^{31}ŋgɐ^{35}
里：LOC 野人 有 说 DUR 稠塔 CONT 不服气 山上
ʃə^{31}ȵi^{53}ta^{53} ȵi^{31} mɛ^{35} tshʅ^{53} tha^{31}uɛ^{53} ndzɐ^{53} tɕhe^{31} ʃʅ^{31}. tʃho^{35}tha^{35} ȵyɛ^{35}ku^{53}
驻扎 ADV 药 找 绳子 放 去：PFV TAM 稠塔 白天
mɛ^{35} tshʅ^{53}, ɕyɛ̃^{35} mɛ^{35} tshʅ^{31} ɕyɛ̃^{35} na^{31}ra^{53} thɛ^{31}kə^{53} ɕe^{31}: “ta^{31}ka^{35} io^{31}gɛ^{35} ɕɛ^{35}ȵi^{31}
药 采 SIM 药 采 SIM 山坡 歌 唱 白马 河峪 宽广
nɔ^{31}, a^{31}ɕo^{35}io^{31}gɛ^{31} ru^{53} ȵi^{53} nɔ^{31}, tʃha^{31}luə^{53}iu^{31}gɛ^{35} ʃa^{53} so^{53} dʑi^{35}, nɔ^{53}tɛ^{53} ka^{53}
有 名堡沟 窄 ADV 有 博峪 夜 三 住 困难 哪里
ma^{35} tsho^{53} tɕhe^{31}, ndʑɛ^{31}ŋgɔ^{35} nɔ^{31}tsɛ^{35} a^{31}mɛ^{53} pɐ^{31}, ndʑɛ^{31}ŋgɔ^{35} la^{35}ka^{31}
NEG 感觉 去：PFV 世间 困难 妈妈 儿子 世间 幸福
ȵi^{53}rɛ^{53} pɐ^{31}.”
人家 儿子

以前在竹林坡村里，有一个四十多岁的男子，这个人的名字叫稠塔。这个人神鬼不怕，他每年都到山上去采药、放绳子、揭塔子。很多上过山的人都说林子里有野人，稠塔不信，仍然去山上驻扎、采药、放绳子。稠塔白天采药，边采药边在山上唱歌：“白马河峪很宽广，名堡沟很狭窄，在博峪住了三夜，困难到什么程度了都没有感觉到，世间困难的是妈妈的儿子，世间幸福的是人家的儿子。”

gu^{31}kɛ^{53} ȵɛ^{53} la^{31}ta^{53} mbi^{35} ra^{31} ȵi^{31} ȵɛ^{35} ndɛ^{31}. ȵi^{31}ndʒʅ^{53} tɕi^{53} nɔ^{53} rɛ^{31},
晚上 火 大 吹：IPFV ADV SVC 火 烤 一天 里 有 TAM
tʃho^{35}tha^{35} ʃe^{35} tso^{31} ȵi^{31} sɔ^{35} tɕi^{35} ra^{31}xuo^{241}, ndzu^{35}ku^{53}ləɹ^{53} ie^{53} tɕhe^{53} ʃʅ^{31},
稠塔 柴 劈 SVC 饭 做 时候 独脚兽 也 去：PFV TAM
tʃho^{35}tha^{35} ȵyə^{31}ɕyə^{53} ʃe^{35} tso^{31} rɛ^{31}, ndzu^{35}ku^{53}ləɹ^{53} phu^{31}ɕyə^{53} ie^{53} ʃe^{35} tso^{31},
稠塔 这边 柴 砍 ADV 独脚兽 那边 也 柴 砍

tʃho^{35}tha^{35} tʃhə^{53} ɕe^{31} rɛ^{31} ndzu^{35}ku^{53}ləɹ^{53} ie^{53} tʃhə^{53} ɕe^{31}. tʃho^{35}tha^{35} dzɛ̥^{31}dzu̥^{35}
稠塔 什么 做 ADV 独脚兽 也 什么 做 稠塔 动静

ndɐ^{53} te^{35} ɕi^{31} ȵi^{31}. se^{31} nɔ^{53} ie^{53} tɕa^{53} mɔ^{31}ʃʅ^{31}. tʃho^{35}tha^{35} ŋo^{31}ndʑyə^{53} ȵɐ^{53}
DEM 看 VCL PRT 心 里：LOC 也 害怕 CSM 稠塔 前面 人

rɛ^{31} ndzu^{35}ku^{53}ləɹ^{53} ʃe^{53}mɛ^{53} tɔ^{53} uɛ^{53} ndɐ^{31} na^{35} ma^{31} ʑi^{53}ȵi^{31}, ra^{53}ŋgu^{53} dz̥ɔ^{31}rʅ^{53}
PL 独脚兽 议论 话 VOLI DEM 听 NEG ADV REFL 胸部

tsa^{31} ȵi^{31}.
砸 ADV

他晚上生起大火。有一天，稠塔要做饭的时候，先去柴砍，独脚兽也去了。稠塔在这边砍柴，独脚兽在那边砍柴，稠塔做什么独脚兽就做什么。稠塔看了一下独脚兽的动作，心里害怕了。

khe^{241}ȵi^{53} ze^{31}me^{53} lɐ^{35} ie^{53} dzɐ̥^{35} ʃʅ^{31}, tɕɔ^{35}se^{31}rɛ^{31} ȵo^{31}ma^{53} ŋo^{35}tʃhɛ^{53} zɔ^{31}
3sg 连忙 办法 一 想 TAM 然后就：LNK 竹子 几根 APPR

tso^{53} khuɐ^{31} ʃʅ^{31}, pɛ^{31}tɕi^{35} se^{53} mɔ^{31}, ɦɛ^{35}tɕɛ^{31}re^{31} ɕe^{31} gu^{35} ra^{31}, dzɐ^{31}ŋgɐ^{53} khɛ^{31}
砍 DIR TAM 中间 杀 PFV 圆圆的 做 编 ADV 膝盖 上：LOC

thuə^{53} ra^{31}. ɦo^{35} ʃe^{35} phə^{31}pɛ^{53} ie^{53} z̥uə^{35} ȵi^{31}, ȵo^{31}ma^{53} gu^{35} ra^{31} mɛ^{53} pɛ^{53}rɛ^{31}
套 ADV REP 柴 木楔 一 削 PRT 竹子 编 ADV 圈圈 中间

tʂha^{35} ra^{31}, ndzu^{35}ku^{53}ləɹ^{53} ie^{53} tʃho^{35}tha^{35} ɕe^{31} zo^{53} ndɐ^{31} te^{53} ȵi^{31} phə^{31}pɛ^{53} tʂha^{35}
插 ADV 独脚兽 也 稠塔 做 模仿 DEM 看 VIS 木楔 插

ra^{31}. tʃho^{35}tha^{35} te^{35} ȵi^{31} lɐ^{35} dzɐ̥^{35} ȵi^{31} ndʑo^{35} ʃʅ^{31}. dɐ^{53}rʅ^{53} iɔ^{35} khuɐ^{31} ȵi^{31}
ADV 稠塔 看 VIS 办法 想 COMP 成 TAM 斧头 取 拿 ADV

phə^{31}pɛ^{53} khɛ^{31} ʃɛ^{53} dɔ^{35} ɕe^{53} ndʑɛ^{31}ia^{35} do^{35}, ndzu^{35}ku^{53}ləɹ^{53} ie^{53} dɐ^{35} ie^{31}
木楔 上：LOC 力气 出 AUX 一样 钉 独脚兽 也 石头 一

khuɐ^{31} ȵi^{31} phə^{31}pɛ^{53} do^{35}, tʃho^{35}tha^{35} tʃhɛ^{53}nɔ^{31} ra^{53}ŋgu^{53} kho^{31}tshɛ^{35} tsɛ^{53} ʃʅ^{31},
拿 ADV 木楔 钉 稠塔 知道 REFL 巧劲 使 TAM

ndzu^{35}ku^{53}ləɹ^{53} ʃɛ^{31}tʃhe^{35} tsɛ^{53} ʃʅ^{31}. tʃho^{35}tha^{35} te^{35} ȵi^{31} ndzu^{35}ku^{53}ləɹ^{53} kɔ^{53}uɛ^{53}
独脚兽 大力 出 TAM 稠塔 看 ADV 独脚兽 脚

gɐ^{31}ʑi^{53} ndɐ^{31} khu^{31}tʂa^{53} ɕe^{53} ra^{53} lɔ^{35}, khe^{241}ȵi^{53} tɕɔ^{35}se^{31} phə^{31}pɛ^{53} ʃue^{35} mɔ^{31}ȵi^{31},
一只 DEM 圈住 AUX ADV PRT 3sg LNK 木楔 扔 TAM

ɕi^{53} kə^{31}tɕi^{31} ndʑe^{53} dɛ^{31}mɛ^{53} iɔ^{31} tɕi^{35} ndzu̥e^{35}. tʃho^{35}tha^{35} zə̥^{35} te^{31} ɕi^{31}
回 往 走：IPFV NMLZ 路 上：LOC 跑 稠塔 后面 看 VCL

ȵi^{53}, ndzu^{35}ku^{53}ləɹ^{53} kã^{53}pɛ^{53} tʃhə^{31} dzɔ̥^{35} dɐ^{31} kũ^{31}ru^{53}da^{31} ʃʅ^{53}rɛ^{31}te^{31} khuɐ^{53} ɕo^{31},
PRT 独脚兽 步子 怎样 跨 NMLZ 连滚带爬 追 DIR NVOLI

tʃho^{35}tha^{35} tʃhuɐ^{35} ŋgɔ^{31} khə^{53} ɕyə^{31} ʃɐ^{31} tɕyɐ^{53} ɕe^{31} mɔ^{31}. khe^{241}ȵi^{53} ŋgɔ^{31}
稠塔 DIR 梁 上：LOC 那边 猛 跑 AUX PFV 3sg 山

khə^{53} tse^{53} ȵi^{31} ndzu^{35}ku^{53}ləɹ^{53} rɐ^{35}tɕi^{31}ue^{53} khe^{241}ȵi^{53} mbe^{35} dɛ^{31}："tʃho^{35}tha^{35}
上：LOC 到 PRT 独脚兽 半山腰 3sg 喊：IPFV DUR：稠塔

gu^{35} dʑi^{35} tʂho^{35}tha^{35} gu^{35} dʑi^{35}…" tʃho^{35}tha^{35} na^{35}tɕhy^{31} ȵi^{31} se^{31} nɔ^{53} rə^{35}ʃʅ^{31} rə^{35}ʃʅ^{31}
等 ADV 稠塔 等 ADV 稠塔 听见 VIS 心 里 一惊 一惊

ɕe^{31} dɛ^{31}, khɛ^{31} the^{35}kə^{31}tɕi^{31} iɔ^{35} se^{31}rɛ^{31} tʃho^{35}tha^{35} nbɐ^{35} dɛ^{31} ndʑɛ^{31}ia^{53} ɕe^{31}
AUX DUR 朝 下面 路 就 稠塔 飞 DUR 一样 AUX

mɔ^{31}, tʃhu^{35} ɕe^{31} ȵi^{31} ndzu^{35}ku^{53}ləɹ^{53} ʃue^{35}me^{31}kɛ^{53} sɔ^{31} ʃʅ^{31}, se^{53} ʃue^{35}me^{31}kɛ^{53}
PFV 如何 做 COMP 独脚兽 甩掉 想 TAM 就是 甩掉

ma^{31} ndʑo^{53} ʃʅ^{31}. khe^{241}ȵi^{53} ra^{53}ŋgu^{53} ȵe^{31}tɕi^{53} uə^{31}dʑyə^{241} tɕyɐ^{53} ȵi^{31} po^{35}
NEG 成 TAM 3sg REP 缠子 绳子 跑 COMP 丢

mɔ^{31}ʃʅ^{31}, tɕyɐ^{31} ȵi^{31}re^{31} ue^{53} ɦa^{31}uə^{53} tsa^{31} tse^{31} ʃʅ^{31}. nɛ^{31}ŋgə^{35} iɔ^{35}ɲɛ^{31} sɛ^{31},
CSM 跑 SVC 来 庙 跟前 到 TAM 上面 分路 地方

ndzu^{35}ku^{53}ləɹ^{53} ɦa^{31}："tʃho^{35}tha^{35} gu^{35} dʑi^{35} tʃho^{35}tha^{35} gu^{35} dʑi^{35}…" ndu^{35} ɕe^{35},
独脚兽 REP 稠塔 等 ADV 稠塔 等 ADV 这样 做

mbe^{35} dɛ^{31}, ʃə^{35}ie^{31} tʃho^{35}tha^{35} ɲe^{31}na^{53} tsɐ^{53} mɔ^{31}ʃʅ^{31}, mbu^{35} rɛ^{31}zɛ^{31} dʑi^{35},
叫：IPFV DUR 一会儿 稠塔 汗 出 CSM 气 上面 ADV

rɛ^{31}mɛ^{31} dʑi^{35} ɕe^{31} dɛ^{31}, ʃɐ^{53}ro^{53} mu^{31} thu^{53} ʃʅ^{31}, ʃɛ^{53}kə^{31} ɕi^{53} tɕyɐ^{53} ȵi^{53}
下面 ADV 出 DUR 歇气 NEG 敢 TAM 一直 回 跑 ADV

tʃha^{31}uə^{53} rɛ^{31} tse^{31} ȵi^{31}. sɔ^{31}ŋgə^{35} ŋgɔ^{31}khə^{53} ndzu^{35}ku^{53}lɛɹ^{53} ɦa^{35}："tʃho^{35}tha^{35} gu^{35}
院子 里 到 PRT 扫高 梁 独脚兽 REP 稠塔 等

dʑi^{35} tʃho^{35}tha^{35} gu^{35} dʑi^{35}…" ɕe^{53} mbe^{35} dɛ^{31}. ɕi^{53} tse^{53} ȵi^{31}, ŋgə^{35} ȵɐ^{35}
ADV 稠塔 等 ADV AUX 叫：IPFV DUR 回 到 PRT 家 人

tʃho^{35}tha^{35} nde^{35} ȵi^{31} ɲe^{31}tʃu^{53} kue^{35} to^{31} mbɔ^{35} mɔ^{31}ʃʅ^{31}, tɕa^{53} ȵi^{53} ɲɐ^{31}tsʅ^{53}
稠塔 看 VIS 汗 衣服 都 浸 CSM 吓 COMP 脸色

rɛ^{31}re^{35} mɔ^{31}ʃʅ^{31}. ȵɐ^{35}tʃho^{35} rɛ^{31} tʃhɛ^{53}nɔ^{31} tʃho^{35}tha^{35} ʃo^{53}mɛ^{53} po^{35} mɔ^{31}ʃʅ^{31}, sɔ^{35}
变 CSM 大人 PL 知道 稠塔 魂 丢 CSM 饭

tʃuə^{31}ɕi^{31} rɛ^{31} ndo^{31} tʃhɛ^{53}mu^{31}nɔ^{35}.
盛去 ADV 吃 不知道

稠塔没有听别人的劝告，现在后悔已经迟了，他得赶紧想了个办法。于是，他就砍来了几根竹子，把竹子从中间划开，编成圆圈形，套在膝盖上，又削了一个木楔，把木楔从圆圈中间插进去，独脚兽也模仿稠塔的做法把木楔插进去，稠塔拿着斧头像是出了很大的劲一样往进钉，独脚兽也拿石头钉木楔。稠塔知道自己根本没用劲，而独脚兽却使了很大的力气，稠塔看见独脚兽的一只脚被圈住了，然后就把自己的木楔子扔了往家跑。跑了一会儿，稠塔向后一看，独脚兽连滚带爬地追来了，稠塔朝梁的那边奔跑。他跑到山梁上时，独脚兽在半山腰喊："稠塔，等着，稠塔，等着……"稠塔听见后毛骨悚然，下山时以飞快的速度往回跑。稠塔心想怎么才能把它甩掉，但就是甩不掉。他跑得太快了把绑腿的缠子和绳子都丢了，一直跑到庙前面的分路口。独脚兽还在喊："稠塔等等……"就这样叫着。一会儿，稠塔已经满头大汗，上气接不上下气，但还是不敢停下来，一直跑到扫高梁上了，独脚兽还在叫"稠塔等等……"这样叫着。跑到家里时，家里人发现汗把他的衣服都浸湿了，他吓得脸色苍白。大人们知道稠塔的魂丢了，饭也不吃，水也不喝。

ndzu^{35}ku^{53}ləɹ^{53} mbe^{35} dɛ^{31} mɛ^{53}dɛ^{31} ndzɛ^{35}rɛ^{31} tshɛ^{35} ma^{31} pe^{35} ʃʅ^{31}.

独脚兽 叫：IPFV DUR NMLZ 半夜 才 NEG 叫：PFV TAM.

tʃho^{35}tha^{35} na^{35} tsa^{53} ndzu^{35}ku^{53}ləɹ^{53} ɦa^{35} khe^{241}ȵi^{53} mbe^{35} dɛ^{31}, tʃho^{35}tha^{35}

稠塔 耳朵 旁 独脚兽 REP 3sg 叫：IPFV DUR 稠塔

ndu^{35} ɕe^{53} tɕa^{53} ɕi^{31}ȵi^{31} zə̧^{35} ȵi^{31}ndʒʅ^{53}ȵi^{31}ndʒʅ^{53} rɛ^{31} ŋɐ^{35}mu^{31}re^{35}. nyə^{35}a^{31}ie^{53} dʑi^{31},

这样 做 吓 VCL 后 每天 ADV 茶呆呆 噩梦 ADV

khɛ̃^{31}ŋuə^{53} khɛ^{31} ie^{53} sɐ^{53}pɛ^{53} re^{31}, ȵɐ^{35}tʃho^{35} zɛ^{31}tʃe^{53} mɛ^{31}tʃe^{53} ʃa^{31}pa^{53}

脸 上：LOC 也 面黄肌瘦 TAM 大人 上河 下河 阴阳

pe^{53}bu^{31} mbe^{31}, ŋgə^{35} ndɔ^{35}ndʒo^{35} ndzə̧^{53}te^{31}, tʃhə^{53} to^{31} ɕe^{53} tshɔ^{35} ʃʅ^{31}, tʃho^{35}tha^{35}

端工 叫：IPFV 家里 跳神 撵鬼 什么 都 干 结束 PFV 稠塔

ɦa^{31}sʅ^{35} ndza̧^{35} ma^{31} tɕhe^{35} ʃʅ^{31}, ȵyɛ^{35} zə̧^{31}tʃuɐ^{53} guɐ^{35} tse^{53} ȵi^{31}, ne^{53} iɔ^{31} ȵi^{31}

CONT 好 NEG VIS TAM 天 四十 九 到 PRT 病 生 COMP

ʃɐ^{53} mɔ^{31}ʃʅ^{31}.

死 CSM

稠塔的耳朵旁边，独脚兽一直在叫他，直到半夜才能停下来。稠塔自从被独角兽吓了一下后，每天萎靡不振经常做噩梦，面黄肌瘦的。他的父母就在上河和下河找阴阳和端工，在家了跳神、撵鬼，什么都做了，但稠塔还是没有好，过了四十九天后，稠塔就死了。

（讲述人：余林机）

9. 石头歇台

tɔ^{53}vu^{53} ŋue^{35}ŋgɔ^{35} ta^{31}ka^{53} io^{53}gɛ^{35} rɛ^{31} rə^{31}ŋguə^{53} pe^{53} dɛ^{31}rɔ^{31}, pi^{31}ȵi^{35}

古时候 以前 白马 河流 里：LOC 山区 白马人 寨子 兄弟俩

dʑi^{35} ʃʅ^{31}. tʃhɛ^{53} ndɐ^{31} ȵɐ^{35} dzə̧^{53}vu^{53} re^{31}, tʃho^{53} ndɐ^{31} dʑɛ^{35}ndzʅ^{53}tɕhi^{31}rɔ^{53} re^{31},

住 TAM 大 DEM 人 憨厚 COP DIM DEM 人精 COP

ȵa^{53} ȵɐ^{35} mu^{31} ndʑɛ^{53}ʃʅ^{31} tʃho^{53} ndɐ^{31} ke^{31}tɕi^{53}ke^{53}me^{53} ȵi^{31}ŋgɛ^{53} ȵɐ^{35}tʃho^{35} khɛ^{31}ŋuə^{53}

一点 人 NEG 一样 DIM DEM 夫妻 DL 父母 脸

to^{31} mɐ^{31} tɐ^{31} ʃʅ^{31}, tʃhɛ^{53} ndɐ^{53} ȵi^{31}ndʒʅ^{53}ȵi^{31}ndʒʅ^{53} rɛ^{31} ȵa^{31} ʃe^{35} duɐ^{35}. khe^{241}ȵi^{53}

都 DEM 看 TAM 大 DEM 每天 TOP 一些 柴 背 3sg

tʃhə^{53} ndo^{31} ndza̧^{35}dɐ^{31} ɕɛ̃^{31} khe^{241} ȵi^{53} gue^{35} ɕi^{31} ʃʅ^{31}, zə̧^{35} tse^{31} se^{31} ȵɐ^{35}tʃho^{35}

什么 喝 好 ASSOC 先 3sg 分 给 TAM 后来 到 就 父母

rɛ^{31} khɛ^{53}mu^{31}sɐ^{53} ʃʅ^{31}. tɕɔ^{35}se^{31} la^{31}ta^{53} ndɐ^{31} se^{31} ȵɐ^{35}tʃho^{35} rɛ^{31} khɛ^{53}sue^{31} ʃʅ^{31}.

TOP 不养活 TAM LNK 大 DEM 就 父母 TOP 养活 TAM

sɛ^{35} io^{35} sɛ^{31}rʅ^{53} dɐ^{31} re^{35} gue^{35} ɕi^{53} mɛ^{53}, sɛ^{31}rʅ^{53} khe^{241}ȵi^{53} yɛ^{31}rɛ^{53} ŋgɛ^{53}mu^{31}tʃhu^{53}

地 又 薄 ASSOC COP 分 给 NMLZ 薄地 3sg 庄稼 长不出

ʃʅ^{31}, ndʒɛ^{53} dʑi^{53} mu^{31} tʃhuə^{53} ʃʅ^{31}, ɦa^{35} ȵɐ^{35}tʃho^{35} mu^{31} phɛ^{35}dɐ^{31} ȵɐ^{35}tʃho^{53}

TAM 吃 ADV NEG 够 TAM REP 父母 NEG 满意 父母

ie^{53} khɛ^{53}suɐ^{53} dʑi^{31}. khɛ^{53}suɐ^{31} dʑi^{35} ȵi^{31} zə̧^{35} tse^{31} ndʒɛ^{53} dʑi^{53} mu^{31} tʃhuə^{53}

也 养活 ADV 养活 ADV SVC 后来 到 吃 ADV NEG 够

ʃʅ^{31}, tɕɔ^{35}se^{31} ɦo^{35} dɛ^{31}rɔ^{31} ndzɐ^{53}pɛ^{53}ȵi^{31} ʃe^{35} duɐ^{35}, ʃe^{35} duɐ^{35} tɕɔ^{35}se^{31} ia^{31}ŋə^{53}

TAM LNK REP 寨子里 富裕人 柴 背 柴 背 LNK 手工钱

ȵa^{53} tʂɔ̃, ndu^{35} ɕe^{31} tɕɔ^{35}se^{31} ndʒɛ^{53} ie^{53} tʃhə^{53} zi^{35} ȵa^{31}, ge^{31}tsɛ^{53} ȵa^{31} tshʅ^{53}

一点 挣 这样 做 LNK 吃 NMLZ 什么 活 一点 外面 一点 找

ɦa^{31}ndʒʅ^{53} ɕe^{31} tɕɔ^{35}tshɛ^{31} ndʒɛ^{53} dʑi^{53} ȵa^{31} tʃhuə^{53} ʃʅ^{31}. ndu^{35} ɕe^{31} tʃhu^{35} ɕe^{31}

一起 AUX 才能 吃 ADV 一点 够 TAM 这样 做 那样 做

to^{53}zʅ^{53} tʂɔ̃^{35} dɛ^{35}, tɕɔ^{31}se^{31} khe^{241}ȵi^{53} se^{35} na^{31}ra^{53} zi^{35} rɔ^{53} ndu^{31} ra^{53}kho^{31}

钱 挣 DUR LNK 3sg 就 坡里 活 闲 住 时候

tɕhe^{31} se^{53} ʃe^{35} duɐ^{35}. tʃhɛ^{53} ndɐ^{31} ȵi^{31}ndʒʅ^{53} ȵi^{31}ndʒʅ^{53} rɛ^{31} na^{31}ra^{53} ʃe^{35} duɐ^{35},

去：PFV 就 柴 背 大 DEM 一天 一天 ADV 坡里 柴 背

duɐ^{35} ȵi^{31} duɐ^{31} ȵi^{31} ȵi^{31}ndʒʅ^{53} tɕhe^{35} the^{35} ue^{31} dɐ^{35} ʃɐ^{31}iɔ^{35} khɛ^{53}

背 ADV 背 ADV 一天 走：PFV 下面：DIR 来 石头 歇台 上：LOC

ʃue^{53} re^{31}, ɕi^{53}vu^{31} sɛ^{53} iɔ^{35} ndʑe^{31}, dɐ^{35} ʃɐ^{31}iɔ^{35} ie^{31} nɔ^{31} tɕhe^{53} ȵi^{53}

休息 TAM 回来 地 路 去：IPFV 石头 歇台 一 有 去：PFV SVC

tse^{53} ȵi^{31}. dɐ^{35} ʃɐ^{31}iɔ^{53} khɛ^{31} tʃʅ^{53} ʃue^{53} ɕi^{31} rɛ^{31}re^{31}. tʃhɛ^{53} ndɐ^{31} ȵi^{31}ndʒʅ^{53}

到 PRT 石头 歇台 上：LOC 一 休息 VCL TAM 大 DEM 一天

ʃɛ^{31}ze^{31} ȵi^{31}ndʒʅ^{53} ʃɛ^{31}ze^{35} rɛ^{31}, ɕi^{53} khuɐ^{53} tɕhe^{35} rɛ^{31} to^{53}zʅ^{53} dzo^{31} tɕhe^{35}
一背 一天 一背 TAM 回 DIR 去：PFV ADV 钱 卖 去：PFV
rɛ^{31} ŋgə^{35} ȵɐ^{35}tʃho^{35} ȵɛ̃^{31}ȵi^{53} khɛ^{53}sɐ^{31}.
ADV 家里 父母 小孩 养活

很早以前，在白马人的寨子里，住着两兄弟。老大老实憨厚，老二精明狡猾；老大每天都去背柴，而父母则把好地、好吃的、好喝的都分给老二。分家后老二不管父母，只能由老大一个人养活父母。而父母分给老大的地很薄，长不出庄稼来，吃的不够还要养活父母。父母对老大很不满意。有时候吃的实在不够了，他就给寨子里的富人去背柴挣一点零花钱，这样来补给家用。他只要有时间就去山里背柴。有时候，背累了就到石头歇台上休息。这个石头歇台是他每天背柴的必经之路，每次走到这个石头歇台跟前，他都要在上面休息了一会儿。为了养活一家老小，他每天都背得很重。

ȵi^{31}ndʒʅ^{53} tɕi^{35} nɔ^{31}, dɐ^{35} ndɐ^{31} kha^{31}tɕa^{35} mɔ^{31}ʃʅ^{31}: “tɕhe^{53} tʃhə^{53} nɔ^{53}tsɛ^{53}
一天 上：LOC 里 石头 DEM 开口 CSM 2sg 什么 难处
re^{31}, ȵi^{31}ndʒʅ^{53}ȵi^{31}ndʒʅ^{53} ʃɛ^{31}ɛ^{53} dʒɐ^{31}mu^{53}dʒɐ^{31}mu^{53} khuɐ^{31} ȵi^{31}, ŋə^{53} khɛ^{31} tʃɐ^{53}.”
TAM 每天 负担 重 背 ADV 我 上：LOC 压
tʃhɛ^{53} ndɐ^{31} khɔ^{31}ȵi^{31}: “sɛ^{31} rɛ^{35} ʑi^{31} re^{35} mu^{31}nɔ^{35}, ŋgə^{35} ȵɐ^{31} zə̥^{35} ŋe^{35} zɔ^{31},
大 DEM 说：NAR 地 里：LOC 活 TOP 没有 家 人 四 五 APPR
se^{53} ŋa^{53} khɔ^{53}tɛ^{31} ȵi^{53} ʃe^{35} duɐ^{35} khɛ^{53}sɐ^{3} dɛ^{31}.” dɐ^{35} ʃɐ^{31}iɔ^{35} ndɐ^{31} khɔ^{31}ȵi^{31}:
就 1sg 辛苦 COMP 柴 背 养活 DUR 石头 歇台 DEM NAR
“ndu^{31}ru^{53} re^{31}rɛ^{31}, tɕhe^{53} nã^{35} dɛ^{31}rɛ^{31}tʃhɛ^{31}ʐo^{53} ie^{53} khu^{31}tɕɛ^{31}, ŋa^{53} tɕhe^{53} ie^{31}
这样 PRT 2sg 明天 袋子 一 拿来 1sg 2sg DAT
sɛ^{53} rɛ^{31} ŋe^{35} ȵa^{31} re^{35}ʃa^{31}.”
金子 CONJ 银子 一些 PRT

有一天，石头开口了：“你有什么难处？”老大说：“地里的收成不好，家里有四五口人，靠我一个人辛苦背柴养活。”石头歇台说：“那这样吧！你明天拿一个袋子来，我给你一些金银。”

tɕi^{53}ɕi^{31}ȵi^{31}, tʃhɛ^{53} ndɛ^{31} tʃhɛ^{31}ro^{53} khuɐ^{31} ȵi^{31} tɕhe^{31} ʃʅ^{31}, dɐ^{31} mbu^{53} ʃɐ^{31}iɔ^{35}
第二天 大 DEM 袋子 拿 SVC 去：PFV PFV 石头 大 歇台
tsa^{31} tse^{53}ȵi^{31}, ʃɐ^{35}iɛ^{31} ʃuɐ^{53} ɕi^{31}, dɐ^{35} ʃɐ^{31}iɔ^{35} ndɐ^{31} se^{31} khɛ^{53} tɕhi^{31} mɔ^{31}ʃʅ^{31}.
跟前 到达 一会儿 休息 VCL 石头 歇台 DEM 就 口 开 CSM
“tʃhɛ^{53} ndɐ^{31} ndʐ̥e^{35} ra^{53}kho^{53} dɐ^{35} ʃɐ^{31}iɔ^{35} tɕi^{53} phə^{35} rɛ^{31} sɛ^{53} rɛ^{31} ŋe^{35}
大 DEM 掏 时候 石头 歇台 NMLZ 肚子 里 金子 CONJ 银子

ŋgɛ53nɔ31.” khe241ȵi53 ia53uɐ53 nɔ31rɛ53 dʑɔ35 ȵi31, sɛ53 rɛ53 ŋe35 tʃhuɐ35 tʃhɛ31zo53
很多 3sg 手 里面 伸 PRT 金子 CONJ 银子 装 袋子

rɛ31 ʃʅ31. tʃhɛ53 ndɐ31 se35 io35io35re31, ȵɐ35tʃho35 ȵɛ̃31ȵi53 rɛ31 ndʒɛ31 dʑi53 tʃhuɐ31
里 TAM 大 DEN 心 轻轻的 大人 小孩 PL 吃 ADV 够

rɛ31 se53 uə35 ʃʅ31. tɕɔ35se31 dɐ35 ʃɐ31iɔ35 ie31 dzue35：“ uə35ʃʅ31, uə35ʃʅ31, tɕhe53
ADV 就 可以 TA LNK 石头 歇台 PIE 说 可以了 可以了 2sg

tʃɔ53 khɛ53 tso53.” tʃhɛ53 ndɐ31 sɛ53 rɛ31 ŋe35 khuɐ31 ȵi31 ɕi53 tɕhe31 ȵi31.
现在 口 闭上 大 DEM 金子 CONJ 银子 拿 ADV 回 去：PFV PRT

tʃhɛ53 ndɐ31 sɛ31 rɛ35 zi31 ŋgɔ35 ȵyə35, tʃhə53 mu31 nɔ35 rɛ31 tʃhə53 ȵyə35, ȵɐ35
大 DEM 地 里 活 房子 买 什么 NEG 有 TOP 什么 买 人

i31zi35 tʃhɛ53 ndɐ31 tɛ53ʃʅ31 rɛ31 ndzɐ53pɛ53 ndʑo35 ʃʅ31. pi53tʃho53 ke31tɕi53ke31me31
DISTR 大 DEM 看着 ADV 富裕 变成 TAM 弟DIM 夫妻

ȵi31ŋgɛ35 se31 nɔ53 suɛ̃53pɛ̃ ɕe31 ȵi31, pi53tʃho53 ka31ra53 tʃhə53 ɕe53 dɛ31
DL 心 里：LOC 盘算 AUX ADV 大哥 哪里 什么 做 DUR

ȵi53ma31ndo35 uɛ31, tʃhu31ru53 ndzɐ31pɛ53 ndʑo35 ʃʅ31, tʃhu35 i31zi53 lɐ35 ie31 ndzɐ53
没有见 VOLI 如何 富裕 变成 TAM 怎样 DISTR 办法 一 问

rɛ31re31. tʃho53 ndɐ31 ke31me53 iɛ31 dzue35 ȵi31：“sɔ35 ndza35 sɛ31uə53 tɕi53, a31tʃhɛ53
TAM DIM DEM 媳妇 PIE 说 PRT 饭 好 顿 做 哥哥

tshuə31 pe53 ku31tɕɛ31, zɛ241rɛ53 ɦa31ndʒʅ53 thə53re31 ʃa31!” tɕɔ35se31 sɔ35 ndza35
这边 叫：PFV 来 INCL 一起 坐 PRT LNK 饭 好

tɕi53 ra31, tʃhɛ53 ndɐ31 phɛ53 pe35 khuɐ31 tɕhe31 ʃʅ31. ndʒɛ31 ie53 ndʒɛ31
做 ADV 大 DEM 那边 叫：PFV 拿 去：PFV TAM 吃 NMLZ 吃

ndʒɔ35 rɛ31 ʃɛ31ndzɐ53ʃo31ndzɐ53 rɛ31. tʃhu35 ɕe31 ndzɐ31pɛ53 ndʑo35 ʃʅ31 ? tʃhɛ53
吃 ADV 东问西问 ADV 如何 做 富人 变 TAM 大

ndɐ31 se31 nɔ53 dzə31 re31, ma31 dzue35 rɛ31 uə35ma31 re35. tɕɔ35se31 tʃhu35
DEM 心 里：LOC 想 TAM NEG 说 ADV 不行 TAM LNK 如何

ɕe53 ʃɛ35 dɔ35 uɛ31, iɔ35 tɕi35 dɐ35 ʃɐ31iɔ35 khɛ31 ʃuɐ53 ȵi31, tʃhu35 ɕe53
做 力气 出 VOLI 路 上：LOC 石头 歇台 上：LOC 休息 PRT 如何 做

ȵi31 dɐ35 dʒə53 ȵi31 kha31tɕa35 mɔ31ʃʅ31, tɕɔ35 vɛ35kə31 tʃho53 tɕi31 iɛ31
COMP 石头 压 COMP 说话 CSM LNK 全部 DIM DEM PIE

dzue35 ɕi31.
说 给

第二天，老大拿着袋子来到大石头歇台跟前，他休息了一会儿，石头歇台就开口说话了。它说："你可以从我的肚子里淘金子和银子。"他把手伸进了石头歇台肚子里，把掏出来的金子和银子装进袋子里。他一点都不贪心，觉得掏的金子和银子够大人和小孩吃就行了。他给石头歇台说："可以了，你现在可以把嘴闭上了。"老大拿着金银回去后，买了地修了房子，给家里添置了很多家具。老二心里想，没看见老大干什么，他怎么一下子变富裕了？无论怎样他都要想办法问一下。老二就跟他媳妇说："做一顿好饭，把哥哥叫来咱们一起坐坐吧！"做好饭后，他把老大叫到他们家，边吃边问老大是如何变成富人的？老大心里想，现在不说不行了。于是就说他是如何出力的，如何在石头歇台上休息的，如何把石头压得说话的，把经过详细说给了老二。

tɕi^{53}ɕi^{31}ȵi^{31}, tʃho^{53} ndɐ^{31} ie^{53} ʃe^{35} duɐ^{35} tɕhe^{53} ʃʅ^{31}, khe^{241}ȵi^{53} ie^{53} nɔ^{53}tsɛ^{53}
第二天 DIM DEM 也 柴 背 去：PFV TAM 3sg 也 困难
i^{31}tɔ^{53} ɕe^{31}, ȵi^{31}ndʒʅ^{53} ȵi^{31}ndʒʅ^{53} ʃe^{35} duɐ^{31}, duɐ^{31}ʃʅ^{53} duɐ^{31}ʃʅ^{53} rɛ^{31} dɐ^{35} ndɐ^{31}
装 AUX 一天 一天 柴 背 背着 背着 ADV 石头 DEM
tʃɐ^{53} ȵi^{31} kha^{31}tɕa^{53} mɔ^{31}ʃʅ^{31}: " tɕhe^{53} ɦo^{35} tʃhə^{53} nɔ^{53}tsɛ^{53} re^{31}. tɕhe^{53} ra^{53}ŋgu^{53}
压 COMP 说话 CSM 2sg REP 什么 困难 TAM 你 REFL
kɛ^{53}mu^{53}tɕo^{53}mɛ^{31} nɔ^{31}." tʃho^{53} ndɐ^{31} kho^{31}ȵi^{31}: " ŋa^{53} ndʒɛ^{31} dʑi^{53} mu^{31} tʃhuə^{53},
解决不了 有 DIM DEM 说：NAR 1sg 吃 ADV NEG 够
ndo^{31} dʑi^{53} mu^{31} tʃhuə^{53}, ndzɐ^{31}pɛ^{53} ȵi^{31} ia^{35}mu^{31}ȵi^{35} ʃʅ^{31}." dɐ^{35} ʃɐ^{31}iɔ^{35} kho^{31}ȵi^{31}
喝 ADV NEG 够 富裕 COMP 比不上 TAM 石头 歇台 说：NAR
"tɕhe^{53} nã^{35} dɛ^{31}rɛ^{31} tʃhɛ^{31}zo^{53} ie^{31} khuɐ^{31} ȵi^{31} ʃuɐ^{53}, tɕhe^{53} iɛ^{53} sɛ^{53} rɛ^{31}
2sg 明天 袋子 个：CL 一 拿 ADV 来：IMP 2sg PIE 金子 CONJ
ŋe^{35} ȵa^{53} re^{31}ʃa^{53}."
银子 一些 TAM

第二天开始，老二也去背柴，他假装很困难的样子每天去背柴。有一天把石头压得开口说话了，石头说："你又有什么困难，你自己解决不了？"老二说："我不够吃、不够喝，生活很困难。"石头歇台说："你明天拿一个袋子来，我给你一些金银吧！"

tɕi^{53}ɕi^{31}ȵi^{31}, tʃho^{53} ndɐ^{31} tʃhɛ^{31}rʅ^{53} re^{31}dʑa^{35} ie^{31} khuɐ^{31} ȵi^{31} tɕhe^{35} ʃʅ^{31}.
第二天 DIM DEM 袋子 长 一 拿 ADV 去：PFV TAM
dɐ^{35} iɛ^{31} tʃʅ^{53} dzue^{35} ɕi^{31} ȵi^{31}, dɐ^{35} khɛ^{53}tɕhi^{53} mɔ^{31}ʃʅ^{31}. tʃho^{53} ndɐ^{31} ia^{53}uɛ^{53}
石头 PIE 一 说 VCL PRT 石头 开口 CSM DIM DEM 手
dʑɔ^{35} ȵi^{31} sɛ^{53} rɛ^{53} ŋe^{35} ndɐ^{31} tʃhɛ^{31}rʅ^{53} sɛ^{53}rɛ^{53} ʃʅ^{31}. tʃho^{53} ndɐ^{31} se^{31} dʒʅ^{241}
伸 ADV 金子 CONJ 银子 DEM 袋子 里面 TAM DIM DEM 心 重

gue^{241}dɐ^{31}re^{31} se^{31} tsɛ^{53} mu^{31} phɛ^{35} ʃʅ^{31}. ʃʅ^{35} ɦo^{35} ʃʅ^{35}, ia^{53}uɛ^{53} dɛ^{35}rɛ^{31} dʑɔ^{35}

非常 心 在 NEG 满足 TAM 捡 REP 捡 手 底下 伸

khuɐ^{31} ȵi^{31} tshʅ^{53}, dɐ^{35} ʃɐ^{31}iɔ^{53} ʃɛ^{53}ndzʅ^{31} mɔ^{31}ʃʅ^{31}, khɛ^{53} beɹ^{53} ɕe^{31} tso^{53} mɔ^{31}ʃʅ^{31}.

拿 SVC 找 石头 歇台 生气 CSM 口 EXPR 做 闭 CSM

tʃho^{53} tɕi^{31} pu^{53}uɛ^{53} tsa^{35} iɔ^{31} nɔ^{31}rɛ^{53} sɐ^{53}tɐ^{31} ra^{35} ʃʅ^{31}. tʃho^{53} ndɐ^{31}

DIM 那个：DIST 胳膊 跟前 取 里边 咬 ADV TAM DIM DEM

tʃhu^{35} ɕe^{53} i^{31}ʑi^{35} ge^{31}tse^{53} iɔ^{35} kɛ^{53} mu^{31}ndʑo^{53} ʃʅ^{31}, tsʅ^{31}khɛ^{31} dɐ^{35} tsa^{31}

如何 做 DISTR 外面 取 NMLZ 不成 TAM 只能 石头 跟前

iɔ^{35}vu^{31} ndu^{31}.

站 这样

第二天，老二就拿了一个很大的袋子去了，给石头说明情况后，石头开口了，他把手伸进石头的嘴里掏金子和银子。这个老二太贪心，拿了很多还不满意，一直把手伸到底下去找金子和银子。石头歇台生气了，一闭嘴就把老二的胳膊咬住了，老二用尽一切办法也取不出手，只能站在原地等待。

tʃho^{53} tɕi^{31} ke^{31}me^{53} gu^{35} ȵi^{31} gu^{35}ru^{35} ʃʅ^{31}, ke^{31}tɕi^{53}ȵi^{31} ɦa^{35} ɕi^{31} ma^{31}

DIM 那个 媳妇 等 COMP 天黑 TAM 丈夫 REP 回 NEG

ɕo^{35}. tɕɔ^{35}se^{31} ruə^{53}zɛ^{53} ie^{31} tɕhi^{53} khuɐ^{31} ȵi^{31}, ʃe^{35} duɐ^{35} iɔ^{35} tɕi^{35}

NVOLI LNK 伙伴 一 带 DIR PRT 柴 背 路 上：LOC

tɛ^{53} tɕhe^{31}. ȵɐ^{35} ʃɐ^{31} sɛ^{31}, dɐ^{35} ʃɐ^{31}iɔ^{35} tsa^{53} tse^{53} ʃʅ^{31}, de^{35} ȵi^{31}ndo^{35}

看：IPFV 去：PFV 人 休息 地方 石头 歇台 跟前 到 TAM 看：PFV VIS

ke^{31}tɕi^{53}ȵi^{31} pu^{53}uɛ^{53} dɐ^{35} ra^{31} sɐ^{53}tɐ^{31} nɔ^{31}, tʃhɛ^{31}rʅ^{53} se^{31}rɛ^{31} sɛ^{53} rɛ^{31} ŋe^{35}

丈夫 胳膊 石头 PASS 咬 PRT 麻袋 里面 金子 CONJ 银子

tʃhu^{31}ru^{53} iɛ^{53} mu^{31} nɔ^{35}. ke^{31}tɕi^{53}ȵi^{31} se^{31} dʒʅ^{35} tɕhe^{31} ȵi^{31}, tʃhɛ^{31}rʅ^{53} rɛ^{31}

怎么 也 NEG 有 丈夫 心 重 VIS PRT 麻袋 里：LOC

tse^{53} mɛ^{53} ɦo^{35} ʐuɐ^{35} mɔ^{31}ʃʅ^{31}. ke^{31}tɕi^{53}ke^{31}me^{31} tʃʅ^{53} ŋuə^{53} tʃʅ^{53} tɛ^{53} rɛ^{31} ʃə^{35}

到 NMLZ REP 化 CSM 夫妻 一 脸 一 看 ADV 一会儿

la^{31}ta^{35} ie^{31}. ndɐ^{53} tʃɔ^{31} tʃhu^{35} ɕe^{31} re^{31}？ tʃhə^{53} lɐ^{35} to^{31} dʑə^{35} tshɔ^{35} ʃʅ^{31},

大 一 DEM 现在 怎么 做 QUES 什么 办法 都 想 全 TAM

ŋa^{53} se^{53} ge^{31}tsɛ^{53} iɔ^{35} kɛ^{53} mu^{31} ndʑo^{35} ʃʅ^{31}. tɕɔ^{35}se^{31} ndʒɛ^{31} iɛ^{53} ndo^{31}

1sg 就 外面 取 NMLZ NEG 成 PRT LNK 吃 NMLZ 喝

iɛ^{53} ndʒuɐ^{35} tsa^{31} the^{35} rɛ^{31}re^{31}, tɕɛ^{53}uɛ^{53} ʃʅ^{53}ʃʅ^{53} tɔ^{31} rɛ^{31}, ke^{31}me^{53} iɔ^{35} kã^{31}lã^{53}

NMLZ 嘴 跟前 端 TAM 大便 小便 拉 ADV 媳妇 要 裤子

mi^{35} gə^{31} ʃʅ^{31}. ndu^{31}rʅ^{53} ɕe^{31} ȵa^{53} gu^{35} mɔ^{31} ȵi^{31}, ŋgə^{35} ndʒɛ^{31} ie^{53} tɛ^{53}ʃʅ^{31}tɛ^{53}ʃʅ^{31}
脱 要 TAM 这样 做 一些 等 PFV PRT 家里 吃 NMLZ 看着看着

ndʒue^{35} lio^{35} ʃʅ^{31}. sɛ^{53}rɛ^{31} ndʒue^{35} mɔ^{35}rɛ^{31} gu^{31}kɛ^{53} mu^{31} nɔ^{35}, pi^{53} tʃhɔ^{53} ndɐ^{31}
吃 完 PFV 早上 吃 TAM 晚上 NEG 有 弟 DIM DEM

sɛ̃^{31}pɛ^{53} ɕe^{31} ȵi^{31}, nɔ^{53}tsɛ^{53} gue^{241} ma^{31} re^{31} ndu^{35} ɕe^{31} the^{35} tɕhe^{35} rɛ^{31}.
琢磨 AUX ADV 困难 很 NEG COP 这样 做 DIR 去：PFV ADV

na^{31}ndzue^{35} i^{31}ʑi^{35} ȵa^{35}ndʒʅ^{53} tuə^{53}ndʒʅ^{31} re^{31}, tɛ^{53}ʃʅ^{31}tɛ^{53}ʃʅ^{31} uə^{35}ma^{31}re^{35}. tɕɔ^{35}
时候 DISTR 吊死 饿死 TAM 看着看着 不行 LNK

ke^{31}mɛ^{53} iɛ^{53} dzue^{35} ȵi^{31}：“ nã^{35} tʃhɔ^{31} ndʒɛ^{35} iɛ^{53} ndẓa^{35} sɛ^{31}uə^{53} ie^{31} ɕe^{31} ndʒɛ^{35}
媳妇 PIE 说 ADV 明天 就 吃 NMLZ 好 顿：CL 一 做 吃

mɔ^{35}rɛ^{31}, ʑi^{31}gɛ^{53} ke^{31}tɕi^{53}ke^{31}me^{35} ɕe^{31} uə^{53} ie^{31} tɕhe^{53} ẓə^{35} nɔ^{53}tsɛ^{53} ndʒɛ^{35}
TAM 咱俩 夫妻 做 场：CL 一 2sg 以后 困难 吃

ndẓuɐ^{31} iɛ^{53} ma^{31} re^{35}, te^{31}re^{53} ʑi^{31}gɛ^{53} po^{35}po^{31} ɕe^{31} re^{31}ʃa^{31}! po^{35}po^{31} ɕe^{31}
粮食 也 NEG PRT 今天 1dl 亲嘴 AUX TAM 亲嘴 AUX

mɔ^{31}rɛ^{31} tɕhe^{53} tɕɔ^{35} ɕi^{53} tɕhe^{35} rɛ^{31} ma^{31} vu^{35} lɔ^{31}. ndɐ^{53} khɛ^{31} tɕɔ^{35}
TAM 2sg 就 回 去：PFV ADV NEG 来 FPRT DEM 开始 就

se^{31}ndʒʅ^{35} tɕhe^{31} ʃʅ^{31} se^{31} khɛ^{53} a^{31}ie^{53} re^{31}, ndɐ^{53} ŋa^{53} dẓə^{31}rʅ^{53} tsa^{31}
死 去：PFV TAM 心 上：LOC 不好 TAM DEM 1sg 胸 砸

ȵi^{31} ẓə^{35} tse^{31} mɔ^{31}ʃʅ^{31}.” ẓə^{35}rɛ^{35}ẓə^{35} ke^{31}tɕi^{35}ke^{31}me^{35} po^{53}po^{31} ɕe^{31} ʃʅ^{31}, ndʒuɐ^{35}
ADV 后来 到 CSM 最后 夫妻 亲嘴 AUX TAM 嘴

rɛ^{31} ndʒuɐ^{35} ɦa^{31}ndʒʅ^{35} tse^{53} mɔ^{31}ȵi^{31} dɐ^{35} gɛ^{35} mɔ^{31}ʃʅ^{31}, dɐ^{35} khɛ^{53} tɕhi^{53}
CONJ 嘴 一起 到 TAM 石头 笑 CSM 石头 嘴 开

mɔ^{31}ʃʅ^{31}. pu^{53}uɛ^{53} iɛ^{53} ge^{31}tsɛ^{53} iɔ^{35} khuɐ^{31} ue^{35} ʃʅ^{31}, ke^{31}tɕi^{53}ke^{31}me^{35} ze^{31}me^{53}
CSM 胳膊 也 外面 取 DIR 来 TAM 夫妻 急忙

dɐ^{35} ie^{53} pə̃^{53}pə̃^{53}tsu^{31} ŋgə^{53} ndo^{31} ɕi^{31} ẓə^{35} tɕɔ^{31} khɛ^{31} gɛ^{53} ŋuə^{31} ɕi^{53} rɛ^{31}
石头 PIE 跪下 头 磕 VCL 后 就 嘴 高兴 脸 喜悦 ADV

ɕi^{53} tɕhe^{31} ʃʅ^{31}. tɕi^{53}thuə^{53}re^{31} ke^{31}tɕi^{53}ke^{31}me^{35} ȵi^{31}ŋgɛ^{53} ʑi^{35} ȵi^{31} ndẓa^{35} ɕe^{31},
回 去：PFV TAM 从那以后 夫妻 俩 活 TOP 好 干

se^{35} ndẓa^{35} dẓə^{31} ȵɐ^{35} ndẓa^{35} ɕe^{31}, ẓə^{35} tse^{53} se^{31} dʒʅ^{35} se^{31} ndɐ^{31} mu^{31} nɔ^{35},
心 好 想 人 好 做 后来 到 心 重 心 DEM NEG 有

ȵi^{31}ndʒʅ^{53} ȵi^{31}ndʒʅ^{53} ndẓa^{35} ndẓo^{35} ʃʅ^{31}.
一天 一天 好 变成 TAM

一直到天黑了老二还没有回去，老二的媳妇就带了一个伙伴沿着拾柴的路去寻找。走到石头歇台跟前，才发现她的丈夫的胳膊被石头夹住了，麻袋里什么也没有。原来因为她丈夫太贪心，放进麻袋里的金子和银子都融化了。夫妻相互看着对方，心里想，这可怎么办呢？于是他们想了各种办法，但胳膊还是没有取出来。后来他的媳妇就只能给他把吃的、喝的端到跟前，连上厕所都得媳妇给他帮忙。就这样过了一段，家里吃的眼看着就要吃完了。老二心想，这样的生活实在太痛苦了，最终还是得死。于是就跟媳妇说："明天你做一顿好吃的，我好好吃一顿就让我死吧！咱俩夫妻一场，今天亲个嘴吧！你从今以后就别来了，要不然我的心里会很难受。"他们刚要亲嘴，石头就咧嘴笑了，胳膊一下子取了出来。他们两口子赶紧跪下给石头磕头，磕完头后就高高兴兴地回家了。从那以后，老二夫妻俩开始认真干活，心变好了，也学会了做人，他俩从此再也不贪心了，他们的生活越来越好了。

（讲述人：余林机）

三 讲述

1. 白马人的婚俗

ta^{31}ka^{53}pe^{53} ndɐ^{31} tʃha^{31}ndo^{35} tɕe^{31}uɛ^{31} se^{31}rɛ^{31}. se^{31} tɔ^{53}vu^{53}ŋɛ^{31}dzu̥^{53}. iɔ^{31} tshuɐ^{53}
白马人 DEM 结婚 场合 里面 就是 很久很久 ABL 这边
ue^{35} ȵi^{31} ȵi^{31}zɔ^{53} pɛ^{53}, ɕi^{31}tʃə^{53} dʑɛ^{35} ɦa^{31}ndʒʅ^{35} mu^{31} ndu^{35}. pe^{53} se^{31} pe^{53}
来 ADV DEM-CL 风俗 别处 汉族 一起 NEG 住 白马人 就 白马人
ɦa^{31}ndʒʅ^{35} ndu^{31}. dɛ^{31}gue^{35} i^{31}ʑi^{53} se^{31}rɛ^{31} pe^{53} rɛ^{31} pe^{53} ɦa^{31}ndʒʅ^{35} ndu^{31}
一起 住 寨子 DISTR 里面 白马人 CONJ 白马人 一起 住
dʑɛ^{35} ɦa^{31}ndʒʅ^{35} ndu^{31} mu^{31} ndu^{53} ʃʅ^{31}. ndɐ^{53} pe^{53} pɛ^{53} ndɐ^{53} se^{31} ŋo^{31}ndʑyə^{35}
汉族 一起 住 NEG 住 TAM DEM 白马人 风俗 DEM 就是 以前
se^{53} ndu^{31}ru^{53} re^{35}. tɕɔ^{35} zə̥^{35}, ȵi^{31}zɔ^{35} ndɐ^{53} dzʅ̥^{31}ma^{53} ndʒo^{35}
就是：LNK 这样 TAM 就是：LNK 后来 DEM-CL DEM 猴子 跳
dɛ^{31}mɛ^{31} dɛ^{31}, se^{31} ȵi^{31}zɔ^{35} ɕe^{53} ȵi^{53}.
NMLZ DUR 就是：LNK DEM-CL 做 PRT

自古以来，白马人和汉族是不通婚的。每个寨子的白马人都只和白马人结婚，不与汉族结婚。自古以来就是这样的，后来这个婚俗就演绎成了正月十五跳猴子。

ŋo^{31}ndʑyə^{35} tɔ^{53}vu^{53}ŋɛ^{31}dzu̥^{53} ŋue^{35}gɔ^{35}. ȵi^{31}zɔ^{35} ia^{31} rɔ^{35} tha^{31}li^{53} dʑɛ^{35}
以前 很久很久 过去 DEM-CL 手 中：LOC 远方 汉族

ɦa^{31}ndʒʅ^{53}　ɕe^{31}　dʑɛ^{31}　ndẓu^{35}　pe^{31}　ndẓu^{35}　ɦa^{31}ndʒʅ^{53}　ɕe^{31}　ndẓue^{35}　ndẓo^{53}　ʃʅ^{53}
一起　做　汉族　战　白马人　战　一起　做　跑　打　FPRT

rɛ^{31}se^{31}.　pe^{53}　po^{35}　ȵɛ̃^{31}ȵi^{53}　ndẓo^{35}　ie^{53}　se^{53}　ndẓo^{53}　ʃʅ^{53}re^{31}　se^{31}　tə̃^{31}y^{31}sʅ^{31}
TAM　白马人　女　小孩　打　一　LNK　打　TAM　LNK　等于是

po^{35}　mɔ^{31} ʃʅ^{31},　po^{35}　mɔ^{31}　ȵi^{31}　se^{31}　zə̣^{35}　tha^{31}li^{53}　dʑɛ^{35}　ɦa^{31}ndʒʅ^{53}　ndʑi^{35}kə^{31}
丢失　CSM　丢　PFV　PRT　LNK　以后　远方　汉民　一起　住

mɔ^{31}ʃʅ^{31},　tha^{35}　dʑɛ^{35}　ɦa^{31}ndʒʅ^{35}　ndʑi^{35}kə^{31}　mɔ^{31}ȵi^{31}.　zɛ^{241}rɛ^{53}　pe^{53}　ndo^{31}ko^{53}　ndẓue^{53}
CSM　远方　汉民　一起　住　TAM　INCL　白马人　DEM　跑

ʃʅ^{31}　rɛ^{31}　se^{31}　rɐ^{31}　ŋgɐ^{35}　tse^{53}　mɔ^{31}ȵi^{31},　ɦa^{35}　ie^{53}zʅ^{53}　ie^{31}zʅ^{53}　khə^{31}tɕe^{35}　tʂhʅ^{31}gə^{35}
PFV　ADV　就　山　头　到　TAM　REP　一年　一年　自己　池哥

ndʒo^{35}　dɛ^{31}　ndo^{31}ko^{53}　ke^{53}　ma^{31}re^{35}　ʃʅ^{31}.
跳　DUR　这些　忘记　没有　TAM

从前，远方的汉族聚集起来，和白马人打了一场恶战。有一个白马人的女孩子在战争中丢失了，后来就和远方汉族的小伙子结婚了。当时，我们白马人被打得没办法了就跑到半山上。时间如流水一样过去了，但我们却没有忘记跳池哥。

po^{35}　ndɐ^{31}　se^{53}　tha^{31}li^{53}　ȵi^{31}zɔ^{35}　tha^{35}　dʑɛ^{35}　ɦa^{31}ndʒʅ^{35},　ndʑi^{35}kɔ^{53}　mɔ^{31}ȵi^{31}
女孩　DEM　就　远方　DEM-LC　远方　汉族　一起　站　TAM

zə̣^{35}　ȵɛ̃^{31}ȵi^{53}　tʃo^{53}ie^{53}　dʑi^{35}　ʃʅ^{31},　ie^{53}　tʃhɛ^{35}　io^{35}　ȵi^{35}　ȵɛ̃^{31}ȵi^{53}　to^{53}　la^{31}ta^{53}　ndẓo^{35}
以后　小孩　一个　生　TAM　年　几　过　PRT　小孩　都　大　成

ʃʅ^{35}.　ȵɛ̃^{31}ȵi^{53}　to^{53}　tɕhi^{31}mbɛ^{53}　ndʑe^{53}　tɛ^{31}　rɛ^{31},　dʑɔ^{35}tshɛ^{35}　ɕi^{31}　ndʑə^{53}ʃʅ^{53}　re^{31},
TAM　小孩　都　小伙子　去：IPFV　看　ADV　才　回　打听　TAM

zɛ^{35}　ta^{31}ka^{35}pe^{53}　ndo^{31}ko^{35}　rɛ^{31},　nɛ^{35}　ŋɛ̃^{31}nɔ^{53}　io^{53}kɛ^{35}　se^{53}rɛ^{31}　rɐ^{31}ŋgɐ^{53}　nɔ^{31},
INCL　白马人　这些　TAM　这里　文县　流域　里面　山上　在

khɛ^{53}tshʅ^{53}　ȵi^{35}　ndʑɛ^{31}ia^{35}　ndu^{35}ɕe^{31}　ndʑe^{31}ʃʅ^{53}　ndʑe^{31}ʃʅ^{53},　tʃɑ^{53}ŋɛ^{53}　tse^{31}　ȵi^{31},
讨口　人　一样　这样　走着　走着　十五　到　PRT

ndʑe^{53}ʃʅ^{53}　rɛ^{31}　se^{31}　tʃo^{53}zɐ^{35}　tse^{53}　ȵi^{31},　ɔ^{31}　ndʑe^{53}ʃʅ^{53}　rɛ^{31}　dɛ^{31}rɔ^{53}　tse^{53}　ȵi^{53},
走着　ADV　就　十四　到　PRT　INTER　走着　ADV　寨子里　到　PRT

gu^{31}kɛ^{35}　ŋgə^{53}　nɐ^{35}tʃho^{35}　rɛ^{31},　ndʑə^{53}ʃʅ^{35}　rɛ^{31},　nɐ^{35}tʃho^{35}　rɛ^{31}　tsa^{53}　tɕhe^{35}　ȵi^{31}.
晚上　家　大人　PL　打听　ADV　大人　PL　ALL　去：PFV　PRT

那个丢失的女孩和汉族结婚后生了一个小男孩儿，多年以后孩子长大了，小孩都变成小伙子了才打听咱们这些白马人。他俩在白马河流域，像乞丐一样地走，一直走到正月十四这天才到了寨子里。到了晚上，他们就打听自己的父母，想到父母家里去。

ȵɐ^{35}tʃho^{35} rɛ^{31} tɕɔ^{35}se^{53} po^{35} ie^{31} tʃhɛ^{31} ȵi^{53} ma^{31} ndo^{35}ʃʅ^{31} ma^{31}, ȵɛ̃^{31}ȵi^{53}

大人 PL 就 女孩 年 几 人 NEG VIS PRT 小孩

la^{31}ta^{35} ndʑo^{35} ʃʅ^{31} tha^{35} dʑɛ^{35} ɦa^{31}ndʒʅ^{53} dʑi^{35} ȵi^{31}, ȵɛ̃^{31}ȵi^{53} la^{31}ta^{35} ndʑo^{35}

大 成 TAM 远方 汉族 一起 住 PRT 小孩 大 成

ʃʅ^{31} ma^{31} ndʑo^{35} ʃʅ^{31}. dɛ^{31}rɔ^{53} ȵi^{53} ŋgɐ^{31}pe^{53} rɛ^{31} tɕhi^{31}kue^{35} rɛ^{31} nɔ^{31}rɛ^{35}

TAM PRT 成 TAM 寨子里 人 头人 PL 户族 PL 里面

ge^{31}ku^{53} rɛ^{31} la^{35}tɕhy^{31} rɛ^{31} ȵi^{53}ndo^{35} rɛ^{31} tɛ^{53} ie^{31} a^{31}ie^{53} re^{31}, tɕɔ^{35}se^{31}

老人 PL 听见 ADV VIS ADV 看 也 不好 TAM LNK

kho^{53}ȵi^{31}: “ nã^{35} ge^{31}tsɛ^{53} ma^{31} ndʑe^{35}, ge^{31}tsɛ^{53} tɕhe^{35} rɛ^{31} se^{31} ȵi^{31}rɛ^{31}

说：NAR 明天 外面 PROH 去：IPFV 外面 去：PFV ADV LNK 人家

khɛ^{53}ȵi^{31} ma^{31} re^{35}. ge^{31}tsɛ^{53} ma^{31} ndʑe^{35}. se^{53} ndʑi^{35} dʑi^{31} xẽ^{53} nɔ^{53}.

放 NEG TAM 外面 PROH 去：IPFV 心 急 ADV 很 FPRT

iɔ^{35}nde^{53} ge^{31}tsɛ^{53} ndʑe^{35}, tɕɔ^{35}se^{31} ȵi^{53} tʂhʅ^{31}gɔ^{53} ge^{31}tsɛ^{53} ndʒo^{35} khue^{31} ue^{35}

要是 外边 去：IPFV LNK PRT 池哥 外面 跳 DIR 来

se^{53} tɕhi^{31}ŋgɛ^{53} tɕɔ^{35}se^{53} khɛ̃^{31}ŋuə^{53} khɛ^{31} dʑə^{31}na^{53} kã^{31}xuə^{31}. dʑə^{31}na^{53} khɛ̃^{31}ŋuə^{53}

就 2bl LNK 脸 上：LOC 锅墨 抹 锅墨 脸

khɛ^{31} kã^{35} ra^{31} tɕɔ^{35}se^{31} ge^{31}tsɛ^{53} so^{35} ŋɐ^{35}mu^{31}ʑe^{35}mɛ^{31}. kue^{35} rʅ^{31}vu^{31} tɕy^{31}

上：LOC 摸 ADV LNK 外面 去：IMP 不认识 衣服 烂 穿：PFV

khuə^{31}, ŋɐ^{35}mu^{31}ʑe^{35} tɕɔ^{35}se^{53} nɔ^{31}rɛ^{53} tɛ^{53} so^{31}.” tɕɔ^{35}se^{31} kho^{31} ŋue^{35} tʂhʅ^{31}gɔ^{53}

上：LOC 不认识 LNK 里面 看 去：IMP LNK NAR 先 池哥

tʂhuã^{35} ge^{31}tsɛ^{53} tɕy^{31} ie^{35} tɕy^{31} pu^{53} tɕy^{35} khuə^{31}. tʂhʅ^{31}gɔ^{53} na^{31}pa^{53}

装扮 外面 穿：PFV NMLZ 戴：PFV 上：LOC 穿戴 DIR 池哥 耳旁

dʑə^{31}na^{53} mĩ^{35} dʒu^{31}, ia^{31}uɛ^{53} khɛ^{31} dʑə^{31}na^{53} mĩ^{35} dʒu^{31}, ȵi^{31}zɔ^{53} ȵɐ^{35} ʃe^{31}ŋgɐ^{53}

锅墨 抿 抹 手 上：LOC 锅墨 抿 抹 DEM-LC 人 面具

ie^{53} ma^{31} tɕe^{35} khɛ^{53} rɛ^{31}. dʑɛ^{35} rɔ^{53} ue^{35} mɛ^{31}, pe^{31} rɔ^{53} ue^{35}

也 NEG 揭 上：LOC TAM 汉民 村子里 来 NMLZ 白马人 村子里 来

mɛ^{53} ndʒo^{35} ȵɐ^{53} suɐ^{53} re^{31} ŋɐ^{35}mu^{31}ʑe^{35}ʃʅ^{31}. pe^{35}, ŋɐ^{35}mu^{31}ʑe^{35}ʃʅ^{31}. ndɐ^{53}

NMLZ 跳 人 谁 COP 不认识 白马人 不认识 DEM

ŋue^{35}gɔ^{35} pɛ^{53} se^{31} ndu^{35}rʅ^{53} re^{31}. po^{35} ȵɛ̃^{31}ȵi^{53} ʃe^{31}ŋgɐ^{53} tsa^{31} ndʑe^{31} mu^{31}

以前 风俗 就是 这样 TAM 女孩 小孩 面具 跟前 去：IPFV NEG

dʒu^{35}, dʑɛ^{35} ʃe^{31}ŋgɐ^{53} khɛ^{31} kɛ^{53}mu^{31} dʒu^{35}, ndɐ^{53} ndu^{35} ɕe^{31}.

摸：IPFV 汉族人 面具 上：LOC 不能 摸：IPFV DEM 这样 做

来到家里后，父母好多年都没有见到这个女儿了。孩子都长大了，父母觉得寨子里的头人们、户族们、老人们听见或看见不好，于是就对女儿说：“明天你就别出去，因为到外面会被人发现，那样谁都不会放不过你，如果你实在心急，就等池哥装扮好后，你们俩在脸上抹上锅墨，穿上破烂的衣服，这样你们去外面就没有人认出你们了。”后来，等池哥穿好、戴好，全部装扮好后，在池哥的耳朵旁、手上也要抹上锅墨。只要不揭开面具，汉族也罢，白马人也罢，都不认识跳池哥的是谁，这就是以前的风俗。一直以来，女孩子是不能摸面具的，汉族人也不能摸面具。

tɕɔ^{35}se^{31} tɕi^{53}ɕi^{31}n̥i^{53}, ndʒo^{35} ie^{53} kɛ^{53}mɛ^{53} tse^{53} ʃʅ^{31}. tsɛ^{53} ie^{53} kɛ^{53}mɛ^{53}
LNK 第二天 跳 NMLZ 日子 到 TAM 玩 NMLZ 时间

tse^{53} ʃʅ^{31}. dɛ^{31}rɔ^{35} tʂhʅ^{31}gə^{35} tʂhʅ^{31}mu^{35} ge^{31}tsɛ^{53} ndʒo^{35} khuɐ^{31} ue^{35} n̥i^{31}. tha^{31}re^{53}
到 TAM 村里 池哥 池母 外面 跳 DIR 来 PRT 远方

dʑɛ^{35} ɦa^{31}ndʒʅ^{53} ndʑi^{35} mɔ^{31} uɛ^{31} po^{35} ndo^{31}ko^{53} ndʑi^{35} n̥i^{31}. ɔ^{31} khə^{31}tɕe^{35}
汉族 一起 站 TAM VOLI 女孩 这些 站 ADV INTER 自己

pe^{35} pɛ^{31} ndɐ^{31} se^{31} nɔ^{53} gɛ^{35}ʃʅ^{31}. ndɐ^{53} ge^{31}tsɛ^{53} tɛ^{31} ma^{31} tɕhe^{35} re^{31}
白马人 风俗 DEM 心 里：LOC 高兴 DEM 外面 看 NEG 去：PFV TAM

li^{35} ŋgə^{35} ndʑi^{35} n̥i^{31} xẽ^{31}, tɛ^{53} tɕhe^{31} li^{31} n̥ɐ^{53} ȵɐ^{35}ʑe^{31} li^{31}. tɕɔ^{35}se^{31}
FPRT 家 急 COMP 很 看 去：PFV FPRT 人 认识 FPRT LNK

phɛ^{53} dzue^{35}:“ a^{31} mɛ^{31} khɛ̃^{31}ŋuə^{53} khɛ^{31} dzə̥^{31}na^{53} dzʅ^{35} khuɐ^{31} ʃʅ^{31}.” dzue^{31}
父亲 说：IPFV INTER NMLZ 脸 上：LOC 锅墨 摸 DIR TAM 说

mɛ^{53} ndu^{35}ɕe^{31} se^{31} dzə̥^{31}na^{53} dzʅ^{35} khuɐ^{31} ʃʅ^{31}. mɛ^{31}mu^{53} so^{53} ndɐ^{31} dzə̥^{31}na^{53}
NMLZ 这样 就 锅墨 摸 DIR TAM 娘 三 DEM 锅墨

dzʅ^{35} khuɐ^{31}, ndʑɛ^{31}rɛ^{53} ge^{31}u^{53} ɛ^{31} tɕy^{35} khuɐ^{31}, ŋgɐ^{31} khə^{53} tsɛ^{53} ʃɛ^{31}mbe^{53}
摸 DIR 毛毯 旧的 INTER 穿 DIR 头 上：LOC 草 帽

thuə^{53}ɕi^{35} tə̃^{53}mbu^{53} tʃu^{35} khuɐ^{31} se^{31}u^{53} pe^{53} khuɐ^{31} ndu^{35}ɕe^{31} ge^{31}tsɛ^{53} tɕhe^{35},
戴 棍子 拖 DIR 背篓 背 DIR 这样 外面 去：PFV

khə^{31}tɕe^{35} tɕhi^{35}kue^{35} rɛ^{31} dɛ^{31}rɔ^{53} n̥ɐ^{35} se^{53} ȵɐ^{35}ma^{31}ʑe^{35} ʃʅ^{31}. se^{53} nɔ^{53} ɦa^{35}
自己 户族 PL 村子里 人 就 不认识 TAM 心 里：LOC REP

khɛ^{31}tsʅ^{53} ue^{35} ʃʅ^{31} sɔ^{31} ʃʅ^{31}, se^{31} ndu^{35}ɕe^{31} tʂhʅ^{31}gə^{35} pɛ^{31}rɛ^{35} tɛ^{31}, dʒɔ^{35}rɛ^{31}
乞丐 来 TAM 认为 TAM 就 这样做 池哥 中间 看 SIM

se^{31} tʂhʅ^{31}gə^{35} pɛ^{31}rɛ^{35} ndʒo^{35} ɦa^{31}ndʒʅ^{53} tsɛ^{53}. ndu^{35}ɕe^{31} tsɛ^{31}ʃʅ^{53} tsɛ^{31}ʃʅ^{53} zə̥^{35} tse^{31}
就 池哥 中间 跳 一起 玩 就这样 跳着 跳着 后来 到

n̥i^{53} dzʅ^{31}ma^{53} ndo^{31}ko^{35} rɛ^{31}. ie^{53} tsɛ^{31}ʃʅ^{53} rɛ^{31} ie^{53} se^{53} tsɛ^{53} kə^{53}mɔ^{35} uɛ^{31}
PRT 猴子 这些 TOP 又 跳着 TAM 也 就 跳 结束 VOLI

tɕhe^{35} mɔ^{31}ʃʅ^{31}, zə̥^{35}, tse^{53} n̥i^{53} ɛ^{31} khə^{31}tɕe^{35} pe^{53} ndo^{31}ko^{53} se^{31} dʐʅ^{31}ma^{53}
走：PFV CSM 后来 到 PRT INTER 自己 白马 这些 就 猴子
ndʒo^{31} n̥ɐ^{53} ndo^{31}ko^{53} ʃhɛ^{31}nɔ^{31}, kə^{31}tɕe^{35} pe^{53} tʃo^{53}ie^{53} re^{31}. tɕɔ^{35}se^{35} ie^{31}zʅ^{53}
跳 人 这些 知道 自己 白马人 一个 TAM LNK 一年
ie^{31}zʅ^{53} ie^{53} se^{53} dʐʅ^{31}ma^{53} ndʒo^{35} ndɐ^{31} mɛ^{31} pɛ^{53} ndu^{35}ɕe^{31} ue^{31} mɛ^{53} re^{31}.
一年 也 就 猴子 跳 DEM NMLZ 习俗 这样 来 NMLZ TAM
se^{31} ge^{31}tsɛ^{53} ɦa^{31}ndʒʅ^{35} n̥o^{35}pu^{53} mu^{31} ɕe^{53} dʑɛ^{35} ɦa^{31}dʒʅ^{53} n̥o^{35}pu^{53} mu^{31} ɕe^{53}
就 外面 一起 亲戚 NEG 做 汉族 一起 亲戚 NEG 做
ɔ^{31}. zə̥^{35} n̥ɐ^{35} ie^{53} n̥i^{31}zɔ^{35} ɕe^{31} dʑɛ^{35} ɦa^{31}dʒʅ^{53} n̥o^{35}pu^{53} mu^{31} ɕe^{35} mɛ^{31}pɛ^{53}
INTER 后来 人 也 DEM-CL 做 汉族 一起 亲戚 NEG 做 风俗
se^{53} ndu^{35} ɕe^{31} ue^{31} mɛ^{53} re^{31}.
就 这样 AUX 来 NMLZ TAM

到了第二天，该是跳池哥的时间了，村子里的池哥池母随着锣鼓都出来跳。这个和汉族结婚的女孩子，对于自己的民族风俗是非常喜欢的，不去外面看池哥表演呢，心里很着急，去看呢，又怕被别人认出来。父亲说："这样抹上锅墨就没人认识你们了。"于是他们一家三口全在脸上抹上锅墨，穿上旧毛毯，戴上草帽、拿上棍子、背上背篓出去了。村子里的户族们都不认识，还以为村子里来了乞丐。他们就这样边看池哥表演边跳舞，和村子里的人一起玩，他们等池哥表演结束后才回家。后来村子里人才知道跳猴子的这些人都是白马人。这样就慢慢形成了每年池哥表演时要跳猴子的习俗，通过这个表演警示人们不能和汉族通婚，后来白马人与汉族不通婚的习俗也就形成了。

tɕɔ^{35}se^{31} tʃha^{31}ndo^{35} ɕe^{31} ndɐ^{31} mɛ^{31} n̥i^{31} khɛ^{53} ue^{35} rɛ^{31}. ka^{53}tsɛ^{53}
就：LNK 结婚 AUX DEM NMLZ PRT 上：LOC 来 ADV 哪里
suɐ^{53} tɕi^{35} po^{35} de^{35} a^{31}rɛ^{31}, n̥ɐ^{53}ie^{53} ɕɛ^{53}ŋgue^{35} ndzɐ̥^{31} tʃhɔ^{53} phɛ^{35} rɛ^{31}
谁 家 女儿 看：IPFV 准了 人家 先 提亲 酒 父亲 CONJ
mɛ^{35} tsho^{53}dzu̥^{31} dɛ^{31} mɛ^{31}, ndzɐ̥^{31} tʃhɔ^{53} pɛ^{53}rɛ^{31} n̥ɐ^{35} pɛ^{31}dzɔ^{35} gɐ^{35} re^{31}.
母亲 知道 DUR NMLZ 提亲 酒 中间 人 媒人 要 TAM
ndɐ^{53} se^{53} pɛ^{53}rɛ^{31} n̥ɐ^{35} ndzə^{31} n̥i^{53} ndɐ^{31} se^{31} pɛ^{31}dzɔ^{35} re^{31}. pɛ^{53}rɛ^{31} n̥i^{53}
DEM 就是 中间 人 说：IPFV 人 DEM 就是 媒人 TAM 中间 人
re^{31} pɛ^{53}rɛ^{31} n̥i^{53} dzə^{35} ʃʅ^{31}, pɛ^{53}rɛ^{31} n̥i^{53} ɦa^{31} se^{31} pɛ^{53}rɛ^{31} n̥i^{53} dzə^{35}
是 中间 人 说：PFV TAM 中间 人 REP 就 中间 人 说：PFV
se^{31} ndzɐ̥^{31}tʃhɔ^{53}, ɕɛ̃^{31} ndo^{241} ndzɐ̥^{31} tʃhɔ^{53} dʑy^{35}ke^{31} mɔ^{35}, tɕɔ^{35}se^{31} ɦo^{35} tsho^{31}tʃhɔ^{53}
就是 小酒 先 喝 提亲 酒 喝：PFV PFV 然后就 REP 订婚酒

ndo^{31}, tsho^{31}tʃhɔ^{53} ndo^{31} se^{31} tɕhi^{31}kue^{35} nɔ^{31}ʃɔ^{31} vɛ^{35}kə^{31} mbe^{35} tʃu^{31} mbe^{35}
喝 订婚酒 喝 就 户下 户族 都 请：PFV PERMS 请：PFV
tʃu^{31} n̥i^{53}. ŋue^{35}ŋgɔ^{35} khɛ^{31}le^{53} də^{31} dɛ^{31} khɛ^{31}li^{53} də^{31}, tʃhɔ^{53} ka^{31}na^{31} ŋue^{35}ŋgɔ^{35}
PERMS PRT 以前 馍馍 分 DUR 馍馍 分 酒 哪里 以前
tʃhɔ^{53} dzue^{31}tʃhɔ^{53} tʃhuɐ^{31}zɿ^{53} rɛ^{31} khuɐ^{53} dɛ^{31}, tʃhuɐ^{31}zɿ^{53} kɔ^{35} khuɐ^{35} tɕhe^{31}
酒 泡酒 桶子 INST 背 DUR 桶子 满 背 去：PFV
tʃhuə^{53} mu^{31} tʃhuə^{31} tɐ^{31} se^{31} ndu^{31}rɿ^{53}re^{35}, khɛ^{31}li^{53} tɕɔ^{31} ra^{35} ie^{31} se^{31} ɦɛ^{31}rɛ^{31}
够 NEG 够 ASSOC 就 这样 馍馍 就 PASS 一 就 圆的
ie^{31} ndɐ^{31}re^{35} ndɐ^{31}re^{35}. tɕɔ^{35}se^{31} tɕhi^{31}kue^{35} nɔ^{31}ʃɔ^{53} tsho^{31}tʂu^{31} sɛ^{31}rɛ^{31}, tsho^{31}tʃhɔ^{53}
一 散 散 然后 户下 户族 知道 ADV 订婚酒
dʑy^{35}ke^{31} mɔ^{31} se^{53} i^{31}dʑi^{35} ndɐ^{31} se^{31} tɐ^{31} sɛ^{31}rɛ^{31} ndʐo^{35} ʃɿ^{31}. ndʐɛ^{31}ia^{35} rɛ^{31}
喝 PFV 就是 事情 DEM 就 看 ADV 成 TAM 一样 ADV
ndɐ^{53} n̥ɐ^{35} i^{31}ʑi^{35} mẽ^{53}li^{35} tɕɔ^{35} tʃhɐ^{53}nɔ^{53}, ndɐ^{31} se^{31} tɕi^{35} i^{31}ndʑi^{35} n̥o^{35}pu^{53}
DEM 人 DISTR 全部 就 知道 DEM 就 家 事情 亲戚
tɐ^{53} ɕe^{53} ie^{53} ndʐo^{35} ʃɿ^{31}.
ASSOC 做 也 成 TAM

从结婚这方面来看，如果你看上了谁家的女儿，要由中间人去征求女孩子父母的意见，看人家父母是否同意。要这个中间的媒人去说话，如果人家父母同意就要先喝提亲酒。提亲酒喝了接着就要喝订婚酒，喝订婚酒时要把户族都请来。以前是由男方背一桶馍馍，一家分一个，分馍馍主要是让户族们知道这件事情。喝了订婚酒这件婚事就算成功了，所有人都知道了他家的这件亲事成功了。

tɕɔ^{35} na^{31}ndzue^{53} te^{35} ra^{31} kɛ^{53}mɛ^{53} tɕɔ^{35}se^{31} tʃha^{31}ndo^{35} ɕe^{31},
然后：LNK 啥时候 看：PFV ADV 日子 然后：LNK 结婚 AUX
tʃha^{31}ndo^{35} ɕe^{31} dɛ^{31} mɛ^{53} ndɐ^{53} tɕɔ^{35}se^{31} kɛ^{31}mɛ^{53} te^{35}kə^{31} mɔ^{31}
结婚 AUX DUR NMLZ DEM 然后：LNK 日子 看：PFV PFV
na^{31}ndue^{53}na^{31}ndue^{53} re^{35}. tɕɔ^{35} po^{35}po^{35} ɕyə^{31} tɕɔ^{35} ʃɔ^{31}tʃe^{53}, ndʐue^{53}mbu^{31}
什么时候 TAM 就：LNK 女方 一方 然后：LNK 新客 客人
ŋɛ^{31} so^{53} tʃa^{53}ŋɛ^{53} thio^{35} tʃu^{31} ge^{31}tsɛ^{53} thio^{35} khuɐ^{31} ue^{31}, tɕɔ^{35} kɛ^{53}mɛ^{53}
五 三 十五 挑 PERMS 外面 挑 DIR 来 然后：LNK 日子
zɔ^{31}pu^{53} tɐ^{31} khɐ^{35} tɕɔ^{35}se^{31} ʃɔ^{31}tʃe^{53} tã^{31} ndʑe^{31} po^{31} ɕyə^{31}.
吉利 ASSOC 上：LOC 然后就：LNK 新客 当 去：IPFV 女子 方面
pɐ^{53}zɛ^{53}po^{31} ɕyə^{31} tɕɔ^{35}se^{31} ɦo^{35} mbe^{35} ue^{31} n̥i^{53} n̥ɐ^{35} n̥i^{31} ue^{31} ndɐ^{35} se^{31}
男的 方面 然后就：LNK REP 叫：IPFV 来 PRT 人 两 来 DEM 就

phi^{31}uε^{53}tsə^{35} ʃʅ^{31}. ndʑi^{31}ɕyə^{35} phu^{53}ɕyə^{53} ȵɐ^{53} nε^{31} ɦa^{35} tɐ^{31}tʃʅ^{53} re^{31}, ʃuə^{53}
娶亲 TAM 这边 那边 人 INTER REP 一对 TAM 命

ȵa^{31} ndza̤^{35} dɐ^{31}, ȵε̃^{31}ȵi^{53} tɕhi^{53} ȵɐ^{31} ndza̤^{35} tɐ^{31} ȵε̃^{31}ȵi^{53} sue^{31} ndza̤^{35}, ŋgə^{35}
一点 好 ASSOC 孩子 带 人 好 ASSOC 孩子 生 好 家

ndza̤^{31} ʃuə^{31} pə^{31}mbu^{53} ȵɐ^{35} dɐ^{31} ndo^{53}ko^{53}. gɐ^{35} dɐ^{31} mbe^{31} ȵi^{53} ɕi^{53}
好 命 运气 人 ASSOC 这些 要 NMLZ 叫：IPFV 人 送

ȵi^{53} vε^{35}kə^{35} ʃuə^{53} ȵa^{53} ndza̤^{35} dɐ^{31} gə^{35} dɐ^{31}, tɕɔ^{35} ɕi^{53} ie^{53} kε^{53}me^{53}
人 全部 命 一点 好 ASSOC 要 NMLZ LNK 送 NMLZ 日子

khε^{53} tse^{31} rε^{31}, tɕɔ^{35}se^{31} pɐ^{53}zε^{53}po^{31} ɕyə^{31} ɔ^{35} zε^{31}tʃe^{53} mε^{31}tʃe^{53} ȵo^{35}pu^{31}
上：LOC 到 ADV LNK 男子 一方 INTER 上河 下河 亲戚

ʃua^{31}ndzε^{35} ɔ^{35} dʑε^{35} ʃε^{31}pu^{53} pe^{53} ȵo^{35}pu^{53} vε^{35}kə^{31} lio^{35} tʃu^{31}, lio^{35}
最亲的 INTER 汉族 朋友 白马人 亲戚 都 奉留 PERMS 留

tʃu^{31}. ȵi^{31}ndʒʅ^{53} te^{31}khε^{53} se^{53} tʃhɔ^{53} ndʒε^{35} ue^{31} tʃhɔ^{53} ndʒε^{35} ue^{31}, ndɐ^{31}
PERMS 一天 那天 就 酒 吃：IPFV 来 酒 吃：IPFV 来 DEM

ŋue^{35}gɔ^{31} tʃha^{31}ndo^{35} ndɐ^{31} se^{53} ŋue^{35}rε^{31}ŋue^{35} ȵyε^{35} dʑi^{35} rε^{31} ʃa^{53} dʑi^{35}, i^{31}ndʑi^{35}
过去 结婚 DEM 就是 原来 天 七 CONJ 夜 七 事情

tsʅ^{53}dʒuɐ^{31} dɐ^{31} ɦa^{31}ndʒʅ^{35} re^{31} tse^{31} rε^{31} tʃhɔ^{53} ndo^{241} ʃε^{35} ndʒε^{35}, zε^{31}ko^{53}
当作 NMLZ 一起 TAM 到 ADV 酒 喝 肉 吃：IPFV 上寨子

mε^{31}ko^{53} rε^{31} ndu^{35} ɕe^{31} zε^{31} nde^{53} mε^{31} nde^{31}, lɐ^{35} ʑi^{35} tʃhɔ^{31}ɕi^{53} ɕe^{31} lɐ^{35}
下寨子 TOP 这样 做 上 追 下 追 嘞 书 酒歌 唱 嘞

rε^{31} tʃhɔ^{31}ɕi^{53} ȵi^{53} nɔ^{53}rε^{31} ȵɐ^{35} se^{31} to^{53} mɔ^{53}u^{53}rε^{31}, ŋue^{35}gɔ^{35} ʃʅ^{31} ȵyε^{35} dʑi^{35}
CONJ 酒歌 二 里面 人 里边 都 很多 以前 是 天 七

rε^{31} ʃa^{53} dʑi^{35} rε^{31}.
CONJ 夜 七 TAM

要结婚首先就要选结婚的日子，结婚的日子要让阴阳先生看了才能定下来。结婚时，女方家要选十五个人去当新客送新娘子，男方家要来两个娶亲的人。娶亲的人要由命运好的、有儿有女的、家里富裕的、家庭和睦的人来充当。娶亲的和十五位送亲的新客都是命运好的人。在结婚的这天，男方家要把上河、下河所有的亲戚以及汉族朋友都请来，到结婚的那天来吃酒。过去结婚时要吃七天七夜的酒，结婚是一件大事，大家要一起吃肉喝酒。除了请亲戚外，还要请全寨子的人一起吃肉喝酒唱酒歌。以前这个婚俗是七天七夜。

sε^{53}rε^{53} tse^{31} rε^{31} sε^{31}iɔ^{35}ʃε^{31}pε^{31} re^{31}, ȵo^{35}pu^{53} tse^{53} rε^{31} ȵyε^{35}ue^{35}ʃε^{31}pε^{31} re^{31},
早上 到 ADV 赛舀晒呗 TAM 中午 到 ADV 虐外晒呗 TAM

gu^{31}kɛ^{35} tse^{31} gu^{31}ʃe^{35}ʃɛ^{31}pɛ^{31} re^{31}, ʃɔ^{31}tʃe^{53} rɛ^{31} ue^{31} ra^{35}xu^{31} u^{31}pu^{53}u^{31}lu^{53} re^{31},
晚上 到 古谁晒呗 TAM 新客 TOP 来 时候 五不五鲁 TAM
ndʑe^{53} ra^{31}xu^{31} ndʑe^{53}pu^{53}ndʑe^{31}lu^{53} re^{31}, nɔ^{31}rɛ^{35} lɐ^{35} kə^{53}nɛ^{53} tʃu^{31}ȵi^{35}
去：IPFV 时候 节不揭鲁 TAM 里面 嘞 段 十二
do^{31}kɔ^{53}tʃu^{31}ȵi^{35} dʒue^{35} ra^{31} ndʐy^{35} ra^{31} rɛ^{31} se^{31} ndo^{31}ko^{35} rɛ^{31} ʃe^{53} mɔ^{31}ʃʅ^{31},
都搞主昵 吃：PFV ADV 喝 ADV ADV 就 这些 TOP 讨论 CSM
ndɐ^{31} se^{53} pe^{53} nɛ^{31}ro^{53} se^{31} tʃha^{31}ndo^{35} dʐe^{31}uɛ^{31} ȵi^{53} nɔ^{31}rɛ^{31} se^{53} tʃo^{35}pa^{31}tʃo^{35}
DEM 就是 白马人 故事 就 结婚 期间 人 里面 就 RECP
ndu^{35}ɕe^{31} lɐ^{35} dʐe^{31}, iɔ^{35}ʐə^{35}, ɕe^{31} ȵyɛ^{35} so^{53} rɛ^{31} ʃa^{53} so^{31}, ɔ^{31} ȵyɛ^{35} dʑi^{35}
这样做 嘞 对 后来 做 天 三 CONJ 夜 三 INTER 天 七
rɛ^{31} ʃa^{53} dʑi^{35} ȵa^{31} tha^{53} ʐe^{35} mɔ^{31}ʃʅ^{31}, tɕɔ^{35}se^{31} ȵyɛ^{35} so^{35} rɛ^{31} ʃa^{53} so^{31}
CONJ 夜 七 有点 距离 长 CSM 然后就：LNK 天 三 CONJ 夜 三
ȵyɛ^{35} so^{35} rɛ^{31} ʃa^{53} so^{31}.
天 三 CONJ 夜 三

结婚时，早上要唱《赛舀晒呗》，中午就唱《虐外晒呗》，到了晚上就唱《古谁晒呗》。新客来的时候唱《五不五鲁》，娶亲的时候唱《节不揭鲁》，《嘞》（白马人的古歌）里面有十二段《都搞主昵》。边吃边喝边讨论《嘞》。白马人在七天七夜的结婚仪式中主要讲述的是白马人的古老传说，同时还要对唱《嘞》歌。后来由于大家觉得七天七夜的时间太长，于是就慢慢变成了三天三夜。

tɕɔ^{31}se^{31} ŋɛ^{241}rɛ^{53} tʃɛ^{53}nɔ^{31}. tʃha^{31}ndo^{35} tɕe^{31}uɛ^{31} se^{31} tɕhe^{35} ra^{31} mɛ^{35}rɛ^{31}
然后就：LNK EXCL 知道 结婚 场合 就是 去：PFV ADV NMLZ
ɦa^{31}ndʒʅ^{53} ɕe^{31} se^{31} ȵyɛ^{35} so^{35} rɛ^{31} ʃa^{53} so^{31} ndɐ^{31} se^{31} tʃhɛ^{31}nɔ^{31}, tɕɔ^{35}se^{31}
一起 做 就是 天 三 CONJ 夜 三 DEM 就是 知道 就：LNK
tʃhə^{31} i^{35}ʑi^{35} dɐ^{31} ɦa^{31}ndʒʅ^{35} tse^{53} rɛ^{31} se^{31} ȵyɛ^{35} so^{53} rɛ^{31} ʃa^{53} so^{53} se^{31}.
什么 DISTR ASSOC 一起 到 ADV 就是 天 三 CONJ 夜 三 LNK
ɔ^{35} a^{31}ʃʅ^{31}pɔ^{53} pɐ^{53} mɛ^{31}pɛ^{53} gɐ^{35} tsa^{31} ɕyə^{31} tse^{53} rɛ^{31}, sə^{31}dʒuɐ^{53}ndʒɛ^{31} tʃɐ^{53}tsʅ^{53}
INTER 新娘子 男 女婿 门 边 一边 到 ADV 迎宾仪式 桌子
mɐ^{31}rʅ^{53} dʐʅ^{35}dʒu^{53} khə^{31}pa^{53} ʃə̃^{53}tsʅ^{53} se^{53}rɛ^{31}, ndʐe^{35} dʐʅ^{53}mɛ^{53} re^{31}. ma^{31} tɕɐ^{53}
红色 搭上 上面 升子 里面 稻子 米 COP PRT 小麦
re^{31} ma^{31} dʐo^{35} re^{31} ma^{31}. khə^{31}pa^{53} pe^{31}rʅ^{53} rɛ^{31} lɛ^{31}ʐu^{53} ndʐa^{53} dʒu^{31} ʃʅ^{53}pɛ^{53}
COP PRT 荞 COP PRT 上面 香 CONJ 蜡烛 点 CAUS 柏香
ʃuə^{31}ʃuə^{31}, khɛ^{31}ndʐʅ^{53} ndʒuə^{31} sə^{31}dʒuə^{53}tʃhɔ^{31}ue^{53} tsɔ^{31}mɛ^{53} ndzɛ^{31}mbo^{53} se^{31} rɛ^{31}
纸 旁边 放 色琢朝伟 干净 缸 里 TAM

tsɔ53rɛ31 ndɐ31 tʃuə31re53 kɔ35 tɔ35 iɔ35 dʒu31, tɕɔ35se31 tʃhɛ53nɔ31 tʃhɔ31ue53
干净 DEM 酒杯 满 到 要 CAUS 然后就：LNK 知道 朝伟

tʃhɛ53nɔ31 n̥i53 ŋo31ndʑyə35 tɔ35 zɛ35tsɔ31 a31rɛ53, se31 ndɐ53 nɔ31 mbe35
知道 人 面前 到 站立 ADV 就：LNK DEM 天 叫：IPFV

sɛ31 mbe35: “ kɛ53mɛ53 zɔ53pu53 khɛ31 a31ʃʅ31pɔ53 ʃɔ31tʃe53 ŋɛ31 so53 tʃa53ŋɛ53
地 叫：IPFV 日子 吉祥 上：LOC 新娘 新客 五 三 十五

ue35 rɛ31 ŋgɐ53 nɔ35 dɛ31 tʃhu31 kɔ53uɐ53 sɛ35 dɛ31 tʃhu31, ndzə35 dɐ31 iɔ35
来 TAM 头 天 安全 CAUS 脚 地 安全 CAUS 说 NMIC 路

ndʑi31 tʃhu31 tɔ31tɔ31 dɐ31 pɐ35 ndʑi31 tʃhu31, pɐ53 tʃhɛ31sɛ31 ɕe31 nɔ35ie31 tʃhɛ31ʑi35
走 CAUS 不想 NMIC 背面 走 CAUS 儿子 一双 生 媳妇 一对

ɕe31, yə31rɛ53 ka35 ɕe53 re31, ka35 ndʑɔ35 tʃhu31 khɛ31ʃe53 ka35 pɔ53 rɛ31 ka35
娶 庄稼 哪里 做 TAM 哪里 成 CAUS 犁 哪里 耕 TAM 哪里

ʑa35 tʃhu31 ka53, kue53 rɛ31 ka35 ndʑo35 tʃhu31.” ndɐ53 se53 tɔ53 ndʑa35 tʃo53
丰收 CAUS 哪里 挖 ADV 哪里 成 CAUS DEM 就 话 好 尽

dzə35 dɛ31, nɔ53 khə53 nɛ31lu53n̥ɛ31so53 mbe35 sɛ31 uə53 tɕhi31rɔ53 rɛ31 n̥ɛ35
说 NMLZ 天 上：LOC 天神 请：IPFV 地 下 神 PL 山神

ndo31ko53 mɛ̃53li35 pe35 khue31 rɛ31, kɛ53mɛ53 zɔ53pu53 khɛ31 dɛ31mu53 ɕe31
这些 都 请：PFV DIR TAM 日子 吉祥 上：LOC 安康 做

tʃhu31 sã31 ndʑuɐ53 ndɐ31 ndʒue35 kə31 mɔ35, tɕɔ35se31 y31da35 tɕhi31gue35lɔ31ʃɔ53
CAUS 升子 粮食 DEM 吃：PFV 完 PFV 然后就：LNK 主人 亲房

y31da35 tɕɔ53se53 ʃɔ31tʃe35 ŋɛ31 so53 tʃa53ŋɛ53 ia31 dʑu35 ɕe31 rɔ31kə35 tʃo53ie53
主人 然后：LNK 新客 五 三 十五 手 拉 AUX 每人 一个

dʑu35 khuɐ31. a31ʃʅ53pɔ53 dʑu31 n̥i53 a31ʃʅ53pɔ53 dʑu31 ʃɔ31tʃe53 ndʒue31pe53 dʑu31
拉 DIR 新娘 拉 人 新娘 拉 新客 客头 拉

n̥i53 ndʒue31pe53 dʑu31 uã31 ŋgə35 tsʅ31tʃə53 ɕe31 ŋgə35 tɕhe35 rɛ31, tʃɛ53 ndo241
人 客头 拉 往 家 尊贵 做 家 去：PFV TAM 茶 喝

tʃhu31 tʃho53 ndo241 tʃhu31, tɕhi31gue35 tsa35 n̥i31zɔ35 ɕe31, tʃhɛ53 re31 ma31 tʃho53
CAUS 酒 喝 CAUS 户族 ALL DEM-LC 做 大 COP PRT 小

re31, ʃɔ31tʃe53 tʃhɔ53 rɛ31 tʃɛ53.
COP 新客 酒 CONJ 茶

这三天三夜大家要在一起唱、跳，不管有什么事都要在一起过三天三夜。结婚当天，当新娘子来到了女方家的门口时，有一个迎宾仪式。这个仪式就是在门上放一张红色的桌子，桌子上面放上升子，升子里装上稻子、米、小麦、荞，再在里面点上香和蜡烛，将柏香纸放在旁边，这个仪式就叫“色啄朝伟”。“色啄朝伟”用的酒是从酒缸里取出的最好的酒，将这碗酒放在桌子上，司仪则站在前面敬天敬地，边撒升子里的粮食边说：“吉祥的日子里新娘家的十五个新客来了，都是顶天立地的人，好事绕着你走，凶灾远离你们，儿子生一对，媳妇成对娶，庄稼是种啥啥成。”这个仪式主要是司仪说一些吉利话，同时还要请天神、地神和山神，希望吉祥的日子平平安安。升子里的粮食撒完后，户族们便手拉手将新娘子和新客迎进了家门，给他们沏茶、倒酒。

ʃə^{35} ndʑy^{35} tɕɔ^{35}se^{31} tɕhi^{31}gue^{35} tsa^{35} tɛ^{53} khə^{31} the^{35} ue^{35} mɛ^{31} sɔ^{35}
一会儿 吃：PFV 然后：LNK 户族 ALL 马 上：LOC DIR 来 NMLZ 饭
ndo^{241}ndʑe^{31}, ȵi^{31}zɔ^{53} ɕe^{31} tʃɐ^{31}tsɿ^{53} khɛ^{31} ndʒɛ^{31} ie^{53} ndʒɛ^{31} lɐ^{35} ʑi^{241}
吃 去：IPFV DEM-LC 做 桌子 上：LOC 吃：IPFV NMLZ 吃：IPFV 嘞
tʃhɔ^{31}ɕi^{53}thɛ^{31}kə^{53} ɕe^{31}, gu^{31}kɛ^{53} tse^{53} rɛ^{31} tɕɔ^{35}se^{31} ɦa^{31}ndʒɿ^{53} ɕe^{31} ʃo^{35}gu^{35}.
敬酒歌 唱 晚上 到 TAM 然后：LNK 一起 做 寿故
a^{31}ȵi^{53} iɔ^{31}ȵi^{53} ie^{31} pe^{31}ʐu^{53} tɕa^{31} ra^{31}, ʃo^{31}ŋga^{35} phie^{35} ra^{31}, lɐ^{31}uɛ^{53}
爷爷 祖爷 也 香 点 ADV 收嘎 插 ADV 嘞外（会唱嘞的）
lɐ^{31}pe^{53} ʃo^{35}gu^{35} dɐ^{31}, ʃo^{35}gu^{35} ndɐ^{31}tɕɔ^{35} se^{35} a^{31}ʃɿ^{31}pɔ^{53} rɛ^{31}
嘞呗（懂嘞的师傅） 寿故 AUR 寿故 DEM 然后：LNK 新娘 CONJ
mɛ^{31}pɛ^{53} ȵi^{31}ŋgɛ^{53} ʃɔ^{31}tɕi^{35} pẽ^{53}pẽ^{53}dzu^{31} ra^{31}, khə^{31}pa^{53} ʃo^{31}ŋga^{5} ȵi^{31}zɔ^{53} ɕe^{31}:
新郎 DL 下面 跪 ADV 上面 寿嘎 DEM-LC 做

新客门吃一会儿饭后，就要到户族中最亲的年龄最大的户族家中去吃下马饭，一边吃一边喝酒唱酒歌。到了晚上，大家要在一起请先人，唱《吮嘎寿古》，还要请会唱《嘞》的和懂《嘞》的师傅来唱《嘞》，新娘新郎跪在下面，司仪手里摇着“手嘎”，唱着《寿故》(拜堂歌)：

“te^{31}re^{53} ʃe^{31}pe^{53} na^{31}ko^{35} lɛ^{31}, da^{35}lɛ^{53} ʃe^{53} ʃo^{31}ŋga^{35} pe^{53}mu^{53} y^{31}, y^{31}da^{35} ndʐə^{35}
今天 柴王 林中 来 做成 柴 寿噶 白母 摇 主人 富
ndɐ^{31} ndzə^{53}pɛ^{53} y^{53}, nɛ^{31}ŋgɐ^{53} ʃe^{35} dɐ^{31} lɛ^{31}rɿ^{53} y^{31}, pa^{31}na^{53} ʃe^{35} dɐ^{31}
DEM 富裕 摇 山头 柴木 ASSOC 软 摇 山腰 柴木 ASSOC
khuə^{31}pɛ^{53} y^{31}, ʃe^{31}ŋgɐ^{53} ʃe^{35} dɐ^{31} ŋgɐ^{31} io^{35} y^{31} tə̃^{31}na^{53} ʃo^{31}ke^{53} uɛ^{53}dʑɛ^{35} y^{31}…”
硬 摇 山下 柴 ASSOC 头 矮 摇 材 用 不能 摇
ndɐ^{53} se^{53} dzə^{53}zu^{53} sɿ^{31}. ȵi^{31}zɔ^{53} a^{31}ʃɿ^{53}pɔ^{53} ɦa^{31}ndʒɿ^{53} dʑi^{35} re^{31}
DEM 就是 说法 COP DEM-LC 新娘 一起 住 TAM
ndʐue^{31}ndʐue^{35}dɛ^{31}dɛ^{35} ɕe^{31}.
和和睦睦 AUX

“哎，今天柴王林中来，做成寿噶白母摇，这个东家很富有，山头的柴木质软，山腰的柴木质硬，山下的柴长不高，不成材的用不上……”这就是一种说法，意思就是和新人一起和和睦睦。

“ndʒɛ^{31} tɕɛ^{53} re^{35} tʃhu^{31} ndo^{31} tɕɛ^{53} re^{35} tʃhu^{31} pɐ^{31} tɕɛ^{53} re^{35} tʃhu^{31}
吃：IPFV 份 TAM CAUS 喝 份 TAM CAUS 儿子 份 TAM CAUS

po^{31} tɕɛ^{53} re^{35} tʃhu^{31}.” ndɐ^{53} se^{31} kɔ^{31}ʃe^{35}, ɕe^{31} ndɐ^{53} ɕe^{31} kə^{31}mɔ^{35}
女 份 TAM CAUS DEM 就是 高谁（歌名） 做 DEM 做 结束

tɕɔ^{35} kɔ^{31}ʃe^{35} ɕe^{31} ke^{53} ke^{53} ɕo^{35}. tɕɔ^{31}se^{35} tɕi^{53}ɕi^{31}ȵi^{53} tɕɔ^{35}se^{31}
然后：LNK 高谁（歌名） 做 唱 歌 NVOLI 然后：LNK 第二天 然后：LNK

ŋgə^{31}ʃe^{35} ɕe^{31}, ŋgə^{31}ʃe^{35} ɕe^{31} tɕɔ^{35}se^{31} lɐ^{35} dʐe^{53} dɛ^{31} ŋgə^{31}ʃe^{35} rɛ^{31}
歌谁（歌名） 做 新客 做 然后：LNK 嘞 对 DUR 歌谁（歌名） TAM

dʐe^{53} dɛ^{31} tshɿ^{31} ndʒuə^{31} khɛ^{31} dʐe^{53} dɛ^{31}, nɔ^{31}rɛ^{53} ʃɔ^{31}tʃe^{53} ge^{31}tsɛ^{53} dʐe^{53}
对 DUR 词 PERMS 上：LOC 对 DUR 里面 新客 外面 对

kɛ^{53} ma^{31} ndʐo^{35}, ge^{31}tsɛ^{53} se^{31} la^{31}tɕo^{53} kɛ̃^{53}tsɿ^{53} tɕhe^{31}la^{53} kɛ̃^{53}tsɿ^{53} se^{53} rɛ^{31}
NMLZ NEG 成 里面 就 辣椒 杆子 蓝花烟 杆子 就 TAM

nɔ^{31}rɛ^{53} tɕi^{53}mbɛ^{53} ɕũ^{31} re^{53} ɕe^{31} ɕũ^{35} dɛ^{31}, dʐe^{53} ȵi^{53} ge^{31}tsɛ^{53} dʐe^{53} kə^{53}mɔ^{35}
里面 獾 熏 TAM 做 熏 DUR 对 COMP 外面 对 过

y^{31}da^{35} tshɛ^{31} ŋgə^{35} ɕe^{31} dɛ^{31}, dʐe^{53} me^{31}kɛ^{53} ma^{31} ndʐo^{53} y^{31}da^{35} mu^{31} ɕe^{35} ʃɿ^{31}.
主人 才 门 开 DUR 对 超过 NEG 成 主人 NEG 做 TAM

nɔ^{31}rɛ^{53} tʃɛ^{53}rɿ^{31} ŋue^{31}se^{53} ɕe^{31} ʃɿ^{31}. ɕũ^{35} ȵi^{53} dzɛ^{35} ȵi^{53} mɛ̃^{53}li^{35} nɛ^{31}ŋgə^{53}
里面 关着 一直 做 TAM 熏 COMP 呛 COMP 全部 鼻子

rɛ^{31} no^{35} to^{31} ge^{31}tsɛ^{53} ue^{35} tʃhu^{35} dɛ^{31}. tʃɔ^{35} ɕe^{31}ʃɿ^{53} rɛ^{31} pɛ^{53} ndo^{31}ko^{53}
里：LOC 鼻涕 都 外面 来 CAUS DUR 现在 做着 ADV 风俗 这些

rɛ^{31} mɐ^{31} ɕe^{53} ʃɿ^{31}. ȵi^{31}ndʒɿ^{53} i^{31}ndʑi^{35} ndo^{31}ko^{35} to^{35} mɐ^{31} ɕe^{53} ʃɿ^{31}.
TAM NEG 做 TAM 一天 事情 这些 都 NEG 做 TAM

“希望新娘子有吃的，有喝的，有儿子，有女儿。”这一段就是《高谁》(结婚仪式)。《高谁》结束后，第二天就唱《歌谁》，主人在外面，新客在里面对《嘞》和《歌谁》的词，里面的新客如果对不上来，主人就用辣椒杆子和烟杆子像熏獾一样熏里面的新客，只有对上了主人才开门放他们出来，如果对不过主人，新客就被一直关着，有时被熏得鼻涕都从鼻子里流出来了。现在这些风俗都没有了，有些事情也都不做了。

zɛ^{31}ko^{53} mɛ^{31}ko^{53} ndʐue^{53}mbu^{53} mbe^{31} ȵi^{53} re^{31}, tʃhuɐ^{31}ko^{53} ɕe^{31} ȵi^{31} vu^{31}rɿ^{53}dɐ^{53}rɿ^{31}
上寨子 下寨子 客人 请：IPFV 人 TAM 请客歌 请 COMP 热热闹闹

rɛ35 dɛ35 tshɔ31pɛ53 tɕa35 dɛ31, tɛ53 sɛ31rɛ53 se35 i31ndʑi35 ndu31ru31 ɕe53 dɛ35

ADV 寨子 整个 声音 DUR 看 ADV 就是 事情 这样 做 DUR

ʑi35sʅ31ka53 re35. ȵɐ35 i31ʑi35 mɛ̃53li35 tʃhɔ53 ndʑy35 ȵi31 a53ndɛ35pɛ53ndɛ35, gɛ31gɛ35

无可挑剔 TAM 人 DISTR 都 酒 喝 COMP 东倒西歪 笑眯眯

rɛ31 ke53 a31 dʐɛ35 gɛ35 dɛ31 iɔ35 a31 ndʐe35 gɛ35 dɛ31 ȵɛ35 a31 ndɛ53

ADV 声音 啊 对 喜欢 DUR 路 啊 走：IPFV 喜欢 DUR 火 啊 烤

kɛ53dɛ31, i31ndʑi35 ndɐ53 ndʐɛ31ia35 tɐ31 pɐ31 gue241 re31 po31 gue241 re31, ŋgɐ31

NMLZ 事情 DEM 一样 ASSOC 儿子 很 TAM 女儿 很 TAM 头

na53 ȵɐ31 tɕhe53 pɛ31lu53 re31, sɛ31 kɛ53 mi53 kɛ53 ndʐo31 lu35rɛ31, ko53ndʐe35pe31

黑 人 去：PFV 风俗 COP 地 亮 NEG 亮 成功 TAM 白马人

tɐ31 ɕe31lu35 rɛ31 mɛ53mbu53 dʐɛ35 dɐ31 dʐɛ35 pɛ53 re31, ndɐ53 se31 ȵɐ31

NMLZ 做法 TAM 下游 汉民 GEN 汉民 风俗 TAM DEM 就是 人

thu53ka31ŋge53 se35 tʃuã31dzɛ35 re31. ɦa31ndʒʅ53 ɕe31 ndzuə31sɛ53 rɛ31 ndʐo35pu53 ndʐo31lu53.

最亲 就是 娘舅 TAM 一起 做 聚集 TAM 婚事 成功

上寨子、下寨子都是请客的人，请客的歌声回荡在整个寨子，看起来事情办得很圆满，个个都喝得东倒西歪，笑眯眯地唱歌。这时候大家都很兴奋，说着、唱着永不停歇。这是儿女的大事，黑头人有黑头人的风俗，无论如何都要把事情办好。咱们有咱们的风俗，汉族有汉族的风俗，最亲近的娘舅聚在一起共同祝福婚事成功。

zə35 ndʒue35 mɔ31ʃʅ31 ndʐy35 mɔ31ʃʅ31 ȵyɛ35 so53 ʃa53 so53 khɛ31 ndʐue31 ɕi53

后来 吃 CSM 喝 CSM 天 三 夜 三 上：LOC 客人 送

re31, tɕo35se31 ndʐue35mu53 rɛ31 ȵɐ35 ȵi31 ma31kɛ35 ʃʅ31, ndʒue35 ȵi31

TAM 然后就：LNK 客人 PL 睡 COMP 不好 TAM 吃：PFV COMP

ma31kɛ35 ʃʅ31, tʃhə53 tʃhə53 ʃɛ35 ma31 dʒue35 ʃʅ31 tʃhə53 tʃhə53 tʃhɔ53 ma31

不好 TAM 什么 什么 肉 NEG 吃：PFV TAM 什么 什么 酒 NEG

ndʐy35 ʃʅ31. tʃhɔ53 se31pu53 ndʐɛ31ia35 dɐ31 ie31 ma31. ndʐy35 ʃʅ31 pha53

喝：PFV TAM 酒 淡 一样 的 也 NEG 喝：PFV TAM 猪

tsə31rʅ53 ʃɛ35 ma31 ndʒue35 ʃʅ31, ȵi31zɔ53 se31 nɔ53 ɦa35 lio35 tʃu35 ȵi31

不好 肉 NEG 吃：PFV TAM DEM-LC 心 里：LOC REP 留 PERMS PRT

ȵyɛ35 tʃhe35 ndʒɛ35 dʐu31, ʃɔ31tʃe53 rɛ31 ie53 se35 ndʑi35 dɛ35 ȵyɛ35 so53 rɛ31

天 几 吃：IPFV 拉 新客 PL REP 心 急 DUR 天 三 CONJ

ʃa53so53 ndu35ɕe31ȵi53 ɕi53 ndʐe31. ndʐue53mu53 ʃa53 so53 y31da35 ndɐ31 dzə35

夜三 就这样 回 去：IPFV 客人 夜 三 主人 DEM 说

dɐ^{31} sɿ^{31}, ɕi^{53} ma^{31} tɕhe^{35} rɛ^{31} khe^{241}ȵi^{53} se^{35} pho^{35} dɐ^{31}. tɕɔ^{35}se^{31}
NMLZ COP 回 NEG 去：PFV TAM 3sg 心 急 NMLZ 然后就：LNK

ʃɔ^{53}tʃe^{53} rɛ^{31} ɦa^{31}ndʒɿ^{53} ɕe^{31} tʃɔ^{35}, thɛ^{31}kə^{53} ndɐ^{53} ɕe^{53} ndʐue^{31} ɕi^{53} thɛ^{31}kə^{53}
新客 PL 一起 唱 现在 歌 DEM 唱 客人 送 歌

ndʐe^{53}pu^{53}ndʐe^{53}lu^{53} thɛ^{31}kə^{53} ndɐ^{31} ɕe^{53} kə^{31}mɔ^{31}, lɐ^{35} dʐe^{53} ie^{31} dʐe^{53} mə^{31}ʃe^{35}mɛ^{31}
送客歌 歌 DEM 做 TAM 嘞 对 NMLZ 对 不会

se^{31}dʐe^{31} kɛ^{53} mu^{31}ndʐo^{35} ʃɿ^{31}, ʃe^{31} ȵi^{53} rɛ^{31} se^{31} ȵyɛ^{35} so^{53} ʃa^{53} so^{53} dʐe^{53}
就：LNK 对 不成 TAM 一会儿 人 PL 就 天 三 夜 三 对

dɐ^{31} lɐ^{35} rɛ^{31} tʃhɔ^{31}ɕi^{53} tʃo^{53} dʐe^{53} dɛ^{31}, tɕɔ^{35} ndʐe^{53}pu^{53}ndʐe^{31}lu: “ thɛ^{35}kə^{31}
的 嘞 TAM 酒歌 仅仅 对 DUR 就：LNK 送客歌 哥

mɔ^{31}, phɛ^{31}o^{53}ge^{31}ro^{53} ɕi^{53} mbe^{35} dɛ^{35} phɛ^{31}o^{53}ŋe^{31}ro^{53} tɕhe^{53} lio^{35} dɛ^{31}!
TAM 父辈大人 回 叫：IPFV DUR 父辈大人 去：PFV 留 DUR

mɛ^{53}ʃu^{53}ndʐe^{31}ndzɿ^{53} ɕi^{53} mbe^{35} dɛ^{35} mɛ^{53}ʃu^{53}ndʐe^{31}ndzɿ^{53} tɕhe^{53} lio^{35} dɛ^{31}!
母辈大人 回 叫：IPFV DUR 母辈大人 去：PFV 留 DUR

tɕhi^{31}mbɛ^{53}tɐ^{31}tʃɿ^{53} ɕi^{53} mbe^{35} dɛ^{35} tɕhi^{31}mbɛ^{53}tɐ^{31}tʃɿ^{53} tɕhe^{53} lio^{35} dɛ^{31}!” “ɕi^{53}
年轻小伙 回 叫：IPFV DUR 年轻小伙 去：PFV 留 DUR 回

mbe^{35} mu^{31} gə^{35} ɕi^{53} vu^{35} dɛ^{31}, ŋa^{53} ʃɔ^{31}tʃe^{53} ndʐe^{53} rɛ^{31} ma^{31} tɕhe^{53}
叫：IPFV NEG 要 回 来 DUR 1sg 新客 走：IPFV ADV NEG 走：PFV

mbɐ^{35} rɛ^{31} tɕhe^{31}, tsɛ^{35} tʃhə^{53} ɕe^{31} ȵi^{53} tʃɔ^{53} se^{53} te^{31}re^{53} se^{53} ɕi^{53} ndʐe^{35}
飞 ADV 走：PFV 再 什么 做 AUR 现在 就 今天 就 回 去：IPFV

re^{31}, tʃɔ^{53} ɕi^{53} ȵi^{31} tse^{31}.” tɕɔ^{35}se^{31} y^{31}da^{35} re^{31} ɕi^{53} ɦo^{35} ɕi^{31} tĩ^{35} iɔ^{35}
TAM 现在 回 AUR 到 然后：LNK 主人 TAM 送 REP 送 一定 要

dɛ^{35} dʒu^{31}ndʐe^{35}. thɛ^{31}kə^{53} se^{31}rɛ^{31} ɕi^{53} ȵi^{35} dɛ^{35} dʒu^{35}tʃɔ^{35}, tɕɔ^{35}se^{35} ndu^{35}ɕe^{31}
寨子 出头 歌 就 送 ALL 寨子 出头 然后：LNK 这样做

tshɛ^{31} ɕi^{53} ndʐe^{35} dɛ^{31}.
才 送 走：IPFV DUR

三天三夜后要送客人，送客时就说睡也没睡好，饭也没吃好，什么都没喝，什么都没吃。淡酒没有喝，不好的肉也没有吃，这样还想留客人再吃几天。可是，三天三夜新客们也着急得要回家，主人知道虽然他想这样留客人，但客人很着急。于是就唱起送客歌送客人：“父辈大人往回叫，父辈大人留你来呢！母辈大人往回叫，母辈大人留你来！年轻小伙往回叫，年轻小伙留你来呢！”“家里人不叫我也要回去，我新客不但要走还要飞快地走，无论如何今天都要回去。”主人送了一程又一程，用歌声把新客一直送出寨子，这样才回去了。

ndɐ^{53} se^{31} tʃhã^{31}ndo^{35} ɕe^{31} dɛ^{31} mɛ^{53} ȵo^{35}pu^{31} ndɐ^{53} se^{31} ndʑo^{35} ʃʅ^{35}

DEM 就 结婚 AUX DUR NMLZ 亲戚 DEM 就 成 TAM

tʃhã^{31}ndo^{35} ɕe^{31} dɛ^{31} mɛ^{53} pɛ^{53} ndɐ^{31} ie^{53} se^{53} ndu^{31}rʅ^{53} ie^{53} re^{35}.

结婚 AUX DUR NMLZ 风俗 DEM 也 就 这样 也 TAM

这样结婚做亲戚的事就算成功了，白马人的结婚风俗就是这样的。

（讲述人：余林机）

参考文献

常敬宇 1995《汉语词汇与文化》，北京：北京大学出版社。

戴庆厦 1989 中国藏缅语描写语言学的现状及展望，《民族语文》第4期。

丁石庆 2009《莫旗达斡尔族语言使用现状与发展趋势》，北京：商务印书馆。

段丽波 2011《中国西南氐羌民族源流史》，北京：人民出版社。

费孝通 1980 关于我国民族的识别问题，《中国社会科学》第1期。

华　侃 2002《藏族安多方言词汇》，兰州：甘肃民族出版社。

黄布凡 1998 川西藏区的语言关系，《中国藏学》第3期。

黄布凡、张明慧 1995 白马话支属问题研究，《中国藏学》第2期。

黄成龙 2012 白马语研究综述，《阿坝师范高等专科学校学报》第4期。

黄　星 2004《独特的语言化石——四川省平武县白马语亲属称谓研究》，成都：四川大学外国语学院。

胡文芝 2015 语言评估和语言规划的工具——联合国教科文组织语言政策指针，《西北民族大学学报》第1期。

江　荻、李大勤、孙宏开 2013《达让语研究》，北京：民族出版社。

金　鹏 1983《藏语简志》，北京：民族出版社。

李大勤 2003《格曼语研究》，北京：民族出版社。

李瑞智 2012 语言的抢救与挖掘——《陇南白马人民俗文化研究语言卷》评介，《民族论坛》第12期。

李瑞智、魏　琳 2011 论白马藏语词汇的一般特点,《凯里学院学报》第5期。

刘丹青 2008《语法调查研究手册》,上海:上海教育出版社。

刘志扬 2012《藏彝走廊里的白马藏族——习俗、信仰、与社会》,北京:民族出版社。

莫　超、班旭东 2014 白马语动词的人称变化,《民族语文》第2期。

平武县白马人族属研究会 1987《白马人族属研究文集》,平武:平武县白马人族属研究会。

〔荷〕齐卡佳(Chirkova, Katia)2005a Words for 'one' in Baima, *Cahiers de Linguistique — Asie Orientale*, 34(1), 69–99.

〔荷〕齐卡佳(Chirkova, Katia)2005b Baima nominal postpositions and their etymology, *Linguistics of the Tibeto-Burman Area*, 28(2), 1–41.

〔荷〕齐卡佳 2006 浅析白马语的情态范畴,"第四届两岸三地藏缅语族语言学术专题讨论会"。

〔荷〕齐卡佳 2008a 白马藏族为氐族说新探,香港科技大学中国语言学研究中心编《中国语言学集刊》第1期。

〔荷〕齐卡佳 2008b 白马语与藏语方言的示证范畴,《民族语文》第3期。

祁坤钰、杨士宏 2014 基于词汇语料的白马藏语语音分析研究,《西藏大学学报》第3期。

邱正保、张金生、毛树林 2009《陇南白马人民俗文化研究.调查资料卷》,兰州:甘肃人民出版社。

桑木旦 1980 谈谈"达布人"的族别问题,四川省民族研究所编《白马藏人族属问题讨论集》,阿坝藏族自治州印刷厂。

斯大林 1971《斯大林论马克思主义在语言学中的问题》,北京:五十年代出版社。

宋伶俐 2011《贵琼语研究》,北京:民族出版社。

孙宏开 1980a 白马人的语言,四川民族研究所编《白马藏人族属问题讨论集》,四川民族研究所出版。

孙宏开 1980b 历史上的氐族与川甘地区的白马人——白马人族属初探,《民族研究》第3期。

孙宏开 1983a 六江流域的民族语言及其系属分类——兼述嘉陵江上游、雅鲁藏布江流域的民族语言,云南省民族研究所编《民族学报》(年刊),昆明:云南民族出版社。

孙宏开 1983b 试论我国的双语现象,《民族研究》第6期。

孙宏开 1988 语言识别与民族，《民族语文》第2期。

孙宏开 1990 试论中国境内藏缅语的谱系分类，《云南民族语文》第2期。

孙宏开 1999 记阿侬语——对一个逐渐衰亡语言的跟踪观察，《中国语文》第5期。

孙宏开 2003 白马语是藏语的一个方言或土语吗？《语言科学》第1期。

孙宏开 2013a 从词汇比较看白马语内部的方言差异——兼论语言身份识别的方法，《甘肃高师学报》第4期。

孙宏开 2013b《八江流域的藏缅语》，北京：中国社会科学出版社。

孙宏开、胡增益、黄　行 2007《中国的语言》，北京：商务印书馆。

孙宏开、刘光坤、齐卡佳 2007《白马语研究》，北京：民族出版社。

孙宏开、魏　琳、张金生、邱雷生 2018《白马汉大词典》，兰州：甘肃人民出版社。

魏　琳 2010 白马语的传承与保护面临的困境及途径，《新乡学院学报》第4期。

魏　琳 2011 陇南白马藏语的语音特点，《甘肃高师学报》第4期。

魏　琳 2012 从语言词汇看白马藏族的农耕文化特征，《广西民族师范学院学报》第1期。

魏　琳 2013 白马语语音的内部差异研究，《甘肃高师学报》第4期。

魏　琳、莫　超、班旭东、班保林 2011《陇南白马人民俗文化研究·语言卷》，兰州：甘肃人民出版社。

杨士宏、第五淳、班旭东 2014 白马藏语与周边其他藏语方言的层次关系研究，《中央民族大学学报》第5期。

杨士宏、杨　锋 2017 白马藏区“阿尼格萨”研究，《中国藏学》第5期。

藏缅语语音和词汇编写组 1991《藏缅语语音和词汇》，北京：中国社会科学出版社。

曾维益 2002《白马藏族研究文集》，成都：四川省民族研究所。

曾维益 2005《平武的民族》，平武：平武县民族宗教事务局编。

曾文琼 1980 略论“达布人”的族属问题，《西南师范大学学报》（人文社科版）第3期。

张济川 1994 白马话和藏语（上、下），《民族语文》第2、3期。

张映全 2009《甘肃文县白马藏族考》，兰州：甘肃民族出版社。

Zhang Jichuan（张济川）1996 A Sketch of Tibetan Dialectology in China, *Cahiers de Linguistique — Asie Orientale*, vol. 25(1), 115–133.

〔日〕西田龙雄、孙宏开 1990《白馬譯語の研究：白馬語の構造系統》，京都：松香堂。

调查手记

中国语言资源保护工程濒危少数民族语言项目“甘肃文县白马语”于2015年立项，而我们的调查工作实际开始于2010年。

2010年的1月，我们迎着寒风，冒着大雪首次前往甘肃文县入贡山村。从成县到文县路途遥远，山路蜿蜒曲折，到达入贡山时已经是晚上了。不知是入贡山的气候温暖，还是主人太热情，只记得一到入贡山就没有了冬日的严寒。晚饭更让人陶醉，自家腌制的腊肉，自家酿造的美酒，加上主人热情的招待和美妙的歌声，使我第一次被这种文化所吸引。虽然一路颠簸，又困又累，但却久久沉浸在白马人美妙的歌声中，兴奋得无法入眠。接下来的20多天，我们一直住在班保林家。女主人班其慕负责我们的生活，她任劳任怨，热情周到，渐渐地我们便成了朋友，成了姐妹，成了亲人。

在调查的那段时间，我每天都会早早地去爬山。爬到山顶，你会不由自主地发出“会当凌绝顶，一览众山小”的感慨，向山脚望去，白马河像脱缰的野马奔流不息。河流的两边居住着淳朴勤劳的白马人，他们依山傍水，每一个村子都有一条清澈见底的小溪，溪水清凉甘甜。村与村之间有一条条沟壑，于是他们就用歌声交流。白马人的情歌、劳动歌也就此产生。我每次来到山巅，都会放声大喊，听到山谷的回声，仿佛觉得大山听懂了我的心声，像是在与我对话。在那段时间里，我几乎每天都会去和大山交流，这样的生活着实让人难以忘怀。

这里虽是在北方，冬天你却一点都不觉得寒冷。早上九点多钟太阳就会暖融融地照在院子里。我们虽然大多数时间围着火炉子在做调查和记录，但太阳一出来，我们还是经不住诱惑，会搬上小凳，到院子里享受阳光。和煦的阳光洒在身上，你会觉得是那么惬意，这时候你会忘记所有的烦恼和忧愁，你会觉得像是置身于世外桃源。

我们的调查正好是腊月，也是白马人的农闲季节，外出打工的人都回来了。每天晚上村里人都会不约而同地来到班保林家里，围着火炉子喝酒、唱歌、讲故事、说笑话。他们会讲白马人的历史故事，也会讲他们自己的故事，人人讲得生动有趣、风趣幽默。记得

甘肃文县铁楼藏族乡入贡山村调查留念　文县铁楼乡入贡山村 /2010.2.6/ 班禅禅 摄

有一次，班保林给我们讲笑话，他用表演的方式再现了故事的情景，并且模拟不同人的说话神态，使故事中的每一个人物都栩栩如生，所有在场的人都被他的表演所折服，笑得前仰后合。故事讲兴奋了，大家就会唱起来，优美的歌声响彻山谷。我们就这样和白马人一起生活了20多天，和他们结下了不解之缘，他们变成了我的亲人，白马山寨成了我的第二故乡。

2013年7月16日，我们再次来到文县铁楼乡草河坝村，认识了国家级非物质文化遗产传承人余林机，他不仅风趣幽默，而且严谨认真。这次的发音人还有王瓜人老人，他虽然70多岁了，但思维敏捷，口齿清晰，讲起故事滔滔不绝。

2015年8月12日我们再次到草河坝进行调查，得到了铁楼乡政府的大力支持，把我们安排在国家级自然保护区住宿，我们每天枕着波涛入睡，但由于没有纱窗，晚上会有各种的飞虫来和我们做伴。有时这里会停水，起床后只好到白马河去洗漱，但我们却感到无比的快乐。每天下午，我们都会在河里尽情地玩耍，在河里洗衣服、戏水，河水清澈见底，舒适极了。夏季的白马河川流不息，偶尔也会有危险出现。记得有一次我们刚走到河边，准备下到河里去洗衣服，就听见轰隆隆的声音，一转眼就看见四米多高的浪头奔涌而来，几个同事吓得连滚带爬地逃离险境，因为只差一步我们就走到河里了，生与死也就一步之遥。

甘肃文县铁楼藏族乡入贡山村调查现场　文县铁楼乡入贡山村 /2010.2.6/ 班禅禅 摄

2016年1月和2016年8月我们赴甘肃文县的强曲、草河坝、案板地、入贡山、麦贡山等地进行深入的调查，重点对已调查的资料进行核对和补充。2017年2月我又一次来到文县，在余林机、班海阔、班旭东、班保林的帮助下，完成了长篇语料的转写与核对，尤其对前期调查的资料进行了校对和对译，这次除了收集故事和歌谣外，还收集了一些白马人的日常对话和历史传说。

回首近十年的调查工作，真是光阴如梭，期间充满着酸甜苦辣，但更多的是收获。收获了成果、收获了友情，收获了亲情，更收获了一份信任与牵挂。所以，我为我自己这些年的工作感到自豪与骄傲的同时，也感到任务的艰巨和责任的重大。我会竭尽全力去保护和传播白马文化，成为白马文化的宣传者。我相信会有越来越多的人加入到对这种文化的研究和传播中来，也坚信白马人的生活会越来越好。

后　记

2015年至2017年的寒暑假，我多次进入白马山寨进行语言调查，完成了中国语言资源保护工程项目。在孙宏开先生的悉心指导下，我开始做白马语志的调查和撰写工作。这对我而言是一个极大的挑战，以驽钝之资来探研精深学问，可以说是一件力不从心的事。幸而先生给了我很多关心、鼓励和教诲。为我答疑解惑，使我渐渐体悟到了少数民族语言研究的一些门径。

从语言的调查到材料的准备再到动手撰写终至完稿，经历了两年多的时间，其间有思索时“疑无路”的苦闷，也有写作时豁然开朗的喜悦。如今草草写出，心中有些释然，但不免有些许惆怅。头脑中依然有一大堆问题和许多理不出的头绪，限于才力，也只能如是了。这本书伴随着我经历了一次人生的转折，2015年我调入兰州理工大学工作，但调动手续整整拖了两年，这两年应该是我人生中最为艰难的时期。要独自面对一个陌生的环境，还要独自承担养育两个孩子的重任，又恰逢两个孩子的关键时期（一个初中、一个高中）。如今，我的书稿伴随着两个孩子的成长终于完成了，两个孩子也都即将毕业，奔赴新的人生。蓦然回首，我突然觉得这三年其实是我人生中最为充实的三年，尽管经历了“山重水复疑无路”的困境，但却得到了“柳暗花明又一村”的欣喜与满足。

孙宏开先生在我的书稿写作中给予了巨大的帮助，先生对学术一丝不苟，不时地给予关怀和询问，不厌其烦地解答我的疑惑，并提供了许多资料。从先生身上我悟到坦荡而宽容的为人之道。多少次的迷茫、多少次的困惑，正是先生一次次悉心的指导和帮助，让我明确了方向。非常感谢李大勤教授对我的帮助和指导，他不知疲倦地给我修改书稿，大到框架结构，小到标点符号他都逐一审查并进行修改。拙文之所以能及时顺利完成，这其中无不浸注着李大勤老师的心血。同样感谢的还有戴庆厦先生、黄行先生、丁石庆教授、黄成龙研究员、王锋研究员、张四红教授、莫超教授。他们渊博的知识、丰硕的学术成果和严谨的治学态度一直深深打动和感染着我，成为督促我完成写作的一股无形的力量，催我前行。

感谢我的发音合作人余林机、王瓜人、班保林、班旭东、班其慕、班海阔，是你们给了我家庭般的温暖；是你们给我答疑解惑，使我顺利完成书稿的撰写；挑灯夜读时，是你们的殷切问候给了我前进的动力，是你们让我懂得了友情的可贵。

感谢兰州理工大学的领导和同事，为课题完成提供的帮助和支持！

感谢我的老师杨晓霭先生三年来给我的鼓励、帮助和指导！

也衷心感谢我的丈夫，调查时为我保驾护航；写作时为我端茶递水；困厄时为我排忧解难；编辑时为我排版。感谢我的老父亲和孩子给我的理解和鼓励，使我能够专心于写作！

魏　琳

2018年6月

于兰州理工大学